개정판

글로벌 경영전략

권 영 철

GLOBAL
STRATEGIC
MANAGEMENT

Global Strategic Management

法 文 社

최근 한국 경제 및 기업의 글로벌화(Globalization)가 확대일로에 있다. 우선 거시 경제적 차원에서 한국의 수출은 1974년 1억 달러에서 1995년 1,000억 달러, 2,000년 1,700억 달러, 2020년 5,128억 달러를 넘어섰다. 2020년 기준 수입은 4,676억 달러로 수출입 합계가 1조 달러에 육박하는 것이다. 무역규모로 보면 세계 6위 수준이다. 해외직접투자 액수도 2003년 49억 달러에서 2020년 550억 달러로 10배 이상 증가를 보였다. 이러한 무역 및 해외직접투자 증가에 힘입어 국가경제규모를 나타내는 GDP는 세계 10위로 선진국 반열에 올라섰다.

산업별로 살펴보면 비메모리 반도체는 한국이 수십 년 간 세계시장 점유율 부동의 1위를 차지하고 있으며, 조선, 가전, 2차전지 등의 업종에 걸쳐서도 세계시장 점유율 탑(top)을 유지하고 있다. 개별 기업별로 보면 2019년 말 기준 '포춘(Fortune) 500대 글로벌기업'에 한국기업은 총 14개사가 들어, 중국, 미국, 일본, 영국 다음으로 5위를 나타내었다. 삼성전자가 19위, 현대차 84위, SK 97위로 100대 기업 안에 들었다. 이렇듯 대기업을 필두로 한국기업들이 세계시장에서 큰 활약을 펼치고 있다. 예컨대 삼성전자나 현대차의 경우 총매출액에서 해외매출 비중이 80%를 상회하며, 그밖에 LG전자 등 대부분의 제조 대기업들도 해외매출 비중이 60%를 상회하고 있다. 그러나 이와 같은 글로벌화 추세는 더 이상 대기업만의 전유물이 아니다. 우리나라 '글로벌강소기업'을 필두로 중소·중견기업들도 세계시장에서 괄목할 만한 성과를 거두고 있다. 그러나 글로벌경영이 항시 성공을 담보하는 것은 아니다. '세계경영'이라는 기치 하에 한때 세계시장을 누볐던 대우그룹의 몰락은 글로벌경영이 얼마나 어렵고 위험한 가를 잘 예시해 준다.

특히 글로벌경영은 정치, 경제, 사회, 문화, 제도 등이 전혀 상이한 외국 시장에서 경쟁을 펼쳐야 하기 때문에 이에 적절히 대응하지 못한다면 큰 피해를 겪을 수 있다. 최근 미국과 중국 간의 무역분쟁, 도널드 트럼프 미국 제45대 대통령의 "America First"라는 미국 최우선주의 보호주의 정책, 중국의 사드(THAAD·고고도미사일방어체계) 보복 조치 등 세계 정치·경제의 정세 변화는 세계 주요 시장에서 활약하고 있는 국내기업들에게 특히 더 큰 영향을 미치고 있다. 따라서 자원이 제약되어 있는 국내기업들에게 글로벌경영에 있어서 전략적 접근이 더욱 중요시 된다. 이렇듯 기업의 글로벌경영의 전략적 접근과 관련하여 본서는 지침서 역할을 하고자 기획되었다. 이를 위해 글로벌경영의 중요성, 해외시장진출전략, 글로벌경영환경분석, 글로벌경쟁력분석, 글로벌경쟁전략, 글로벌조직관리 등의 내용 외에 최근 전 세계적으로 관심을 끌고 있는 기업의 사회적 책임(CSR) 쟁점 사항 등을 중점 분석하였다. 특히 독자의 이해를 돕기 위해 주제별로 국내기업의 최신 글로벌경영사례를 개발하고자 노력하였다. 아무쪼록 본서가 글로벌경영의 주요 사안에 대한 전략적 접근에 관심이 있는 분들께 조금이나마 도움이 된다면 저자로서 큰 영광이 될 것이다.

2021년 8월

권 영 철

바야흐로 글로벌 경쟁시대이다. 기업에게는 국경을 초월한 경영과 경쟁을 의미한다. 이러한 글로벌경영에서는 정치, 경제, 문화, 법률 등 상이한 경영환경으로 인해 더 높은 위험부담이 따른다. 우리나라 '세계경영'의 대명사인 대우그룹의 실패가 좋은 본보기다. 따라서 성공적 글로벌경영을 위해서는 더욱 철저한 사전준비와 치밀한 전략이 요구된다. 전략경영 측면에서 글로벌경영에서는 해외시장진출전략, 글로벌경영환경 분석, 내부능력 분석, 글로벌 다각화전략, 글로벌경쟁전략 등에 대한 이해와 관리가 요구된다. 이와 더불어 최근 재조명받고 있는 기업의 사회적 책임에 대한 전략적 관리가 중요하다. 세계를 무대로 활약하고 있는 글로벌기업들에게는 더욱 그렇다. 지속가능 성장을 위해서는 글로벌 시민으로서 그 책임과 역할을 다해야 한다. 또한 "구조는 전략을 따른다"는 경영전략의 대가 알프레드 챈들러(Alfred Chandler)의 말처럼 글로벌경영의 조직관리 또한 중요하다. 따라서 본서에서는 이들 내용을 중심으로 개념 및 이론적 배경과 실제 사례에 대한 분석을 다루었다.

우선 제1부에서는 '글로벌경영'과 '전략' 개념에 대한 분석을 통해 '글로벌경영전략'이란 개념 정립에 초점을 맞추었다. 제2부에서는 글로벌경영의 단초가 되는 다양한 해외시장진출전략 방안, 즉 해외직접투자, 합작투자, 전략적 제휴, 글로벌 M&A, 글로벌 라이선싱 및 프랜차이징 방안에 대한 설명이 이루어졌다. 제3부에서는 글로벌경영환경에 대한 분석, 즉 외부환경으로서 글로벌경영에 중요한 영향을 미치는 정치적 환경과 문화적 환경에 초점을 맞추어 분석이 이루어졌다. 또한 외부환경으로서 산업구조에 대한 분석과 글로벌 차원에서의 산업구조분석의 타당성이 제시되었다. 더불어 국가경쟁력의 토대를 설명해주는 하버드 대학 마이클 포터(M.E. Porter) 교수의 '국가경쟁우위의 조건'에 대한 분석이 다루어졌다. 이 과정에서 포터 교수가 제시한 네 조건, 즉 요소조건, 수요조건, 연관 및 지원산업 발달, 기업전략, 구조 및 경쟁관계 외에 추가로 문화적 조건과 제도적 조건에 대한 분석을 포함시켰다. 한편, 제3부에서는 외부환경 분석 외에 기업의 내부환경에 대한 분석을 다루었는데, 즉 경영자원, 핵심역량, 동적역량, 가치사슬활동 상의 강점 및 약점 분석과 더불어 경쟁자 분석에 초점이 맞추어졌다. 제4부에서는 전략경영 관점에서 글로벌 다각화전략과 글벌경쟁전략에 대한 설명과 분석이 이루어졌다. 글로벌 다각화전략과 관련해서는 지역다각화, 사업다각화, 해외진입방식 선택 전략에 대한 분석과 더불어 해외사업 포트폴리오전략 방안에 대해 살펴보았다. 한편, 글로벌경쟁전략과 관련해서는 본원적 경쟁전략이라 할 수 있는 원가우위전략과 차별화우위전략 외에 글로벌경쟁에서 우위를 점할 수 있는 글로벌리더전략에 대해 살펴보았다. 즉, 글로벌 경쟁 차원에서 원가우위와 차별화우위 모두를 달성하기 위한 '선 원가우위 - 후 차별화우위' 방안과 '선 차별화우위 - 후 원가우위' 전략 방안이 제시되었다. 마지막으로 제5부에서는 글로벌기업의 사회적 책임, 즉 글로벌 CSR과 더불어 글로벌 조직관리에 대한 설명과 분석이 이루어졌다. 특히 본서에서는 이제 한국 기업들의 글로벌경영의 역사가 어느 정도 축적됨을 감안 모든 주제에 대한 사례분석에 있어 한국 기업들의 사례를 적용했다는 점에서 매우 시사하는 바가 크다. 우리나라 대표적인 글로벌기업이라 할 수 있는 삼성전자, 현대자동차, LG전자 외에 롯데, 포스코, 오리온과 중견기업인 바텍과 빅솔론, 그리고 외국기업인 도레이첨단소재와 맥도날드 사례가 분석되었다. 이외에도 CJ, 한미약품, 두산, GE, 월마트, 델 컴퓨터, 제록스 등 국내외 여타 기업 사례가 단편적으로 소개되었다.

본서가 나오기까지는 많은 분들의 도움을 받았다. 우선 오래전에 '국제경영'이란 학문을 접하게 해준 대학원 은사이신 어윤대 전 고려대총장님께 감사의 말씀을 올립니다. 그때부터 절차탁마한 결과 졸저가 햇빛을 보았다고 할 수 있습니다. 그리고 국제경영학 분야의 선후배 교수님과 동료 교수님들에게도 감사의 말씀을 드립니다. 이들로부터 학문적 자극과 귀중한 조언이 본서의 집필에 큰 도움이 되었습니다. 특히 영남대학교에서 동고동락하면서 항시 큰 힘이 되어주시는 백권호 교수님 외에 김기현, 손상범, 이건희, 홍성진, 박재찬, 이위범 교수님 등에게도 고마움을 표합니다. 본서의 출간과 관련 또한 가족 분들의 따뜻한 사랑에 감사를 드리지 않을 수 없습니다. 연로하시면서도 항시 자식 염려에 노심초사 하시는 아버님, 어머님께 은혜에 작으나마 보답하고자 감사한 마음으로 이 책을 바칩니다. 바쁘다는 핑계로 가정에 충실치 못했음에도 불구하고 항시 이해와 사랑으로 감싸주는 아내와 두 아들 오상, 오희, 그리고 여타 가족 분 모두에게도 이 자리를 빌려 다시 한 번 감사한 마음을 표합니다.

본서가 학교 강단에서 글로벌경영전략 또는 관련 과목 강의에 조금이나마 보탬이 되고, 경영 일선에서 오늘도 각고의 노력을 기울이고 계신 기업 관계자분들께도 좋은 참고가 된다면 필자의 영광입니다. 물론 본서에서 제기될 수 있는 모든 오류는 전적으로 필자의 책임임을 밝히고, 앞으로도 좀 더 새로운 내용으로 수정, 보완해 나갈 것을 다짐하는 바입니다. 끝으로 본서의 출간을 맡아 애써주신 법문사 노윤정, 유진걸 선생께도 감사의 마음을 전합니다.

2017년 8월
권 영 철

제10장 내부환경 분석   220

| 제5부 |

글로벌 CSR 및 글로벌 조직관리

제 **1** 부

글로벌경영전략 입문

제1장
글로벌경영전략의 개념과 체계

Global
Strategic
Management

제1장
글로벌경영전략의 개념과 체계

국제화·개방화로 기업경영에도 국경이 사라져 가는 글로벌경영의 시대로 접어들었다. 글로벌경영은 국내경영에서와는 달리 상이한 문화, 제도, 정치, 경제 및 법률 환경 하에서 경영활동을 수행해야하기 때문에 그만큼 더 어렵고 위험부담이 높다. 이와 같은 맥락에서 경영전략의 대가인 이고르 앤소프(H. I. Ansoff)는 그의 저서 「기업전략(Corporate Strategy)」에서 "국내 시장에서 체험하고 습득한 경영전략이 복잡하고 불확실성이 높은 글로벌 경쟁에 대한 대응전략으로는 불충분하다"라고 일찍이 강조한 바 있다.[1] 따라서 성공적인 글로벌경영을 담보하기 위해서는 글로벌경영 관련 주요 사안에 대한 합당한 전략을 수립해서 실행에 나갈 수 있어야 한다.

Ⅰ 글로벌경영의 개념과 동인

글로벌경영전략의 개념을 이해하기 위해서는 '글로벌경영'과 '전략'이란 두 가지 개념에 대한 이해가 선행되어야 한다.

1.1. 글로벌경영의 개념

글로벌경영은 해외에서 경영활동을 수행함을 의미한다. 이러한 글로벌경영의 근본적 목적은 해외시장다변화와 해외사업다각화를 통한 이윤 창출과 기업의 지속적 성장 도모에 있다. 물론 기업마다 글로벌경영의 폭(width)과 몰입(commitment) 수준에 있어 차이를 보인다. 글로벌경영의 폭이란 커버(cover)하고 있는 해외시장 범위, 즉 해외시장다변화 정도를 나타낸다. 한편, 글로벌경영의 몰입도란 해외시장에 대한 자원 개입 및 통제(control) 수준을 나타낸다. 통제에는 경영통제와 시장통제 모두가 포함된다. 예컨대 본국에서 생산하여 해외시장에 판매하는 수출의 경우 현지에서 직접 생산하여 판매하는 해외직접투자의 경우보다 자원 개입도와 시장통제 수준이 낮다고 볼 수 있다. 자연히 글로벌경영의 폭과 몰입도가 높을수록 기업 전체에서 차지하는 해외매출과 해외자산 비중도 높아진다.

우선 글로벌경영의 폭 측면에서 기업의 유형을 분류해 보면 [그림 1-1]에 나타나 있듯이 내수시장만 커버하는 내수형 기업, 특정 국가(예컨대 중국 등)나 특정 지역(예컨대 아시아 지역)만 커버하는 지역형 기업, 그리고 전 세계시장 모두를 커버하는 글로벌형 기업으로 분류할 수 있다.

한편, 자원 몰입도 측면에서 기업의 유형을 살펴보면 국내에서 생산하여 수출로만 해외시장을 커버하고 있는 수출기업(exporting companies), 해외직접투자를 통해 일부 국가 및 지역에 국한해서 현지 생산과 판매를 수행하면서 국가별다중심주의(polycentrism)를 강조하는 다국가기업(multi-domestic companies), 그리고 전 세계적 차원에서 구매, 생산 및 판매 활동을 수행하면서 전사적인 조정과 통합을 꾀하는 초국적기업(transnational companies) 등으로 분류된다. 수출기업은 현지생산을 위한 해외투자가 필요 없어 당연히 자원개입도가 낮고, 다국가기업은 몇몇 국가에 한정해서 해외투자가 이루어지므로 자원개입도가 한정적인데 반하여 초국적기업은 전 세계적으로 투자가 이루어져 자원개입도가 매우 높으며 조정과 통합에 따른 통제 수준도 높다 할 것이다.

일반적으로 기업의 글로벌화(globalization) 시에는 이질적인 정치, 경제, 사회·문화 및 법률적 환경으로 인해 국내에서보다 사업비용과 위험부담이 더 높다. 따라서 기업들은 이러한 외국인 위험부담(liabilities of foreignness)을 낮추기 위해 점진적인 글로벌화 과정을 거치는 것이 일반적이다. 즉, 글로벌화 과정 초기에는 글로벌경영의 폭과 몰입 수준을 낮추다가 해외시장에 대한 경험과 지식 축적이 높아 갈수록 해외사업에 대한 위험부담을 덜 느끼게 되어 그 폭과 몰입 수준 또한 높여 나가게 된다. 따라서 글로벌화 과정이 진전됨에 따라 해외시장 폭이 넓어지고 수출에만 의존하던 방식에서 탈피하여 자원개입도가 높은 해외직접투자를 통해 현지에서 직접 연구개발, 구매, 생산 및 판매 활동을 수행하게 된다.

오랜 기간에 걸쳐 글로벌화 과정을 성공적으로 수행하다 보면 소위 전

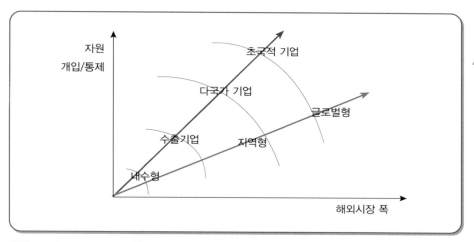

그림 1-1

글로벌화
수준(degree of
globalization)

출처: Bartlett and Ghoshal(1989); Sullivan(1994); Asmussen, Pedersen and Petersen(2007) 등 참조.[2]

세계시장을 상대로 하는 초국적인 글로벌기업 단계에까지 이르게 된다. 물론 이 단계에서는 범세계적으로 자사와 경쟁하는 글로벌경쟁기업(global competitors)이 출현하게 된다. 이러한 글로벌기업의 특징을 요약하면 다음과 같다.[3]

- 글로벌기업은 국적을 초월한 무국적기업이라 할 수 있다. 즉, 세계시장 전체를 하나의 자재 조달처, 생산기지 및 판매시장으로 보고, 자재구매, 연구개발, 자금조달, 제조생산, 판매 등의 모든 경영 활동을 지구상의 최적지에서 수행한다.
- 글로벌기업 조직구조 하에서는 본사는 의사소통의 중심부로서의 역할에 치중하게 되므로 본사의 위치가 반드시 모국(home country)에 위치할 필요가 없다. 여러 지역에서 사업을 영위할 경우 지역본사제를 운영한다.
- 글로벌기업은 해외자회사의 경영층은 물론 본사의 경영층도 여러 국적의 인사들로 이루어지는 초국적인 경영진을 갖는다.
- 글로벌기업은 글로벌 경쟁구조, 즉 글로벌 경쟁자를 상대로 한다.
- 글로벌기업은 전 세계를 하나의 통합된 시장으로 간주한다. 따라서 자국중심주의(ethnocentrism)나 국가별다중심주의(polycentrism)에서 탈피하여 글로벌중심주의(geocentrism)를 지향한다.

따라서 글로벌기업의 해외자산, 해외매출 및 해외고용 비중은 국내 비중을 상회하는 것이 보통이다. 예컨대 한국의 대표적인 글로벌기업이라 할 수 있는 삼성전자는 2019년 말 기준 전 세계에 생산법인, 판매법인, 디자인센터, 연구소 등 227개의 해외 법인을 두고 있으며, 한국을 비롯해 북미, 유럽, 동남아, 아프리카 등에 15개 지역별 총괄체제를 운영하고 있다. 2020년 말 해외매출 비중도 전체 매출 1,976억 달러 중에서 1,682억 달러로 85.1% 수준에 이르고 있다. LG전자의 경우도 매출과 고용에 있어 해외 비중이 더 높음을 보여준다. 2017년 말 총매출 61조 3,900억원에서 해외매출 비중이 67%를 차지하였고, 임직원수도 국내 37,837명 대 해외 45,805명으로 전체 고용 중 해외고용 비중이 63%를 나타내었다. 인텔, 코카콜라 등 세계적인 기업들도 매출의 70% 이상을 해외에서 올리고 있다. 유엔무역개발위원회(UNCTAD)는 매년 세계적인 기업들의 글로벌화 수준을 나타내는 초국적 지수(TNI: Transnationality Index)를 발표한다. 초국적 지수는 기업 전체 자산, 매출, 고용 등에서 해외부문이 차지하는 비중을 종합 평균해서 산정된다. 본장 말미의 "국내외 기업의 글로벌 현황" 사례에 나타나 있듯이 세계 100대 기업의 해외 자산 및 매출 비중은 60%를 상회하고, 고용 비중은 60%에 육박하고 있음을 알 수 있다.

1.2. 글로벌화 동인

기업의 해외시장진출, 즉 글로벌화에 따라 글로벌경영에 참여하게 된다. 따라서 글로벌경영전략 입안을 위해서는 기업이 왜 글로벌화 하는지 그 이유와 당위성에 대한 이해가 우선되어야 한다. 기업 및 산업 차원에서 글로벌화

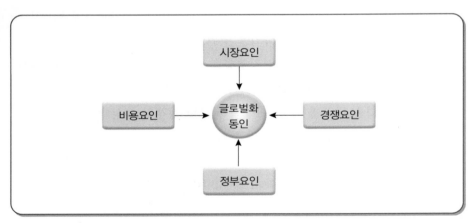

그림 1-2

글로벌화 동인

출처: G.S. Yips(1992), *Total Global Strategy*, NJ: Prentice Hall Inc. pp.33-58에서 정리

동인은 [그림 1-2]에서 보듯이 크게 네 범주, 즉 시장요인, 경쟁요인, 비용요인, 정부요인 등으로 요약할 수 있다.[4] 물론 내수 시장이 포화단계에 이르렀을 경우 기업들은 지속적 성장을 도모하기 위해 글로벌화를 꾀할 수밖에 없다.

시장요인

가장 강력한 글로벌화 동인은 시장요인(market drivers)이다. 첫 번째 시장요인으로는 거대한 해외시장 규모를 들 수 있다. 국내시장이 협소할 경우 글로벌화를 추진하지 않고서는 지속적 성장을 담보할 수 없다. 대부분의 글로벌기업들이 국내매출 비중보다는 해외매출 비중이 더 높은 것이 좋은 본보기다.

두 번째 시장요인으로는 범세계적으로 고객의 욕구 및 기호가 동질화 된다는 점을 들 수 있다. 이는 특정 제품 또는 서비스에 대한 글로벌 소비자(global consumer)의 출현을 의미한다. 교통수단 발달, 해외여행 빈도 증가, 인터넷 등 통신수단 발달 등으로 세계적으로 소비자들이 동일한 메시지와 제품 및 서비스에 노출되는 기회가 증폭되었다. 글로벌 소비자의 구매행동은 전통적 습관보다는 소득수준, 교육수준, 글로벌 미디어 노출 수준 등에 의해 강하게 영향을 받는다.[5] 예컨대 패스트푸드(fast food)의 글로벌 파급이 좋은 본보기다. 맥도날드와 같은 경우 전 세계 120여 개국에 3만개 이상의 매장에서 매일 5천만 명 이상에게 햄버거를 판매하는데, 이는 전 세계 인구의 1%에 해당하는 사람들이 매일 맥도날드 레스토랑을 찾는 수치와 맞먹는다.

세 번째 시장요인으로 글로벌 시장으로의 접근성을 높이는 유통망의 발달을 들 수 있다. 인터넷, IT-물류 등을 통한 전자상거래가 좋은 예이다. 중국의 전자상거래업체인 알리바바(Alibaba)와 같은 경우 미국 주식시장에 상장하자마자 시가총액이 삼성전자를 능가하는 글로벌기업으로 부상한 바 있다.

네 번째 시장요인은 제품, 브랜드, 광고, 서비스 등 마케팅 요인의 국가 간 이전이 더 용이해졌다는 점이다. 앞서 설명한 소비자 기호의 범세계적 균질화와 글로벌 유통망 접근 용이성으로 인해 국내에서 개발된 제품, 서비스, 브랜드, 광고 등이 즉시 해외시장으로 파급된다. 만일 전 세계시장에서 통용될 경우 글로벌 브랜드(global brand) 또는 글로벌 제품(global product)으로서의 명성을 누리게 된다. 우리에게 익숙한 글로벌 브랜드인 애플, 구글, 코카콜라, 마이크로소프트, 도요타, IBM, 삼성, 맥도날드, 나이키 등이 좋은 본보기다.

경쟁요인

기업의 글로벌화를 촉진시키는 또 다른 요인은 기업 간 경쟁이 글로벌 수준으로 더욱 빠르게 확산된다는 점이다. 따라서 내수 시장만을 상대로 해서는 글로벌 경쟁에서 뒤처질 수밖에 없다. 앞으로는 많은 산업에 걸쳐 글로벌화된 몇몇 기업만 생존하는 경쟁구도로 재편될 것으로 예상된다. 즉 세계적으로 가장 큰 3~4개 기업만이 글로벌 경쟁에서 유리한 위치를 점유할 것이다. 예를 들어, 스마트폰 시장에서는 한국의 삼성전자와 미국의 애플(Apple)이 세계 시장을 양분하고 있는 상태에서 화웨이(Huawei) 등 중국 기업들이 추격하고 있는 실정이다. 한편, 한국의 현대자동차는 현재 해외매출 비중이 국내매출 비중보다 높고 세계자동차 시장에서 점유율 상위권에 들고 있는데, 만일 현대자동차가 적극적인 글로벌화를 추진하지 않았더라면 GM, 도요타, BMW 등 글로벌 경쟁업체에 밀려 국내시장에서도 입지가 위태로워졌을 것이다. 최근에는 세계적 기업들 간 M&A와 전략적 제휴 등 합종연횡으로 인해 글로벌 경쟁구도가 더욱 치열해지고 있다.

비용요인

경쟁이 글로벌 수준으로 확대되면서 비용이 중요한 경쟁수단이 되었다. 비용우위를 누리기 위해서는 규모의 경제(economics of scale)가 중요한데, 내수 시장에 국한해서는 규모의 경제를 달성하는데 한계가 있다. 특히 국내 시장이 협소하거나 포화단계에 이르렀을 경우 글로벌화를 통해 판매량 증가에 따른 규모의 경제가 가능한 것이다. 범위의 경제(economics of scope), 즉 시장 및 사업 범위 또한 비용 측면에서 중요한데, 예컨대 막대한 연구비를 들여 개발한 신제품을 여러 국가에 진출시킨다면 개발비용의 조속한 회수가 가능하고, 이는 또 다른 신제품 개발에 투자될 수 있다. 특히 지금처럼 급격한 소비자 기호와 기술 변화로 제품수명주기가 급속히 단축되는 경우 가급적 신속히 개발된 신제품을 글로벌화 시키는 것이 무엇보다 중요하다. 이는 광고비용에서도 마찬가지이다. 글로벌화를 통해 제품단위 당 광고비용을 낮출 수 있다. 또한 해외의 값싼 원자재와 인건비를 활용하고자 해외에 공장을 설립하는 것도 비용요인 측면을 고려한 것이다.

정부요인

정부의 정책적 요인은 크게 풀 요인(pull deriver)과 푸쉬 요인(push deriver)로 구분할 수 있다. 정책적 풀 요인으로는 세계적인 시장 개방화(liberalization)를 들 수 있다. 각국 정부의 시장 개방화 정책으로 많은 외국기업들이 세계시장 진출이 가능하게 되었다. 한국이 1997년 IMF 외환위기 이후 금융시장 개방에 따라 세계적 금융기관이 국내에 진출한 것이 좋은 본보기이다. 최근 세계에서 가장 많은 자유무역협정(FTA: Free Trade Agreement)을 맺은 국가 중의 하나가 한국인데, 이는 양측 기업들이 상대방 국가에 진출할 수 있는 기회의 폭이 확대되었음을 의미한다. 최근 들어서는 세계 각국이 외국인 투자 유치를 위해 세제혜택, 이중과세방지, 재정지원 등 각종 인센티브를 경쟁적으로 제공하고 있는 실정이다.

정부의 정책적 푸쉬 요인으로는 자국 기업의 글로벌화를 촉진시키기 위해 해외진출기업에게 본국 정부가 제공하는 각종 지원 및 혜택을 들 수 있다. 이를테면 해외시장개척과 관련하여 인력지원, 정보지원, 자금지원, 세제지원 등을 들 수 있다. 예컨대 우리나라의 경우 대한무역투자진흥공사(KOTRA)가 세계 각국의 주요 도시에 100개가 넘는 현지사무소를 두고 국내기업의 현지시장 진출과 현지에서의 사업 활동을 지원하는 것이 좋은 본보기다.

Ⅱ 전략의 개념 및 유형

2.1. 전략의 개념

전략(Strategy)에 대한 개념적 정의는 매우 다양하다. 전략분야의 거장인 Chandler(1962)는 그의 저서 「경영전략과 조직(Strategy and Structure)」에서 "전략이란 기업의 장기적 목표를 달성하기 위하여 사업방향을 설정하고 자원을 할당하는 일련의 활동"이라고 정의하였다.[6] 전략적 의사결정을 강조하는 전략경영의 또 다른 대가인 Barney(1991)는 "전략은 한정된 경영자원을 효과적으로 배분하는 의사결정의 패턴이다"라고 정의한다.[7] 한편, Hofer and Shendel(1978)은 외부환경과 내부자원의 전략적 적합성(strategic fit)을 강조하였는데, 즉 "전략이란 환경적 제약하에서 목표달성을 위해 조직이 사용하는 주요 수단으로서 외부환경과 내부자원의 상호작용 산물이다"라고 정의하였

그림 1-3

전략경영 체계

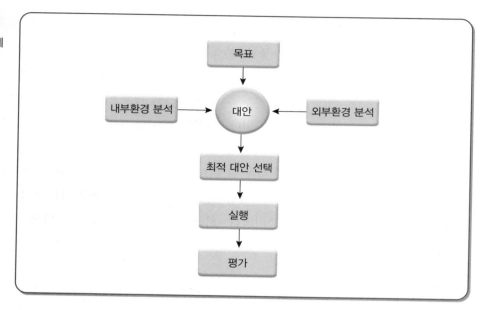

다.[8] 따라서 이들 정의에 입각하면 전략 수립을 위해서는 외부환경과 내부자원에 대한 분석이 필수적 요건이다. 이를 좀 더 구체적인 전략경영의 체계로 도식화하면 [그림 1-3]과 같이 "목표설정 – 전략선택 – 실행 및 평가" 과정으로 나타낼 수 있다.[9]

첫째, 전략경영 체계에서 전략이란 기업의 사명 및 목표 달성을 위한 기본적 대안(alternatives)을 의미한다. 따라서 전략경영의 첫 번째 과정은 기업의 사명(mission)과 목표(objective)를 정의하는 것이다. 기업 사명은 다른 기업과 구별되는 기업의 목적이나 경영철학, 그리고 이에 따라 요구되는 행동양식을 규정한 것이다. 반면, 목표는 기업이 달성하고자 하는 구체적인 성과를 나타낸다. 따라서 목표는 측정 가능한 구체적인 수치로 설정되어야 한다. 이렇듯 목표는 전략경영의 나침반 역할을 하기 때문에 목표가 불명확하면 전략 수립 또한 혼란에 빠진다.

둘째, 전략 수립에 있어 가장 큰 문제는 목표를 달성하기 위한 여러 전략 대안 중에서 어떻게 가장 효과적인 최적 대안을 선택하는가이다. 무수한 전략 대안 중에서 최적 대안을 선택하기 위해서는 기업은 자신을 둘러싸고 있는 외부환경에 대한 분석과 아울러 자신의 내부자원 및 능력에 대한 분석이 요구된다. 대표적인 분석방법으로 "SWOT 분석"을 들 수 있다. 즉, 기업의 강점(strength) 및 약점(weakness) 분석을 통해 기업은 경쟁자에 비해 자신의 내부능력에 대한 정확한 판단을 내릴 수 있다. 한편, 외부환경 변화에 따른 기회(opportunity) 및 위협(threat) 분석을 통해 향후 성장성과 안정성에 대한 판단과 더불어 기회를 최대한 살리고 위협을 중화시킬 있는 전략 대안을 선택할 수 있다. 물론 기업의 내·외부 환경요인은 기업의 목표를 설정하는데도 영향을 미칠 수 있다. 예컨대 새로운 사업 기회가 나타나면 신사업 개발을 통한 추가적 이익 달성을 기업 목표로 설정할 수 있다.[10]

한편, 여러 전략 대안 중 최적 대안에 대한 선택의 어려운 점은 기업의 내부자원과 외부환경 요인의 영향력을 동시에 고려하여 의사결정을 내려야 한다는 데 있다. 예컨대 기업의 글로벌화와 관련 최적의 해외시장 선정을 위해서는 기업의 내부능력과 현지시장의 기회와 위협 요인을 동시에 고려해야 한다. 즉, 시장기회가 가장 높고 동시에 기업 자신의 강점을 최대한 살릴 수 있는 시장을 선택해야 한다. 이러한 관점에서 목표 달성을 위한 최적 전략이란 외부환경 및 내부자원에 대한 적합성에 의해 좌우된다고 볼 수 있다. 즉 전략적 적합성(strategic fit)을 띠어야 한다.

셋째, 최적 전략 대안을 선택하였다면 이에 대한 구체적인 계획에 따라 실행으로 옮겨야 한다. 이 과정에서 정기적 검토를 통해 목표 달성에 과오가 발견되면 수정 및 보완이 이루어져야 한다. 즉 계획 목표가 너무 높았던지 또는 낮았다면 목표치를 수정해야 할 것이고, 반대로 전략 대안과 실행계획이 잘못되었다면 이에 대한 수정이 요구된다.

전략수립에 있어 중요하게 고려되어야 할 점은 장기적 계획(long-range planning) 하에 실행되어져야 한다는 것이다. 이를테면 최적 전략의 선택을 위해서는 내부자원과 외부환경 분석이 필수적인데, 외부환경은 기업이 직접 통제하기 어렵지만 내부자원은 기업의 노력 여하에 따라 얼마든지 통제가 가능하다. 따라서 내부자원(자금, 기술, 인적자원 등) 미비로 최적 전략을 선택할 수 없다면 기업은 장기적 계획 하에 시간을 가지고 내부자원을 보완해 나가야 한다.

경영전략은 종종 등산에 비유된다. 더 큰 어려움과 위험이 예상될수록 더욱 철저한 분석과 사전 준비가 요구된다.[11] 예컨대 동네 뒷산에 오르는 것과 히말라야 정상 정복은 천지 차이가 난다. 동네 뒷산은 큰 계획이나 전략이 없이도 얼마든지 수시로 오를 수 있다. 그러나 히말라야 정상 정복을 위해서는 시간을 가지고 내부역량(장비, 체력 등)을 축적하고 또 기상변화, 산의 상태, 등반로 등 외부조건에 대한 철저한 분석에 의거하여 등반 일정과 공략 전략을 수립해야 한다. 이러한 관점에서 글로벌경영전략도 국내경영전략보다 더 복잡하고 불확실성이 높으므로 더욱 철저한 사전계획과 준비가 요구된다.

2.2. 전략의 조직적 측면

만일 기업이 여러 사업을 거느리고 있다면 전략 입안도 [그림 1-4]에서 보듯이 기업수준(corporate), 사업수준(business), 기능수준(function) 등 조직계층별로 이루어진다. 그러나 기업전략이든 사업전략이든 기업의 장기적 계획 하에서 결정되기 때문에 기업 본사가 일정 부분 관여하게 된다.

첫째, 기업전략(corporate strategy)이란 기업이 여러 시장이나 산업에서 다양한 사업을 추진함으로써 전사적 차원에서 자원 가치 극대화를 꾀하기 위한 전략이다. 전사적 차원에서의 주요 전략 사안에는 신규 사업 결정이나 기존 사업들에 대한 기업의 자원 배분 등이 해당된다. 즉, 시장다변화 또는 사업다 각화 결정과 다각화된 기존사업에 대한 자원 배분과 관련된 포트폴리오전략 (portfolio strategy)에 초점이 맞추어진다. 기업전체를 범주로 하기 때문에 기업전략의 성과 측정 기준은 전사적 차원에서의 이윤 극대화에 초점이 맞추어진다.

둘째, 사업전략(business strategy)은 기업이 특정 시장이나 산업에서 경쟁우위 창출 및 유지를 위한 전략적 사안과 관련된다. 이러한 관점에서 사업수준에서의 주요 전략 사안으로는 경쟁전략(competitive strategy)을 들 수 있다. 통상 사업마다 핵심성공요인이 다르게 때문에 특정 산업이나 시장에서 기업의 제품 혹은 서비스의 경쟁우위를 향상시키기 위한 경쟁전략은 사업수준에서 매우 중요한 전략적 사안이 된다. 대표적인 경쟁전략으로는 본서의 12장에

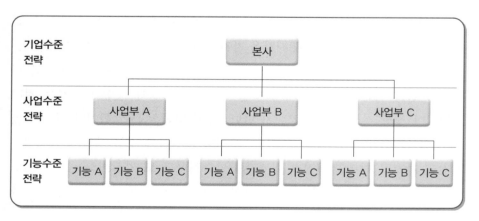

그림 1-4

전략의 조직적
수준

기업수준 전략	본사
사업수준 전략	사업부 A	사업부 B	사업부 C
기능수준 전략	기능 A	기능 B	기능 C	기능 A	기능 B	기능 C	기능 A	기능 B	기능 C

제시된 Porter(1985)의 세 가지 경쟁전략, 즉, 원가우위전략, 차별화전략 및 집중화전략을 들 수 있다.

셋째, 기능전략(functional strategy)은 경영활동상의 여러 기능과 관련된 전략적 사안에 해당된다. 즉 생산, 연구개발, 구매, 마케팅, 재무, 인사관리 등과 관련된 주요 기능전략은 기업전략과 사업전략을 얼마나 효율적으로 뒷받침해 줄 수 있는가에 초점이 맞추어진다. 예컨대 경쟁전략을 통한 경쟁우위 달성은 효율적인 제품전략, 생산전략, 마케팅전략의 뒷받침 없이는 기대하기 힘들다.

Ⅲ 글로벌경영전략의 범주

기업은 경쟁우위 창출을 통해 지속적인 성장을 도모해야 한다. 만일 성장이 멈춘다면 경쟁에서 밀려날 수밖에 없다. 이 경우 내수시장이 포화상태에 이르렀을 경우 지속적 성장을 도모하기 위해서는 기업수준에서 글로벌 다각화, 즉 해외사업다각화 및 해외시장다변화를 꾀하여야 한다. 즉 해외에서 어떠한 사업을 영위할 것이며, 또한 기업의 제한된 자원을 이들 사업에게 어떻게 효과적으로 배분할 것인가가 주요 전략 사안이 된다. 한편, 사업수준에서는 해외사업의 경쟁우위 창출을 위한 경쟁전략이 주요 전략 사안이 된다. 즉, 가장 효과적인 글로벌 경쟁전략을 입안하는데 중점을 둔다. 또한 글로벌경영 차원에서 연구개발, 생산, 마케팅, 인사, 재무 등 기능별 전략의 주요 핵심 사안은 이들 제 기능의 글로벌 배치와 조정 및 통합에 초점이 맞추어진다.

이러한 맥락에서 본서의 글로벌경영전략 체계는 [그림 1-5]와 같이 구성되었다. 우선 제1장의 글로벌경영전략 개념에 대한 분석에 이어 글로벌경영의 토대가 되는 해외시장진출전략, 즉 해외직접투자, 합작투자, 전략적 제휴, 글로벌 M&A, 글로벌 라이선싱 및 프랜차이징전략에 대한 분석이 제2장부터 6장까지 다루어졌다. 이들 모두 기업의 자원 배분과 관련되기 때문에 기업수준전략 범주에 포함된다고 볼 수 있다. 다음으로 글로벌경영 관련 주요 전략적 사안들에 대한 최적 의사결정을 내리기 위해서는 외부환경 및 내부환경 분석이 요구되는데, 이를 위해 외부환경 요인으로 문화적 환경, 정치적 환경 및 산업구조환경에 대한 분석이 제7장부터 9장에 걸쳐 수행되었고, 내부환경 요인으로 내부능력 및 자원에 대한 분석이 제10장에서 다루어졌다. 이어서 이들

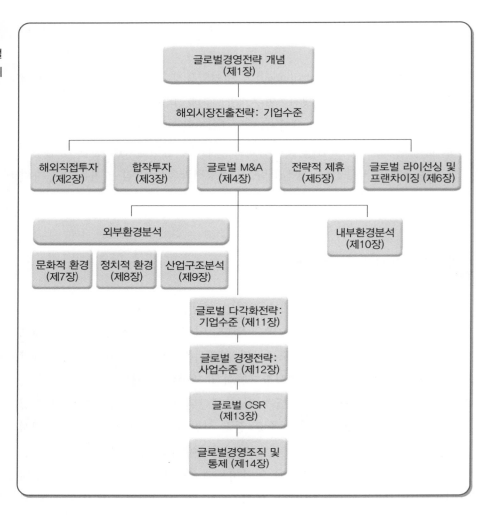

그림 1-5

본서의 글로벌
경영전략 체계

환경분석 틀에 의거하여 기업수준에서의 글로벌 다각화전략과 해외사업에 대한 자원배분 및 구조조정 관련 포트폴리오전략을 제11장에서 분석하였고, 나아가서 사업수준 차원에서의 글로벌경쟁전략에 대해서는 제12장에서 다루었다. 또한 최근 중요시 되고 있는 글로벌기업의 사회적 책임(CSR)을 제13장에서 별도로 분석하였다. 마지막으로 글로벌경영의 효과적 관리를 위한 조직구조 설계 및 통제시스템 방안이 제14장에서 분석되었다.

토의문제

1. 글로벌경영의 폭과 몰입에 대한 개념과 그에 따른 기업의 유형에 대해 설명하시오.
2. 초국적인 글로벌기업의 특징은 무엇인지 설명하시오.
3. 기업의 글로벌화의 주요 동인은 무엇이며 그 배경에 대해 설명하시오.
4. 전략의 개념과 전략경영 체계에 대해 설명하시오.
5. 기업수준전략과 사업수준전략의 핵심 사안은 무엇이고, 또한 글로벌경영 관점에서도 살펴보시오.

사례 **국내·외 기업의 글로벌화 현황**

Global Strategic **Management**

많은 국내·외 기업들이 본 장에서 살펴본 바와 같이 시장요인, 비용요인, 경쟁요인, 정부요인 등에 영향을 받아 글로벌화에 적극 나서고 있음을 알 수 있다. 〈표 1-1〉에서 보듯이 유엔무역개발회의(UNCTAD)의 '2020년 세계 100대 비금융 다국적 기업' 명단에서 삼성

표 1-1 2020 세계 100대 다국적 기업 단위: 달러, 명

순위	기업명	본사	산업	자산		매출		고용		TNI
				해외	총계	해외	총계	해외	총계	
1	로열더치쉘	영국	정유	3764억	4027억	2765억	3317억	5만9000	8만3000	82.6%
2	토요타	일본	자동차	3075억	4854억	1878억	2754억	22만7787	35만9542	65.0%
3	BP	영국	정유	2599억	2952억	2152억	2784억	5만8900	7만2500	82.2%
4	소프트뱅크그룹	일본	정보통신	2532억	3433억	293억	569억	5만5272	7만4953	66.3%
5	토탈	프랑스	정유	2497억	2739억	1374억	1760억	7만1456	10만7776	78.5%
6	폭스바겐그룹	독일	자동차	2435억	5483억	2279억	2828억	37만4000	67만1000	60.3%
7	AB인베브	벨기에	식음료	1921억	2371억	444억	523억	14만8111	17만1915	84.5%
8	BAT	영국	담배	1850억	1862억	252억	330억	3만1196	5만3185	78.2%
9	다임러AG	독일	자동차	1795억	3397억	1639억	1934억	12만4842	29만8655	59.8%

10	쉐브론	미국	정유	1728억	2374억	756억	1402억	2만2800	4만8200	58.0%
21	마이크로소프트	미국	컴퓨터 및 데이터	1175억	2866억	616억	1258억	5만9000	14만4000	43.6%
23	애플	미국	컴퓨터 장치	1147억	3385억	1579억	2602억	4만7928	13만7000	43.2%
34	텐센트홀딩스	중국	컴퓨터 및 데이터	955억	1370억	24억	546억	4만723	6만2885	46.3%
39	삼성전자	한국	컴퓨터 장치	874억	3055억	1682억	1976억	21만5542	30만8746	61.2%

참고) TNI는 Transnationality Index(초국적성 지수)의 줄임말로 각 기업의 자산·매출·고용 등 3개 지표에서 해외 비중을 백분위로 나타낸 것

출처: 국제연합무역개발협의회(UNCTAD). 자산, 매출, 고용 등은 2019년 데이터 기준

전자는 39위를 기록했다. 이는 2019년 말 기준으로 금융회사를 제외한 전 세계 주요 다국적 기업의 해외자산(asset) 규모에 따라 순위를 매긴 것이다. 영국의 로얄더치쉘 정유사가 총자산규모 4,027억 달러로 자산 기준으로 1위를 차지했다. 로얄더치쉘의 해외자산, 해외매출, 해외고용 비중은 각기 93.5%, 83.4%, 71.1% 등으로 이들 평균 초국적 지수(TNI)는 82.6%로 나타났다. 삼성전자는 해외자산, 해외매출, 해외고용 비중이 각기 28.6%, 85.1%, 61.2%로 초국적 지수(TNI)가 61.2%를 보여 100대 다국적 기업 중에서 52위를 차지했다. 해외매출이나 해외고용 비중에 비해 해외자산 비중이 세계 100대 기업 평균보다 낮게 나타났다. 이는 삼성전자의 제품이 해외공장보다 국내공장에서 더 많이 생산되기 때문인 것으로 보인다. 삼성전자는 UNCTAD가 발표한 100대 기업 중에서 한국 기업으로는 유일하다. 2018년 발표된 2017년 말 자산 기준 순위에서도 삼성전자는 39위를 차지한 바 있다. 아시아 기업 중에선 일본의 토요타가 해외 자산 3,076억 달러로 가장 높은 순위이자 전 세계 기준으론 2위를 차지했다. 토요타의 해외자산, 해외매출, 해외고용 비중은 각기 63.3%, 68.2%, 63.4%로 초국적 지수(TNI)가 65%로

삼성전자보다 높음을 알 수 있다. 아이폰 제조사로 알려진 대만의 홍하이정밀도 해외 자산 969억 달러로 33위를 차지했고, 중국 최대 게임 업체인 텐센트홀딩스도 955억 달러로 34위를 기록했다. 아시아 기준 삼성전자의 순위는 11위에 해당된다.

초국적 지수(TNI) 순위 1위에 오른 곳은 자산 기준 40위를 차지한 영국의 광산업체 리오틴토다. 이 기업은 매출·자산·고용 등 기업의 3대 지표에서 해외에서의 비중이 무려 99.6%를 기록했다.

한편, 국내 30대 그룹의 해외매출 비중이 〈표 1-2〉에 나타나 있다. 기업 경영성과 평가 사이트인 CEO스코어 따르면 2014년 30대 그룹의 해외매출비중 평균이 71.5%로 나타나 세계 100대 기업의 해외매출 평균 비중 66%보다 더 높음을 알 수 있다. 이는 우리나라 대기업이 외국의 대기업보다 글로벌화에 더 적극적임을 시사하는 것이다. 30대 그룹의 계열사 중 2014년 해외 매출이 가장 많은 곳은 삼성전자로 122조 5,009억원이었다. 이는 전체 매출의 88.9%를 차지하는 수치이다. 이어 현대자동차 25조 186억원(58.1%), GS칼텍스 24조 9,316억원(65.2%), 엘지디스플레이 23조 9,979억원(94.5%), 삼성디스플레이 22조 184억원

표 1-2	국내 30대 그룹 해외매출 TOP30 기업					단위: 100만원
기업명	2013년			2014년		
	해외매출	국내매출	해외 비중	해외매출	국내매출	해외 비중
삼성전자	141,171,729	17,200,360	89.1%	122,500,884	15,324,663	88.9%
현대자동차	25,519,171	16,172,000	61.2%	25,018,581	18,027,294	58.1%
지에스칼텍스	29,809,701	14,259,793	67.6%	24,931,643	13,314,811	65.2%
엘지디스플레이	24,858,212	995,971	96.1%	23,997,927	1,385,743	94.5%
삼성디스플레이	24,582,475	4,804,432	83.7%	22,018,447	2,962,181	88.1%
엘지전자	19,989,435	8,089,460	71.2%	21,649,969	7,906,399	73.2%
현대중공업	21,733,712	2,549,025	89.5%	21,157,758	2,305,703	90.2%
기아자동차	19,314,596	9,017,976	68.2%	20,538,850	9,311,265	68.8%
에스케이에너지	22,204,291	21,408,732	50.9%	19,541,342	21,785,128	47.3%
대우인터내셔널	14,403,197	2,198,161	86.8%	18,241,169	1,696,928	91.5%
에쓰-오일	18,863,753	12,294,775	60.5%	17,559,037	10,998,525	61.5%
에스케이하이닉스	12,783,046	1,113,263	92.0%	15,614,897	1,278,819	92.4%
엘지화학	15,467,923	4,788,012	76.4%	14,896,372	4,779,603	75.7%
대우조선해양	13,824,476	255,564	98.2%	14,879,303	280,168	98.2%
포스코	12,392,127	18,151,417	40.6%	12,497,896	16,720,958	42.8%
삼성중공업	14,060,146	645,952	95.6%	12,259,691	324,552	97.4%
삼성물산	10,883,084	7,961,530	57.8%	11,730,745	7,419,283	61.3%
대한항공	10,515,403	1,196,951	89.8%	10,363,513	1,316,885	88.7%
현대오일뱅크	9,456,437	10,839,198	46.6%	8,257,080	10,000,913	45.2%
한진해운	8,374,065	1,509,285	84.7%	7,576,853	1,170,566	86.6%
롯데케미칼	8,049,460	4,223,981	65.6%	7,032,432	4,161,775	62.8%
에스케이종합화학	8,394,922	7,195,827	53.8%	6,521,020	8,952,308	42.1%
현대건설	5,959,607	4,631,701	56.3%	6,225,466	4,530,312	57.9%
현대모비스	6,267,806	11,244,207	35.8%	6,123,638	12,328,049	33.2%
현대글로비스	5,430,214	4,744,454	53.4%	6,064,978	5,101,781	54.3%
효성	6,632,260	2,435,126	73.1%	6,057,864	2,474,289	71.0%
현대제철	3,032,142	9,782,095	23.7%	5,456,717	10,576,216	34.0%
엘지이노텍	4,685,524	818,513	85.1%	5,168,080	672,143	88.5%
삼성엔지니어링	5,953,282	2,281,388	72.3%	5,126,601	2,345,703	68.6%
현대상선	1,767,368	5,140,957	25.6%	5,098,059	1,173,572	81.3%
합계	526,379,564	207,950,106	71.7%	504,106,812	200,627,535	71.5%

자료: CEO스코어.

(88.1%), LG전자 21조 6,500억원(73.2%), 현대중공업 21조 1,578억원(90.2%), 기아자동차 20조 5,386억원(68.8%) 등 7곳은 20조 원을 넘었다. 해외 매출 10조 원 이상은 SK에너지 19조 5,413억원(47.3%), 대우인터내셔널 18조 2,412억원(91.5%), 에스오일 17조 5,590억원(61.5%), SK하이닉스 15조 6,149억원(92.4%), LG화학 14조 8,964억원(75.7%), 대우조선해양 14조 8,793억원(98.2%), 포스코 12조 4,979억원(42.8%), 삼성중공업 12조 2597억원(97.4%), 삼성물산 11조 7,307억원(61.3%), 대한항공 10조 3,635억원(88.7%) 등 10곳이었다. 그룹별 해외 매출을 보면 삼성전자 등 5개 계열사가 포함된 삼성그룹이 173조 6,364억원으로 1위를 차지했다. 다음으로 현대자동차그룹(6개 계열사, 69조 4,282억원), LG그룹 (4개 계열사, 65조 7,123억원) 순으로 나타났다.[12]

토의사안

1. 세계 100대 기업의 초국적 지수(TNI) 요인 중 해외자산, 해외매출, 해외고용 비중을 살펴보고, 이들 수치가 의미하는 바에 대해 논하시오.

2. 세계 100대 글로벌기업의 초국적 지수(TNI) 순위를 보면 로열더치쉘, BP 등 정유사가 가장 많이 포진하고 있는데, 그 이유는 무엇이라 생각하는가?

3. 우리나라 30대 그룹별 해외매출을 보면 삼성전자 등 5개 계열사가 포함된 삼성그룹이 173조 6,364억원으로 1위를 차지했고, 다음으로 현대자동차그룹(6개 계열사, 69조 4,282억원), LG그룹(4개 계열사, 65조 7,123억원) 순이었다. 만일 이들 그룹이 내수시장에만 의존하고 해외시장에 진출하지 않았다면 과연 세계적인 기업으로 성장 가능하였을지에 대해 논하시오.

제 **2** 부

해외시장진출전략

Global
Strategic
Management

글로벌경영의 토대가 되는 해외시장진출의 전략적 대안으로는 수출, 해외직접투자, M&A, 라이선싱, 프랜차이징, 전략적 제휴 등 다양한 방식이 있다. 본서에서는 현지경영 차원에서 수출방식을 제외한 여타 진입방식, 즉 해외직접투자, M&A, 라이선싱, 프랜차이징, 전략적 제휴 등에 대해 살펴본다. 해외시장진출전략은 글로벌 다각화에 따른 자원 배분 관점에서 기업전략의 일환으로 볼 수 있다.

제 2 장
해외직접투자전략

해외직접투자(FDI: Foreign Direct Investment)란 외국 시장에서 경영 참여 및 소유권 획득을 위한 장기적 자본투자의 일환으로서 통상 생산시설 확충을 위한 자금투자와 모기업의 기술 및 경영 노하우의 이전이 수반된다. 따라서 해외직접투자는 외국회사의 주식이나 채권 매입, 외국금융기관에 대한 중장기 대부 등 자산운영에 의한 이자나 배당 또는 시세차익 획득을 목적으로 하는 단기적인 간접투자방식인 포트폴리오투자(portfolio investment)와는 대별된다.

해외직접투자는 〈표 2-1〉에 제시되어 있듯이 소유 지분율에 따라 완전소유자회사(wholly-owned subsidiary)나 합작회사(joint venture)의 형태를 띠며, 또한 진입방식에 따라 신설(greenfield) 또는 인수·합병(merge and acquisition)의 형태로 구분된다. 본장에서는 해외직접투자에 대해 포괄적으로 살펴보고, 3장과 4장에서 각기 합작투자와 인수·합병에 대해 구체적으로 살펴본다.

소유권 형태	진입방식 형태
단독투자(100% 완전소유권)	신설(Greenfield Investment)
합작투자 (공동소유지분)	인수·합병(M&A)

표 2-1
해외직접투자
유형

I 해외직접투자 동기 및 이론적 배경

1.1. 해외직접투자 동기

해외직접투자 동기는 크게 시장추구, 생산효율성추구, 자원개발추구, 지식추구, 대외환경 대응, 경쟁자 대응, 정부유치정책 등에 기인한다.

- **시장추구형**   시장추구형의 해외직접투자는 현지시장에서 자사 제품의 수요를 촉진하고 확대하는데 목적이 있다. 따라서 시장추구형 투자는 진출하고자 하는 투자대상국이나 인접한 지역 국가의 시장규모가 크거나 잠재적 성장 가능성이 높을 경우 유효하다. 이 경우 현지국에서 직접 생산을 통해 현지 소비자의 요구에 신속한 대응과 더불어 현지국에서 판매 및 서비스망 구축을 통해 시장 확대가 가능하다. 물론 현지 소비자의 요구와 기호에 맞는 제품을 개발하기 위해 현지국에서 직접 연구개발활동을 수행할 수도 있다.

- **생산효율추구형**   생산효율추구형 해외직접투자는 현지국의 풍부한 생산요소들을 효과적으로 활용하여 생산비를 낮추는데 목적을 둔다. 즉, 본국에서의 높은 인건비나 원·부자재 가격 인상 등으로 본국에서 생산해서는 가격경쟁력이 불리할 경우 이들 생산요소 비용이 저렴한 국가에다 직접투자를 통해 제품을 생산해내는 것이다. 주로 이러한 생산효율추구형 투자는 생산비용이 저렴한 개발도상국으로 많이 이루어진다. 예컨대 1980년대 후반 국내 임금의 급격한 상승으로 더 이상 가격경쟁력을 유지할 수 없어 섬유, 신발, 완구 등 노동집약적 산업에 종사하는 한국 기업들이 중국, 인도네시아, 베트남 등 아시아 개발도상국으로 대거 생산시설을 이전한 경우를 들 수 있다.

- **자원개발추구형**   원유, 광업, 농업, 임업 등과 같은 지하자원과 임수산자원을 개발 및 확보하기 위한 투자이다. 석탄, 석유, 알루미늄 등의 광물자원이나 원목, 커피, 양모 등 농·축·임산물을 원료로 사용하는 기업들은 원자재 확보 차원에서 현지에 투자를 한다. 이 경우 원자재를 직접수입할 경우 과다한 운송비 때문에 현지국에서 원자재를 일차 가공하여 본국으로 반입한 후 이들 원료로 제품을 생산하여 내수에 충당하거나 제3국으로 수출하기도 한다.

- **지식추구형**   외국의 선진 기술이나 경영관리 기법 등을 습득하기 위한 동기에서 비롯된 투자이다. 지식추구형 투자는 기술이나 지식 습득을 용이하기 위하여 기술수준이 높은 선진국 기업과의 합작 또는 인수·합병(M&A)의 형태를 취하는 경우가 많다. 정보, 지식, 기술, 고급인력 등이 풍부한 외국 지역에 투자할 경우 현지 선진기술과 지식을 습득하는데 유리하다. 예컨대 IT 등 첨단기술업종에 속한 기업들이 미국 캘리포니아

스탠포드대학 인근의 실리콘벨리에다 연구개발센터나 자회사를 설립하는 것도 지식추구형 동기에서 비롯된 것이다.

- **대외환경 대응**　현지국의 높은 무역장벽(관세, 쿼터 등), 국내의 급격한 임금 상승 및 노사갈등, 자국 통화의 지속적인 평가 절상 등 대외환경의 변화는 기업들로 하여금 대응전략으로서 해외직접투자를 촉진시키는 계기가 된다. 해외직접투자를 통해 무역장벽을 회피할 수 있고, 또한 자국 통화가 평가 절상되었을 경우 그만큼 해외직접투자 비용을 낮출 수 있다. 예컨대 1980년대 초반 일본 자동차업체들의 대미 직접투자는 미국 정부의 무역장벽과 엔화의 평가 절상에 기인한 바 크다.

- **경쟁자에 대응**　국내외 경쟁업체들의 해외생산 거점 확보에 자극 받아 해외직접투자에 편승하거나 또는 외국기업의 국내시장 진출에 따른 역대응 전략의 일환으로 상대국에 직접투자를 실시한다. 이 경우 해외직접투자가 경제적 타당성에 의거해서 결정되기보다는 주요 경쟁업체의 해외직접투자에 자극을 받아 반사적으로 해외직접투자 결정을 내리는 행태를 보이는데, 이러한 투자 행태를 Aharoni(1966)는 "편승효과(bandwagon effect)", 그리고 Knickerbocker(1973)는 "선두주자 추종(follow the leader)" 개념으로 설명하였다.[1] 즉, 과점적 산업 내의 한 기업이 해외직접투자에 나선다면 기존의 경쟁적 균형이 깨져 여타 경쟁기업들도 같이 해외직접투자를 시도함으로써 경쟁적 균형을 원상회복 하려고 한다는 것이다. 때로는 외국 경쟁기업이 자국 시장에 진출할 경우 경쟁적 균형을 맞추기 위한 역대응 전략의 일환으로 상대편 국가에 투자를 단행한다.

- **정부유치정책 활용**　해외직접투자는 현지국 정부의 외국인투자 유치지원책에 촉진되기도 한다. 선진국은 자국의 고용 증진을 목적으로, 그리고 개발도상국은 기술이전, 자금유입 등을 통한 자국 경제발전을 위해 세제 혜택, 금융지원, 공장부지 무상임대 등 다양한 외국인투자 유치지원책을 적극 펼친다.

- **복합적 동기**　해외직접투자가 어느 특정 동기에 의해 촉발되기도 하지만 통상 여러 복합적 동기를 띤다. 예컨대 중국이나 인도같이 전략적으로 중요한 시장에 대한 투자는 시장추구 동기도 있지만 현지국의 저렴한 노동력 활용을 위한 생산효율추구 동기도 작용한다. 예컨대 포스코

(POSCO)가 인도에 일관제철소 설립을 시도한 이유는 현지국의 저렴하고 숙련된 노동력 활용의 생산효율추구뿐만 아니라 현지 시장잠재력 개발을 위한 시장추구, 현지산 철광석 활용을 위한 자원개발, 인도 정부의 외국인투자유치정책 등 다양한 복합적 동기에 기인하였다고 볼 수 있다.

한편, 한국수출입은행이 우리나라 중소기업의 해외직접투자 동기를 분석한 결과, 현지시장 진출을 통한 시장 개척, 즉 시장추구 동기가 41.0%, 현지 생산을 통한 제3국 진출이 33.8%, 자원 개발이 13.5%, 수출 촉진이 5.9%, 저임 활용이 3.4%, 그리고 선진기술 도입이 2.2%로 나타났다.[2] 제3국 진출 및 저임 활용이 생산효율추구형 동기에 속한다고 볼 경우, 이는 생산효율추구형 동기와 시장추구형 동기가 비슷한 비중으로 우리나라 기업의 해외직접투자의 주된 동기임을 시사하는 것이다.

1.2. 수평적 해외직접투자 대 수직적 해외직접투자

수평적 해외직접투자

수평적 해외직접투자(horizontal FDI)는 본국에서 생산하는 동일한 제품을 외국에서 생산해내기 위한 투자이다. 따라서 현지국에서의 생산 공정은 본국에서의 생산 공정 절차와 동일하다. 예컨대 현대자동차가 중국이나 인도에서 같은 차종을 생산해내기 위한 투자 형태이다. 이러한 수평적 해외직접투자는 현지시장 잠재력 개발을 위한 시장추구형 동기에서 비롯되는 경우가 많다.

물론 국가별로 제품차별화를 위한 수평적 분업을 이룰 수 있다. 이를테면 고부가가치제품과 저부가가치제품 또는 대형제품과 소형제품을 별도로 상이한 국가에서 생산해 낼 수 있다. 예를 들어 일본 가전업체들이 범용 가전제품 생산은 아시아 신흥공업국(NICs)이나 아세안(ASEAN)으로 이관하고, 일본 내에서는 기술집약도가 높은 첨단제품 생산에 치중하는 경우이다. 현대자동차도 처음 인도 시장에 진출할 1996년 당시 현지 수요를 감안하여 소형자동차 생산에 치중하였다.

수직적 해외직접투자

수직적 해외직접투자(vertical FDI)는 해외에서 본국이나 제3국의 다른 공장으로 투입될 부품 등 중간재를 생산하거나 또는 본국이나 제3국에서 핵심

부품을 조달하여 해외에서 단순조립생산(off-shore manufacturing)을 해내기 위한 투자로서 주로 생산효율추구 동기에서 비롯된다. 이러한 수직적 해외분업생산은 1960년대 중반 미국, 유럽, 일본 등의 선진국 기업들이 대만, 한국, 홍콩, 멕시코 등 개도국에다 섬유, 밸브, 전기, 라디오, TV 등의 노동집약적인 부품 생산과 단순조립기지를 세우면서 촉발됐다.

예컨대 일본 도요타자동차는 1990년대 초 아시아 시장을 하나로 묶어 이 지역 4개의 공장에서 핵심 부품 양산을 위한 분업생산 체제를 구축하였다. 즉 필리핀에서 트랜스미션, 태국에서 플러어패널 디젤엔진, 말레이시아에서 스프링기어, 라디에이터 및 쇼크업소버, 인도네시아에서 가솔린엔진을 생산해냈다. 그리고 태국에다 연산 20만대 규모의 완성차 조립공장을 설립해 아세안(ASEAN) 역내 시장 및 동남아시아 전역을 겨냥한 수출전진기지로 삼은 바 있다.

1.3. 해외직접투자 이론적 배경

해외직접투자의 핵심적 이론으로는 독점적우위론, 내부화우위론, 입지우위론, 그리고 이들 세 이론을 통합한 절충이론을 들 수 있다.

- **독점적우위론(Monopolistic Advantage Theory)** 기업이 해외직접투자를 통해 현지자회사를 세워 사회, 문화, 정치, 경제, 법률 환경이 본국과 상이한 현지국에서 현지기업과 경쟁한다는 것은 그만큼 불리하며 위험성이 높다. 즉, 외국기업은 현지시장에 대한 정보부재, 의사소통의 어려움, 환위험, 정치적 위험, 문화적 장벽 등에 따른 외국인비용(liabilities of foreignness)의 문제를 맞게 된다. 따라서 이러한 불리한 외국인비용 부담을 상쇄시킬 수 있는 독점적우위를 기업이 소유하고 있어야만 성공적인 해외직접투자가 가능하다는 것이 독점적우위론의 핵심이다. 독점적우위의 원천으로는 연구개발능력, 생산공정기술, 제품차별화, 브랜드, 마케팅능력, 풍부한 자금력, 명성, 기업규모 등을 들 수 있다(Hymer, 1960; Kindleberger, 1969; Caves, 1971).[3]
- **내부화우위론(Internalization Advantage Theory)** 기업이 소유한 특허나 상표 등의 독점적우위를 라이선싱(licensing) 등을 통해 외부 기업에 공여해 주는(즉 외부화) 대신, 해외직접투자를 통해 독점적우위를 내부

적으로 통제(즉 내부화)하여 기술유출을 방지하고 장기적인 이익 창출을 모색할 수 있다는 것이 내부화이론의 핵심 논리이다. 요컨대 해외직접투자자란 수평적 또는 수직적 통합 목적의 현지자회사 설립에 따른 독점적우위에 대한 내부적 통제를 통한 장기적인 이익 창출 가능성, 즉 내부화우위(internalization advantages)에 기반한다고 볼 수 있다(Buckley and Casson, 1976; Rugman, 1980).[4] 이러한 내부화 유인(internalization incentives)은 제품 및 생산요소 시장의 불완전성에 따른 높은 거래비용 (transaction costs)으로 인한 시장실패(market failure) 때문이다. 즉 이들 시장이 불완전할 경우 이전되는 기술, 상표 등 생산요소의 정상시장거래 대신 기업내부조직을 통해 조정하는 것이 시장거래비용을 줄일 수 있어 더 효율적이 된다는 것이다. 시장실패의 원천이 되는 거래비용으로는 거래협상비용, 계약비용, 계약이행에 대한 불확실성, 시장거래에 따른 세금 비용 등을 들 수 있다(Coase, 1937).[5] 그러나 만일 시장이 완전하다면 모든 정보가 반영되어 모든 거래가 정상시장가격으로 이루어지게 되므로 거래를 내부화할 유인이 사라지게 된다(Williamson, 1971).[6]

- **입지우위론(Location Advantage Theory)** 입지우위론은 해외직접투자 대상국 선정과 관련된 이론이다. 입지우위 요인으로는 노동력, 천연자원, 시장규모, 정치적 안정성 등을 들 수 있다. 따라서 생산비용 절감 목적의 생산효율추구형 해외직접투자자는 현지국의 노동력, 생산요소 등을 투자 대상국 선정의 주요 요인으로 고려할 것인데 반해, 시장개발 목적의 시장추구형 해외직접투자자는 현지국의 시장규모와 성장성 등 시장잠재력 요인을 중요시 여길 것이다. 또한 세계 각국은 노동, 자본, 기술, 원자재 등의 생산요소와 관련하여 특유의 입지적 우위를 가지고 있기 때문에 노동력이 풍부한 국가는 노동집약적인 산업을, 자본이 풍부한 국가는 자본집약적인 산업을, 기술이 풍부한 국가는 기술집약적인 산업을, 그리고 천연자원이 풍부한 국가는 천연자원확보를 위한 투자를 외국으로부터 유치하는 데 유리하다(Vernon, 1974; Kravis and Lipsey, 1982).[7]

- **절충이론(Eclectic Theory)** 해외직접투자이론의 대가인 Dunning(1980)은 자원추구, 수입대체, 우회수출, 시장추구, 서비스 지원 등 해외직접투자 동기 및 유형에 따라 독점적우위, 입지우위, 내부화우위 등 세 우위 요인의 영향력에 있어 차이가 존재한다는 절충적 입장을 강조하였다

(표 2-2 참조). 이를테면 자원추구형투자인 경우 독점적우위 요인으로는 자본과 기술을 꼽았고, 입지우위 요인으로는 부존자원을, 그리고 내부화 우위 요인으로는 공급의 안정성 확보 및 시장통제를 꼽았다. 즉 이들 요인 모두가 원유, 철, 알루미늄 등 자원개발 산업분야 해외직접투자를 설명하는데 필요하다는 설명이다. 이러한 맥락에서 Dunning의 해외직접 투자이론을 독점적 자산에 대한 소유우위론(ownership advantages), 입지 우위론(location advantages), 내부화우위론(internalization advantages) 등 세 가지 우위론을 절충하였다하여 "OLI" 절충이론으로 일컫는다.[8]

한편, 〈표 2-2〉에서 수입대체형투자란 현지국의 수입규제로 그동안 수출을 통해 판매하던 방식에서 현지생산방식으로 대체함을 일컫는다. 예컨대 1980년대 초기에 미국 정부가 일본산 수입 자동차에 대해 높은 관세를 부과하자 도요타, 혼다, 닛산 등 일본 자동차 회사들은 미국 내에서의 현지생산

표 2-2

해외직접투자
결정요인

해외직접투자 동기/유형	독점적우위	입지우위	내부화우위	산업분야
자원추구	자본, 기술, 시장접근	부존자원	적정가격 및 공급 안정성 확보, 원자재 시장 통제	원유, 철, 아연, 알루미늄 등
수입대체	자본, 기술, 조직능력, 규모의 경제, 상표	원자재 및 인건비, 무역장벽, 투자인센티브	기술적우위 활용, 거래횟수, 정보비용 및 구매자 불확실성 통제	컴퓨터, 의약품, 원동기, 담배 등
수출기반	상기 요인 외에 시장접근성	저임금, 정부지원	수직적 통합의 경제성	가전제품, 섬유, 의류, 카메라 등
마케팅/유통	제품	시장규모, 소비자 접근성, 서비스망 등	판매망 확보 및 기업 이미지 보호	소비자와 밀접한 접촉이 요구되는 제품분야
서비스 지원	시장접근성	시장규모	노하우 활용, 판매망 확보, 기업이미지 보호, 시장통제	보험, 은행, 경영자문 등
기타	지역 다각화	시장규모	상기 요인	부동산, 항공, 호텔 등

출처: J. H. Dunning(1980), "Toward An Eclectic Theory of International Production: Some Empirical Tests," *Journal of International Business Studies*, (Spring/Summer), p. 13.

을 통해 수요 일부를 충족시켰다. 반면, 수출기반형 투자란 현지국에서 생산하여 본국이나 제3국으로 우회 수출하는 형태이다. 앞서 수직적 직접투자에서 설명했듯이 일본 도요타자동차가 우회수출전진기지인 인도네시아, 말레이시아 등의 국가에서 자동차 부품을 생산하여 우회수출을 통해 태국에서 조립하는 것을 말한다. 이는 ASEAN이라는 자유무역협정 국가 간 관세 혜택을 누리기 위함이다. 그렇다고 수출형 투자가 통상적으로 수직적 투자 형태만 띠는 것이 아니라 수평적 직접투자의 형태도 띤다. 기아자동차가 멕시코에서 자동차를 생산하여 미국으로 수출하는 것이 좋은 본보기다. 이 또한 북미자유협정(NAFTA)의 관세 혜택과 지리적 근접성으로 인한 운송비 절감을 누리기 위함이다. 요컨대 투자형태에 따라 독점적우위, 입지우위 및 내부화우위 요인에 있어 차이가 존재하며, 어떠한 투자 형태든 이러한 독점적우위, 입지우위 및 내부화우위 여부에 따라 해외직접투자 성과도 달라진다.[9] 한편, 외국투자기업의 독점적우위는 현지국 경쟁업체의 출현에 따라 모기업으로부터 제품과 기술을 이전 받아 보강하거나 또는 현지 연구개발 기능을 강화시켜 나가야만 지속적으로 유지 가능하다.[10]

Ⅱ 해외직접투자의 이점과 한계점

2.1. 해외직접투자의 이점

해외직접투자는 수출, 라이선싱 등의 여타 진입방식과 비교하여 여러 이점과 한계점을 갖는데, 우선 주요 이점을 들면 다음과 같다.[11]

첫째, 이론적 배경에서도 설명했듯이 수출이나 라이선싱과는 달리 해외직접투자는 직접적인 경영참여로 제품생산, 기술이전, 마케팅 등에 대한 높은 통제가 가능하여, 장기적으로 이익 창출을 도모할 수 있다는 이점이 있다.

둘째, 해외직접투자는 수출시 요구되는 운송비용의 절감과 현지국의 풍부한 노동력, 원자재, 천연자원 등의 활용으로 인한 생산비용 절감, 그리고 관세, 쿼터(quota) 등의 무역장벽을 회피할 수 있다는 이점이 있다.

셋째, 해외직접투자는 마케팅 측면에서도 여러 이점을 제공한다. 이를테면 현지경영을 통하여 현지 소비자의 기호에 맞는 제품 개발 또는 기존 제품을 수정할 수 있는 기회를 높이며, 현지생산을 통해 현지 소비자에게 더욱 신속한 제품 인도가 가능하며, 더 높은 수준의 판매 후 서비스를 제공할 수 있고, 또한 광고 등 촉진 기회를 높일 수 있다. 해외직접투자의 또 하나의 이점은 현지기업 이미지(local-company image)를 현지국의 여러 이해관계자(소비자, 정부, 지역사회 등)에게 인식시켜 줄 수 있다는 점이다.

2.2. 해외직접투자의 한계점

첫째, 해외직접투자의 최대 한계점은 수출, 라이선싱 등의 여타 진입방식에 비해 상대적으로 높은 자본투자와 그에 따른 높은 사업위험부담과 정치적 위험(국유화, 수용, 몰수 등)에 광범위하게 노출된다는 점이다. 물론 성공 시에는 큰 이익을 기대할 수 있지만 실패 시에는 재정적 위험부담이 매우 높다. 우리나라 '세계경영'의 선두 주자였던 대우그룹이 도산된 것도 경험 없이 너무 급진적인 해외진출과 그에 따른 무리한 외국기업의 인수·합병(M&A)에서 일부 원인을 찾을 수 있다.

둘째, 해외직접투자의 또 다른 한계점은 자본투자 회수기간이 길며, 그리고 사업실패 시 철수비용이 높다는 점이다. 현지국에서 경쟁자에 의한 높은 진입장벽(barriers to competition)이 존재할 경우 높은 투자 수익률을 기대하기 힘들고 또한 그만큼 실패 위험이 높다.

셋째, 해외직접투자의 경우 기업 자신의 기술이나 경영 노하우가 현지 기업들에게 이전되어져 장기적으로 경쟁력 약화를 초래할 수 있다는 한계점이 있다. 특히 합작투자의 경우 공동경영을 통해 자신의 독점적 기술이나 영업기밀이 현지 파트너에게 쉽게 유출될 가능성이 높다.

넷째, 해외직접투자에 의한 현지경영을 성공적으로 수행하기 위해서는 현지국 사정에 정통한 전문가가 요구되는데, 대다수 기업들이 유능한 지역전문가를 확보하는데 한계가 있다.

Ⅲ 해외직접투자 절차

해외직접투자에는 높은 자본투자와 위험부담이 수반되므로 해외직접투자 결정시 현지국의 투자환경과 해당 투자프로젝트의 사업타당성에 대한 철저한 분석이 요구된다. 통상 해외직접투자 결정 여부는 투자목적 평가, 투자입지 선정, 투자방식 결정, 투자수익성 분석 등의 절차에 따른다.

3.1. 해외직접투자 목적 평가

해외직접투자 결정 여부와 관련해서 우선 투자목적에 대한 면밀한 검토가 요구된다. 현지시장 잠재력 개발, 생산비용 절감, 원·부자재 확보, 무역장벽 및 환율 변동 등 외부환경에의 대응 등에 비추어 투자목적과 성과 목표치가 분명해야 한다.

3.2. 투자입지 선정

해외직접투자 목적이 적합하다고 판단되면 투자입지 선정, 즉 어느 국가의 어느 지역에다 투자를 할 것인지에 대한 결정을 내려야 한다. 입지 선정은 투자목적과 밀접히 연관된다. 만일 시장추구형 동기라면 시장규모와 잠재 성장성이 유망한 국가, 생산효율추구형 동기라면 노동력이 풍부하고 임금이 저렴한 국가, 자원개발추구형 동기라면 부존자원이 풍부한 국가, 그리고 지식추구형 동기라면 선진기술과 전문 인력을 보유한 국가 등이 유망한 투자 대상국이 된다. 어떤 동기나 목적으로 해외직접투자를 고려하든지간에 투자 후보 대상국 및 지역은 복수일 가능성이 높다. 따라서 투자 후보 대상국 지역들을 상호

표 2-3

투자대상국 입지평가 항목

일반사항	경제여건	산업여건	경제정책	금융시장
• 정치, 사회 • 인종 • 언어, 문화 • 국제기구가입 • 대외관계	• 경제성장 • 소득수준 • 물가 • 환율 • 재정적자/외채	• 산업구조 • 산업기반시설 • 수출입실태 • 부존자원 • 산업단지	• 경제개발정책 • 무역/투자정책 • 외환관리 • 관세제도 • 독점금지법	• 자본시장발달 • 금리 • 자금조달 • 개방화 • 금융제도
조세정책	**외자정책**	**투자제도**	**법적제도**	**노무환경**
• 조세제도 • 세율, 관세 • 조세감면 • 이전가격 규정 • 조세협정	• 우대/규제업종 • 지분제한 • 송금제한 • 자유무역지대 • 외자도입정책	• 투자절차 • 투자인센티브 • 투자기관 • 중앙정부 • 지방정부	• 설립 인허가 • 회계/감사 • 청산	• 임금 • 생산성 • 고용조건 • 이직률 • 노사관계
기술여건	**생산여건**	**시장잠재력**	**정주환경**	**기존진출현황**
• 고급인력 • 기술정보 • 기술교류	• 운송비 • 부품조달 • 공급망 • 사회간접자본	• 시장규모 • 유통망 • 경쟁업체 • 수출입제한 • 수출의무조항	• 주거환경 • 교육환경 • 문화시설	• 진출실태 • 경영성과 • 진출동기 • 성공/실패이유

비교하는 절차를 거치게 된다.

투자대상국 입지 평가를 위한 구체적인 조사항목을 살펴보면 〈표 2-3〉에 제시된 바와 같이 정치, 사회, 문화 등에 관한 일반사항, 경제성장, 소득수준 등에 관한 경제상황, 임금, 노동력, 생산성, 부품조달 등에 관한 생산여건, 시장규모 등에 관한 시장여건, 산업구조, 기술기반, 경쟁상태 등에 관한 산업여건, 금리, 자금조달 등에 관한 자본시장여건, 조세, 관세 등에 관한 세제여건, 외자도입, 투자인허가 등에 관한 외자정책여건, 전기, 통신, 도로, 항만 등에 관한 사회간접자본여건, 그리고 주거, 교육, 문화시설 등에 관한 정주여건 등이 주요 평가 대상이 된다.

일반적으로 기업은 생산입지 선정에서 투자대상국의 일반적 투자환경도 중요하게 고려하지만, 이보다는 투자대상국 내 몇몇 유망 지역들에 한정해 이들 지역의 투자여건을 상호 비교하는 방식을 취한다. 예를 들어, 최근 독일의 BMW자동차사는 4억 달러 규모의 해외공장시설의 입지 선정을 위해 3년간에 걸쳐 10개국 250여 개 지역을 비교·검토하였는데, 미국의 네브라스카 주와 사우스캐롤리나 주 두 지역으로 압축하여 최종적으로 사우스케롤리나 주를 선정한 바 있다.

3.3. 투자방식 결정

해외직접투자 방식은 소유지분구조에 따라 단독투자 대 합작투자로 대별된다. 단독투자는 100%의 현지자회사 지분을 소유하는 형태이고, 합작투자는 파트너와 현지자회사의 소유지분을 공유하는 것이다. 50% 대 50%의 균등지분 형태가 일반적이나, 50% 보다 많은 다수지분을 소유할 수도 있고 50%보다 적은 소수지분을 소유할 수도 있다. 한편, 현지국에 새로 회사를 설립하느냐 아니면 기존의 현지기업을 인수하느냐에 따라 신설 대 인수·합병(M&A)으로 구분된다.

신설 대 M&A 결정은 투자기업의 자원, 역량, 사업경험 및 시급성 등에 의해 좌우된다. 첫째, 해외직접투자 사업이 관련사업 다각화일 경우 투자기업은 해당 사업에 대해 이미 자원(기술 등) 및 역량(경영관리 역량 등)의 보유와 더불어 축적된 사업경험으로 얼마든지 현지국에 현지자회사를 신설할 수 있다. 그러나 비관련사업 다각화일 경우 투자기업은 현지자회사 설립과 운영을 위한 자원과 역량은 물론 경험도 부족하다. 따라서 현지자회사를 신설할 경우 그만

큰 사업 실패 위험이 높아진다. 이 경우 인수를 통해 현지기업이 보유하고 있는 자원과 역량을 그대로 전수받아 사업위험 부담을 낮출 수 있다.

둘째, 신설에는 투자인허가부터 공장건설, 판매망 구축 등 상당한 시간이 소요된다. 반면 현지기업을 인수할 경우 시간적 낭비 없이 바로 현지사업을 시작할 수 있다. 따라서 경쟁사보다 먼저 진입하여 선두지위 구축이 시급하다면 현지기업을 인수하여 신속히 진출하는 것도 한 대안이 된다.[12]

또한 단독투자로 진출할 것인가 합작으로 진출할 것인지에 대한 결정을 내려야 하는데, 이에 대한 이론적 배경은 다음 장의 합작투자 부분에 설명되어져 있다.

3.4. 투자타당성 분석

해외직접투자 타당성 여부의 최종 결정은 수익성 분석을 통해 좌우된다. 만일 해외직접투자 수익성이 여타 진입방식, 즉 수출이나 라이선싱 등의 수익성보다 불리하다면 굳이 해외직접투자로 진출할 필요가 없는 것이다. 따라서 최종 투자결정은 판매수입 대비 비용에 따른 수익성에 근거한다. 손익분기점 또는 투자금 회수시기 또한 중요한 고려 사항인데, 업종에 따라 차이가 나지만 보통 5년 내에 이루지는 것이 투자위험에의 노출을 경감할 수 있다. 만일 투자수익률이 기대치 이하라면 다른 대안을 모색해야 한다.

투자수익성 분석은 현지국에서 판매수입(시장규모 등)과 비용(생산비용, 노무비용, 마케팅비용, 자금조달비용 등)에 영향을 미치는 제 요인에 대한 평가에 기반한다. 한편, 해외사업의 투자타당성 분석 시에는 외국인비용(foreign business costs)이 감안되어야 한다. 외국인비용이란 현지국의 이질적인 사업환경, 현지국 정부의 차별적 정책, 그리고 현지 소비자의 외국 제품에 대한 적대감에서 비롯되는 비용부담을 포괄하는 개념이다. 이를테면 정치적 위험과 문화적 이질감이 클수록 외국인비용 부담은 더욱 높아진다. 따라서 해외투자사업에 대해서는 국내투자사업 시에 적용되는 기준수익률(hurdle rate)에다 외국인비용에 따른 리스크 프리미엄(risk premium)을 추가시켜 투자타당성을 판단할 필요가 있다. 예컨대 국내투자 시에 적용되는 투자타당성 기준수익률이 15%인 경우, 해외투자사업에 대해서는 10%의 리스크 프리미엄이 추가된 25%의 할인율을 적용시키는 것이다. 정치적 위험 감안 시에 유의할 점은 국유화, 강제적 수용 등과 같은 정치적 위험이 투자회수기간(payback period) 후에 발생될 것인지, 아니면 투자회수기간 내에 발생될 확률이 높을 것인가에 대한 예측이다. 만일 투자회수기간 후에 발생될 확률이 높다고 예측되면 해외사업 위험부담은 그 만큼 낮아진다.

Ⅳ 해외직접투자 정책 및 협상

4.1. 외국인투자에 대한 현지국 정부 정책

해외직접투자는 현지국의 정치, 경제, 사회 전반에 걸쳐 긍정적인 영향을 미치지만 또한 부정적인 영향도 있다. 현지국에 대한 외국인투자의 긍정적 공헌으로는 자본유입, 고용창출, 수출증진 및 수입대체효과를 통한 무역수지 개선, 기술이전, 연계산업발전, 경쟁촉진 등을 들 수 있다. 반면, 현지국에 대한 외국인투자의 부정적 영향으로는 외국자본에 의한 경제종속, 초과실송금과 이전가격으로 인한 외화유출, 이질적 외국 문화의 유입으로 인한 자국 문화의 훼손 등을 지적할 수 있다.

특히 해외직접투자는 현지국 경제에 지대한 영향을 미치므로 각국 정부는 외국인투자 허용업종, 허가신청 및 절차, 투자규모, 투자비율 등에 대한 규제를 통하여 외국인투자를 관리한다. 특히 주요 전략산업에 대해서는 외국기업에 의한 인수·합병이나 소유권을 제약하는 경우가 많다. 일반적으로 현지국 정부는 해외직접투자의 공헌을 최대화하고 피해를 최소화시킬 목적으로 〈표 2-4〉에서 보는 바와 같이 다양한 규제 및 유인책을 동시에 시행한다.[13]

외국인투자 규제정책	외국인투자 유인정책
• 소유지분 규제(합작 또는 현지인 소유지분 의무화) • 현지산 사용요구(local content requirement) • 현지인 채용 의무화 • 수출의무규정 • 연구개발의 현지화 및 기술이전 • 현지종업원에 대한 교육훈련	• 보조금(고용, 직업훈련비, 설비자금, 운영자금, 부지, 건물, 연구개발, 지역개발 등) • 장기저리 융자 및 대출 보증 • 조세(법인세, 소득세, 영업세, 재산세, 취득세 등) 감면 또는 면제 • 과실송금(배당금, 로열티 등) 및 해외차입금 이자에 대한 원천과세 면제 • 공장이나 설비에 대한 가속감가상각 허용 • 이중 공제(연구개발비, 종업원 교육훈련비 등) 및 누적 손실분 이월 인정 • 원자재, 부품 및 설비 수입에 대한 관세 환급 또는 면제

표 2-4

외국인투자에 대한 현지국 정부 규제 및 유인정책

4.2. 현지국 정부와의 협상

외국인투자에 대한 현지국 정부의 심사기준은 투자업종 및 규모에 따라 상이하고 그 적용 또한 매우 유연하다. 외국인투자에 대한 규제 및 지원 정책 준거로 사회적 비용/편익분석(social cost/benefit analysis)이 활용된다.[14] 요컨대 사회적 비용 대비 편익이 높을 경우에는 적극적인 지원책을 쓰지만, 그 반대의 경우 강력한 규제가 적용될 가능성이 높다.

일단 현지국에 투자가 이루어진 후에는 외국투자기업은 현지국 정부의 정책적 포로 입장에 놓이게 되므로, 현지국에 대한 투자 후보다는 투자 전에 현지국 정부에 대해 더 높은 교섭력(bargaining power)을 발휘할 수 있다. 따라서 외국투자기업은 투자 전에 현지국 정부와의 협상에 있어서 현지국에 대한 경제적 공헌도를 협상무기로 삼아 최대한의 지원을 이끌어내는 것이 중요하다.[15] 현지국에 대한 경제적 공헌도로는 고용증대, 기술이전, 현지 연구개발 및 연구전문인력 육성, 수출증대, 현지산 원자재 사용, 지역사회 기여 등을 꼽을 수 있다.

 토의문제

1. 다양한 해외직접투자 동기에 대해 설명하시오.
2. 수평적 해외직접투자 대 수직적 해외직접투자 차이점에 대해 설명하시오.
3. Dunning(1980)의 해외직접투자 절충이론의 핵심 내용이 무엇인지 설명하시오.
4. 해외직접투자의 이점 및 한계점에 대해 설명하시오.
5. 해외직접투자의 절차에 대해 설명하시오.
6. 외국인투자기업의 현지국 정부에 대한 협상력과 현지국 정부의 유인책에 대해 설명하시오.

한국 기업이 중국에 본격 뿌리내리기 시작한 것은 1992년 한·중 수교 이후부터다. 1990년대에는 현지의 저임금 활용 등을 통한 가격경쟁력 확보 및 수출 촉진을 위한 진출이었다면 2000년대 이후부터는 새로운 시장 확보를 위한 투자가 늘었다. 1985년 홍콩에 처음으로 삼성그룹 중국총괄을 가동한 삼성은 1992년 중국 동관지역에 삼성전기 생산법인을 세우면서 중국 시장에 본격 진출했다. 그 후 삼성 중국본사(중국삼성)가 1995년 출범해 현재 삼성 23개 계열사가 중국 내 155개 거점을 갖고 있다. 삼성전자만 2016년말 기준 2개의 중국 본사, 12개의 생산법인, 2개의 판매법인, 8개의 R&D센터, 1개의 디자인센터를 갖고 있을 정도로 중국 사업이 확대되었다. 삼성전자의 대표적인 생산기지로는 톈진(TV, 휴대전화, 모니터, 카메라), 쑤저우(생활가전, 반도체, 노트북), 선전(휴대전화), 후이저우(휴대전화), 시안(반도체) 등이 꼽힌다. 또한 경쟁력 확보를 위해 베이징과 상하이, 광저우, 청두, 선양 등에 판매지사를 세웠다. 그사이 여타 삼성 계열사들의 중국 사업도 활발히 진행되었다. 삼성SDI는 1995년과 1996년에 각각 선진과 톈진에 생산법인을 설립해 CRT(브라운관 음극선관)와 2차전지 등을 생산하고 있다. 톈진과 동관에선 삼성디스플레이와 삼성전기가 각각 생산법인을 운영 중이다.

삼성은 지금까지 중국을 생산·판매기지로 주로 활용하는 전략 1.0을 구사했으나 최근 중국에서 부품을 조달하고 연구개발(R&D)까지 진행하는 전략 2.0으로 업그레이드했

다. 즉, 중국 내에 R&D-부품 조달-생산-판매로 이어지는 일관체제를 구축해 현지에 제2의 삼성을 만든다는 전략에 박차를 가하고 있다. 이를 통해 가격경쟁력을 높여 시장점유율을 늘리고 중국 경제에도 기여한다는 게 삼성의 생각이다. 삼성은 우선 중국 내 제2의 삼성 구축 전략을 실현하기 위해 양적 투자에 적극 나서고 있다. 중국 사업을 총괄하는 '중국삼성'은 인력이 2005년 5만여 명에서 2010년 말 9만 1,000명까지 늘어났고, 2013년에는 13만여 명에 이르렀다. 특히 R&D 인력은 현재 4,800여 명에서 앞으로 10년 이내에 7,000여 명으로 46%나 확대한다는 계획이다. 중국 규격·표준을 충족시키고 중국 정부·소비자 요구에 부응하려면 현지 R&D 체계를 구축해야 하고, 이 과정에서 관련 인력 충원은 필수적인 일이다. 삼성은 중국에서 R&D 투자를 2011년 1억 8,000만 달러(약 1930억원)에서 향후 3억 달러로 늘릴 방침이다. 삼성은 그룹 전체로 중국에 현재 R&D센터 24개를 두고 있다. 또 중국 삼성그룹 매출도 2005년 253억 달러에서 2010

그림 2-1   삼성전자 중국 주요 거점

년 514억 달러로 2배 이상 증가했다. 삼성전자만 중국 매출이 2012년 28조2000억원에서 2013년 40조1000억원으로 42% 넘게 늘어났다. 중국시장의 중요성이 날로 커지자 그동안 중국 삼성의 대표를 사장급 이하의 임원이 맡아왔으나, 2010년부터 부회장급으로 격상시켰다.

중국 사업을 확대하기 위해 삼성전자의 경우 2012년 9월 총 투자금액 70억 달러(약 7조4900억원)를 들여 첨단 10나노급 낸드플래시 메모리 생산을 위해 중국 시안에 차세대 반도체 생산라인을 건설했으며, 2017년 8월 산시성 정부와 협약을 맺고 시안 2공장에 70억 달러(약 8조 원)를 우선 투자한데 이어, 2019년 80억 달러의 추가 투자를 결정했다. 글로벌 IT 기업들의 주요 거점이자 최대 시장인 중국에 생산단지를 구축해 안정적인 생산체계를 구축하겠다는 의도다. 2단계 투자프로젝트가 완료돼 풀가동에 들어가면 매월 13만 장의 웨이퍼를 생산할 수 있는 능력을 갖출 전망이다. 이는 삼성전자의 전 세계 웨이퍼 생산량의 40%에 해당된다.

또한 삼성전자는 중국 쑤저우에 7.5세대 LCD패널 공장 착공을 계기로 앞으로 중국 내 부품조달을 늘려 TV사업 등을 더욱 강화할 방침이다. 특히 부품을 공급하는 업체에 대해서는 삼성의 철저한 협력사 관리 시스템을 도입해 품질을 끌어올릴 계획이다. 여기서 생산되는 LCD패널들은 삼성전자 중국 TV 생산라인 등에 공급돼 부품의 현지조달이라는 전략 2.0을 실현하는 밑바탕이 될 수 있기 때문이다. 삼성은 그동안 중국·대만으로 나뉘어 있던 중화권 부품 조달을 중국에서 통합해 담당하도록 했다. 부품 조달의 핵심기능을 대만에서 중국으로 옮긴 것이다.

이러한 투자전략의 결과로 삼성전자는 2000년대 초반까지만 해도 휴대폰과 TV, 냉장고, 세탁기 등의 점유율이 모두 두 자릿수를 넘으며 중국에서 호황을 누렸다. 하지만 이후 수많은 중국 기업들이 값싼 제품을 쏟아내면서 상황이 급변했다. 특히 중국 정부가 2009년부터 농민들이 가전제품을 사면 보조금을 주는 '가전하향' 정책을 펴면서 현지 경쟁사들이 빠르게 성장하며 삼성을 위협하기 시작했다. 게다가 삼성전자 같은 글로벌 전자업체 5~8개를 키우겠다는 중국 정부의 구상은 삼성전자의 입지를 더욱 좁히고 있다. 결국 삼성전자는 휴대폰을 제외한 TV, 냉장고, 세탁기 등에선 한 자릿수 점유율로 떨어졌다. 최근에는 이런 사정이 더욱 악화됐다. 2013년까지만 해도 삼성은 중국내 스마트폰 점유율 1위였다. 하지만 점점 하락하기 시작하더니 2014년 2분기 1위 자리를 중국 샤오미에 내준 이후 삼성은 매년 판매량이 줄어들면서 2015년에는 5위까지 밀려났다. 삼성 앞으로 화웨이, 샤오미, OPPO, Vivo 등 4개의 중국 토종업체가 자리하고 있다. 결국 2017년 말에는 시장점유율이 2% 미만으로 10위권 밖으로 밀려났다가, 2020년 상반기에는 판매량 170만여 대로 7위를 기록한 가운데 시장에서 1.2%의 점유율을 차지했다. 1위는 화웨이(서브 브랜드 아너 포함)이고 애플은 4위를 차지했다. 2019년과 2020년에 걸쳐서는 중국내 인건비 상승으로 대량생산의 이점이 사라져 삼성전자의 유일한 마지막 해외 PC제조공장인 쑤저우 PC공장을 중단한데 이어, 중국내 마지막 스마트폰 생산시설이었던 광둥성 후이저우 공장 가동도 중단하고 사업장을 베트남으로 이전시켰다.

이러한 중국 내 불리한 사업환경 여건하에

서 중국 토종 업체처럼 값싼 가격으로 맞설 수도 없는 형편이었다. 따라서 프리미엄 브랜드의 지위도 잃지 않고 점유율도 올릴 수 있는 삼성만의 전략이 요구됐다. 지난 2013년 3월 중국삼성이 발표한 '삼성 CSR 시범지역 프로젝트'가 첫 번째 시도다. 중국 내 거점 지역에서 대규모 투자와 사회적 책임(CSR)활동을 병행하는 것으로 시안에서 첫 테이프를 끊었다. 삼성전자는 반도체 후공정 라인 건설까지 포함해 총 75억 달러를 투자하는 시안을 'CSR 시범구'로 정하고 사회공헌 활동을 집중하기로 했다. 이에 중국삼성과 산시성은 '정부 지도, 기업 주체, 광범위한 협력, 조화로운 발전'이라는 원칙 아래 앞으로 5년간 CSR을 함께 추진하기로 했다. 이를 통해 양측이 첨단기술을 발전시키고 중국 경제 발전에 함께 기여한다는 이미지를 구축할 수 있을 것으로 기대하고 있다.

또한 삼성은 시안을 중국의 서부내륙 연구개발(R&D) 거점으로 만들 계획이다. 삼성전자는 2010년 베이징에 통신연구소를 설립하는 등 중국에 8곳의 R&D 센터를 운영하고 있다. 그러나 생산라인이 있는 동부나 남부 해안 지역에 R&D 센터가 몰려 있다. 삼성은 이번에 '시안 R&D센터'를 완공해 이런 지역적 편중 문제를 일부 해결할 수 있을 것으로 보고 있다. 삼성은 처음엔 시안에서 200여 명의 연구인력으로 운영을 시작한 뒤 인원을 점진적으로 확대해 반도체와 스마트폰, TV, 통신장비 기술을 개발할 계획이다. 시안 R&D센터에서 중국 특화 제품을 연구해 서부 내륙 시장을 장악할 수 있는 전진기지로 활용할 방침이다. 구체적으로 삼성전자는 산시성 주변 대학에 반도체뿐 아니라 첨단 정보기술(IT)을 연구할 수 있는 고급 인력이 많아 이들을 채용해 다양한 분야에서 협력을 강화할 계획이다.

중국 사업에 몰두하는 삼성이 앞으로도 더욱 주의를 기울여야 할 점이 많다. 특히 중국의 변화하는 노무 환경과 이에 따른 부품공급 차질 가능성 등은 유념해야 할 대목이다. 이미 베이징 현대차 등 중국에 진출한 한국 기업들은 임금 상승과 파업, 정부 규제 등 노무 환경 변화에 따른 부품생산과 조달에 차질을 빚은 바 있다. 특히 최근 불거진 미국과 중국 간의 경제 마찰은 반도체를 비롯한 주요 품목에 걸쳐 글로벌밸류체인의 대폭적인 전략적 전환을 요구하고 있다.

 토의사안

1. 삼성의 중국내 투자 '전략 2.0'이 의미하는 바를 논하시오.

2. 2009년에 들어와 중국내 삼성 사업(휴대폰, 가전 등)의 시장점유율 하락 원인에 대해 설명하시오.

3. 중국에서 삼성이 고급 브랜드 이미지를 유지하면서 시장점유율도 올릴 수 있는 전략 방안에 대해 논하시오.

4. 중국 내에서 삼성이 앞으로도 더욱 주의를 기울여야 할 중국사업 환경 변화와 그 대처 방안에 대해 논하시오.

제 3 장
국제합작투자전략

외국투자기업은 합작(joint venture)을 통해 현지국 시장에 진출할 수 있다. 합작투자는 소유 지분율에 따라 다수지분(majority), 소수지분(minority), 50% 대 50%의 균등지분(equality) 등 세 유형을 띤다. 전통적으로 경영권 통제의 목적으로 단독투자가 선호되어왔으나, 최근 글로벌경쟁의 심화, 해외소비자 기호의 다양화, 제품수명주기 단축 등의 이유로 기업들은 자신의 부족한 자원이나 능력을 보완해 줄 수 있는 파트너와의 합작을 통해 신속히 해외시장에 진출하는 추세를 보이고 있다. 이와 관련하여 본장에서는 합작투자의 동기와 장단점, 파트너 선정 및 합작기업의 전략적 관리방안에 대하여 중점적으로 살펴본다.

I 국제합작투자 동기 및 장단점

1.1. 국제합작투자 동기

국제합작투자 동기는 크게 기업에 의한 자발적 동기와 외부규제에 의한 비자발적 동기로 대별된다.

첫째, 자발적 동기란 사업위험, 정치적 위험, 문화적 차이 등에 따른 현지경영의 어려움과 위험부담에 대응하고, 또한 기술, 브랜드, 마케팅, 인적자원, 자금 등에 걸쳐 자신의 부족한 자원을 파트너로부터 제공받기 위하여 단독투자 대신 전략적으로 합작투자를 택하는 경우를 일컫는다. 대부분의 국제합작투자 동기가 이에 해당된다.

둘째, 비자발적 동기란 현지국 정부의 외국인 소유지분 규제정책으로 인해 외국투자기업은 어쩔 수 없이 합작투자를 택하게 되는 경우를 일컫는다. 특히 개발도상국들은 외국기업으로부터의 기술이전과 전략산업의 보호 및 육성을 목적으로 외국기업에 의한 단독투자 대신 자국 기업과의 합작투자를 장려한다. 예컨대 유고슬라비아, 루마니아, 폴란드 등의 동구권 국가들과 중국은 전력, 통신, 교통 등 기간산업에 있어 외국기업과 자국 기업과의 합작투자를 강력히 장려하고 있다.[1] 현대자동차도 2002년 중국투자 당시 베이징자동차와 50대 50 합작투자 형태를 취하였는데, 이는 중국 정부의 외국인 소유지분 규제정책에 때문이었다. 만일 소유지분 규제가 없었다면 인도에서처럼 100% 단독투자로 진출하였을 것이다.

중소기업진흥공단이 254개 국내중소업체를 대상으로 조사한 외국기업과의 합작투자 동기를 살펴보면 기술개발의 한계가 106개사(53.5%), 수입대체 목적이 52개사(20.5%), 해외시장개척 목적이 45개사(17.7%), 자본조달 동기가 5개사(2.0%), 그리고 외국상표에 대한 선호가 2개사(0.8%)로 나타났다.[2] 이는 외국 선진기술의 습득이 국내중소기업이 외국기업과의 합작투자를 추진하는 가장 중요한 동기임을 시사하는 것이다.

1.2. 합작투자의 이론적 배경

기업이 해외직접투자 시 단독투자 대신 합작투자로 진출하는 이유에 대한 다양한 이론적 배경이 존재한다. 단독투자는 100% 지분 출자가 요구되므로 그만큼 투자 자금이 많이 소요되고 사업위험부담 또한 높다. 그러나 단독투자의 경우 현지자회사 경영을 통제할 수 있고 투자 수익금을 전유할 수 있다. 반면, 합작투자는 투자 자금을 파트너와 분담하므로 그만큼 비용 및 사업위험부담을 낮출 수 있다. 그러나 합작투자의 경우 파트너와 경영 통제권 및 수익을 공유해야 한다. 따라서 합작투자 결정 시에는 비용(cost), 위험(risk), 통제(control), 수익(profit) 등 네 요인을 고려해야 한다. 이와 관련 거래비용이론, 조직실패이론, 자원준거이론, 실물옵션이론 등을 준거기준으로 삼을 수 있다.

거래비용이론(transaction costs theory) 관점

우선 국제합작투자의 이론적 배경으로 거래비용이론을 들 수 있다. 즉 거래비용에 의거해 합작투자방식을 결정하는 것이다. 거래비용이론은 시장의 불확실성과 복잡성, 소수의 교섭자, 정보의 비대칭성 등과 같은 시장의 불완전성으로 인한 시장실패에서 비롯되는 거래비용(예를 들면, 탐색 및 협상 비용, 협약준수 및 이행 비용, 거래특유투자, 기회주의 등)이 높게 예상될 경우 정상적인 시장거래 대신에 해당 거래의 내부화를 통해 거래비용을 절감할 수 있다는 논리이다. 따라서 거래비용은 시장과 위계조직의 선택 준거로 작용한다 (Williamson, 1975, 1979).[3] 또한 Williamson은 정상적인 시장거래와 위계조직 간에 중간 형태인 준시장거래(quasi-market) 또는 준위계조직(quasi-hierarchy)의 성립 가능함을 제시하였다. 준위계조직이란 안정적 거래관계 유지를 위해 거래 당사자 간에 의무수반 계약을 바탕으로 하는 쌍무적인 지배구조(bilateral governance) 특징을 띠는데, 합작이나 전략적 제휴가 거래관계의 연속성 측면에서 이에 해당된다고 볼 수 있다.

합작투자를 설명하는 첫 번째 거래비용 요인으로는 생산요소 시장의 불완전성에서 비롯되는 시장실패(market failure) 비용을 들 수 있다. 예를 들어, 투자기업의 독점적 기술이나 상표 등 무형자산에 대한 정확한 시장가격을 산정하기란 어렵다. 만일 합작투자 시에 상대 파트너가 무형자산의 가치를 과소평가할 경우 투자기업은 무형자산에 대한 정당한 대가를 못 받아 손해를 볼 수 있다. 따라서 투자기업은 합작투자 대신 단독투자를 통해 독점적 기술이나 브랜드에 대한 가치극대화를 꾀하고자 할 것이다.

둘째는 기술유출 가능성이다. 합작투자는 독점적 기술이 파트너 측에게 유출될 위험이 높다. 이 또한 기회비용으로서 거래비용의 일환이다. 장래에 합작 파트너가 이 기술을 전수받아 경쟁자로 부상할 수 있기 때문이다.

셋째, 합작투자는 적합한 상대 파트너를 발굴하기 위한 많은 정보탐색비용이 요구되고, 계약 체결을 위해 협상과정을 거쳐야 한다. 합작투자 후에는 파트너에 대한 감시와 통제에 따른 제비용이 요구된다. 이러한 정보탐색비용, 협상비용 및 감시비용 또한 거래비용의 일환이다. 따라서 유망한 파트너를 발굴하기 어려울 경우 합작에 따른 거래비용이 높아질 수밖에 없어 단독투자가 더 유효시 된다.[4]

이와 같은 거래비용이론에 따르면 해외직접투자 시에 무형자산 가치 산정의 불확실성, 기술유출 등에 따른 거래비용이 높게 예상될 경우 거래비용 최소화를 위해 단독투자가 선호될 것이며, 반면 이러한 거래비용이 크지 않다고 판단될 경우 합작투자를 통해 사업위험 부담을 낮출 수 있다는 것이다.

조직실패이론(organizational failure) 관점

합작투자 결정에 영향을 미치는 또 다른 이론으로는 조직실패이론을 들 수 있다. 조직실패 개념은 거래비용에 따른 시장실패와 상치되는 개념이다. 해외 직접투자 시에는 현지국의 상이한 사업 환경으로 인해 조직실패 위험이 매우 높다. 이질적인 문화적 환경, 정치적 위험, 거리적 차이 등으로 인해 현지자회사에 대한 관리의 어려움에 따른 제비용, 즉 관료비용(bureaucratic costs)이 수반되는데, 이로 인해 조직실패 위험이 높아진다. 따라서 전혀 상이한 사업 환경으로 인해 조직실패 위험이 높은 국가에 투자를 할 경우에는 단독투자 대신 합작투자를 통해 투자비용 및 조직실패 위험을 분담하는 것이 합리적인 결정이 된다.[5]

자원준거이론(resource-based theory) 관점

자원준거이론 또한 합작투자 결정 시에 준거가 된다. 자원준거이론의 요지는 기업은 다양한 자원으로 구성된 실체이고, 동종 업종에서 기업 간 성과 차이가 기본적으로 각 기업이 보유하고 있는 내부적인 자원의 이질성 때문에 기인한다는 것이다. 특히 Barney(1991)는 지속 가능한 경쟁우위를 창출할 수 있는 자원의 속성으로 가치성(value), 희소성(rarity), 비모방성(inimitability), 비대체성(nonsubstitutable) 등을 든다. 즉, 가치 있고, 희소하고, 모방할 수 없고, 대체하기 어려운 자원을 많이 보유할수록 기업은 지속적인 경쟁우위를 누릴 수 있다는 것이다.[6] 단독투자를 수행하기 위해서는 투자기업은 이러한 네 가지 속성을 지닌 자원을 보유하고 있어야 한다. 대표적인 자원으로는 기술, 브랜드, 마케팅 능력, 인적자원 등을 들 수 있다. 해외직접투자 이론적 배경에서 설명되었듯이 이러한 이질적 자원 보유는 독점적우위의 원천이 된다. 만일 투자기업이 독점적인 자원이나 능력을 보유하고 있지 못할 경우 합작투자를 통해 파트너의 도움을 받아야 한다. 즉, 단독투자에 대한 합작투자의 당위성은 파트너 간 자원공유에 있다.[7] 합작투자 시에 통상적으로 외국투자기업은 기술이나 브랜드를 제공하고, 현지 파트너는 자금이나 현지 판매망을 제공함으로써 경쟁적 시너지 효과의 극대화를 기할 수 있다.

실물옵션이론(real option theory) 관점

합작투자는 불확실한 사업 환경 속에서 장래에 경영자가 보다 나은 성과를 올리기 위해서 필요한 자원과 능력을 결정짓는다는 전략적 옵션의 관점에서 접근할 수 있다. 이러한 옵션 전략과 관련하여 실물옵션이란 현지 여건에 따라 투자규모를 확대하거나 축소해나가는 전략이다. 현지시장 전망이 불투명하고 또한 투자기업 자신의 내부 자원이나 능력도 단독투자로 진출하기에는 역부족이라고 판단될 경우 사업위험 부담을 낮추기 위해 일단 합작투자로 진출한 후, 현지시장 전망이 호전되거나 현지시장에 대한 경험과 지식 축적으로 독자적인 경영을 통해서도 수익 창출이 가능하다고 판단되는 시점에 합작지분을 높여가거나 또는 파트너의 지분 전체를 인수하는 옵션을 택할 수 있다. 물론 반대로 현지시장 진출 후 사업전망이 더 악화되거나 정치적 위험, 강력한 경쟁자 출현 등 예기치 못한 불리한 상황이 발생될 경우 합작지분을 축소하거나 지분 전체를 매각하는 옵션을 택할 수 있다. 이러한 실물옵션의 예로 〈표 3-1〉에서 보듯이 일본 도레이사와 한국 (주)새한 간 설립된 합작회사(TSI)를 들 수 있다. 1999년 도레이가 지분 60%를 출자한 후 2000년 70%, 2005년 90%, 2008년 100%를 인수하면서 TSI는 사실상 도레이의 완전자회사가 되었다. 이러한 옵션은 도레이가 한국에서의 첨단소재사업 전망이 밝다고 판단했기 때문이다.[8]

단위: %

표 3-1 TSI에 대한 도레이의 출자 지분율 변화	년도	도레이	㈜새한
	1999	60	40
	2000	70	30
	2005	90	10
	2008	100	0

1.3. 국제합작투자의 장단점

합작투자 시에는 현지 파트너로부터 다양한 공헌을 기대할 수 있다는 이점이 있다. 현지 파트너의 주요 공헌으로는 자금, 현지 사업환경에 대한 지식과 경험, 생산시설, 현지 공급망 및 판매망, 정부 유관기관과의 긴밀한 유대관계 등을 들 수 있다. 현지 파트너가 제공하는 공헌과 외국투자기업의 강점(기술, 자본 등)이 상호 보완될 경우 단독투자보다 더 신속하고 성공적으로 현지국 시장에 진출할 수 있다.

반면 단독투자의 경우에는 경영권에 대한 전면적인 통제가 가능하나 합작투자, 특히 소유지분이 낮은 합작투자 시에는 경영권 통제가 어렵다는 한계점이 있다. 또한 단독투자인 경우에는 특허, 상표 등 지적재산권의 보호가 가능하나, 합작투자인 경우에는 양측 파트너 간에 기술유출 및 인사권 문제 등 경영전반에 걸쳐 수시로 이해관계가 상충될 소지가 높다. 파트너 간 갈등으로 인해 종종 합작투자가 실패로 종결된다.[9] 이러한 합작투자의 장단점을 좀 더 구체적으로 요약하면 〈표 3-2〉와 같다.

장 점	단 점
• 투자금 분담 • 사업위험부담 공유 • 각국의 현지 파트너를 활용할 경우 단기간 내에 폭넓은 해외시장다변화 가능 • 현지 파트너가 판로를 구축하고 있다면 신속한 현지시장확대 가능 • 현지국 정부 유관기관과의 공고한 유대관계 구축 • 현지 파트너 역할로 인한 외국기업에 대한 적대감 및 국유화 위험 경감 • 순조로운 투자 인허가 승인과 현지국 정부의 투자 인센티브 확보 • 현지 파트너의 인적자원 활용	• 파트너와 투자수익 공유 • 합작으로 인한 높은 시장점유율로 독점금지법에 위반될 가능성 • 무능한 파트너 선정에 따른 사업위험 • 추가투자, 기술이전, 해외진출, 경영방식, 인사문제 등에 걸쳐 현지 파트너와의 갈등 • 양측 임직원 순환근무의 어려움 • 합작에 따른 복잡한 회계 및 세금 문제 • 사업 종결을 위한 현지 파트너의 승인 필요

표 3-2

국제합작투자의 장단점

II 국제합작기업 설립과 파트너 선정

2.1. 합작기업 설립을 위한 협상

합작투자로 현지국에 진출하기로 결정했다면 외국투자기업은 현지국 정부 및 파트너를 상대로 효과적인 협상 전략을 수립해야 한다.[10] 협상단계에서 외국투자기업은 현지국 정부 및 파트너와의 협상 사안과 외국투자기업 자신의 교섭력(bargaining power) 등 두 가지 사안에 특히 관심을 기울여야 한다.

첫째, 현지국 정부와의 협상 시에는 주로 현지국 정부의 규제(소유권 규제, 가격통제, 외환통제, 현지산 사용요구, 투자안전보장 등)와 현지국 정부의 인센티브(재정적 지원, 세금 혜택 등)에 초점을 맞추어야 한다. 요컨대 외국투자기업은 현지국 정부의 규제에 적절히 대응하고 최대한의 인센티브를 이끌어내는 방향으로 협상력을 발휘할 수 있어야 한다.

둘째, 현지 파트너와의 협상 시에는 주로 소유지분율, 인사권, 이익배당 및 송금, 자본증자 및 재투자 계획, 양측이 제공하는 자원(특허, 상표권, 시설 등)에 대한 가격산정 등이 주요 의제가 된다. 만일 협상 시에 이러한 제반 사안에 대하여 양측이 명확한 합의를 해놓지 않는다면 합작 후에 갈등의 원천으로 작용한다.

대체로 교섭력은 외국투자기업과 현지 파트너가 기여하는 자원(기술, 마케팅, 자금, 인력, 대외관계 등)과 현지국 정부의 정책에 따라 좌우된다. 당연히 외국투자기업이 제공하는 자원이 현지국 정부나 파트너 입장에서 필요할수록 외국투자기업의 교섭력은 높아진다. 이를테면 외국투자기업 측이 제공하는 기술이 현지국의 기술 발전에 큰 도움이 된다면 외국투자기업이 원하는 소유지분과 인센티브를 얻어낼 가능성이 높아진다.

합작계약 협상 시에 가장 큰 걸림돌로 작용하는 사안은 양측 파트너의 소유지분율이다. 대체로 50대50의 균등지분구조가 보편적이지만, 때로는 양측의 교섭력에 따라 다수지분구조나 소수지분구조로 결정될 수도 있다. 소유지분율은 합작기업의 경영권 통제(control)와 직결되므로 양측 파트너는 자사 측의 경영 통제권을 높이기 위해 가급적 다수지분 소유를 원한다. 그렇다고 단지 경영권 통제만을 목적으로 다수지분을 고수한다면 합작 계약을 성사시키기가 어려울 수도 있다. 따라서 외국투자기업은 현지국 시장에서 자신의 사업 목적을 달성하기 위해서는 어느 정도의 경영권 통제가 요구되는지를 정확히 판단할 수 있어야 한다. 때에 따라서는 현지국 정부의 규제에 의해 다수지분 확보가 어렵더라도 경영권 통제를 높일 수 있는 대체방안을 강구해야 한다. 예컨대 외국투자기업으로부터의 지속적인 기술 및 자금 지원이 합작사업 존속에 절대적인 영향력을 미친다면 외국투자기업은 소수지분만을 보유하더라도 합작기업의 주요 정책 결정과 운영에 대한 통제력을 높일 수 있다. 또한 주요 직책에 대한 인사권 확보나 경영관리계약(management contract)의 체결을 통해서도 합작기업에 대한 통제가 어느 정도 가능하다. 이외에도 외국투자기업은 주요 의사결정 사안, 즉 배당정책, 재투자 등의 결정에 대해 거부권(veto right)을 행사할 수 있는 제도적 장치를 마련해 놓음으로써 소수지분을 가지고서도 자사 측의 이익을 보장할 수가 있다. 따라서 소수지분을 보유하고서도 여러 제도적 장치를 통해 합작사업 운영에 대한 통제가 가능하므로 합작계약

시에 너무 다수지분만을 고수함으로써 사업전망이 밝은 합작투자 기회를 무산시키는 실수를 피해야 한다.[11] 합작계약 협상은 합작기업의 법률적 사안(회사의 정관, 부칙, 합의각서 등)을 규정하고, 나아가서 특허나 상표 등 지적재산권에 대한 라이선싱, 기술자문, 경영관리협약 등에 관하여 파트너 간 합의된 내용을 문서화시킴으로써 종결된다.

2.2. 합작 파트너 선정기준

합작투자 시에 가장 어렵고도 중요한 결정이 유망한 현지 파트너의 선정이다. 합작기업의 설립은 결혼에 비유될 수 있다. 즉 쌍방이 의견일치를 이루면 원만한 유대관계가 유지되지만, 양측의 의견 충돌로 계약을 파기하는 것이 상호간에 유익하다고 판단될 경우에는 언제든지 결별을 선언할 수 있는 것이다. 따라서 합작기업 설립 초기에 유망한 파트너 선정이 매우 중요한데, 합작 파트너 선정을 위한 주요 심사기준으로는 양립성(compatibility), 능력(capacity), 몰입(commitment) 등 세 가지 요인을 들 수 있다.[12]

양립성

성공적인 합작투자를 위해서는 경영방침 및 조직문화에 있어 투자기업 자신과 잘 양립되는 파트너를 선정하는 것이 중요하다. 아무리 유능한 파트너라 할지라도 경영방침과 조직문화에 있어 조화를 이룰 수 없다면 합작 파트너로서는 부적격하다. 〈표 3-4〉에 분석되어 있듯이 미국을 비롯한 서구기업들이 중국 기업과의 합작사업 사례에 있어 양측 간 조직문화와 사업방식 차이로 인해 많은 갈등을 겪은 것으로 나타났다.

과거에 어떠한 방식으로든지(대리점계약, 라이선싱, 기술제휴, 공급업체, 공동연구개발 등) 자사와 사업관계를 가진 경험이 있는 현지 파트너는 그만큼 자사와의 양립 가능성이 높다 할 것이다. 양립 가능성은 다음과 같은 범주에 걸쳐 양측 간에 공통점을 규명함으로써 어느 정도 예측 가능하다.

- 경영관리체계(분권화 대 집권화)
- 경영조직구조(사업부, 지역별, 매트릭스구조 등)
- 마케팅 및 유통전략(고객서비스에 대한 이념과 정책)
- 생산관리 시스템(부품공급, 생산공정, 연구개발, 품질관리 등)

- 재무관리(재무구조, 자본조달, 배당정책, 회계시스템 등)
- 기업형태(공기업, 사기업, 공사기업, 상장 및 비상장 등)
- 인사정책(임금, 진급, 인사고과, 신규채용 등)
- 노사관계(노조 인정 여부, 노조권한 등)

양립성과 관련하여 조직문화 이외에도 파트너 기업 간 시장 영역 중복성 또한 중요시 고려되어야 한다. 지역적으로 중복된 시장에서 경쟁 관계에 있으면 파트너 간 항시 존재하는 경쟁 심리 때문에 발생하는 상호 기회주의적 행동으로 합작 운영에 있어 갈등이 표출될 가능성이 높다. 실제로 미국 기업과 외국 기업 간의 합작 사례에 대한 조사결과에 따르면 각기 다른 지역적 판매 기반을 가진 경쟁기업 간 합작의 경우 62% 이상의 성공률을 보인 반면, 지역적 판매 기반이 중첩되는 경우 성공률은 25%에 불과한 것으로 나타났다. 이는 파트너 간 시장 영역 중복성이 높을수록 합작관계에 있어 양립하기 어려움을 시사하는 것이다.[13]

현지 파트너의 능력

기술, 브랜드, 마케팅, 유통, 자금 등에 걸쳐 파트너의 강점과 약점을 평가하는 작업 또한 합작 파트너의 선정 시에 필수적이다. 합작을 통해 투자기업 자신의 강점과 약점을 보완해 줄 수 있는 파트너 선정을 통해 시너지 효과의 극대화를 기할 수 있다. 일본 노무라연구소가 한국에 진출한 일본의 67개 합작회사를 대상으로 조사한 결과, 합작 성공의 핵심 요인 중의 하나가 일본 측 파트너와 한국 측 파트너의 자원과 능력 결합으로 나타났다. 즉 일본 측은 제품, 생산기술, 기술지원, 경영자문, 기획 및 조사 등에 걸쳐 뛰어나고, 반면 한국 측은 영업력, 마케팅, 경영관리, 노무 및 인사관리 등에서 뛰어나 합작기업이 이들 양측의 뛰어난 자원과 지식을 공유하고 학습한 것이 성공에 크게 기여하였다는 평가이다.[14] 따라서 구체적으로 다음과 같은 범주에 걸쳐 현지 파트너의 능력과 공헌도를 파악하는 것이 중요하다.

- 현지국의 사업 환경에 대한 지식
- 현지국의 공급업자, 유통업자 및 소비자들과의 유대관계
- 현지국 정부 및 유관기관에 대한 영향력

- 현지국에서 파트너의 평판
- 파트너의 생산시설
- 자금력
- 판로 확보 등 파트너의 마케팅 능력
- 파트너의 특허 및 상표권

몰입 의지

아무리 파트너의 능력이 뛰어나고 양립성이 호조건이라도 합작사업에 대한 파트너의 관심도와 의지가 낮다면 성공적인 합작 성과를 기대하기 힘들다. 따라서 합작사업에 높은 관심과 몰입을 보일 수 있는 파트너를 선정하는 것 또한 중요하다. 합작사업에 대한 파트너의 몰입 의지를 판단할 수 있는 한 가지 방안은 합작사업이 파트너에게 사업적으로 얼마나 중요한 비중을 차지하는지를 파악하는 것이다. 만일 합작사업이 파트너의 핵심사업 분야에 해당된다면 파트너는 합작사업 성공을 위해 지속적인 관심을 보일 것이다. 따라서 합작 파트너의 몰입 의지는 다음과 같은 질문을 통해 간접적으로 타진해 볼 수 있다.

- 합작사업이 파트너의 핵심 업종이나 제품과 연관되는가?
- 파트너의 최고경영층이 합작사업에 얼마나 높은 관심을 보이는가?
- 파트너가 추가적 투자를 감당할 수 있는 여력이 있는가?
- 주요 의사결정 사안에 대한 파트너의 대응이 적절하고 신속한가?

III 합작사업 운영 및 관리

3.1. 통제 메커니즘

합작사업에 대한 통제 기반은 크게 세 유형, 즉 소유지분기반, 능력(힘)기반, 신뢰기반 등으로 구별하여 살펴볼 수 있다.

소유지분기반 통제

합작기업에 대한 경영통제(management control)는 소유지분구조에 따라 크게 두 유형으로 나뉜다. 즉 100% 또는 다수 지분 소유에 따른 지배적 통제구조와 양측 파트너의 균등 지분소유에 따른 공동통제구조로 구분된다. 균등 소유지분이라 함은 양측 파트너가 50% 대 50% 또는 그에 근접하게 균등한 지분을 소유하는 것이다.

지배적 통제구조의 이점으로는 주요 의사결정을 신속히 내릴 수 있다는 점, 공동경영에 따른 파트너 간 갈등을 최소화 할 수 있다는 점, 공동경영에 따른 상대방에 대한 감시와 조정에 드는 비용을 최소화 할 수 있다는 점 등을 들 수 있다. 특히 지배적 통제구조는 상대방 파트너의 기회주의 행동을 미연에 방지할 수 있다는 이점이 있다.[15]

반면, 공동통제구조의 이점으로는 공동경영을 통해 파트너 간 더 높은 자원 공헌도와 장기적으로 몰입 유지가 가능하다는 점, 어느 일방에 의한 지배적 경영으로 인해 파트너 간 신뢰성 저해로 인한 시너지 효과가 반감됨을 방지할 수 있다는 점 등을 들 수 있다.[16] 즉 50 대 50 지분구조에 의거한 공동경영의 가장 중요한 이점은 합작사업 성공을 위한 파트너 간 상호 몰입과 신뢰 구축에 도움이 된다는 데 있다. 반면 소유지분구조가 불균등 상태일 경우 일방이 경영권을 장악함으로써 소수지분 파트너의 몰입 의지가 저하될 수 있다.

능력(힘)기반 통제

소유지분에 따른 경영권 통제는 결국 양측의 힘(power)의 의해 결정될 것인데, 교섭력 이론(bargaining power theory)에 의거하면 이러한 힘은 양측 파트너의 자원 및 능력에 기반된다. 즉 파트너 양측의 자원 공헌도가 비슷할 경우 교섭력도 균형을 이루어 자연적으로 양측의 합작 지분도 대칭적이 될 가능성이 높다.[17] 이와 같은 관점에서 파트너 적합도, 즉 전략적 적합성, 자원보완성, 조직문화 양립성 등이 높을 경우에는 균등 지분소유의 공동경영을 통해 시너지 효과의 극대화를 기할 수 있다. 반면, 양측 파트너 간 전략적 적합성, 자원의 상호보완성, 조직문화 양립성이 떨어지는데도 불구하고 대등한 공동경영을 고수하는 것은 시너지 효과 창출에 불리하게 작용한다. 이를테면 파트너 간 조직문화 상이성이 높을 경우 주요 사안에 대한 의사결정에 있어 갈등이 야기될 가능성이 높은데, 양측 모두에 의해 경영통제를 받는다면 갈등이 더욱 증폭될 것이다. 또한 전략적 적합성이나 자원 보완성 측면에서 양측이 불균형을 이루는데도 불구하고 공동통제구조를 고수할 경우 한 측은 상대편의 무임승차(free-ride)에 대해 불만을 가질 것이다. 반면 전략적 적합성이나 자원의 보완성 측면에서 양측이 힘의 균형을 이루는데도 불구하고, 어느 일방에 의한 지배적 통제는 다른 파트너 측의 몰입 의지를 저해할 수 있다.

신뢰기반 통제

일반적으로 일방에 의한 지배적 경영은 갈등의 소지가 낮은데 반하여, 공동경영은 갈등의 소지가 높다는 인식이다. 그러나 합작은 파트너 간 계약관계에 기반하므로 만일 상호 신뢰가 없다면 지배경영의 경우 공동경영보다 갈등의 소지가 높을 수도 있다. 공동경영에 있어서도 파트너 간 신뢰 형성이 어렵다면 상호 불신으로 시너지 효과의 극대화를 기대하기 어렵다. 따라서 소유권이나 힘에 의거한 지배경영이나 공동경영 모두에 있어 신뢰기반 통제가 매우 중요하다.

신뢰란 파트너 간 단기적인 이익 추구보다는 장기적인 이익관계를 추구하기 위해 상호 약정을 준수할 것이라는 믿음을 대변한다. 따라서 상호 신뢰감이 높을 경우 자사 측 이익만 고수하는 기회주의적 행동을 자제하는 대신, 상대방에 대한 이해심이 높아져 파트너 간 결속력이 강화된다.[18] 합작사업 운영 전반에 걸쳐 소유지분이나 힘에 의한 통제구조와 신뢰기반 통제구조의 특징을 좀 더 상세히 비교하면 〈표 3-3〉과 같이 요약된다.

표 3-3

힘(power) 대 신뢰(trust)의 통제 메커니즘 비교

	힘 기반 통제	신뢰기반 통제
운영준거	공포 생성(위계적 관계)	신뢰 생성(사회적 관계)
업무원칙	자사측 이익 추구	파트너 간 공평성 추구
협상전략	상호의존성 무시/강압적	상호의존성 존중/호혜적
의사소통	일방적	쌍방적
영향력	강압을 통해서	전문적 의견을 통해서
계약	폐쇄적/공식적/단기적 계약내용 고수	개방적/비공식적/장기적 계약내용, 다소 유연성
갈등관리	상세한 계약을 통해서 잠재적 갈등 방지, 법적 시스템을 통해서 갈등 해소	상호이해의 폭을 넓힘으로써 잠재적 갈등 방지, 조정이나 중재 같은 절차를 통해서 갈등 해소

출처: N. Kumar(1996), "The Power of Trust in Manufacturing-Retailer Relationship," *Harvard Business Review*, 74(6), 92-106에서 정리.

3.2. 합작 파트너 간 갈등 관리

갈등의 원천

국제합작에서는 파트너 간 조직문화나 경영방식 차이로 다양한 갈등이 야기된다. 이를테면 일본, 미국, 캐나다 기업 간 합작한 25개 사례를 대상으로 분석한 결과 갈등을 야기시키는 다섯 유형의 경영방식 차이가 존재함이 규명되었다. 즉, 목표 차이(이익지향 대 성장지향), 의사결정 방식(개인적 의견 중시 대 집단적 합의 중시), 문서계약에 대한 태도(업무적 지침으로 인식 대 편의적 상징으로 인식), 판매방식(고객과의 단기적 관계 치중 대 장기적 관계 치중), 인사정책(단기고용 대 장기고용 정책) 등이다.[19] 특히 선진국 기업과 개발도상국 기업 간의 합작투자에서 조직문화 및 경영방식 차이로 파트너 간 갈등이 많이 발생된다.[20]

첫째, 파트너 간 경영방식 및 업무 평가에 대한 차이와 관련하여 선진국 파트너 측은 세밀한 사업계획과 예산, 통제, 보고 및 성과감독 시스템을 적용시키고자 하는 반면, 개도국 파트너 측은 이러한 관리방식을 시간낭비로 간주하여 중요시 여기지 않기 때문에 대립과 갈등이 발생되는 것으로 나타났다.

둘째, 일반적으로 선진국 파트너측은 합작사업을 이익센터로 여기고 분기별로 엄격한 업무성과에 대한 통제를 중시하는 반면, 개도국 파트너 측은 장기적 시각에서 사업 경영에 임하기 때문에 단기적인 가시적 성과에 크게 집착하지 않는다.

셋째, 파트너 간 역할 분담에 대한 마찰로 갈등이 야기된다. 생산, 마케팅, 조달, 재무 등의 업무에 걸쳐 양측 파트너 간 누가 주도적인 역할을 맡을 것인가에 대한 합의가 이루어져야 하는데, 양측 의견 불일치로 갈등이 발생된다.

넷째, 파트너 간 상충되는 이해관계 또한 갈등의 주요 원천이다. 일반적으로 선진국 파트너는 합작사업을 여러 해외사업 중의 하나로 간주하여 자재 조달, 완제품 생산, 기술개발, 마케팅 등의 활동도 글로벌 통합 관점에서 관리하기 때문에 자원 배분, 제품도입 등에 있어 해당 합작사업이 우선적인 관심 대상에서 제외될 수도 있다. 그러나 현지 파트너는 자신이 합작사업에 전념하는 만큼 외국 파트너에 대해서도 동등한 수준으로 몰입할 것을 기대한다. 이러한 상충되는 이해관계는 배당, 재투자, 해외시장진출 등의 사안에 걸쳐 가장 많이 표출된다. 일반적으로 외국 파트너 측은 가급적 재투자 대신 높은 배당을 통한 투자금에 대한 조기 회수를 중시하는 반면, 현지 파트너는 사업 확대를 위해 배당을 최소화하고 재투자에 더 관심을 기울인다. 또한 현지 파트너는 해당 합작사업을 해외로 확장시키고자 하는 반면, 외국투자기업은 이미 해외에서 사업을 영위하고 있는 경우가 많아 해당 합작사업을 현지국에 국한시키고자 한다. 1992년 GM과 대우자동차가 오랜 기간의 합작관계를 청산한 것도 이와 같은 연유에서 비롯된바 크다. GM은 이미 해외에 많은 합작사업을 거느리고 있었고, 대우 측은 경쟁사인 현대자동차와 같이 해외진출에 대한 의지가 매우 높았다. 또한 GM 측은 한국산 신모델 개발보다 시간이 지난 기존 모델을 한국 시장에 도입하고자 하였던 반면, 대우 측은 현대자동차처럼 한국산 신모델 개발에 관심이 더 높았다.

실제로 〈표 3-4〉에서 보듯이 미국기업과 중국기업 간에 체결된 국제합작투자에 있어서도 품질관리, 수출입, 임금 및 노무정책, 기술이전, 업무관리 및 통제 등에 걸쳐 다양한 갈등이 표출되고 있음을 알 수 있다.

표 3-4

미국기업과 중국기업 간 합작기업 갈등사례

품질관리 갈등	미국 파트너 측은 품질은 엄격한 기준에 따라 준수되고 심사되어져야 한다고 믿는데 반해, 중국 파트너 측은 수용 기준을 보다 관대하게 인식한다.
수출입 갈등	중국 측 파트너는 미국 측으로부터 수입되는 장비나 부품 가격이 국제가격보다 높게 책정된다는 불만을 가지고 있다. 또한 중국 파트너 측은 합작기업에서 생산되는 제품의 수출을 통한 외화 획득을 중요시 여기는 반면, 미국 파트너 측은 중국 내수 판매에 관심이 더 많다.
임금 및 노무정책 갈등	미국 측은 임금 차등과 다양한 인센티브를 통해 종업원의 동기부여를 중요시 하는데 반해, 일부 중국 측 관리자들은 높은 임금 격차에 불만을 표시한다. 또한 중국 측은 유휴 노동력의 정리와 성과 미달 임직원에 대한 미국 측의 해고 정책에 대해 강한 저항감을 보인다.
기술이전 갈등	중국 측은 미국 측의 신기술 습득이 우선적 목표인데 반해, 미국 측은 이전된 기술의 불법 사용의 우려로 기술이전을 꺼린다. 따라서 중국 측은 미국 측의 소극적 기술이전 태도에 불만인데 반해, 미국 측은 이전기술에 대한 미흡한 안전장치에 대해 불만이 높다.
업무관리 및 통제	미국 측은 업무 수행에서 엄격한 스케줄을 고수하는데 반해, 중국 측은 다소 여유 있는 스케줄을 선호한다. 또한 미국 측은 가급적 중간관리자층의 수를 축소하기를 원하는데 반해, 중국 측은 그대로 유지되기를 바란다. 또한 미국 측은 차별적인 성과급제 도입을 원하는데 반해, 중국 측은 성과에 상관없이 동일한 임금 인상을 원한다.

출처: D.Z. Ding(1997), "Control, Conflict, and Performance: A Study of U.S.-Chines Joint Ventures," *Journal of International Marketing*, 5(3), 40-43에서 요약.

갈등관리 방안

합작 파트너 간 갈등은 경중은 있지만 피할 수없는 현실이다. 따라서 갈등 해결 방안이 중요한데, 다음과 같은 네 유형을 들 수 있다. 첫째는 문제해결전략(problem-solving strategy)으로 양측 모두 만족할 수 있는 해결책을 찾기 위해 공통의 관심사, 우선순위, 아이디어 등을 공개적으로 논의하여 갈등을 해결하는 방안이다. 둘째는 절충전략(compromising strategy)으로 양측의 입장에서 상호 주고받기(give and take) 식으로 합의를 도출하고, 양측 간 이해득실의 조화를 추구하는 방안이다. 셋째는 압박전략(forcing strategy)으로 일방이 자신의 소유지분과 지배적 힘(power)에 의거해 강압적으로 문제를 해결하려는 방안이다. 마지막으로 넷째는 법리전략(legalistic strategy)으로 갈등을 계약서나 협약서에 의거해 해결하려는 방안이다.[21]

한편, 파트너 간 갈등관리는 어느 일방에 의한 강압성에 따라 〈표 3-5〉에서 보듯이 강압적(coercive) 대 비강압적(noncoercive) 해결방식으로 구분된다. 강압적 해결방식은 파트너 간 갈등해결에 있어 강압적인 합의, 절차나 규정의 준수, 지배적 힘에 의한 상대편 제압 등을 중시하는 방식이다. 반면 비강압적 방식은 공동문제해결, 설득, 협상, 유연성, 자발적 태도, 상호간의 의사교환 등을 통한 타협을 중시한다.[22] 따라서 강압적 해결방식은 명령, 압박 등에 의거해 상대편의 희생을 담보로 자기 측 목적을 달성하고자 하는 승/패적 접근으로 볼 수 있는데 반해, 비강압적 방식은 합의와 통합적 의사결정(공동노력, 타협 등)에 의한 승/승적 접근으로 볼 수 있다.

표 3-5 파트너 간 갈등관리방안 유형	비강압적 관리방식	강압적 관리방식
	• 건설적 • 승/승 추구 • 공동문제해결 • 절충 • 타협	• 비건설적 • 승/패 추구 • 압박 • 법리 • 경쟁

출처: J. Geringer and L. Hebert(1989), "Control and Performance of International Joint Ventures," *Journal of International Business Studies*, 20, 235-254에서 정리.

문제는 어떠한 갈등해결 방식이 파트너 간의 갈등을 해소시켜 원만한 협력 관계 유지에 더 효과적이냐 하는 점이다. 일반적으로 힘에 의한 강압적 방식

보다 공동문제 해결을 위한 합의, 타협, 중재 등 비강압적 방식이 파트너 간 갈등해결에 더 효과적인 것으로 받아들여지고 있는데, 이는 다음과 같은 논리에 근거한다.[23]

첫째, 비강압적인 방식은 공동으로 문제해결 또는 조율에 중점을 두기 때문에 아무래도 파트너 양측 간에 정기적인 정보교환 등 원활한 의사소통이 이루어지고 따라서 상대방에 대한 불만 사항과 그 원인을 조기에 진단할 수 있어 갈등이 확대되는 것을 미연에 방지할 수 있다는 점이다.

둘째, 공동으로 문제를 해결하거나 조율을 시도할 경우 파트너 양측 간 상호 만족스러운 선에서 갈등을 타결하게 되고, 자연적으로 상호관계가 장기적으로 유지되고 발전될 가능성이 높아진다는 점이다.

토의문제

1. 국제합작투자는 어떠한 동기에 의해 추진되는지 설명하시오.
2. 국제합작투자를 논리적으로 설명할 수 있는 어떠한 이론들이 있으며 그 주요 내용은 무엇인지 설명하시오.
3. 국제합작투자의 적합한 파트너를 선정하기 위한 주요 기준에 대해 설명하시오.
4. 국제합작투자의 다양한 통제기반 메커니즘과 그 주요 내용에 대해 설명하시오.
5. 국제합작투자 갈등의 원천과 관리 방안에 대해 설명하시오.

사례 1 **삼성과 소니의 합작투자 사례**[24]

Global Strategic **Management**

삼성과 소니의 합작회사 'S-LCD' 출범

한국과 일본의 간판기업인 삼성전자와 소니가 합작한 TFT-LCD(초박막액정표시장치) 제조업체 에스엘시디(S-LCD)가 2003년 정식으로 출범했다. 삼성전자와 소니는 충남 아산시 소재 삼성전자 탕정사업장에서 양사의 최고위층이 대거 참석한 가운데 S-LCD의 창립식을 가졌다. 자본금 2조1000억원에 이르는 S-LCD는 삼성전자가 지분의 "50%+1주"를, 소니가 "50%-1주"를 각각 보유하고, 삼성

측 CEO가 합작사 운영전반에 대한 최종 의사결정권을 보유하는 내용으로 합작이 성사되었다. 합작범위는 7세대 LCD라인 설비투자로 당시 생산규모는 월 6만대였다.

합작 후 양사의 평면 TV의 판매 증대에 따른 LCD 패널 수요에 대응하기 위해 1,000억원 규모의 설비 증강이 이루어졌다. 생산능력은 월 6만대에서 7만 5000대로 확대되었다. 2006년 4월에는 2,200억원 규모의 7세대 2차 추가 투자가 이루어져 생산규모가 월 9만대로 확대되었다.

양사는 양호한 합작 성과에 힘입어 2006년 4월에 LCD제품의 협력관계를 8세대까지 확대하기로 하고 S-LCD의 자본금을 늘리는 형태로 증자하여 약 19억 달러(약 1조 9,000억원)를 공동 투자하여 8세대 합작에 나섰다. 즉, 삼성전자와 소니 간의 8세대 TFT-LCD의 생산에 대한 공동 투자는 7세대 합작으로 40인치대의 LCD TV 시장에서 확인한 성공 사례를 차세대 대형 TV 시장을 겨냥한 50인치 대에서도 재현하여 공동으로 글로벌 경쟁우위를 유지해 나가겠다는 양사의 전략적 의도가 일치한 결과이다. 또한 8세대 기판 규격을 LG필립스LCD가 정한 2200X2500mm로 수정함에 따라 8세대 LCD 시장에서는 업계 표준이 사실상 통일됐다. 이러한 삼성과 소니의 합작사업 과정을 요약하면 [그림 3-1]과 같다.

합작 동기

삼성전자와 소니의 합작은 시장선도업체

그림 3-1 삼성전자-소니 LCD 합작회사 설립과정

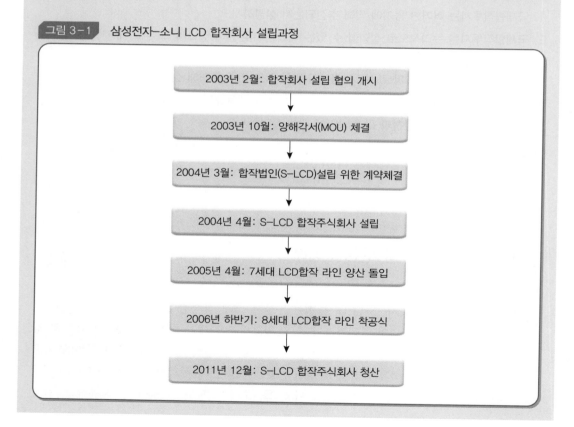

2003년 2월: 합작회사 설립 협의 개시

2003년 10월: 양해각서(MOU) 체결

2004년 3월: 합작법인(S-LCD)설립 위한 계약체결

2004년 4월: S-LCD 합작주식회사 설립

2005년 4월: 7세대 LCD합작 라인 양산 돌입

2006년 하반기: 8세대 LCD합작 라인 착공식

2011년 12월: S-LCD 합작주식회사 청산

간 윈-윈 전략의 일환으로 이뤄졌다. LCD 사업은 1개 라인 건설에 2조원 안팎이 드는 대규모 투자 사업이다. 따라서 삼성이나 소니 모두 단독으로 LCD 양산 공장을 설립하기란 비용 부담이 너무 컸다. 삼성 측은 합작을 통해 소니의 TV 전문기술을 흡수하고, LCD 제품표준화를 주도하고, LCD시장에서의 주도권 강화가 주목적이었다. 또한 LCD 패널의 안정적인 수요처 확보가 중요하였다.

한편, 소니는 90년대 중반 LCD 부문에 대한 투자를 주저하다 미래 신성장 산업으로 불리는 LCD에 대한 투자 적기를 놓친 상황이었다. 컬러 TV 시장에서 소니의 핵심 경쟁력은 1968년 독자 개발한 '트리니트론(Trinitron)' 브라운관에 있었다. 선명하고도 자연스러운 색상을 표현하는 이 브라운관 덕분에 컬러 TV 하면 소니 TV를 연상할 정도였다. 2001년까지 소니 컬러 TV는 세계시장에서 시장점유율 1등이었다. 그러다 2002년 경영실적이 악화되어 '소니 쇼크'라 불리는 주가 폭락을 불러 일으켰다. 특히 매출의 70%를 차지하는 TV 부문의 실적이 부진하였기 때문이었다. 이 위기를 타개하기 위해서는 LCD 평면TV 시장에서 경쟁력을 회복하여만 됐다. 즉 소니에게는 TV는 가장 중요한 사업영역의 하나로 S-LCD의 최첨단 LCD 패널 확보는 소니의 평면 TV 전략의 핵심이었다. 그러나 당시 소니는 LCD 패널 생산 할 수 있는 기술과 설비가 없었다.

당시 미국 시장에서 가장 인기 있는 TV는 삼성전자의 평면TV였다. 따라서 양사간 합작은 2003년 평면TV에 장착될 LCD 패널 공급업체를 물색하던 소니의 제안으로 시작되었다. 평면TV가 소니 매출의 20%를 차지하게 된 시점에서 소니 경영진은 평면 패널 시장진출을

더 이상 미룰 수 없다고 판단한 것이다. 당시 D-램의 최고 강자 위치에 있었던 삼성전자가 먼지 한 점 없는 클린 룸(Clean-room), 고정밀 공정이 필요한 LCD 패널 제조에도 뛰어날 것으로 판단하여 삼성을 파트너로 지목하였다.

결국 삼성으로선 세계 1위의 TV 제조업체인 소니와 합작을 통해 소니로부터 TV제조기술 습득과 LCD 패널의 안정적 수요처를 확보하는 동시에 투자 위험도 그만큼 줄일 수 있게 됐다. 반면 소니는 세계 1위 LCD 업체인 삼성전자를 통해 시장이 급성장하는 LCD 패널을 적기에 공급받을 수 있게 됐다.

경쟁과 협력 관계

소니가 삼성전자와 합작회사를 세운다는 계획을 발표하자 일본에서는 소니에 대한 비판이 제기되었다. 삼성이 소니의 기술을 손에 넣을지 모른다는 우려 때문이었다. 삼성 대신 일본 LCD패널 업체와 손을 잡으라는 일본 정부의 압력도 있었다는 설도 제기되었다. 또한 소니 내부에서도 반대가 있었으나 당시 소니는 삼성전자와 손을 잡는 것이 최선이라는 판단을 내렸다. 소니는 이러한 내·외부의 우려를 잠재우기 위해 일본 LCD컨소시움에서 탈퇴하기도 하였다. 일본 LCD패널 컨소시움은 일본의 LCD 기술고도화를 위해 도시바, 히타치 등 일본의 대표 반도체 기업과 학계가 참여하는 거대 프로젝트로서 일본 경제산업성으로부터 이를 위해 153억 엔의 보조금을 지원받고 있었다.

합작 프로젝트의 성공을 위해 양사는 신뢰를 쌓기 위해 노력하였다. 소니는 TV제조 노하우는 '철통같이 지킨다'는 원칙을 깨고 일부 관련기술을 공개했다. 이를테면 삼성 측 엔

지니어들이 소니 TV사업부에 방문하였을 당시, 소니 엔지니어는 색감을 풍부하게 해주는 LCD백라이트기술 등 소니의 핵심기술을 공개했다. "우리가 경계하면 그들도 경계한다"는 소니 측 입장이었다. 기술 레벨 업(Level-up)을 위한 양사의 협력으로 삼성전자는 업계기준을 뛰어넘는 시야각과 높은 해상도, 풍부한 색감을 가진 패널 생산 일정을 앞당길 수 있게 되었다.

삼성과 소니는 양사의 협력관계를 더욱 공고히 다지기 위해 2004년 12월 2만 4천여 건의 특허를 포괄 사용하는 '크로스 라이선싱'을 체결하였다. 삼성은 1990년~2003년 사이에 소니가 취득한 특허 1만 3천 건을, 소니는 삼성의 특허 1만 1천 건을 별도 라이선싱 계약 없이 공유하였다. 여기에는 반도체 기술뿐만 아니라 산업 표준기술 관련 특허도 포함되었다.

한편, S-LCD 패널 생산에 있어서는 양사는 협력관계를 유지하였지만 이 패널을 장착한 평면TV 판매에서는 글로벌 시장을 놓고 치열한 경쟁을 벌였다. 소니는 S-LCD 제품을 장착한 야심작 '브라비아'로 세계시장에서 대공세를 펼쳤다. 특히 우수한 화질과 파격적인 가격으로 미국시장을 공략하여 2005년도에 LCD TV 판매 1위를 기록하였다. 월마트를 제외한 12개 유통채널의 LCD TV 매출에서 '브라비아'가 차지하는 비중이 30%에 육박할 정도였다. 삼성도 소니의 약진에 본격 대응에 나섰다. 소니와 같은 S-LCD 제품을 장착하고 소니의 시야각 확장기술까지 응용한 제품을 미국에 출시하여 대대적인 광고를 통해 시장 탈환에 나섰다.

합작관계 청산
합작투자는 그 소기의 목적이 달성되거나 또는 합작 파트너 간 이해불일치로 언제든지 청산될 수 있다. 과거 우리나라 대우자동차와 미국 GM 간의 50 대 50 합작관계도 양사의 이해 불일치로 청산된 바 있다. 삼성과 소니 간 합작회사도 2011년 소니가 S-LCD 지분 전량을 삼성전자에 매각함으로써 8년간 이어져 온 양사의 LCD 패널 합작사 관계가 청산됐다. 당시 S-LCD 합작공장은 충남 탕정에 7세대와 8세대 2개 공장을 갖고 있었으며 40인치 이상 LCD TV용 패널을 생산하고 있었다. 소니가 삼성전자와 함께 S-LCD를 합작 설립한 이유는 LCD 패널을 안정적으로 조달받기 위해서였다. 2004년 당시만 하더라도 소니는 전 세계 TV 시장에서 1위 자리를 유지했고 LCD 패널을 안정적으로 조달할 필요가 있었다. 그러나 이후 삼성전자가 전 세계 TV 1위 자리를 꿰찼고 최근 들어서는 LG전자에게도 2위 자리를 내줬다. 더욱이 TV용 LCD 패널 가격의 끝없는 추락은 지분 투자를 함께 한 소니에게도 부담이 됐다. 소니가 S-LCD로부터 LCD 패널을 공급받는 것보다 국내·외 다른 기업을 통해 패널을 함께 조달하는 것이 비용 면에서 유리하다고 판단한 것이다. 당시 소니의 저가형 TV 제품은 제조업자설계생산(ODM)을 적극 활용하는 실정이었다.

합작계약 종료와 더불어 양사는 LCD 패널 공급에 대한 새로운 공급 계약을 맺었다. 이번 변화를 새로운 전략적 제휴라고 표현한 삼성전자는 이번 제휴를 통해 LCD 패널 생산과 사업운영의 효율성, 유연성, 대응 스피드 등을 강화할 수 있게 됐다는 판단이다. 반면 소니의 경우 S-LCD의 보유 주식을 현금화하고 생산 공장의 운영 책임과 비용 부담을 덜 수 있고, 또한 공급계약을 통해 삼성전자로부터 시장가격 기준으로 LCD를 유연하면서도 안정적으로　조달할 수 있을 것으로 내다 봤다.

 토의사안

1. 영원한 라이벌인 삼성전자와 소니가 LCD 패널 생산을 위한 합작공장을 설립한 동기는 무엇인가?
2. 삼성전자와 소니 간 평면TV에서 경쟁과 협력 메커니즘에 대해 분석하시오.
3. 삼성전자와 소니가 그들의 협력관계를 더욱 공고히 다지기 위한 조치들에 대해 분석하시오.
4. 삼성전자와 소니가 합작관계를 청산하게 된 배경과 새로운 제휴 관계를 맺게 된 배경에 대해 설명하시오.

사례 2　**미국 GM과 일본 도요타 자동차 간 합작회사 뉴미(NUMMI)[25]**

Global Strategic Management

미국 자동차업계에게 80년대 초는 그야말로 지옥과 같았다. 세계 자동차업계의 제왕과 같던 GM, 포드, 크라이슬러는 수십 년 동안의 고도성장을 멈추고 모두 엄청난 손실을 기록하기 시작했다. 크라이슬러는 정부 지원으로 연명하고 있었고, 포드 역시 벼랑 끝에 선 처지였다. GM의 미국 시장 점유율은 40%에서 30%로 크게 줄었다. 그 이유는 일본 자동차업체들의 성장이었다. 일본 자동차업체들의 미국 시장 점유율은 하루가 다르게 급상승해 30%에 육박하고 있었다. 미국 정부는 일본 정부에게 통상 압력을 가하고 있었지만 효과는 미미했다. 미국 기업들은 잇따라 공장 문을 닫았다.

1982년 GM은 샌프란시스코 실리콘밸리의 외곽 도시 근처의 프리몬트(Fremont) 공장을 폐쇄하기에 이르렀다. 당시 프리몬트 공장은 거의 모든 최악의 기록을 갖고 있는 상태였다. 가장 낮은 품질, 가장 낮은 생산성, 그리고 가장 격렬한 노사갈등이 공장 운영을 어렵게 하고 있었다. 파업은 일상화되고, 이직도 잦았다. 결근율은 20%에 육박했다. 공장에선 알코올 중독자와 마약 사용자들이 늘어나고 있다는 보고도 올라왔다. 한때 7,200명까지 고용했던 공장은 이렇게 순식간에 무너졌고 급기야 폐쇄라는 결정에까지 이른 것이다.

GM과 도요타의 합작공장 추진

1980년 대 초반 일본 도요타 자동차는 미국 정부의 통상 압력에 대응하고 자국 통화 엔화의 절상에 대응하기 위해 미국에다 소형 자동차 공장 설립을 고려 중 이었다. 그러다 GM 자동차가 프리몬트 공장을 폐쇄한다는 정보를 입수하고 새 공장을 건설하는 대신 프리몬트 공장을 활용하기 위해 GM 측과 접촉하였다. 그 후 양 기업 간 합작추진을 위한 구체적인 협상추진 일정은 〈표 3-6〉와 같이 신속히 진행됐다. 1981년 12월에 시작하여 1983년 2월에 최종합의각서에 서명하는 데는 약 1년 2개월의 시간이 소요되었다. 미국 캘리포니아 프리몬트에 있는 폐쇄된 GM 자동차공장을 도요타의 경영진의 관리 아래 다시 가동시킨다는 내용이었다. 그 새로운 공장의 이름은 뉴미(NUMMI: New United Motor Manufacturing Inc.)라고 명명되었다. 이 공장에서 GM의 소형자동차 노바(Chevy Nova)와 도요타의 코롤라(Corolla)를 생산해내기로 합의했다.

그러나 합작공장 설립에 대한 GM과 도요타의 동기에는 〈표 3-7〉에서 보듯이 양사 간 현격한 차이가 존재하였다. 기본적으로 GM 측은 도요타 측이 우위에 있던 소형자동차 개발 기술과 생산방식을 배우기를 원했다. 한편, 도요타 측은 미국 정부의 통상 압박에 대응하고

표 3-6 GM과 도요타의 합작추진 협상일지

1981. 12. 21.	도요타사 가토(Kato) 회장이 GM사 스미스(R. Smith) 회장을 미국의 디트로이트로 본사로 방문
1982. 3. 1.	스미스 회장과 도요타사의 도요타(E. Toyota) 사장이 뉴욕에서 합작기업 설립에 대한 논의
1982. 3월 말경	합작회사 설립 타당성 조사를 실시하기로 합의
1982. 4. 5.	GM의 이사회가 도요타사와의 합작 계획 공식 발표
1982. 4. 14.	일본 도쿄에서 제1차 실무회담 개최
1982. 5.17~20	제2차 실무회담 개최
1982. 6월	도요타사의 생산기술 수석부회장 모리타(Morita)를 비롯한 도요타 경영진이 GM의 미국 내 공장 실사
1982. 여름 말경	생산 차종, 생산대수, 생산입지, 판매망 등에 대하여 기본적 합의
1982. 9. 20.	도쿄에서 3차 실무회담 개최
1982. 11. 30.	스미스 회장이 합작기업의 자본계획안 제시
1982. 12. 27.	도요타(E. Toyota) 사장이 스미스 회장의 제안 수락 및 최종합의각서를 작성하기로 쌍방 간 합의
1983 1. 20~26	일본에서 최종실무협상 개최
1983 2. 7.	GM이사회가 최종합의계획안 승인
1983 2. 16.	스미스 회장과 도요타(E. Toyota) 사장 간 최종합의각서에 서명

표 3-7	GM과 도요타의 합작투자 동기
도요타의 합작투자 동기	• 미국에서 외국 자동차 수입규제에 대응 • 미국 기업과의 경쟁 완화 • 재정적 부담 및 사업위험 경감 • 우수한 생산시설 확보 • 현지 인적자원 확보 • 품질 및 비용 효과적인 부품 공급선 확보
GM사의 합작투자 동기	• 소형자동차 모델 개발 계획의 일환 • 일본 측 소형자동차 제조기술 습득 • 인력감축에 대한 노조 반발 무마 • 소형자동차 개발 비용 및 시간 절약 • 생산공정 혁신의 계기로 삼아 생산비용 절감

GM 측의 생산시설 이용이 주된 목적이었다.

합작공장 운영

합작공장 운영에 대한 책임은 일본 도요타 측이 맡았다. 일본 경영진들은 뉴미 공장에 일본식 운영방식을 도입하여 큰 성공을 거두었다. 일본식 경영진이 뉴미 공장에 도입한 새로운 일본식 운영방식은 크게 몇 가지로 요약된다.

무해고 정책 일본 측 새 경영진이 가장 먼저 선언한 것은 무해고 정책이었다. 그동안 실적에 따라 해고를 일상화하며 노동조합과 거칠게 대립하던 이전 미국 경영진과는 대조적이었다. 고용 계약서에는 '회사의 생존이 위협받는 상황에만 해고가 가능하되, 한 사람이라도 해고하기 전에 먼저 최상위 65명 임원들의 임금 삭감부터 실시한다'고 명시했다. 얼마 뒤 88년 불경기로 생산을 삭감하게 됐을 때도 장기 휴가, 재교육 등으로 인력 공급을 조절하며 버텼다. 설문조사 결과 뉴미 노동자의 80% 이상이 고용 안정성이 이 공장에서 일하는 데 가장 중요한 요인이라는 응답을 보였다.

유연생산시스템 일본 측 새 경영진은 생산시스템을 혁신적으로 바꿨다. 유명한 일본식 유연생산방식이 도입되었다. 한 사람의 노동자가 기계 부품처럼 하루 종일 컨베이어 벨트 앞에 서서 수동적으로 한 가지 종류의 볼트만 조이는 식의 공장은 사라진 것이다. 이제 모든 생산은 5~6명으로 구성된 팀을 중심으로 이뤄졌다. 한 사람은 당연히 그 팀이 맡은 작업 전체를 숙지해야 한다. 노동자들은 자기가 맡은 볼트 조이기에만 능하던 단순기능공에서 자동차 전체를 보는 자동차 전문가로 변신해야 했다. 안전벨트 테스트 담당자는 자동차 안전 전문가가 돼야 했고, 엔진의 너트를 조이던 사람은 동력장치 전문가가 돼야 했다. 그리고 옆 사람이 어떤 일을 하는지조차 모르고 있던 예전과는 달리, 팀 전체가 서로의 업무를 완전히 숙지하고 한 명이 빠져도 모두가 그 사람을 대체할 수 있게 훈련받았다.

인사시스템 종업원을 다루는 방식이 근본적으로 달라졌다. 우선 채용과정의 중요성이 엄청나게 강조됐다. 뉴미 공장에 지원한 모든 사람들은 필기시험을 거쳐 사흘 동안 개인 및 집단 면접을 거쳤다. 면접관들은 노동조합원들을 포함한 현장 노동자들이었다. 이 단계를 통과하고 나면 석 달 동안의 교육이 시작된다. 여기서는 도요타 생산시스템과 기업문화에 대해 집중적으로 교육을 받는다. 더 중요한것은 이 석 달 동안 지원자들은 생산라인에 직접 투입돼 팀 중심 생산과정을 체험한다는 것이다. 생산라인에서 일하는 시간은 시간이 갈수록 점점 늘어나게 된다. 이런 과정을 거치고 나서야 채용이 최종 결정된다. 석 달을 지나고 나면 지원자의 약 80%가 떨어져 나간다. 이 회사의 문화와 생산 시스템을 확실히 받아들이는 사람만을 채용하기 위해 고안된 시스템이다.

보상시스템 성과에 따른 금전적 보상은 최소한으로 줄였다. 새로운 기술을 배우거나 새로운 임무를 성공적으로 끝내도 월급이 오르는 일은 없다. 미국식 보상 시스템과는 180도 달라진 것이다. '회사 성공의 결과물은 모든 사람에게 공평하게 나눠져야 한다'는 등식이 새로 설정됐다. 대신 업무 개선을 위해 새로운 제안을 하는 노동자에게는 물건을 살 수 있는 포인트를 줬다. 결과적으로 뉴미 공장이 노동자 제안으로 절감한 비용은 2,700만 달러 이상으로 추산됐다.

교육훈련 교육훈련에 대한 강조도 빼놓을 수 없다. 관리자들은 지배자가 아니라 '교육자'라는 원칙이 세워졌다. 새 관리자들은 13주 동안의 대인관계교육을 받아야 했다. '평생교육 시스템'이라는 이름 아래 교육은 업무의 일부로 통합됐다. 같은 맥락에서 토론도 활성화했다. 각 팀의 하자와 생산성 등 모든 기록이 공개됐다. 이 결과를 놓고 팀 관리자들은 매일 토론을 벌이고 서로의 경험을 공유했다. 노동조합이 신입사원 채용에 개입하면서 노사관계도 완전히 바뀌었다. 노조의 경영 참여와 함께 모든 노력은 명분 싸움보다는 실제 문제 해결에 집중됐다.

합작성과

1985년 뉴미 공장이 다시 문을 열고 생산을 시작했을 때, 공장 생산직 가운데 85%는 예전 공장에서 일하던 사람들이었다. 이들은 여전히 같은 자동차산업 노조 소속이었다. 물론 장비도 똑같았다. 경영진만 일본인으로 바뀌었을 뿐, 폐쇄 3년 만에 똑같은 사람들이 똑같은 장소에서 똑같은 장비로 생산을 시작한 것이다. 결과는 놀라웠다. MIT 대학 '자동차산업 조사연구'에 따르면, 86년 뉴미 공장에서 측정된 자동차 1대당 조립 시간은 19.6시간으로, 78년 같은 장소에서 GM이 생산하던 때의 29.1시간보다 거의 50%나 향상됐다. 같은 해 매사추세츠 주 GM 공장보다도 57%나 높은 생산성을 보여줬다. 2000년에 들어서는 66초마다 승용차 1대와 87초마다 트럭 1대가 생산되는 북미지역 최고 3위 내에 속하는 공장으로 평가되었다. 이와 같은 성과에 힘입어 GM과 도요타자동차는 2005년 약 1,600억원을 투자해 뉴미 공장 생산설비를 증설하고, 생산 차종도 '코롤라(Corolla)'를 중심으로 소형 트럭 '다코마', '폰티악 바이브' 3종류로 확대하였다.

합작공장 폐쇄

2009년 6월 말에 경영악화에 시달리던 GM은 파산보호 신청과 함께 뉴미 공장 운영에도 손을 뗐다. 1년 지난 2010년에 도요타도 뉴미에 투자했던 소기의 목적을 달성했다고 보고 이 공장을 미국 전기자동차 회사 테슬라에게 매도하고 폐쇄키로 결정하였다. 테슬라는 공장의 일부를 인수하는 대가로 4,200만 달러를 지불하였다. 뉴미 공장에서 생산하던 코롤라 차종은 도요타의 캐나다 온타리오 공장에다 맡겼다.

 토의사안

1. 영원한 라이벌인 GM과 도요타의 뉴미(NUMMI) 합작투자 동기는 무엇인가?
2. 새로 도입된 뉴미 합작공장 운영방식에 대해 분석하시오.
3. 뉴미 합작공장의 성과에 대해 분석하시오.
4. 뉴미 합작공장이 폐쇄하게 된 구체적 원인은 무엇인가?

제 4 장
전략적 제휴

최근 국경을 넘어서 기업 간 전략적 제휴(strategic alliance)가 활발히 추진되고 있다. 첨예한 경쟁 관계에 있는 기업들 간에도 제휴가 활발히 이루어지고 있는 실정이다. 본장에서는 이러한 전략적 제휴의 본질 및 유형 그리고 성공적 운영방안에 대해 살펴본다.

I 전략적 제휴의 본질과 동기

1.1. 전략적 제휴의 본질

전략적 제휴란 기업 간에 특정 사업 및 업무 분야에 걸쳐 장기적 협력 관계를 맺는 파트너십을 일컫는다. 특히 경쟁기업과 제휴 관계를 맺을 경우 경쟁과 협력을 동시에 추구하는 경쟁적 협력관계가 된다. 전략적 제휴는 다음과 같은 기본적 속성을 띤다.

- **책임의 공유**　제휴의 기본적 속성은 위험과 성과의 공유에 있다. 일반적으로 제휴 각 파트너는 자신이 의사결정에 참여하고 공헌한 만큼에 대해서만 위험과 성과를 분담하는 것을 원칙으로 한다. 따라서 파트너 간 명확한 업무분담이 이루어져야 한다.
- **개별 파트너 정체성(identity) 고수**　파트너 각자의 정체성을 그대로 유지하면서 협력에 참여한다. 그러나 실제적으로 제휴에 관련된 업무영역과 비업무영역을 구분 짓기란 애매모호하다. 이에 반하여 인수·합병(M&A)에서는 어느 한 측 또는 양측 모두의 정체성이 소멸된다.
- **자원의 지속적 투입**　각 파트너는 제휴 사업에 자금, 기술, 인력 등의 자

원을 지속적으로 투입해야 한다. 따라서 제휴 사업을 지속시키는 데 있어 어떠한 추가 자원이 요구되며, 이들 자원을 어떻게 조달할 것이며, 또 양측 파트너로부터 이전된 자원의 가치를 어떻게 평가할 것인가 등에 대한 양측 간 합의가 이루어져야 한다.

• **시너지(synergy) 창출** 제휴란 단기적 편익 수단이 아니다. 대신 제휴는 파트너 간 자원을 공유함으로써 장기적으로 보다 큰 시너지를 창출하는 데 그 의의가 있다. 예컨대 기술능력이 높은 기업과 마케팅능력이 높은 기업이 제휴 관계를 맺으면 높은 시너지 효과를 발휘할 수 있는 것이다.

1.2. 전략적 제휴의 동기

최근 제품수명주기의 단축, 연구개발비용의 상승, 소비자의 욕구와 기호의 범세계적 균질화 등 글로벌 경쟁 환경의 급격한 변화는 기업들로 하여금 생존 전략 방안으로 타사와의 협력관계 구축을 적극 고려하게끔 압박을 가하고 있다. 기업들이 독자적으로 사업이나 업무를 수행하지 않고 다른 기업과 협력관계를 구축하려는 구체적인 동기를 요약하면 다음과 같다.

• **자원과 위험의 공유** 자원과 위험의 공유가 기업 간 제휴의 본질이다. 신기술 또는 신제품 개발에 따른 높은 투자비용, 기술장벽이나 환경규제 등에 따른 부대비용, 시장성숙으로 인한 증가된 마케팅비용 등은 기업들로 하여금 비용 분담의 목적으로 상호 보완적인 기술, 제품, 유통망, 생산시설 등을 제공하는 제휴 파트너를 찾게 만든다. 또한 연구개발의 상용화에는 짧게는 수년에서 길게는 수십 년이 소요되는데, 기업 독자적으로 이러한 위험을 감수하기에는 현재의 치열한 경쟁 환경이 허락하지 않는다. 과거에 변동비용으로 취급되었던 사안들이 점차 고정비용의 성격으로 바뀌고 있다. 지속적으로 신기술을 개발하여 상용화에 나서야 되기 때문에 여기에 수반되는 막대한 연구개발비용도 사실 고정비용의 성격을 띠는 것이다. 마찬가지로 브랜드 인지도 제고를 위한 막대한 광고비용, 판매 및 유통에 소요되는 경비, 그리고 경영정보시스템 구축 및 유지 비용도 점차 고정비용의 성격을 띠는 형태로 변모되어가고 있다. 따라서 점차적으로 많은 기업들이 연구개발, 마케팅, 생산 등에 걸쳐 제휴를 통해 막대한 비용 부담을 공유하고자 한다.

- **글로벌 시장으로의 신속한 접근과 입지 구축**　새로운 시장에서의 상이한 환경 여건과 높은 사업착수 비용은 성공적인 시장진입의 장애요인으로 작용한다. 「Triad Power」의 저자인 오마에 겐이치 박사는 세계적인 기업들이 글로벌 경쟁에서 살아남기 위해서는 적어도 세 주요 지역시장, 즉 북미, 유럽, 중국 등 아시아 시장 모두에 걸쳐서 자신들의 입지를 공고히 다질 필요성이 있음을 강조하였다. 그러나 이 세계 주요 3대 시장에서 사업 활동을 영위하는 기업들 중에서 모든 지역의 고객들에게 항시 최고의 가치를 완전히 독자적으로 제공할 수 있는 능력을 갖춘 기업은 존재하지 않는다. 따라서 가장 직접적이고 비용효과적인 대안으로 전략적 제휴가 유력시 되는 것이다.

- **조직학습의 수단**　제휴를 통해 파트너 기업으로부터 혁신의 단초가 되는 아이디어, 지식, 모범사례 등을 습득할 수 있다. 예를 들어 미국 포드와 일본 마즈다 두 자동차회사 간의 협력 관계도 호혜적 환경 하에서 상호 학습할 수 있는 기회를 제공하였다. 예컨대 포드는 마즈다로부터 조직관리의 프로세스에 관한 혁신 방안을 전수받았다. 또 다른 예로 미국 P&G사는 일회용 기저귀 사업의 품질관리 및 생산성 제고를 위해 자신의 품질관리팀을 당시 판매제휴 관계를 맺고 있던 월마트에 파견시켜 현장실습을 갖게 했다. 이 결과 P&G는 기저귀 매출을 50% 신장시키고 재고물량을 70%까지 감축시킬 수 있었다.[1]

- **신속한 기술혁신 및 제품개발**　대부분의 산업분야에서 기술 개발을 통한 신제품을 최초로 시장에 출시하는 기업들은 비교적 쉽게 시장입지를 구축하여 신제품 개발에 소요된 비용을 조기 회수할 수 있다. 특히 이러한 현상은 반도체산업과 같은 막대한 연구개발비가 소요되는 업종에서 더욱 두드러지게 나타난다. 따라서 다른 기업과 공동연구개발 등 다양한 기술제휴를 통해 경쟁기업보다 더 신속하게 기술혁신과 제품개발을 이루어 내는 것이 무엇보다 중요하다.

- **국제표준규격 확립**　글로벌화에 따른 시장통합은 기술 및 제품 표준화의 필요성을 가속화 시킨다. 개발된 기술이 표준규격으로 채택될 경우 호환성을 높여 글로벌 차원에서 시장지배력을 담보할 수 있으나 호환성이 떨어질 경우 글로벌 시장에서 소비자들에게 외면당하기 십상이다. 국제표준규격 확립을 통한 경쟁의 대표적 예로는 비디오 규격을 둘러싼 일본 소

니와 마쓰시타(일본 빅터) 간의 경쟁을 들 수 있다. 소니가 75년 베타(β) 방식으로 첫 판매에 들어가자 이듬해 마쓰시타가 VHS 방식을 판매하기 시작하면서 표준규격 확립의 경쟁이 촉발되었다. 결국 히타치, 샤프, 미쓰비시전기, 마쓰시타전기, 도시바, 산요전기가 연합한 VHS 방식이 독자적인 소니 베타 방식을 물리치고 80년대 중반 완전한 승리를 굳혔다.

II 전략적 제휴의 유형

전략적 제휴는 파트너 간 지분참여 여부에 따라 크게 두 범주로 구분된다. 첫 번째 범주는 계약에 의한 제휴관계로 크로스 라이선싱, 공동연구개발, 부품공용화, 공동구매, 공동생산, 공동마케팅 등과 같은 업무제휴를 들 수 있다. 두 번째 범주는 지분참여를 통한 제휴관계로 소수지분투자, 지분교환, 합작투자가 등이 대표적인 본보기다. 과거에는 합작투자 등 지분참여를 통한 장

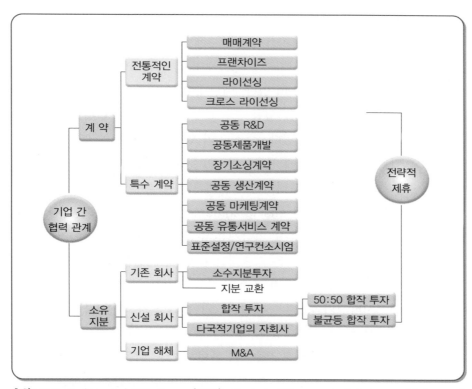

그림 4-1

전략적 제휴의 범주와 유형

출처: M.Y. Yoshino and U.S. Rangan(1995), *Strategic Alliances : An Entrepreneurial Approach to Globalization*, Boston, MA: Harvard Business School Press, p.8

기적 계약에 의거한 기업 간 협력관계가 많았으나, 점차 지분참여 없이 제휴 당사자들이 경영상의 독립성을 최대한 유지하면서 연구개발, 생산, 마케팅, 구매 등 다양한 업무분야에 걸쳐 중·단기적인 협력관계를 맺는 경향이 높아지고 있다. 따라서 기업 간 협력관계는 [그림 4-1]에서 보듯이 광의적으로는 거래계약부터 인수·합병(M&A)까지 모두 포함시킬 수 있으나, 협의적으로는 크로스 라이선싱부터 합작투자까지가 해당된다.

2.1. 기술제휴(Technology collaboration)

기술제휴는 기업들에 의해 가장 많이 활용되는 제휴 유형이다. 공동연구개발, 크로스 라이선싱 등이 기술제휴의 대표적 유형이다.

- **공동연구개발** 공동연구개발이란 신제품이나 신기술의 개발을 위해 둘 이상의 파트너가 협력관계를 맺는 것이다. 이를 위해 단지 계약만 체결하기도 하고 또는 연구합작법인을 설립하기도 한다. 공동연구 결과물인 신기술 또는 신제품에 대한 생산과 판매는 파트너 각기 독자적으로 수행하는 것이 보통이다. 이러한 공동연구개발의 주요 동기는 상호 기술적 보완을 통해 신속하게 신기술을 개발해내고, 이에 소요되는 막대한 비용과 위험부담을 공유하는 데 있다. 예컨대 일본 NEC와 미국 HP는 양측의 소프트기술과 하드기술을 결합시켜 고속 저가 컬러 프린터 공동개발을 위한 협약을 체결한 바 있다. 즉 NEC가 잉크분사방식 프린터 관련 소프트와 컨트롤 기술을 HP에 제공하면, HP는 제공받은 기술에 자신의 하드기술을 결합시켜 고속 프린터를 개발해내는 방식이다.
- **크로스 라이선싱(cross-licensing agreements)** 기업 간 특허를 공유하는 크로스 라이선싱도 주요 기술제휴 수단 중의 하나이다. 이러한 크로스 라이선싱의 주요 목적은 기술개발 비용 및 시간을 단축하고, 나아가서 특정 기술에 대한 글로벌 표준 확립을 촉진시키는데 있다. 예컨대 일본의 마쓰시타전기와 소니, 네덜란드의 필립스 등 가전3사는 오디오기기의 주력으로 떠오르고 있는 디지털 콤팩트 카세트(DCC)와 미니디스크(MD)에 관한 특허를 공유하기로 합의하였다. 이들 세 회사는 DCC와 MD의 제품화에 필요한 기술을 상호 제공하는 한편, 같은 기술을 원하는 타기업에게도 보유기술을 제공하여 점차 글로벌 표준화 기술로 확립한

다는 전략이다. [참고사례 4-1]에 제시된 바와 같이 삼성전자나 LG전자와 같은 한국의 대표적 기업들도 외국 기업과의 특허공유를 통해 글로벌 경쟁력 강화에 힘쓰고 있음을 알 수 있다.

📖 참고사례
4-1 **한국 기업과 외국 기업 간의 크로스 라이선싱**

한국의 삼성전자는 미국 IBM과 포괄적인 내용의 특허교차사용을 내용으로 하는 크로스 라이선싱 계약을 맺었다. IBM과 삼성전자는 최근 수년간 미국 내 특허등록 건수 1, 2위를 차지할 만큼 대표적인 글로벌 특허 기업으로 꼽힌다. 두 회사가 특허를 교차 사용하기로 합의한 것은 제품 개발력을 한층 높이고 각종 특허소송에 대응할 수 있는 특허 방어막을 구축하기 위한 것이다. 삼성전자는 구글과도 특허공유 계약을 맺고 있다. 한편, LG디스플레이도 유기발광 다이오드(OLED) 사업 경쟁력 강화를 위해 미국 코닥(Kodak)과 OLED 및 관련 TFT 기술에 관한 특허교차사용 계약을 체결하였다. 이번 계약 체결을 통해 LG디스플레이는 코닥의 기술을 사용해 OLED의 연구, 제품 개발 및 생산을 강화할 수 있게 됐으며, 코닥은 LG 디스플레이로부터 OLED 연구개발에 필요한 TFT 기술을 지원받아 OLED 연구를 보다 원활하게 진행할 수 있게 되었다.

2.2. 생산제휴

- **공동생산** 공동생산의 궁극적 목적은 규모의 경제를 이루어 생산비용의 절감을 꾀하는데 있다. 따라서 공동생산 제휴방식은 자동차나 가전제품과 같은 규모의 경제가 중요시되는 업종에서 활발히 추진된다. 기업들은 공동생산을 위해 통상 합작공장을 설립한다. 예를 들어 전 세계시장 판매를 목표로 건설 장비를 공동으로 생산하기 위한 클라크-볼보 합작공장의 설립 배경에는 규모의 경제를 통한 경쟁력 제고가 자리 잡고 있었다. 또 다른 예로 평면TV에 들어가는 LCD 공동생산을 위한 삼성전자와 소니 간의 합작사례, 그리고 일본 히타치, 마쓰시타 및 도시바 간의 합작사례가 좋은 본보기다.
- **부품공용화** 부품공용화는 타사와의 부품 공유에 의거한 대량구매를 통해 평균단가를 줄이고 안정적 공급선 확보를 통해 경쟁력을 제고시키는

데 목적이 있다. 부품공용화는 많은 부품이 소요되는 자동차나 전자 업종 내에서 가장 두드러지게 나타나고 있다. 이를테면 일본통산성은 일본 자동차 산업의 경쟁력 제고를 위해 변속기, 전조등 등 84개 품목에 대해 일본 자동차업계에 부품공용화 추진을 강력히 장려한 바 있다.

- **게스트 엔지니어링(guest engineering)** 생산제휴의 또 다른 유형으로 대기업 완성업체와 중소기업 협력업체 간 '게스트 엔지니어링'을 들 수 있다. 게스트 엔지니어링은 대기업들이 완제품 개발과정에 협력업체의 기술진을 참여시켜 부품 설계 및 개발을 공동으로 수행케 함으로써 제품 개발 기간과 비용을 절감하고 신속한 기술이전을 통해 궁극적으로 완제품의 품질을 높이는데 목적이 있다. 미국 크라이슬러 자동차사가 1990년대에 선보인 소형차 '니언'의 경우가 게스트 엔지니어링 생산방식을 최대한 활용한 대표적인 본보기다. 국내에서는 현대자동차가 신모델 '엑센트'의 개발 시에 자체 제작 부품과 볼트, 너트 등 단순가공품을 제외한 주요 부품의 50% 이상을 게스트 엔지니어링 방식으로 설계했다. 이 방식이 적용된 부품은 램프와 시트, 범퍼, 도어, 트림 등이며 현대자동차와 협력업체 기술진들은 부품 양산 단계까지 세부사항을 긴밀히 협의함으로써 기존 방식에 비해 개발기간을 20~30% 정도 단축시킬 수 있었다. 이는 완성업체가 부품 설계도를 협력업체에 넘겨줘 납품받는 기존방식은 시간과 비용이 많이 소요되는 반면, 게스트 엔지니어링 방식은 협력업체가 보유한 기술능력을 최대한 활용하여 생산효율을 올릴 수 있는 부품을 개발함으로써 납품단가를 낮출 수 있는 이점이 있기 때문이다.

2.3. 마케팅제휴

공생마케팅(symbio-marketing) 혹은 공동마케팅(co-marketing)이라 불리는 마케팅제휴는 마케팅 업무 전반에 걸쳐 이루어질 수 있는데, 채널공유와 공동브랜드가 가장 빈번히 활용된다.

- **교차유통협약(cross-distribution agreements)** 신규시장 진입 시에 판매채널 공유협약을 통해 단기간 내에 시장 개척을 이룰 수 있다. 교차유통협약이 판매망 공유의 좋은 본보기다. 이는 양측 파트너가 서로 상대편의 제품을 자사의 판매망을 통해 유통시키는 일종의 판매대행 협약이

다. 예컨대 일본 닛산자동차사가 독일 폭스바겐사의 자동차를 일본 내에
다 판매 대행해 주는 대신, 폭스바겐사는 닛산의 4륜 구동차를 유럽시장
에 판매 대행해 주는 방식이다.

- **피기백 마케팅**(piggyback marketing)　판매채널 공유의 한 유형으로서
어느 한 국가의 제조업자가 외국 시장에서 현지업체의 판매망을 통하여
자사 제품을 유통시키는 방식이다. 따라서 피기백 마케팅은 양측의 제품
이 상호 보완적일 경우 매우 효과적이다. 예컨대 스포츠화 제조업체는
테니스 라켓을 판매하고 있는 현지업체의 판매망을 통해 스포츠화를 유
통시키는 협약을 체결할 수 있다. 이럴 경우 현지업체도 자신의 제품계
열 폭을 넓혀 수요를 증대시킬 수 있을 뿐만 아니라 자신의 판매망을 최
대한 활용함으로써 추가적 수익을 누리는 효과도 본다.

- **공동브랜드**　대기업에 비해 판매조직, 자본, 브랜드 이미지, 홍보 능력
등이 취약한 중소기업에게 공동브랜드 전략은 매우 유용하다. 이를테면
해외시장진출에는 자금과 인력, 정보능력, 마케팅 노하우가 절대적으로
필요한 만큼 중소기업들에게는 매우 위험부담이 높다. 그러나 중소기업
들은 브랜드 및 판매망 공유를 통해 서로의 약점을 상호 보완하여 얼마
든지 해외시장 공략에 나설 수 있다. 공동브랜드를 사용할 경우 각 업체
는 브랜드 개발 및 광고에 드는 비용 부담을 줄일 수 있다. 이런 연유로
현재 우리나라 지방자치단체마다 역내 중소기업들을 대상으로 공동브랜
드 개발 및 글로벌 브랜드 육성 사업을 시행하고 있다. 역내 공동브랜드
의 예로 서울시의 '하이서울', 대구시의 '쉬메릭', 경상북도의 '실라리안',
제주도의 '제주마씸' 등을 들 수 있다.

- **제판**(製販)**동맹**　'제판동맹'이란 제조업체와 판매업체가 협력하여 상품을
공동 기획, 생산 및 판매하는 방식이다. 이를테면 백화점, 할인마트 등
대형 소매업체들이 제조업체와 공동 기획하여 PB(private brand) 상품을
개발하여 판매하는 것이 좋은 본보기다.

Ⅲ　전략적 제휴의 이론적 배경

합작투자를 자본제휴의 일환으로 볼 경우 전략적 제휴의 이론적 배경은 제
3장에서 논의된 합작투자의 이론적 배경과 맥락을 같이 한다. 따라서 본장에

서는 전략적 제휴의 이론적 배경으로 합작투자에서 논의된 거래비용이론, 자원준거이론, 실물옵션이론 등을 제외한 여타 관련 이론들에 대한 분석이 이루어졌다.

네트워크이론 관점

기업을 포함 모든 공식적 조직은 사회 구성원의 일원으로서 그 활동에 있어 사회적 영향을 받는다. 이는 모든 조직이 공중 관계, 경쟁자와의 관계, 대정부관계하에서 사업 활동을 영위할 수밖에 없기 때문이다. 이 중에서 사회적 관계라는 맥락에서 조직간 관계를 분석한 이론이 네트워크이론(network theory)이다. 전략적 제휴도 조직간 관계의 일환으로 볼 경우 네트워크이론으로 설명이 가능하다. Miles and Snow(1986)와 같은 경우 동태적 네트워크(dynamic networks)라는 개념을 이용하여 미래의 산업구조는 분산된 형태가 될 것이고 시장거래가 기업의 내부화된 활동을 대신할 것이기 때문에 미래의 경쟁력은 기업이 다른 기업과 상호작용하는 역량에 의해 좌우될 것이라는 주장이다.[2] Johanson and Mattson(1987)은 기업 간 상호작용을 동태적 관계의 측면에서 크게 기업 간 사회적 관계 및 정보교환 등의 교환과정과 기업 간 제품, 생산, 루틴에의 상호적응 과정으로 양분하고, 이러한 기업간 상호작용을 강화하기 위해서는 실물투자(정보시스템 구축 등)와 전문인력에 대한 투자가 수반되어져야 한다는 점을 강조하였다. 한편, Jarillo(1988)는 공동의 가치창조의 기회를 제공하는 전략적 네트워크(strategic networks)에 주목하고, 이를 통해 비용 및 위험을 분담하고 높은 신뢰수준을 유지할 경우 시장거래비용과 기업 내부적 관료비용을 동시에 줄일 수 있다는 경쟁적 이점을 강조하였다.[3]

일반적으로 기업이 네트워크를 형성하는 것을 설명하는 이론적 근거는 효율성, 시너지 효과 및 지배력 강화 동기에서 찾아볼 수 있다. 먼저 네트워크형의 협력관계는 효율성의 관점에서 접근할 수 있는데, 기업간 네트워크는 시장거래의 비효율성을 축소시키고 기업으로 하여금 경쟁우위에 있는 가치사슬에 집중하도록 하여 기업이 특화, 집중 및 규모의 경제를 통해 편익을 획득할 수 있는 기회를 높여준다. 즉 네트워크의 유효성은 거래비용 절감 기회와 공동으로 가치창조의 가능성에 기반한다. 시너지 효과의 관점에서만 보면 기업간의 네트워크는 기업들이 서로 다른 능력을 연계시키고 이용하기 위해 형성된다고 설명할 수 있다. 이를 통해 네트워크 기업간 공동으로 시장지배력을 높일 수 있는 것이다. 특히 Chesnais(1996)는 네트워크 자체를 하나의 현상으로 보면 네트워크 상의 기업들의 자원과 수익 및 가치 창조의 잠재능력에 주목할 필요가 있는데, 즉 기업들은 비공식적 협력을 통해 폭 넓고 다양한 협력관계의 네트워크를 구축하여 혁신능력을 결합하고 공유할 수 있게 된다는 점을 강조한다.[4] 이러한 네트워크전략은 자원이 부족한 중소기업들에게 더욱 유용한데, 특히 해외시장진출 시에 현지 기업들과의 공식 및 비공식적인 네트워크 관계 구축을 통해 신생기업으로서의 불리함(liability of newness), 규모의 불리함(liability of smallness), 그리고 외국기업으로서의 불리함(liability of foreignness)을 극복할 수 있다.[5]

동적역량 및 조직학습 관점[6]

기업의 탁월한 성과 요인으로 기업내부 자원의 중요성을 강조한 자원준거관점 하에서 최근의 전략경영의 다양한 접근방법과 통찰을 이론적으로 통합하려고 시도하고 있는 것이 동적역량(dynamic capability)의 패러다임이다. 이 접근방법은 기업의 자원과 능력의 축적에 대한 동태적 견해를 바탕으로 하고 있으며, 기업을 자원의 집합체로 보고 기업이 새로운 스킬과 역량을 축적하고 전략적으로 배치하는 메커니즘과 이러한 과정의 발전방향에 영향을 미치는 메커니즘 분석에 초점을 맞춘다. 요컨대 Teece 등(1997)의 주장에 따르면 동적역량이란 급속하게 변화하는 환경에 대응하기 위해 기업 내부 및 외부에 존재하는 특유의 자원 및 능력을 통합·구축하고 변화시키는 기업능력으로 해석된다.[7] 즉 동적역량이란 환경변화에 따라 경쟁우위를 유지 및 발전시키기 위한 자원의 재구성 능력으로 볼 수 있다.

동적역량 관점에서 전략적 제휴는 외부 조직의 지식과 스킬을 동태적으로 습득할 수 있는 조직학습(organizational learning)의 주요 수단으로 간주된다. 이를테면 Hamel(1991)은 기업간 협력에서 학습의 중요성을 강조하면서 제휴관계를 외부기업의 스킬을 획득하는 주요 경로 중 하나로 간주하였다. 특히 국제적인 전략적 제휴에 있어 조직학습 성과를 높이기 위해서는 세 가지 조건, 즉 파트너로부터 학습하고자 하는 기업의 의지, 관련 기업들 자신의 자원에 대한 개방성, 그리고 수용능력이 전제되어야 함을 강조하였다.[8] 따라서 조직학습 관점에서 전략적 제휴는 파트너 간 지식 공유와 학습역량을 제고시키는 수단이 된다. 이 과정에서 제휴 등 기업간 협력의 핵심은 거래비용이론에서 강조되는 기업 간 지식이전 비용보다는 파트너의 새로운 지식에 접근하여 학습하는 기업능력에 있다는 것이다.

지식창조경영이론(Knowledge Management Theory)

전략적 제휴를 통한 파트너 양측 간의 지식 이전도 중요하지만 한발 더 나아가 양측의 지식을 결합시켜 새로운 지식을 창조하는 것이 경쟁력 강화에 더 크게 기여한다. 따라서 최근 기술 환경의 불연속적인 변화와 복잡성의 증대에 주목하고, 기업들이 새로운 기술과 지식을 창조하고 획득하기 위해 전략적 제휴의 형태의 집단적 학습이 선호된다는 주장이다.[9] 지식이란 내재화된 특수적이고, 누적적이며, 암묵적인 특징을 가지고 있으며, 이러한 지식의 축적과 이용은 연구개발, 학습효과, 또는 일련의 작업과정(routines)에 의존한다. 따라서 지식의 창조와 축적은 순수하게 개인적인 것이 아니라 언제나 집단적 협력을 필요로 한다.[10]

이와 같은 지식창조경영의 관점에서는 전략적 제휴는 경영자원의 핵심이라 할 수 있는 기술이나 지식을 조직적으로 습득하고 창조하는 효과적인 수단이 된다. 예컨대 공동연구개발과 같이 기업간 협력은 지식 창출을 위한 조직학습 프로세스의 일환으로 볼 수 있다. 즉, 협력을 통하지 않고서는 외부기업의 암묵적인 지식이나 노하우에 사실상 접근이 어렵기 때문에 전략적 제휴는 각 기업이 필요로 하는 자원이나 지식을 습득하고, 이를 토대로 새로운 지식을 창조할 할 수 있는 기회와 가능성을 높여 준다.[11]

게임이론적 접근방법

산업조직론자들은 기술·지식시장의 실패에 대한 원인 규명을 위해 기업간 협력의 자원배분에 대해서 관심을 가져 왔는데, 분석도구로서 게임이론을 적용하고 있다. 게임이론에서는 이익은 플레이어들 간의 상호작용에 의해 획득하게 되며, 상대방의 행동과 의사결정에 의존한다고 해석한다. 이러한 관점에서 중심이 되는 과제는 플레이어 간의 경쟁과 협력에 있다. 대표적인 시나리오로서 '죄수의 딜레마'를 들 수 있으며, 두 명의 당사자가 서로 협조할 것인가, 아니면 배신할 것인가 하는 행동의 선택에 의해 이익과 손실이 다르게 나타나게 된다. 상대자와 협력하면 이익은 작아지게 된다. 따라서 자기 이익을 극대화하기 위해서는 상대를 속일 필요가 있지만, 일단 자기가 상대를 속이면 다음에 상대로부터 보복을 받는다는 딜레마가 존재한다. 이러한 게임이론하에서 특히 기업이 협력을 선택할 때 경쟁과 협력이라고 하는 대립적인 요소를 기업 스스로 인식해야 할 필요가 있다. 즉, 사업전개에 있어서 경쟁이라는 요소에 협력이라는 요소를 모두 고려해서 행동해야 한다.[12]

게임이론에 입각한 기업간 협력에 관한 연구에는 단기적인 관점과 장기적인 관점에서 접근한 연구와 장기적인 관점에서 접근한 연구 두 부류가 있는데, 시각에 따라 게임방식을 달리한다.[13] 협력을 단기적인 전략으로 접근하는 경우 파트너의 배신을 방지하기 위한 대책으로서 상대편에 대한 신의에 의존하기 보다는 보복전략(tit-for-tit strategy)에 더 초점을 맞춘다. 또한 협력관계에서 원하는 목적물은 협력기간 중에 가능한 한 신속하게 획득해야 한다는 점을 강조한다. 즉 협력은 단기적인 전략이므로 가급적 기업은 파트너로부터 목적물을 신속하게 획득하고 단기간 내에 협력관계를 종료시켜야 한다는 것이다. 반면, 기업간 협력을 장기적인 전략으로 볼 경우 협력은 보복주의적인 전략이 아니라 상호 확약((mutual assurance)이 우선되어야 한다는 점을 강조한다. 즉 파트너를 속이고 앞질러야 한다는 단기적인 자기이익 추구보다는 장기적인 관점에서 신뢰를 구축하고 협력하는 것이 상호 이익이 더 크다는 견해이다.[14]

Ⅳ 전략적 제휴의 관리

전략적 제휴의 궁극적 목적은 승패에 따른 제로섬 게임(zero-sum game)에 있는 것이 아니라 상호 승승(win-win)을 지향하는 데 있다. 이를 위해 전략적 제휴는 파트너 간 신뢰 구축을 통해 상호 기회주의적 행동을 억제하고 결속력 강화가 전제되어져야 한다. 신뢰란 상대방의 행동에 대한 믿음을 나타낸다. 즉 상대편에게 자신을 의탁하는 행동, 상대방이 의무에 충실할 것이라는 믿음, 나아가서 자신에게 유리한 쪽으로 상대편을 이용할 수 있는 기회가 주어지더라도 자제할 수 있는 의지의 표출이다. 따라서 파트너 간 신뢰는 상대편의 기회주의적 행동을 억제하는데 요구되는 안전장치(safeguards)마련, 즉 법적 계약을 통해 모든 상황을 통제하려는 시간과 노력을 해소시켜 준다. 파트너 간 상호 신뢰를 바탕으로 양측 관계는 더욱 결속되며, 나아가서 결속관계를 유지 및 강화시키고자 하는 양측의 자발적 노력, 즉 몰입(commitment)도

그림 4-2

성공적
제휴관계의
조건과 규범

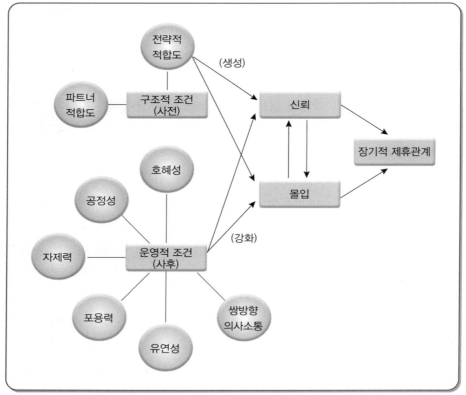

출처: 권영철(2001), "기업간 경쟁과 협력의 논리와 규범," 경영학연구, 30(3), p.706.

촉진된다. 사실상 파트너 간 상호 신뢰를 통한 몰입 없이는 기업 간 제휴관계
가 장기적으로 지속될 수 없는 것이다.

　　그러면 어떠한 조건하에 또는 어떻게 해야 전략적 제휴에 있어서 파트너
간 상호 신뢰와 몰입이 생성되고 강화되는가? 전자의 문제는 신뢰와 몰입의
생성과 관련된 구조적 조건으로 볼 수 있고, 후자의 문제는 생성된 신뢰와 몰
입의 유지 및 강화를 위한 운영적 조건으로 볼 수 있다.[15]

4.1. 구조적 조건(structural condition)

　　전략적 제휴에 있어서 어떠한 구조적 조건하에서 상호 신뢰와 몰입이 생성
되는가는 신뢰와 몰입의 원천에 대한 문제로 볼 수 있는데, 이와 관련 최소한
두 가지 조건이 충족될 필요가 있다. 첫째 조건은 제휴 사업의 전략적 적합성
이고, 둘째 조건은 파트너 간 적합성이다. 전자는 제휴 사업의 전략적 타당성
과 관련된 문제이고, 후자는 파트너 기업의 특성과 관련된 문제이다.

전략적 적합성

전략적 적합성이란 전략적 제휴가 양측 파트너 모두에게 공통의 혜택을 제공할 수 있어야 함을 의미한다. 즉 협력관계가 양측 파트너 모두에게 전략적으로 중요하며, 양측의 경쟁적 지위 향상에 도움이 되며, 아울러 협력관계 없이 기업 독자적으로 자신의 전략적 목표를 달성하기 어려움을 뜻한다. 따라서 전략적 적합성 충족 없이 제휴사업에 대한 파트너 상호간 공통의 비전 생성을 기대하기 힘들다. 전략적 적합성이 높을 경우 상호 공유할 수 있는 공통의 관심사가 많아지고 제휴 성과에 대한 상호 기대치도 높아지는데 반해, 제휴사업에 대한 불확실성은 낮아진다. 자연히 전략적 적합성이 높을 경우 파트너 상호간 신뢰와 몰입은 증대된다. 반면 전략적 제휴의 성공을 위해서는 장기적관점에서 상호 지속적인 관심과 몰입이 필수적인데, 전략적 적합성이 결여될 경우 상호 신뢰를 약화시켜 장기적 관계 구축보다는 단기적 이익 추구에 몰입하게 된다. 한편, 전략적 제휴의 전략적 적합성은 시간경과에 따라 변화될 수 있다. 따라서 전략적 제휴의 내용도 그때그때 상황 변화에 맞추어 조정되어야한다. 만일 파트너 간 의견불일치로 조정이 여의치 않을 경우 협력관계는 결국 파국을 맞게 된다.

파트너 적합성

전략적 제휴는 두 개 이상의 기업이 관련된 상호작용의 관계로 볼 수 있다. 따라서 기업 각 자신에게 적합한 파트너를 선정하는 것이 제휴의 구조적 성공조건이 된다. 전략적 제휴에 있어서 파트너의 적합성 기준으로는 힘의 균형, 자원공헌의 상호 보완성 등을 들 수 있는데, 이러한 기준에 있어 파트너 적합도가 높을수록 상호 신뢰와 몰입이 증대되어 전략적 제휴의 성공 가능성도 높아진다.[16]

- **힘의 균형(power balance)** 전략적 제휴에 있어서 힘(power)이란 상대 파트너 측의 의사결정이나 행동에 영향을 미칠 수 있는 영향력으로 제휴사업에 대한 자원 공헌도(자금, 기술, 인적자원 등)에 따라 좌우된다. 즉 상대편에 대한 자원의존도가 높을수록 자신의 힘은 약화된다. 만일 전략적 제휴에 있어서 파트너 간 힘이 불균형(power asymmetry) 상태일 경우 강력한 파트너측은 자신에게 유리한 방향으로 자신의 힘을 유용하고

자 할 것이며, 또한 미력한 상대편 측의 무임승차에 대해 불만을 가질 수 있다. 한편, 미력한 파트너 측은 제휴에 있어서 자신이 피해를 입지 않나 항상 예의주시하게 된다. 따라서 힘의 불균형 상태하에서는 강한 힘의 소유자는 상대방을 기회주의적으로 유용하려는 태도로 인해, 그리고 미력한 측은 잠재적 피해에 대한 염려와 감시로 인해 상호 신뢰보다는 불신과 갈등이 증폭될 가능성이 높다. 반면, 파트너 간 힘의 균형은 기회주의적 행동에 대한 자제와 신뢰 및 몰입을 촉진시켜 성공적인 제휴관계의 원천으로 작용한다. 예를 들어, 미국, 유럽, 일본의 경쟁기업 간 성사된 49건의 협력 건 중에서 파트너 둘다 유력기업일 경우 성공률이 67%로 나타난 반면, 유력기업과 미력기업 간 성공률은 37%로 나타나 전략적 제휴의 성공에 있어서 파트너 간 힘의 균형의 중요성이 입증된 바 있다.[17]

• 상호 보완성(complementarity) 전략적 제휴의 의의는 협력을 통해 각자의 약점을 보완하는 데 있다. 약점이 없다면 기업은 굳이 협력할 필요 없이 독자적으로 사업을 영위할 수 있는 것이다. 자원과 능력 면에서 강점과 약점의 상호 보완적 관계에 있을수록 시너지 효과에 대한 기대로 기업들은 협력에 대해 더 높은 관심을 갖게 된다. 또한 강점과 약점의 보완적 관계는 상호 의존도와 직결되므로 파트너 간 신뢰와 몰입 증진에도 긍정적 영향을 미친다.

4.2. 운영적 조건(operational condition)

전략적 적합성과 파트너 적합성의 구조적 조건이 충족되었다면, 어떻게 상호 신뢰와 몰입을 더욱 유지 및 강화시킬 수 있을 것인가? 이 또한 제휴 성공을 위한 운영적 조건으로 파트너 간 관계관리(relationship management)와 직결된 문제로 볼 수 있다. 파트너 간 관계관리가 원만치 못할 경우 제휴는 장기적으로 지속되기 어렵다. 운영적 조건으로는 파트너 간 상호작용에 영향을 미치는 다음과 같은 요인들을 들 수 있다.

• 호혜성(reciprocity) 전략적 제휴는 기술, 노하우, 지식, 자금 등 유·무형의 자원을 서로 공유함으로써 시너지 효과에 의거한 상호 혜택을 도모하는 공생·공조의 관계로 볼 수 있다. 따라서 상호작용 관계는 일방적이 아니라 쌍방적이 되어야 한다. 만일 파트너 한 측이 자기 이익만 추구하

고 상대편에게 혜택을 줄 수 없다면 상호 신뢰 구축과 몰입은 기대하기 힘들다. 이는 전략적 제휴가 상호 존중의 호혜정신에 입각해야 함을 의미한다. 사실 파트너 간 호혜성이 뒷받침 안 되고는 전략적 제휴가 장기적으로 지속될 수 없는 것이다.

- **공정성(fairness)** 성공적인 전략적 제휴를 위해서는 파트너 양측 입장이 공정하게 반영되어야 한다. 어느 한 측 입장만 고려될 경우 양측 간 갈등으로 상호 신뢰가 구축되기 어렵다. 공정성은 두 가지 형태의 정당성에 대한 준수를 전제로 한다. 즉 이익과 부담이 어떻게 파트너 간 배분되는가의 배분적 정당성(distributive justice)과 상대편 파트너를 대하는 절차와 방침에 대한 절차상의 정당성(procedural justice)이 준수되어야 한다. 특히 힘이 강한 파트너는 힘이 미약한 파트너를 이용하려는 기회주의적 행동에 빠지기 쉽기 때문에 이러한 정당성 준수에 더 신경을 써야 한다. 경쟁 기업 간의 제휴에 있어서도 마찬가지이다. 경쟁 관계에 있기 때문에 공정한 배분과 절차의 준수가 더욱 요구된다. 이러한 견지에서 제휴 운영에 일차적 책임을 맡고 있는 양측 관리자는 주요 사안의 의사결정에 있어 자사 측의 일방적 대변자가 아니라 공정한 심판관의 입장을 견지해야 한다. 종종 합작투자에서와 같이 최고책임자를 양측 파트너와 이해관계가 없는 제3의 인사로 충당하는 것도 이러한 운영상의 공정성을 기하기 위함이다.

- **자제력(forbearance)** 자제력이란 전략적 제휴에 있어서 기회주의 행동, 즉 주요 사안에 대한 의사결정과 관련해서 의도적으로 자기 측에게 유리하도록 행동하거나 또는 상대편에게 해를 끼치는 기회주의적 행동에 대한 자발적 억제를 나타낸다. 당연히 자제력은 파트너 간 신뢰 조성에 긍정적인 영향을 미친다. 또한 자제력은 장기적 관계유지를 위해 단기적 손실을 감수할 수 있게 하여 는 상호 몰입 증진에도 도움이 된다.

- **포용력(tolerance)** 포용력이란 전략적 제휴에 있어 상대편의 요구와 조직문화를 수용하려는 의지를 나타낸다. 따라서 상대편 조직문화에 대한 민감성(cultural sensitivity)이 전제되어야 한다. 특히 국적이 상이한 경쟁 기업 간 제휴관계에서는 국가간 및 조직간 문화적 차이에 대한 민감도가 결여될 경우 운영상에 있어 오해와 갈등이 야기될 소지가 높아 상호 신뢰를 구축하는데 장애 요인으로 작용한다.

- **유연성(flexibility)** 유연성 또는 융통성이란 상황 변화에 적응하고자 하는 유연적 태도를 나타낸다. 제휴 초기에 아무리 전략적 적합도가 높더라도 시간 경과에 따른 상황 변화(신기술 출현, 고객요구 변화, 새로운 경쟁자 출현, 시장침체 등)로 인해 파트너 양측 모두 제휴 조건에 대한 조정이 요구되는데, 이 경우 양측 모두 유연한 태도를 견지할 경우 변화에 대한 상호 적응 및 조정이 신속히 이루어져 결속력 강화에 도움이 된다. 즉 유연성이 높을 경우 전략적 제휴의 문제점을 적시에 해결하고 환경의 변화에 능동적으로 대처할 수 있게 하여 상호 신뢰 구축에도 긍정적 영향을 미치게된다. 사실 기업 간 전략적 제휴의 모든 사안에 대해 법적으로 명시해 놓는다 해도 상황 변화로 인해 공고한 관계 구축이 보증되는 것은 아니다. 49건의 미국, 유럽, 일본의 경쟁기업 간의 협력관계를 분석한 연구결과에 따르면 협력관계의 약 67%가 초기 2년 내에 여러 형태의 문제점에 직면하게 됐는데, 파트너 기업들이 능동적으로 융통성을 발휘한 경우 보다 수월하게 문제점을 해결하고 난관에서 벗어난 것으로 보고됐다.[18]
- **쌍방향 의사소통(two-way communication)** 전략적 제휴에 있어서 파트너 간 원활한 의사소통은 적시에 주요 정보에 대한 양측 간 공유를 가능케 한다. 이를 통해 파트너 양측의 오해와 잘못된 기대를 사전에 방지할 수 있어 상호 신뢰 구축을 통한 파트너 간 관계 몰입과 결속력 증진에도 도움이 된다. 사실 제휴의 운영적 조건으로 제시된 호혜성, 공평성, 자제력, 포용력, 유연성은 파트너 간 원활한 의사소통이 전제되지 않고서는 기대하기 어렵다. 이러한 관점에서 의사소통은 단순히 정보전달 차원이 아니라 상호 이해의 폭을 넓혀 공감대를 형성할 수 있는 수준으로 발전되어야 한다. 특히 국적이 상이한 파트너 간 제휴에서는 의사소통의 어려움으로 인해 오해와 갈등의 소지가 항시 존재하므로 파트너 간 원활한 의사소통이 더욱 중요시 된다.

토의문제

1. 기업 간 전략적 제휴를 추진하는 주된 동기는 무엇인지 설명하시오.
2. 전략적 제휴에는 어떠한 유형이 있는가?

3. 전략적 제휴와 M&A 차이에 대해 설명하시오.

4. 전략적 제휴 추진 시에 파트너 적합성은 어떠한 요인에 의해 파악할 수 있는가?

5. 전략적 제휴의 성공을 위해서는 어떠한 운영적 조건이 충족되어야 하는가?

사례 세계적인 철강기업 간 경쟁과 협력[19]

Global Strategic Management

최근 세계철강산업은 급격한 환경변화를 맞고 있다. 철강수요의 감소, 기술의 급속한 발전, 자본비용 상승, 대체재와의 경쟁, 국가 간 탄소배출 감축 목표를 설정한 교토의정서의 발효, 고객수요의 엄격화 등 외부 환경적인 변화는 기업 내적인 조강능력의 감축, 가동률 제고, 연주비율 확대, 인원 합리화를 통한 노동생산성 제고 등의 노력을 무력화시키기에 충분한 영향력을 발휘하고 있다. 따라서 이러한 외부환경변화에 대응하기 위한 전략의 일환으로 대형화를 통한 규모의 경제 실현, 원료 공급자와의 협상력 증대, 자본조달 용이, 수요기업과의 협상력 증대 등의 효과를 얻기 위해 세계철강기업들은 전략적 제휴 및 M&A에 적극 나서고 있다. 〈그림 4-3〉에서 보듯이 세계 10대 철강기업에 중국기업이 6개로 2020년 기준 세계철강 생산량의 56%를 차지하고 있다.

그림 4-3 세계 철강기업 생산량 순위(2019년 기준, 만t)

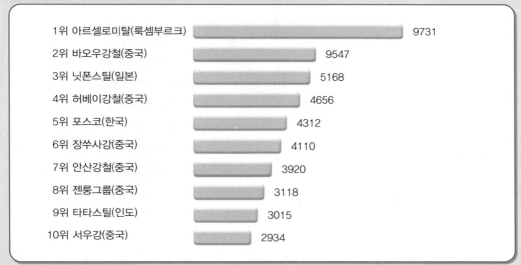

1위 아르셀로미탈(룩셈부르크) 9731
2위 바오우강철(중국) 9547
3위 닛폰스틸(일본) 5168
4위 허베이강철(중국) 4656
5위 포스코(한국) 4312
6위 장쑤사강(중국) 4110
7위 안산강철(중국) 3920
8위 젠룽그룹(중국) 3118
9위 타타스틸(인도) 3015
10위 서우강(중국) 2934

출처: 세계철강협회(WSA)

그림 4-4　미탈스틸의 협력관계

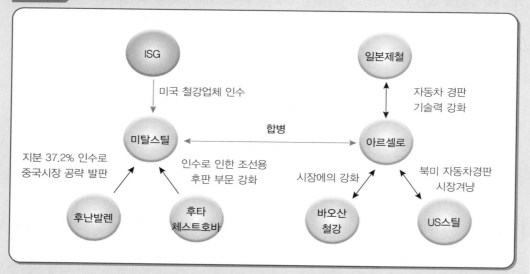

아르셀로미탈(ArcelorMittal)

영국에 본사를 두고 있는 미탈스틸은 1992 년에는 세계 조강생산 순위 87위로 중소 철강 업체 중의 하나였다. 이러한 미탈스틸은 체코, 남아프리카공화국, 멕시코 등에 있는 철강기 업들을 지속적으로 인수하였고, 2004년에는 미국 철강업체인 인터내셔널스틸그룹(ISG)을 인수함에 따라 연간 6,000만 톤의 철강을 생 산하는 세계최대 철강업체로 발돋움하였다. 이어 미탈스틸은 중국의 최대 철강업체인 '후 난 발린'의 지분 37.2%(3억1400만 달러)를 인 수하였으며, 조강 생산 70만 톤 이상 및 압연 능력이 120만 톤의 생산능력을 가진 폴란드 최대의 조선용 후판 메이커인 '후타 체스트호 바'를 인수하였다.

2006년에는 유럽 국가들의 반대를 무릅쓰 고 5개월 만에 유럽의 아르셀로(Arcelor)와 합 병에 성공하였다. 이로써 전 세계 철강시장 점 유율 10%, 종업원 32만 명, 연매출 700억 달러 에 연간 생산량이 1억1,300만 톤에 달하는 초

대형 철강사로 탄생하게 됐다. 2006년 당시 3, 4, 5위인 신일본제철(3,200만 톤), JFE(3,100 만 톤), 포스코(3,100만 톤)의 생산량을 모두 합친다고 해도 미탈스틸에 못 미쳤다. 아르셀 로와의 합병을 통해 미탈스틸은 원자재 구입 과 철강재 판매에서의 교섭력 확대, 과점적 지 위를 이용한 시장지배력 강화, 시황변동에 대 한 탄력적 대응(설비 개수 등), 지역의 다양화 를 통한 위험 분산, 생산설비의 수직계열화를 통한 경쟁력 확보 등의 시너지 효과를 얻을 것 으로 기대하였다. 미탈스틸이 합병을 시도하 기 전까지 세계 조강생산력 4,690톤을 기록하 며 철강업계 1위를 유지한 기업이 유럽의 아르 셀로이다. 아르셀로는 프랑스, 네덜란드, 스페 인 등 3국 철강업체가 합병한 법인(Usinor+ Arbed+Arceralia)이다. 아르셀로는 이러한 대 형화를 바탕으로 자동차 업체들의 글로벌 수 요에 부응하기 위해 미국 철강기업인 US스틸 과 중국 철강기업인 바오산철강과 제휴를 하 고 있었다. 이러한 제휴를 통해 아르셀로는 유

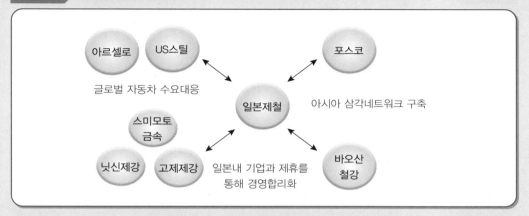

그림 4-5 신일본제철의 협력관계

글로벌 자동차 수요대응

아시아 삼각네트워크 구축

일본내 기업과 제휴를 통해 경영합리화

아르셀로 | US스틸 | 포스코 | 일본제철 | 스미모토금속 | 닛신제강 | 고제제강 | 바오산철강

립시장, 북미시장, 아시아시장에 대한 거점 확보를 통한 글로벌 경영체제를 구축할 수 있었다. 또한 자동차 강판분야인 일본의 신일본제철과도 자동차 강판분야 기술력 강화를 위해 협력하고 있었다. 그러나 미탈스틸은 미국, 유럽, 동구권에서 사업활동을 하고 있으나 아시아지역에 진출은 아직 미미상태였다. 따라서 아르셀로와의 합병은 아시아시장에서 입지를 구축하는데 도움이 되었다. 현재 미탈이 주목하고 있는 철강기업은 인도의 최대 철강기업인 타타스틸(Tata Steel)이며, 만약 인도 철강사의 인수에 성공할 경우 미탈스틸은 한국과 일본을 제외한 전 세계 철강 시장에 영향력을 미칠 수 있는 시장지배력을 가지게 된다.

닛폰스틸

신일본제철주금의 전신인 닛폰스틸(일본제철)은 일본을 대표하는 철강기업으로 일본 내 조강생산력 1위인 기업이다. 최근 일본제철은 수익구조 악화와 경쟁사들의 대형화에 따른 약진으로 고전하고 있는 상황이다. 이러한 일본제철은 중국 및 한국 철강기업의 추격과 유럽의 선진대형사의 견제에 대응하기 위

한 다양한 제휴관계를 강화해 나가고 있다. 우선 일본 내 중소철강업체들인 스미토모금속, 고베제강, 닛신제강과 제휴관계를 맺고 있다. 또한 글로벌 자동차강판분야의 시장대응력을 높이기 위해 세계 최대 철강회사인 아르셀로미탈과 합작회사를 설립하고, 인도 철강업체 에사르를 인수를 추진하고 있다. 양사는 61억 5000만 달러(약 7조2508억원)의 매입 가격에 동의하고 이후 생산시설을 업그레이드하기 위한 추가 투자에도 합의했다. 또한 유럽 및 미국의 대형철강사와 경쟁하기 위해 한국의 포스코와 중국의 바오산철강과 협력하여 아시아 삼각네트워크를 형성하였다.

JFE스틸

2002년 9월 일본 NHK와 가와데츠가 합병하여 JFE 홀딩스로 출범하였다. 이러한 합병을 통해 JFE스틸은 일본 내 철강업계 1위인 신일철과 어깨를 나란히 하는 철강기업으로 부상하였다. 특히 JFE는 국내철강업체들과의 협력관계가 긴밀한 업체이다. INI스틸과 동국제강, 현대하이스코, 동부제강 등 대부분의 국내철강업체들과 자본 제휴나 기술협력을 위한

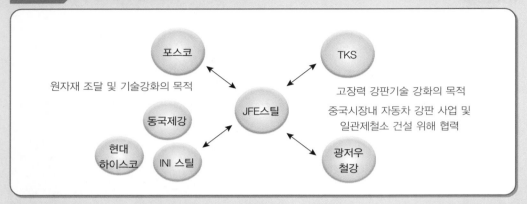

그림 4-6 JFE스틸의 협력관계

포스코

TKS

원자재 조달 및 기술강화의 목적

고장력 강판기술 강화의 목적
중국시장내 자동차 강판 사업 및
일관제철소 건설 위해 협력

동국제강

JFE스틸

현대
하이스코

INI 스틸

광저우
철강

전략적 제휴 관계를 맺고 있다. 자동차 강판사업 협력과 일관제철소 건설을 위해서는 중국 광저우강철과 제휴관계를 맺고 있다. 또한 고장력 강판 기술을 위해 TKS와 제휴관계를 맺고 있다. 수요업체로는 한국의 현대자동차와 협력관계를 맺고 있다. 2020년에는 인도 철강사 JSW의 보유 지분을 15%에서 20% 이상으로 늘려 협력 확대에 박차를 가하고 있다.

타타스틸(Tata Steel)

1901년 일찍이 타타그룹은 인도 최초로 대규모 제철소를 지었다. 이 제철소는 1907년 타타철강회사라는 이름으로 통합된 뒤 이후에 타타스틸로 이름이 변경되었다. 440만톤의 조강생산으로 세계 56위인 타타스틸은 2006년 1820만톤으로 세계 9위였던 영국과 네덜란드 간 합병 철강사인 코러스를 80억 달러에 인수하여 세계적인 철강회사로 부상하였다. 타타그룹은 2000년대 들어와 주로 M&A를 통한 글로벌 전략을 추진해 왔으며, 이미 19건(31억 달러 이상 금액)의 해외인수를 성사시켰다. 타타모터스는 한국 대우상용차를 인수하였고, 타타스틸은 싱가포르 낫스틸과 태국 밀레니엄

스틸을 인수한 바 있다.

타타스틸의 코러스 인수는 슬래브 가격이 급상승한 2003년 말부터 추진해 온 '탈일관화(De-Integration) 전략'의 일환이다. 이는 철광석이 풍부한 인도에서 슬래브까지 생산하고, 하공정 설비는 선진국 수요지 인근에서 운영한다는 개념이다. 나아가 이번 인수는 세계철강산업에 불기 시작한 대형화·글로벌화의 메가트렌드로 소형 철강사로는 더 이상 경쟁력을 확보할 수 없다고 판단, 인도에서의 대규모 제철소 신증설과 해외에서 M&A에 200억 달러 이상을 투자하여 향후 3,000만톤 이상 체제를 구축하겠다는 장기계획의 일환이다.

포스코(POSCO)

포스코는 일본제철과 매우 돈독한 협력관계를 맺고 있다. 2000년 포스코는 일본제철의 지분 3.5%를 보유하고, 일본제철 역시 포스코 지분 5.04%를 보유하는 상호출자 및 기초기술의 공동 개발 등을 포함한 포괄적 제휴를 체결하였다. 이후 5년마다 계약을 갱신해오다 그 기간을 3년으로 단축하였다. 이는 글로벌 철강기술 변화 속도를 반영해 더 짧은 기간에 제

그림 4-7　타타스틸의 협력관계

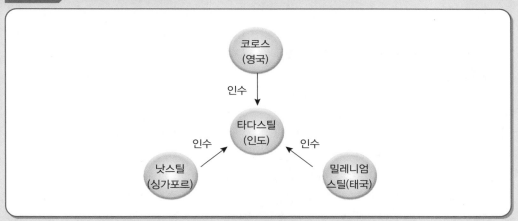

휴 성과를 평가하기 위해 취한 조치이다. 또 양사는 2007년 10월에 환원철의 공급과 건식 더스트 리사이클에 관한 공동사업을 위한 합작회사를 설립하였다.

또한 포스코는 중국의 바오산 철강과의 협력을 통해 아시아 철강 삼각 네트워크를 형성하고 있다. 이와 더불어 포스코는 2005년 인도 오디샤 주와 공동으로 일관제철소 건설 및 광산 개발 사업을 30억 달러(약 3조원)를 투자하려다 중단된 사업을 2020년 들어 다시 추진하고 있다. 전보다 확대된 120억 달러(13조

4,000억원) 규모이다. 인도는 중국에 이어 세계 2위의 거대 철강시장이다. 인도의 광산개발 계약과 더불어 철광 원자재 공급업체인 호주 BHP빌리턴과도 포스코는 협력관계를 맺었다. 현재 호주 BHP빌리턴과 리오틴토, 브라질 CVRD의 3개 업체가 전 세계 철광석의 70%의 점유를 바탕으로 원자재 무기화를 시도하려는 움직임이 있는데, 이들 공급자와의 관계에서도 교섭력을 유지할 수 있을 것으로 평가되어 포스코는 원자재의 확보, 신기술의 개발, 아시아 철강 네트워크의 형성 등을 통해 세계적인

그림 4-8　포스코의 협력관계

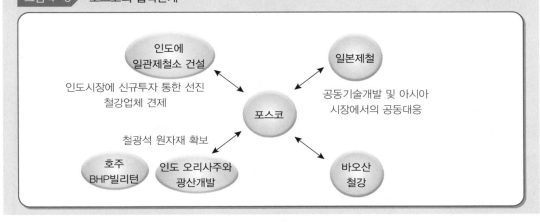

철강기업으로 발 돋음 할 수 있는 발판을 마련하였다는 평가이다.

중국 철강업체들의 공급과잉으로 인한 구조조정

과도한 물량을 앞세운 중국 철강업체들의 저가 공세에 그동안 M&A와 전략적 제휴를 통한 규모를 키워왔던 글로벌 철강업체들이 구조조정에 나서고 있는 실정이다. 중국이 구조조정에 돌입하고 있다지만 시행 초기인 데다, 중국이 차지하는 글로벌 생산 비중이 2020년 기준 56%로 여전히 높아 공급과잉으로 인해 중·단기간 내 가격 경쟁력 회복을 장담할 수 없기 때문이다. 2016년 영국 코로스를 인수하며 세계 6위 철강회사로 부상했던 타타스틸도 중국 업체의 저가공세에 밀려 지속적인 적자에 못 이겨 결국 영국에서 철수를 결정하였다. 그러나 약 4만명 규모의 일자리가 없어질 것을 우려한 영국 정부의 압력과 영국의 유럽연합 탈퇴(Brexit· 브렉시트)로 인해 영국 경제의 불확실성이 커지면서 공장 인수에 대한 관심 있는 기업을 찾기 힘들어져 매각 대신 독일 티센크루프 등 주요 철강기업들과 유럽 사업 부문을 총괄하는 합작법인 설립을 추진 중이다. 중국의 과잉 공급으로 구조조정 발걸음이 분주해진 것은 타타스틸 뿐만 아니다. 세계 1위 철강회사인 아르셀로미탈은 157억 달러의 부채를 축소하기 위해 2016년 2월 스페인 자동차강판 제조업체 게스탐프 오토마시온 지분 35%(9억 8000만 달러)를 매각하겠다는 방침을 세웠다. 세계 2위 신일본제철도 고급강관을 생산하는 브라질 고로 2기를 연내 가동 중단하기로 결정했다. 앞서 신일본제철은 수익성 악화를 탈피하기 위한 사업재편 차원에서 일본 내 4위 철강기업인 닛신제강을 인수하는 과감한 결단을 내린 바 있다. 허베이강철 및 바오스틸 등 글로벌 3~4위 중국 소재 철강업체들도 중앙정부가 강력한 감산 드라이브를 걸고 있는 만큼 자산 매각 등 대규모 구조조정에 돌입했다. 글로벌 5위 철강업체인 포스코도 2017년 25개사 등 향후 수년 내에 총 89개사를 매각 또는 청산할 계획을 세웠다. 그러나 포스코를 비롯한 국내 철강업체들은 현재 실시 중인 구조조정은 계획대로 진행하되 저성장 시대를 대비하는 차원에서 자동차강판 및 에너지강재 등 고급재 연구개발에 힘을 기울일 필요성이 있다. 앞으로 글로벌 공급과잉 상황에서 경쟁력을 못 갖춘 철강사들이 무너지고 이들을 사들이는 방식의 M&A가 빠르게 진행될 것이다. 이를 통해 글로벌 전체 생산량 자체는 줄고 경쟁력을 갖춘 소수의 회사가 살아남아 대형화 되는 상황이 더욱 급진될 것으로 예상된다.

 토의사안

1. 최근 세계철강기업들이 M&A 및 전략적 제휴에 왜 적극적으로 나서고 있는지 그 이유에 대해 설명하시오.
2. 미탈스틸과 아르셀로와의 합병에는 어떠한 효과가 예상되는지 설명해 보시오.
3. 포스코의 제휴추진 내용에 대해 분석하시오.
4. 중국 철강업체들의 공급과잉으로 인한 구조조정이 세계철강산업에 어떠한 영향을 미치는지 분석하시오.

제 5 장
글로벌 M&A전략

해외직접투자는 해외에다 신규로 회사를 설립하거나 또는 외국 기업을 인수·합병(M&A: Merge and Acquisition)하는 형태를 취한다. 인수는 피인수기업을 그대로 존속시키면서 경영권을 매수하는 방식인데 반해, 합병은 서로 다른 두 기업이 대등한 방식으로 합치거나 서로 흡수되어 새로운 하나의 기업으로 통합되는 방식이다. 본장에서는 글로벌 M&A 동기, 유형 및 절차와 사후관리 방안에 대해 중점적으로 살펴본다.

I 글로벌 M&A 유형과 동기

1.1. 글로벌 M&A 유형

M&A 유형은 거래형태, 거래의사, 사업관련성 등에 따라 〈표 5-1〉과 같이 분류하여 설명 가능하다.

분류기준	종　류
거래형태	인수, 합병
거래의사	우호적 M&A, 적대적 M&A
사업관련성	수평적 M&A, 수직적 M&A, 다각적 M&A

표 5-1

M&A 유형별 분류

거래형태에 따른 분류

가장 기본적으로 M&A 거래를 구분하는 기준은 법률적 거래형태에 따른 것으로 크게 기업인수와 기업합병으로 분류된다.

첫째, 기업인수는 타기업의 지분 일부나 전부를 매수한 후 피인수기업을 존속시키면서 주주권이나 경영권을 행사하는 방식이다. 이 경우 인수는 자산인수(asset acquisition)와 주식인수(acquisition of stocks) 형태를 취한다. 자산인수는 인수기업이 계약에 따라 피인수기업의 자산의 일부 또는 특정 사업부문을 취득하는 방식이다. 이 경우 피인수회사의 자산만 매입하거나 또는 자산과 영업권(goodwill)을 같이 매입할 수도 있다. 한편, 주식인수는 기업인수의 가장 전형적인 방법으로 인수대상기업의 발행주식 전부나 일부를 기존 주주로부터 취득하거나 또는 새로 발행되는 주식을 취득하여 지배권을 획득하는 방식이다.

둘째, 기업합병은 복수의 회사가 하나로 통합되는 방식이다. 이 경우 합병 당사자인 복수의 기업들이 완전히 소멸되고 제3의 새로운 기업이 설립되는 신설합병(consolidation)과 기존 기업 중 어느 한 기업이 다른 기업으로 흡수되어 한 개의 기업만 남게 되는 흡수합병(merger)이 있다. 청산절차 없이 해산되는 피합병기업의 재산과 자원은 새로 신설되거나 존속하는 회사에 포괄적으로 승계된다. 신설합병의 경우는 당초 기업들이 가지고 있던 영업권이나 특허권 등의 무형자산이 신설기업에 승계되는데 있어 가격산정 등의 어려움이 따르고, 설립절차도 복잡하기 때문에 잘 이용되지 않고 있어 합병은 대부분의 경우 흡수합병의 형태를 취한다.

거래의사에 따른 분류

M&A는 인수기업과 피인수기업의 합의에 의해 인수가 이루어지는 우호적 M&A와 피인수기업의 의사에 반해 강제적으로 인수하는 적대적 M&A의 두 종류가 있다. 우호적 M&A란 인수기업의 M&A 제의에 피인수기업의 경영진이 우호적으로 동의하거나 주주들에게 인수할 것을 권유하는 M&A를 말한다. 반면에 적대적 M&A는 피인수기업 경영진의 동의 없이 강압적 수단으로 주식을 인수하는 방식이다. 이 경우 피인수기업도 적극적인 방어로 나설 가능성이 높기 때문에 우호적 M&A보다 비용도 훨씬 많이 들고 그 진행절차도 극비리에 이루어진다. 적대적 M&A를 위해 가장 흔하게 사용되는 방법으로는 주로 시장에서 주식을 취득하는 방법과 위임장 대결(proxy fight) 또는 주식공개매수 등이 있다. 외국기업을 비우호적인 방법으로 M&A한다는 것은 현지 여론의 악화 등의 이유로 매우 힘들기 때문에 기업의 입장에서는 주로 우호적 M&A 방식을 선호한다.

사업관련성에 따른 분류

M&A는 인수기업과 피인수기업 간의 사업관련성에 따라 수평적 (Horizontal) M&A, 수직적(Vertical) M&A, 그리고 다각적(Conglomerate) M&A 로 구분된다.

- **수평적 M&A** 동일 산업 내에서 동일한 경영활동을 가진 기업 간의 결합을 일컫는다. 수평적 M&A는 생산설비의 효율적 활용, 규모의 경제 (economies of scale) 실현, 중복투자 배제 등의 효과를 가져 올 수 있다는 이점이 있다. 2021년 SK하이닉스의 미국 인텔의 메모리 반도체 낸드플래시 부문 인수를 비롯해서 LG전자의 미국의 가전회사인 제니스 (Zenith)사 인수, 중국 최대 가전회사인 하이얼의 미국의 가전업체 메이택(Maytag) 및 GE의 가전사업부 인수, 세계적인 온라인 경매업체인 미국 e베이의 한국의 대표적인 인터넷경매업체인 옥션 인수 등이 전형적인 수평적 M&A이다. 이러한 수평적 M&A는 시장지배력 확대, 판매력 강화, 유명 브랜드 인수, 기술 습득 등을 목적으로 이루어진다. 그러나 수평적 M&A는 시장에서의 경쟁을 제한하는 결과를 초래할 수도 있어 대부분의 나라에서 독점금지법 규제를 받을 수 있다.
- **수직적 M&A** 동일한 산업 내에 있지만 가치사슬활동의 단계가 서로 다른 기업 간의 결합으로 본질적으로 수직적 통합의 성격을 띤다. 수직적 통합은 기업의 생산과정 이전 또는 이후의 단계에 따라 수직적 후방통합 (backward integration)과 전방통합(forward integration)으로 구분된다. 이러한 수직적 후방통합 M&A는 주로 부품, 반제품 등의 재료원 확보라든가 일관 생산체제 구축 등의 목적을 띤다. 반면, 수직적 전방통합 M&A 는 유통망 확대에 따른 시장지배력을 높이기 위함이다. 예컨대 2017년 한국타이어가 호주의 최대 타이어 유통점 '작스 타이어즈(JAX TYRES)'의 지분 100%를 인수한 사례를 들 수 있다. 작스 타이어즈는 가격 경쟁력, 최고의 고객 서비스를 앞세운 타이어 유통 프랜차이즈 매장으로 1949년 시드니 1호점 설립을 시작으로 2017년 당시 83개 매장을 운영 중이었다.
- **다각적 M&A** 인수기업이 자신의 기존사업과는 전혀 무관한 새로운 분야로 사업다각화를 이루기 위한 목적으로 M&A를 시도하는 형태이다. 두산그룹 사례가 좋은 본보기다. 두산그룹은 2001년 핵심사업인 OB맥

주 매각 이후 국내의 한국중공업과 대우종합기계, 그리고 미국 AES와 CTI엔진, 영국의 미쓰이밥콕, 미국의 밥캣(Bobcat) 등의 인수를 통해 단기간 내에 사업다각화를 이루어 내는 성과를 거두었다.

1.2. 글로벌 M&A 동기

글로벌 M&A는 규모의 경제, 해외시장확보 및 개척, 기술, 생산시설 등 경원자원 취득, 사업다각화를 통한 성장 등의 목적을 띠고 추진된다.[1]

규모의 경제 실현

기업 규모가 클수록 시장지배력, 생산량 증대에 따른 원가절감, 저비용의 자금조달, 인재유치, 경쟁업체에 대한 대응 등 여러 측면에서 유리하다. 물론 오랜 기간에 걸쳐 성공적인 경영을 통해 기업 규모를 키울 수도 있지만 M&A를 통해 일시에 해결할 수도 있다. 특히 글로벌경쟁 시대에는 치열한 경쟁으로 업종별로 3개 혹은 5개의 거대기업만이 생존할 것이라는 예상이다. [참고사례 5-1]에서 보듯이 다양한 업종에 걸쳐 M&A를 통해 규모면에서 글로벌리더 기업이 탄생되고 있다.

📖 **참고사례 5-1**　**M&A를 통한 글로벌리더로 부상**

철강산업에서 영국에 본사를 둔 세계 1위 미탈스틸은 2006년 세계 2위 아르셀로(Arcelor)를 합병하였다. 이로써 당시 3, 4, 5위였던 신일본제철, JFE 및 포스코의 생산량을 모두 합친 것보다 더 큰 규모의 철강사로 탄생했다. 세계제약업계는 합병으로 매년 1위 글로벌리더 기업이 뒤바뀌고 있는 실정이다. 95년 이전에는 미국의 머크사가 세계시장점유율 1위였는데, 95년에는 글락소와 웰컴이 합병하여 세계 제1위 제약업체로 부상하였고, 96년에는 합병 전 각각 세계 12위와 16위에 불과했던 산도스와 시바이기가 합병 후 일거에 세계 1위로 부상하였다. 98년에는 글락소·웰컴과 스미스클라인·비첨이 합병하여 다시 세계 1위를 차지하였다. 이에 대응하기 위해 세계 2위 제약사 화이자도 M&A를 통해 규모 키우기에 나서는데, 2009년 680억 달러(약 77조4000억원)에 와이어스 인수, 2015년 아일랜드 제약사 엘러 간과의 1천6백억 달러 규모의 합병, 항암제 개발사 메디베이션(Medivation)을 140억 달러(약 15조6000억원)에 인수, 그리고 염증 치료제 전문업체인 아나코르를 45억 달러(약 5조

2988억원)에 인수했다.

2016년도에만 M&A를 통해 여러 업종에서 세계 순위가 뒤바뀌었다. 석유화학업계에서는 세계 3위와 4위 업체인 다우케미칼과 듀폰과 합병하여 세계 1위인 독일 바이엘을 제치고 화학비료업계 1위로 올라섰다. 에너지업계에서는 영국의 로얄 더치 셸이 세계 최대 가스업체 BG그룹을 470억 파운드(84조2천억원)에 인수하면서 엑손모빌을 제치고 세계 1위 업체가 되었다. 또한 커피업계 2위인 JAB 홀딩이 3위인 큐릭 그린 마운틴을 인수하여 세계 1위 커피메이커인 네슬레의 강력한 경쟁자로 부상하였다. 맥주업계도 버드와이저와 코로나, 호가든 등 유명 브랜드를 보유한 세계 1위인 안호이저-부시인베브와 업계 2위인 영국 사브밀러가 1천60억 달러 규모의 M&A를 단행했다.

2020년 일본 편의점 세븐일레븐을 운영하는 세븐앤드아이홀딩스도 미국 편의점 및 주유소 운영회사 스피드웨이를 210억달러(약 25조원)에 인수하여 글로벌 시장지배력을 높였다.

신속한 해외시장진입 및 시장 확대

글로벌 M&A가 선호되는 이유는 단기간 내에 신속한 해외시장 진입이 가능하기 때문이다. 회사를 신설하여 해외시장에 진출할 경우 공장 건설, 판매망 구축 등을 통해 시장 입지를 구축하는 데에는 보통 3~5년의 기간이 소요된다. 그러나 M&A 방식으로 해외시장에 진출할 경우 피인수기업의 공장설비, 인적자원, 브랜드, 유통망 등을 일시에 확보하게 된다. 또한 기존 경쟁기업에 의한 진입장벽을 일거에 해소할 수도 있다. 예컨대 2007년 한국의 두산그룹은 미국 건설장비업체인 잉거솔랜드가 보유한 밥캣(Bobcat) 사업부문을 49억 달러에 인수하면서 일약 세계 7위권 중공업 그룹으로 도약했다. 당시 밥캣은 소형건설장비 부문 세계 1위 업체였다. 밥캣 인수를 통해 두산그룹은 중소형 건설 중장비 제품군을 강화하는 한편, 밥캣이 보유한 해외유통망까지 확보할 수 있게 됐다. 당시 두산인프라코어는 중국 등 아시아 시장에서 큰 성공을 거뒀지만 미국·유럽 시장에서는 입지가 미비한 상태였다.[2]

경영자원 획득

글로벌 M&A의 주요 동기 중의 하나는 피인수기업이 보유하고 있는 기술, 경영관리 노하우, 브랜드, 인적자원, 판매망, 생산시설 등 유·무형 경영자원을 획득할 수 있다는 점이다. 미국의 제니스(Zenith)사를 인수하여 고화질 TV와 평면 브라운관의 개발기술을 이전받은 LG전자, ATM 교환기업체인 미국의

IGT사를 인수하여 초고속 정보고속도로 구축과정에서 핵심기술의 국산화를 달성할 수 있었던 삼성전자 등의 경우가 이에 해당된다.

사업다각화를 통한 성장

M&A는 사업다각화를 통한 성장의 매우 유효한 수단이 된다. 피인수기업이 보유하고 있는 기술, 브랜드, 인적자원, 판매망 등의 확보를 통해 쉽게 새로운 사업에 진출할 수 있고, 또한 사업다각화를 위해 회사를 신설하는 것보다 초기투자 위험과 시장개척 비용을 대폭 절감할 수 있는 이점이 있다. 코오롱사가 세계적인 필름가공 및 제조업체인 영국의 IGG(Imperial Graphics Group)를 인수한 경우가 좋은 예이다. 코오롱사는 IGG를 인수함으로써 세계적인 필름가공 및 제조업체로 부상할 수 있는 계기를 마련하였다. 후에 코오롱사는 공장시설을 중국으로 이전시켰다. 삼성전자가 2016년 미국의 '하만' 사를 인수하여 자동차 전장사업에 진출한 것도 사업다각화의 일환으로 볼 수 있다. 인수 총액은 80억 달러(9조3,000억원)로서 당시 국내기업의 해외기업 M&A 사상 최대 규모였다. 하만은 인포테인먼트와 카오디오 등의 전장사업과 컨슈머 오디오, B2B 용 음향 조명기기를 중심으로 기업용 소프트웨어 및 서비스 사업 등에 있어 글로벌 선두기업이다.

시너지 효과

M&A를 통한 시너지 효과는 크게 경영상의 시너지 효과(operating synergy)와 재무상의 시너지 효과(financial synergy)로 구분된다. 경영상의 시너지 효과는 기술, 인력, 시설, 시장 등의 결합 및 공유를 통한 규모의 경제, 범위의 경제 및 학습의 경제 효과에 기인한다. 경영상의 시너지 효과를 극대화하기 위한 공통분모를 든다면 고객 및 경영자원 공유 가능성이 높은 사업을 소유한 기업을 M&A하는 것이다.[3] 사실 M&A를 통한 사업다각화도 이러한 경영상의 시너지 효과를 극대화하기 위한 일환으로 볼 수 있다.

한편, 재무상의 시너지 효과의 공통점으로는 결합된 두 회사의 보유자금을 적절하게 활용할 수 있다는 점과 기업결합에 따라 자산증가와 자금상태 호전으로 외부차입이 수월해질 수 있다는 점을 들 수 있다. 또한 규모의 경제를 통한 자본조달비용도 절감시킬 수 있다는 점도 M&A를 통한 재무상의 시너지 효과로 볼 수 있다. 한편, 차입을 통한 무리한 기업 인수나 인수 직후 노후시설 개선 등에 많은 투자가 요구된다면 재무상의 시너지 효과는 반감된다. 따라서 인수 후 불필요한 생산시설이나 사업 부문을 분리 매각한다면 인수에 따른 자금 부담을 경감시킬 수 있다.

복합적 동기

사실상 글로벌 M&A는 어느 특정 동기나 효과에 의거하기 보다는 사업다각화, 규모의 경제, 신속한 해외시장진입, 시너지 효과 등 복합적 동기를 띠는 경우가 보통이다. [참고사례 5-2]에서 알 수 있듯이 최근 중국 기업들이 어느 국가의 기업들보다 글로벌 M&A에 매우 적극적이다. 금융리서치 플랫폼인 'Morning Whistle Group'에 따르면 2016년 말 기준으로 중국의 글로벌 M&A 건수는 759건으로 2015년에 비해 26.5% 증가했고, 미국에 이어 세계 2위를 기록했다. 또 M&A 거래 금액기준으로 2203억 달러를 기록해 2015년에 비해 116%가 증가했다. 2017년에는 그 비중이 18.9%에 달하며 세계 제1위 M&A 실행국으로 부상하였다. [참고사례 5-2]에서 보듯이 중국이 대대적으로 글로벌 M&A를 추진하는 데는 사업다각화와 선진기술 취득을 통한 경쟁력 증대, 글로벌 인지도를 갖춘 브랜드 파워에 의존한 해외시장 확대 등 복합적 동기가 내포되었음을 알 수 있다.

참고사례
5-2

중국기업들의 글로벌 M&A 사례

중국 최대 컴퓨터 제조업체인 렌샹(브랜드명 레노보)이 2014년 IBM의 보급형 PC부문을 12억5000만 달러에 인수하면서 미국 델과 휴렛패커드에 이어 세계 3위의 PC업체로 부상하는 동시에 선진 기술을 곧바로 따라 잡을 수 있는 기반을 마련하였다. 또한 2014년 1월 구글이 가지고 있던 모토로라를 인수하면서 글로벌 스마트폰 시장 3위로 올라섰다. 거래 금액만 29억 1,000만 달러(약 3조 원)에 이르렀다. 이 거래로 레노버는 통신 기술 관련 특허 2,000건을 일거에 확보할 수 있었다. 렌샹은 2016년 일본 후지쯔의 PC사업 부문까지 인수하였다. 중국의 대형 가전업체인 하이얼은 북미시장 진출에 브랜드 인지도 취약으로 인해 고전하였다. 그러다 2016년 미국 제너럴일렉트릭(GE)의 가전사업 부문을 54억 달러(약 6조4000억 원)에 인수하기로 결정했다. 하이얼은 인수 후에 GE 브랜드를 유지하고 이를 북미 시장 개척에 적극 활용함으로써 그동안 북미시장 등 선진국에서 고전을 해왔던 하이얼의 문제점을 일시에 해결하였다.

중국 최대 자동차 부품업체인 완샹(萬向)그룹은 2014년 2월 미국의 전기차 업체인 피스커를 1억 4,920만 달러에 인수했다. 2007년 설립된 피스커는 미국에서 테슬라와 함께 주목을 받았던 전기차 업체였으나 계속된 리콜과 연구·개발비(R&D)의 급증으로 경영난에 빠진 상태였다. 결국 법원에 파산 신청을 한 피스커를 완샹그룹이 사들이면서 본격적으로 전기차 시장을 주도하고 있는 미국의 테슬라에 도전장을 내밀게 됐다. 2013년에도 완샹그룹은 미국 최대 배터리 업체인 A123을 인수한 바 있다. M&A를 통해 단기간에 글로벌 전기차 업계의 유력 주자로 떠오른 것이다.

중국 국유기업 중국화공(켐차이나·CNCC)이 2016년 2월 스위스 농업생물공학기업 신젠타를 440억 달러에 인수하였는데, 인수 규모로 중국기업의 역대 최대 해외 M&A이다. 중국화공의 신젠타 인수는 중국이 전 세계 식량안보를 위협할 수 있다는 우려를 샀지만 기존 일자리와 스위스 본사를 그대로 유지하겠다는 합의 하에 성사됐다는 분석이다. 2016년에 성사된 또 다른 사례로 중국 가전업체 메이디(美的)가 독일 로봇 업체인 쿠카(KUKA AG)를 45억 유로에 인수한 것을 들 수 있다. 쿠카는 범유럽

항공방위업체인 에어버스를 비롯해 독일 자동차 BMW와 메르세데스-벤츠, 폭스바겐, 아우디 등에 산업용 로봇팔을 공급하고 있는 전 세계 자동차 산업용 로봇시장 점유율 1위를 차지하고 있는 기업이다. 이 거래는 중국 전통제조업이 첨단 제조업으로 전환하고자 하고자 하는 강렬한 니즈를 반영되었다. 중국 최고부호 왕젠린(王健林) 회장이 이끄는 '부동산 재벌' 완다그룹도 전 세계 엔터테인먼트 기업을 싹쓸이 인수하며 '문화제국' 건설을 꿈꾸고 있다. 2012년 국제화 원년을 선포한 완다는 적자에 빠진 미국 영화극장 체인 AMC을 인수하여 흑자로 전환시켰다. 그 후 호주 최대 극장체인 호이츠, 유럽 최대 극장 체인 오디언 앤드 UCI을 잇달아 인수한 완다는 세계 최대 영화관 체인기업으로 올라섰다. 2016년 초에는 영화 다크나이트·고질라 등을 제작한 미국 할리우드 영화제작사 레전더리픽처스(레전더리 엔터테인먼트로 개명)까지 인수하였다. 또한 반도체 국산화 맥락에서 2019년 8월 중국 디스플레이업체인 TCL테크놀러지는 삼성디스플레이의 쑤저우 생산라인을 10억 8천만달러에 인수하였으며, 2020년 3월에는 중국 잉탕쯔쿵이 일본 파이오니아 마이크로 테크놀러지의 지분 10%를 인수했다.

1.3. 대리인 이론(Agency Theory)

주식회사에서 대리인 문제에 따른 대리인 비용을 제시한 이론이 대리인 이론이다(Jensen and Meckling, 1976).[4] 주식회사에서 자본 소유자인 주주나 투자자를 대신해 경영을 위임받은 전문경영자를 대리인(agent)으로 일컫는다. 이렇게 소유와 지배가 분리되면 주인인 주주와 대리인인 전문경영자 간에 정보의 불균형 및 감시의 불완전성으로 인해 대리인이 주인의 이익보다 본인의 이

익에만 치중하는 도덕적 해이나 무임승차 등의 대리인 문제가 발생할 소지가 높다. 이러한 대리인의 기회주의 행동으로는 지나친 급여나 상여금, 직무태만, 경제적 타당성과는 무관한 무리한 사업 확장, 경영책임을 피하기 위한 사업기회 회피, 실적과대 포장 등을 들 수 있다. 따라서 이러한 대리인 문제를 방지하거나 최소화하기 위한 제반 노력이 요구되는데, 여기에 소요되는 비용을 대리인 비용(agency cost)이라 일컫는다. 주요 대리인 비용으로는 대리인을 감독하는데 소요되는 감시비용(감사활동, 이사회운영 비용 등), 대리인이 목표된 경영성과를 내고 있음을 입증하는데 소요되는 확증비용(재무제표 작성 등), 주인(대주주 등)과 대리인의 이해관계가 서로 상충되면서 자연스럽게 발생되는 잔여손실비용 등을 들 수 있다.

한편, 이러한 대리인 문제가 여러 이유로 M&A를 촉진시키기도 한다. 첫째, 통상적으로 기업규모에 따라 전문경영자의 보수(급여, 상여금, 판공비 등)와 사회적 위상이 비례하기 때문에 전문경영자가 기업의 이윤이나 비용을 무시하고 기업규모를 키우기 위해 무리하게 M&A를 추진하는 경우이다. 둘째, 인수기업의 경영자가 적자 기업을 인수하여 흑자 기업으로 키울 수 있다는 자신의 능력을 과신한 나머지 오만에 빠져 내부 자금 부족에도 불구하고 무리하게 M&A를 추진하는 경우이다.[5] 셋째, 대기업들 간의 기업규모 순위에 대한 경쟁 심리로 M&A를 통해 무리하게 사업을 확장하는 경우이다.

이렇듯 시너지 효과에 따른 경쟁력 강화보다는 단순히 몸짓만 불리기 위한 M&A는 실적 악화를 초래하여 결국 적대적 M&A의 표적이 될 가능성이 높다. 반면, M&A 시장이 활성화 될수록 적대적 M&A가 수월해져 전문경영자들의 도덕적 해이에 따른 무리한 M&A가 억제되기도 한다. 이는 M&A가 역으로 대리인 문제에 대한 감시기능 역할도 수행함을 시사하는 것이다.

Ⅱ 글로벌 M&A 추진절차 및 과오

2.1. 글로벌 M&A 추진절차

글로벌 M&A에 따른 시행착오를 줄이고 성공 가능성을 높이기 위해서는 다음 [그림 5-1]에서 보듯이 추진단계에 따른 철저한 사전 준비와 전략이 요구된다.[6]

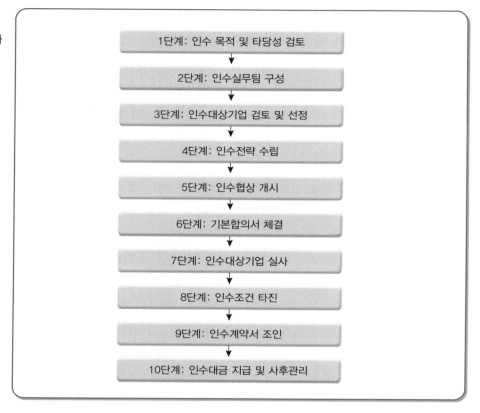

그림 5-1

M&A 추진절차

1단계: 인수 목적 및 타당성 검토

2단계: 인수실무팀 구성

3단계: 인수대상기업 검토 및 선정

4단계: 인수전략 수립

5단계: 인수협상 개시

6단계: 기본합의서 체결

7단계: 인수대상기업 실사

8단계: 인수조건 타진

9단계: 인수계약서 조인

10단계: 인수대금 지급 및 사후관리

제1단계에서는 M&A 목적의 명료화, 즉 M&A에 대한 명확한 투자 논리를 확립해야 한다. 왜 인수가 필요한지, M&A를 통해 어떠한 시너지 효과를 얻을 수 있는지 등 인수 당위성에 대한 공감대가 최고경영층에서 형성되어야 구체적으로 인수에 나설 수 있는 것이다.

제2단계에서는 인수 당위성에 대한 공감대가 최고경영층에서 형성되면 인수 실무를 담당할 인수팀을 구성해야 한다. 통상 M&A 전문투자은행, 변호사, 회계사, 사내 담당자 등 다양한 사내외 인사들로 인수팀이 구성된다.

제3단계에서는 인수대상기업이 정해져 있으면 몰라도, 그렇지 않은 경우 인수대상기업에 대한 검토 및 선정이 이루어져야 한다. 이 단계에서는 인수대상기업들의 매각 의사와 프로필(사업규모, 제품, 매출액, 수익률, 기술수준, 브랜드, 생산시설, 판매망, 인적자원 등)에 대한 검토가 수반된다. 자료 분석을 토대로 시너지 효과를 낼 수 있는 가장 유망한 몇 개사 정도로 압축하여 최종 적격 심사에 나선다.

제4단계에서는 구체적인 인수 전략을 수립한다. 특히 인수가격과 인수방식에 대한 세밀한 사전 계획을 수립해 놓아야 한다.

제5단계에서는 인수를 위한 협상을 개시한다. 이 단계에서는 구체적인 인수가격과 인수조건 제시보다는 우선 피인수기업의 경영층과 접촉하여 인수목적에 대한 설명과 우호적인 인수가 가능한지를 타진한다.

제6단계에서는 양측 간에 인수 및 매각 의향이 타협되었을 경우 인수를 위한 양해각서(MOU: memorandum of understanding)를 작성한다. 이는 최종 인수 계약에 앞서 양측의 업무협약 의사를 확증하는 절차이다.

제7단계에서는 인수가격 산정과 인수방식의 결정을 위해 인수대상기업에 대한 실사를 실시한다. 주주, 사업내용, 재무제표, 영업권, 기술력, 노조활동, 자산, 부채 등에 대한 실사를 통해 인수대상기업의 가치를 평가한다. 특히 충분한 시간을 가지고 피인수기업이 의도적으로 감추고 있는 부조리나 우발 채무 등 회계상의 문제점을 밝혀내는 것이 중요하다. 이러한 실사자료는 인수 후에 피인수기업의 사후관리 기초자료로도 활용된다.

제8단계에서는 기업자산 평가 등 실사 결과를 토대로 최종적으로 인수방식, 인수가격 등 인수조건을 타진한다. 또한 실사를 통해 파악한 쟁점들을 토대로 인수방식을 변경할 수도 있다. 가령 주식인수거래를 추진하다가 인수대상기업의 불확실한 채무 상황을 우려하여 자산양도거래로 전환할 수도 있다. 또한 이 단계에서는 구체적인 인수자금 조달 계획이 마련되어져야 한다.

제9단계에서는 계약체결을 위한 인수계약서를 작성한다. 이 단계에서는 인수가격 등 구체적인 인수조건에 대한 최종 합의가 이루어져야 한다. 특히 차후 분쟁 발생 시 그에 대한 책임 기준을 명확히 설정해 놓아야 한다.

마지막 10단계에서는 인수 대금의 지불과 더불어 성공적 통합을 위한 사후관리 방안을 마련한다.

2.2. 글로벌 M&A 추진 시 과오

일반적으로 글로벌 M&A는 성공보다 실패 확률이 높다. 보스턴컨설팅그룹(BCG)의 조사에 따르면 M&A 성공률은 평균 50%를 상회하지 못하는 것으로 보고되고 있다. 따라서 글로벌 M&A 추진에 따른 과오를 피하기 위해서는 다음과 같은 주요 사안에 대한 엄밀한 평가와 관리가 따라야 한다.[7]

첫째, 피인수기업의 예상 판매수입에 대한 과대평가이다. 피인수기업의 예상 판매수입에 대한 과대평가는 인수가격 결정시 높은 프리미엄을 지불케 하여 인수기업의 자금 부담을 가중시키고 결국 "승자의 저주"에 빠질 위험이 높다. 따라서 피인수기업의 예상 판매수입을 과대평가하는 과오는 피해야 한다. 전략적으로 적게는 20%, 많게는 50% 정도 삭감(discount) 폭을 정해 놓고 인수 후 예상수입을 평가하는 것도 한 방법이다.

둘째, 추가적 자금소요에 대한 간과이다. 대체로 인수 후에 시설투자 등 추가적 자금 투입이 요구되는데 이를 간과하는 경우가 많다. 추가적 자금소요 여부를 판단하기 위해서는 시장개발 비용, 시설개선 자금, 연구개발비, 핵심 임직원 및 주요 고객 이탈 방지에 소요되는 비용 등에 대한 수요를 면밀히 체크할 필요가 있다.

셋째, 인수 후 통합의 어려움이다. 인수 후 피인수 및 인수 기업의 상이한 조직문화와 경영방식을 하나로 통합하는 데에는 많은 시간과 어려움이 따른다. 글로벌 M&A의 경우에는 국가 간 문화 차이와 기업 간 조직문화 차이로 인해 더욱 그렇다. 특히 인수 초기에 피인수기업 측의 내부적 저항을 맞이할 수 있다. 예컨대 피인수기업의 주요 인사들이 외국기업에 의한 인수에 불만을 갖고 회사를 이직하는 경우가 빈번하다. 또한 인수 후 엄격한 보고기준 준수 및 재무적 통제가 요구되는데, 실적이 양호한 기업을 인수한 경우에는 이에 대한 통제를 간과하기 쉽다. 따라서 인수 후에는 재무상태, 생산실적, 경쟁적 지위 등과 같은 주요 사안에 대한 자료 보고 절차를 철저히 준수할 필요가 있다.

넷째, 다각화 경영에 대한 과신이다. 많은 인수가 사업다각화의 일환으로 추진된다. 이 경우 인수기업이 피인수기업을 인수함으로써 사업 확장과 경쟁적 지위 향상에 대해 너무 과신하는 실수를 범할 수 있다. 따라서 인수기업과 피인수기업의 결합을 통한 시너지 효과에 대한 냉철한 분석이 요구된다. 일반적으로 관련사업 다각화 쪽으로 인수가 이루어질 경우 성공 가능성이 가장 높다. 그리고 전방 또는 후방 수직적 통합(forward or backward vertical integration) 목적을 띤 M&A일 경우가 그다음으로 성공 가능성이 높은 반면, 비관련 사업다각화 쪽의 M&A일 경우 성공 확률이 가장 낮다.

다섯째, 진입장벽에 대한 과소평가이다. 인수를 통해 새로운 사업 분야로 손쉽게 진입할 수 있다는 오판을 내리기 쉽다. 만일 해당 사업 분야에 강력한 경쟁자가 버티고 있어 진입장벽이 높다면 기대했던 소기의 성과를 거두기 힘들다. 이러한 관점에서 일반적으로 피인수기업의 시장점유율이 높을수록 M&A를 통한 사업 성공 가능성은 높아진다.

여섯째, 사업 철수에 대한 소극적 태도이다. 많은 기업들이 인수를 통해 사업 확장에만 관심을 기울이지 자사의 부실한 사업 매각에는 매우 소극적이다. 그러나 기업이 제한된 자원으로 부실한 사업을 건실하게 재구축하고 동시에 새로운 사업을 인수하여 성공시킨다는 것은 높은 자금부담이 수반된다. 따라서 인수는 자사 내 어느 사업을 확대하고 어느 사업을 축소시킬 것인지에 대한 사업구조조정 계획에 입각해서 이루어져야 한다.

아래 [참고사례 5-3]에 보듯이 삼성전자의 미국의 AST 인수 실패는 예상 판매수입 과대평가, 추가소요자금 간과, 인수 후 통합 관리 미숙 등에 기인하였음을 알 수 있다.

참고사례 5-3 삼성전자의 미국 AST 인수 실패

글로벌 M&A의 실패 사례로 삼성전자가 1995년 2월에 인수한 미국의 AST를 들 수 있다. AST는 인수 당시 연매출액이 24억 달러에 달하고 있어 삼성전자의 제품(PC 등)이 미국 및 전 세계 시장에 진출하는데 교두보 역할을 기대하고 인수했다. 그러나 인수 후 AST의 경영 상태가 계속 나빠져 1997년 말에는 자본금을 완전 잠식했고, 1998년에는 미국증권거래소에서 상장 폐지되기에 이르렀다. 결국 삼성전자는 인수 비용을 포함한 제반 비용으로 수억 달러가 들어간 AST의 경영권을 1999년 1월에 포기하고 말았다. 당초 삼성전자는 자사의 PC 제품 등을 AST 브랜드로 판매해 연간 1억~2억 달러의 브랜드 프리미엄과 전 세계 50여 개국에 있는 AST의 유통망을 이용한 해외영업 활성화와 물류비용 절감 효과를 볼 수 있다고 판단했다. 그러나 삼성전자는 독창적인 경영기법(생산시스템 등)의 부재로 근로자들을 효율적으로 이끌지 못했고 노동조합과 잦은 마찰로 능력 있는 인력의 유입이 불가능해지면서 막대한 비용이 투입된 AST 인수는 결국 실패로 끝나고 말았다.

Ⅲ 인수 후 통합(PMI) 관리

인수 후 통합(PMI: Post-Merger Integration) 관리는 성공적인 M&A를 위해 매우 중요하다. 많은 글로벌 M&A 실패가 인수 후 통합의 문제에서 비롯된다. M&A 시너지 효과는 인수 후 인수기업과 피인수기업 간 상이한 조직문화와 경영방식을 얼마나 잘 통합하고 관리하는가에 따라 좌우된다. M&A 당사자인

두 기업의 경영자원이 상호 보완적이고 아무리 우수하더라도 실제 인수 이후 두 기업의 조직문화 통합과 운영에서 실패한다면 시너지 효과를 기대하기 힘든 것이다. 특히 글로벌 M&A의 경우 기업 간 조직문화와 경영방식 차이로 갈등의 소지가 매우 높다.

한때 이상적 결합으로 불렸던 다임러크라이슬러(Daimler Chrysler)의 M&A 실패도 인수 후 통합 관리 문제에서 기인된 바 크다. 독일의 다임러벤츠와 미국의 크라이슬러는 규모를 키워 시장지배력을 높이고 또한 공동의 생산 및 연구개발을 위해 1998년 합병을 추진했다. 그러나 완고함과 서열 중심적인 독일 특유의 기업문화 대 유연성과 성과 중심적인 미국의 기업문화가 충돌하면서 시너지 가치 창출을 저해했다. 세계적인 명차 벤츠를 만든다는 자부심을 가졌던 다임러 직원들은 크라이슬러와의 생산라인 공유를 꺼려했고, 반면 크라이슬러 직원들은 독일 기업 특유의 수직적인 조직문화를 이해하지 못했다. 이로 인한 주요 경영진의 사퇴, 우수 인력의 이탈 등에 따른 근로자 사기 저하는 실적 악화로 이어졌다. 결국 독일의 다임러크라이슬러는 회사명을 '다임러'로 되돌리기로 결정했으며, 400억 달러를 들여 인수했던 크라이슬러를 단 60억 달러에 매각하여 막대한 재정적 손실을 초래했다.

[참고사례 5-4]에서 보듯이 AOL과 타임워너의 합병 실패도 인수 후 통합 관리의 문제에서 비롯됐다고 볼 수 있다.

참고사례 5-4 AOL과 타임워너의 합병에 따른 인수 후 관리 문제점

AOL과 타임워너의 합병도 인수 후 통합 관리에서 실패했다. 2000년 1월 미국 인터넷 업체인 AOL은 73년 역사를 자랑하는 미디어제국 타임워너를 1,630 달러라는 천문학적 금액에 인수했다. 발표 당시 양사의 사업구조를 보면 이들의 결합은 방송·통신 융합의 이상적인 통합으로 비쳐졌다. AOL은 기존 가입자 2200만 명에게 타임워너가 보유한 워너브러더스, 케이블채널 CNN, HBO 영화, 음악, TV쇼, 잡지 등의 콘텐츠를 제공할 수 있게 됐고, 그 결과 두 기업의 가치는 2500억 달러에 달하였다. 하지만 합병이 이뤄진지 불과 3년도 못되어 AOL타임워너는 역사 속으로 사라졌다. AOL의 기업문화는 중앙집권적인 반면 타임워너는 전통적으로 개별 사업부의 자율권을 강화하는 문화를 강조해 왔다. 합병 후 AOL 측에서 파견된 최고운영책임자(COO)는 AOL의 중앙집권적 경영방침을 고수했다. 미디어의 경우 사업부별 자율경영에 신속한 의사결정을 무기로 삼고 있는데, 이를 이해하지 못한 AOL 측의 경영으로 타임워너 측 인사들이 강한 반감을 표출했고 결국 합병 시너지를 무력화시키는 결과를 낳게됐다. 여기에 합병 직후 이어진 닷컴 산업의 붕괴로 AOL타임워너의 시장 가치는 75% 이상 급

감했다. 결국 경쟁 환경에 대응해야 한다는 초조함이 인수 후 통합 과정과 시너지에 대한 충분한 사전 검토가 결여된 채 M&A를 급진전시켰으며, 또 하나의 M&A 실패 사례로 기록되게됐다.

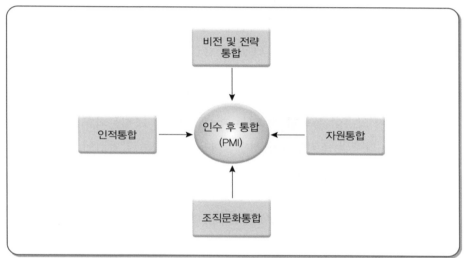

출처: Angwin(2004), Birkinshaw and Bresman(2000), Viegas-Pires(2013) 등 참조.[8]

인수 후 통합(PMI)은 비전 및 전략 통합, 자원통합, 인적통합, 조직문화 통합 등 네 범주에 걸쳐 이루어져야 한다. 특히 이들 네 가지 통합을 성공적으로 이루기 위해서는 M&A된 새 회사의 최고경영자의 리더십이 무엇보다 중요하다.

첫째, 비전 및 전략의 통합과 관련하여 통합 후 시너지를 창출할 수 있는 새로운 비전과 마스터플랜의 신속한 마련이 무엇보다 중요하다. 물론 달성 가능한 목표와 구체적인 전략도 제시되어야 한다. 이를 바탕으로 최고경영진은 인수를 통해 시너지가 창출될 수 있음을 전 구성원들에게 확신시키고 협조를 구해야 한다. M&A를 통해 창출될 수 있는 시너지 효과로는 매출 및 시장지배력 증대 효과와 규모의 경제 실현을 통한 비용절감 효과를 들 수 있다.

둘째, 자원통합과 관련해서는 두 기업의 경영자원의 결합을 통한 상호 약

점 보완과 새로운 강점 창출에 초점이 맞추어져야 한다. 이를 위해서는 두 기업에 내재되어 있는 우수한 자원과 일반적 기업운영의 노하우에 대한 이전 및 공유가 원만히 이루어져야 한다.

셋째, 인적통합과 관련하여 피인수기업의 핵심 인재의 유출을 방지하고, 또한 회사에 머물게 된 인재를 적소에 배치하는 작업이 무엇보다 중요하다. M&A에서 실패는 대개 인수기업이 피인수기업 내에 팽배해진 불안을 진정시키는 노력의 소홀에서 기인하는 바 크다. 따라서 변화에 따른 거부감과 불안을 해소시키기 위해서는 공개적이고 명확한 의사소통을 통한 신뢰 및 공감대 형성이 무엇보다 중요하다. 또한 피인수기업 인재들의 신속한 정착을 위해서는 빠른 시간 내에 핵심 인재와 그들의 역량을 판별하여 구체적인 인센티브와 보상 방안을 제시해야 한다.

넷째, 조직문화통합과 관련해서는 인수기업과 피인수기업의 조직문화 장점을 통합하여 양측이 동의할 수 있는 제3의 혁신적 조직문화를 창출하는 것이 중요하다. 양측의 조직문화와 경영방식은 나름대로 장단점이 있으므로 서로 조화시키는 노력이 중요하다. 특히 글로벌 M&A에서는 기업 간의 문화적 차이뿐만 아니라 국가 간의 문화적 차이도 극복해야 하므로 새로운 회사를 맡는 최고경영자는 개방적인 리더십을 발휘할 수 있어야 한다. 본장 말미의 도레이새한 M&A 사례에서 보듯이 일본과 한국의 국가적 문화뿐만 아니라 도레이와 새한의 조직문화 동화를 위해 일련의 노력이 이루어졌음을 알 수 있다.

🗨️ 토의문제

1. 글로벌 M&A를 추진하는 주요 동기에는 무엇이 있는가?
2. 최근 중국 기업들이 글로벌 M&A에 적극 나서고 있는 이유에 대해 설명하시오.
3. M&A와 관련 대리인 문제에 대해 설명하시오.
4. 글로벌 M&A 절차와 과오에 대해 설명하시오.
5. 인수 후 통합(PMI)에 있어 특히 어떤 범주에 걸쳐 관리할 필요성이 있는지 설명하시오.

사례 도레이새한㈜의 인수 후 성공적 통합(PMI) 관리[9]

도레이새한㈜(Toray Saehan Industries Inc., 이하 TSI)[10]은 한국의 ㈜새한과 세계적인 첨단소재기업인 일본의 도레이 간에 사업 합작과 인수를 통해 1999년 10월에 설립된 기업으로 폴리에스테르 필름, 원사, 스펀본드, 부직포 등을 핵심 사업으로 하여 최근에는 LCD와 PDP용 소재, 회로재, 반도체용 재료 등 IT산업까지 영역을 확장하면서 성장을 거듭하고 있는 화학소재 전문 기업이다.

I. 일본 도레이의 새한 인수

TSI는 1999년 10월 국내의 외환위기 속에서 일본 도레이가 ㈜새한의 구미2공장과 베이스필름(base film)사업을 인수하고 이를 바탕으로 ㈜새한과 일본 도레이가 합작으로 설립한 회사로 출발하였으며, 2008년 1월 도레이의 완전소유 자회사가 되었다. 그러나 TSI의 역사적 출발점은 1972년 삼성그룹의 경영합리화 추진과정에서 제일모직과 도레이 및 미쓰이물산이 합작하여 설립한 제일합섬으로부터 비롯되며, 이후 제일합섬의 경영권은 1990년대에 들어서면서 삼성그룹이 계열회사를 분리하는 과정에서 우여곡절 끝에 새한미디어로 넘어가게 된다. 제일합섬은 1997년 2월에 ㈜새한으로 사명이 바뀌게 되는데, 이 ㈜새한과 도레이가 사업인수를 동반한 합작으로 설립한 것이 TSI이다.

본격적인 실사와 협상이 시작된지 6개월 만인 1999년 6월 ㈜새한과 도레이는 협상을 대략 마무리하고 ㈜새한이 전체 사업 중 30%에 해당하는 필름(구미 1,2공장), 원사(구미 2공장), 부직포(구미 2공장)의 3개 사업부문을 도레이에게 자산매각 방식으로 매각하고 5억 달러 규모의 외자를 도입키로 하는 합작회사 설립 및 외자유치에 관한 투자의향서(LOI)를 체결하였다. 이어서 양사는 합작사 설립을

그림 5-3 TSI의 사업구조

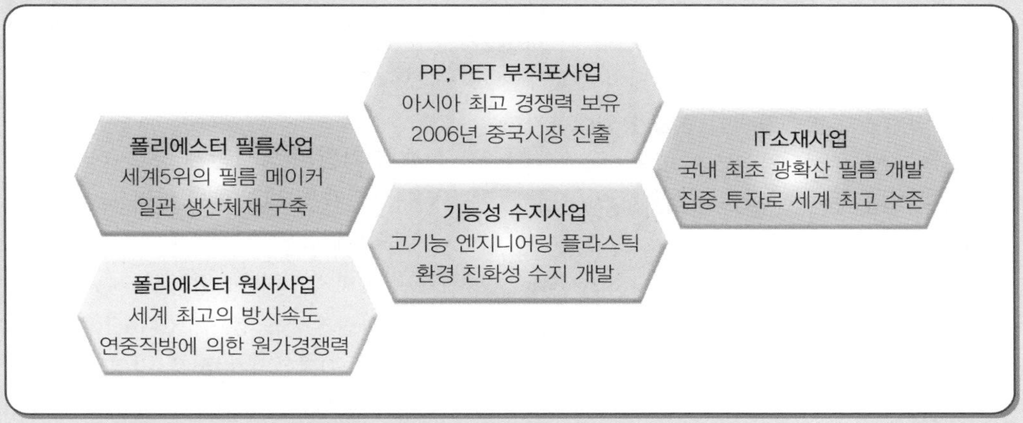
PP, PET 부직포사업
아시아 최고 경쟁력 보유
2006년 중국시장 진출
폴리에스터 필름사업
세계5위의 필름 메이커
일관 생산체재 구축
IT소재사업
국내 최초 광확산 필름 개발
집중 투자로 세계 최고 수준
기능성 수지사업
고기능 엔지니어링 플라스틱
환경 친화성 수지 개발
폴리에스터 원사사업
세계 최고의 방사속도
연중직방에 의한 원가경쟁력

위한 합병 및 자산양도 계약서를 체결하고 합작회사의 명칭을 '도레이새한 주식회사'(Toray Saehan Industries Inc.)로 결정하였다. 1999년 도레이가 지분 60%를 출자한 후 2000년 70%, 2005년 90%, 2008년 100%를 인수하여 TSI는 사실상 도레이의 완전자회사가 되었다.

II. TSI의 인수 후 통합(PMI) 과정

초기의 가시적 성과와 공감대 형성

TSI가 설립된 후 문화적 통합과 관련하여 동사의 경영진이 취한 일련의 조치 중에서 주목되는 것은 성장 방향을 명확히 제시하여 공장인수와 합작의 정당성에 대한 전사적인 공감대를 신속하게 이끌어 내었다는 것이다. TSI 경영진은 만성적자에 시달리는 공장의 침체된 분위기에 활력을 불어 넣고 직원들이 합작회사에서 소속감을 느끼도록 하기 위해서는 무엇보다도 첫 해에 수익을 올리는 것이 중요하다고 생각하였다. 그리고 이를 위한 첫 사업으로 도레이의 기술지원 하에 부직포 생산라인을 증설하는 프로젝트를 추진하고, 생산된 부직포는 일본 시장에 공급하기로 결정하였다. 이 사업은 도레이가 실질적인 투자와 실천을 통해 합작이 말뿐이 아님을 보여주는 계기가 되었고, 회사내부에 공동체 의식을 만들어 내는 효과를 가져왔다. 또한 실적 개선이 뚜렷해지면서 직원들의 마음자세에 변화가 일어나기 시작했다. 즉 한동안 직원들은 일본기업에 지배된다는 종속적인 관념을 버리지 못했으나, 이제는 도레이의 공장인수와 합작이 새로운 성장의 기회가 될 수 있다는 긍정적인 공감대를 형성하기 시작한 것이다.

인적 화합 프로그램

TSI가 문화적 통합 시너지를 실현하는 과정을 관찰해 보면 인수후통합(PMI)의 문제를 성공적으로 이끌기 위해서는 재무나 전략과 같은 공학적인 문제뿐만 아니라 감성적이고 인간적인 측면에도 세심하게 배려하여 조직문화를 통합해나가야 한다는 것을 알 수 있다. TSI는 1999년 출범과 함께 인적, 문화적 화합 프로그램을 수립하여, 한국과 일본의 문화적 차이를 이해하고 상호 존중하고 각각의 강점을 조직에 적극적으로 전파, 수용해오고 있다. 그리고 일본 도레이 본사와 TSI는 양사 간에 매년 100여 명에 이르는 직원들이 출장을 통해 인적·기술적 자원의 활발한 교류가 일어나도록 하였고, 이를 통해 양사의 교육프로그램을 공유하여 서로 잘못된 생각을 고치고, 생산방식, 제품, 물류, 재고관리, 원자재 구매 등의 다양한 분야에서 서로의 베스트 프랙티스(best practice)를 공유할 수 있는 기회를 가질 수 있도록 하였다. 특히 일본 도레이는 동사의 종합연수원에서 TSI에 대한 기술연수, 직원교육 및 그룹 경영인재 후계양성과 같은 다양한 프로그램을 실시하여 TSI가 도레이와 기능적으로 긴밀하게 연결하여 업무를 수행하고 도레이그룹의 일원으로 일할 수 있는 팀워크의 분위기를 조성해 나갔다.

신뢰와 화합의 노사관계

PMI 과정에서 해결하기 어려운 문제이면서 조직문화를 통합하고 활성화시켜 성장 시너지를 창출하기 위해서 반드시 해결해야 할 과제가 노사관계라고 할 수 있다. TSI는 설립 후에 이전의 ㈜새한의 비노조 경영원칙이 유지되는 듯 했으나 2000년 7월 구미공단의 화섬업계가 전체적으로 노사분규에 휘말리면서 TSI 직원들도 노조를 설립하게 되었다. TSI 경영진은 합작기업으로서 조기에 경영을 안정시키기 위해서는 원만한 노사관계가 반드시 필요하다는 인식하에 협력적 노사관계를 유지하기 위한 정책과 프로그램을 적극적으로 실행하였다. 즉, 노조를 경영의 파트너로서 인정하고 이러한 신뢰를 바탕으로 임금이나 단체교섭 등 노사간 이슈에 대해서는 사전 충분한 협의와 의사소통을 통해 원만하게 해결해 나가고 있으며, 매년 TSI와 일본 도레이 노동조합의 정기적인 상호 방문 및 교류 프로그램을 통해 노사상생의 문화로 널리 알려진 도레이의 기업문화를 배울 수 있는 기회를 갖고 있다. 그 결과 TSI 노조원들은 공급과잉에 따른 업체 간의 덤핑 경쟁과 구조조정으로 화섬산업의 전망이 극도로 불투명한 상황에서 임금 인상에만 매달리는 소모적인 대결보다는 생산성 향상을 통해 고용 안정과 성과의 몫을 키우는 것이 더 중요하다는 참여의식을 가지게 되었다.

투명경영과 정보공유

TSI경영진은 회사 설립 초기부터 생산성을 향상시키고 지속적인 성장을 이루기 위해서는 노사협력의 기업문화와 이에 대한 직원들의 이해와 공감대 확보가 필수적이라고 보고 이를 위해 다양한 정책을 실천했다. 먼저 노조의 신뢰를 얻기 위해 성실하게 정보를 공개하여 투명한 경영 풍토를 정착시키려고 노력했다. 예를 들면 전사 전략회의, 생산·판매회의, 경영위원회 등 회사 경영과 관련한 회의에 노조간부들을 참석시켜 노사가 경영정보를 공유하는 자리를 만들어 노조가 스스로 경영의 파트너로 인식하는 장을 만들었다. 이러한 투명

경영은 노조뿐만이 아니라 모든 직원을 대상으로 확대되었으며 TSI 경영진은 반장 및 대리회의, 월별 경영현황 설명회 등 각종 회의와 월례조회를 통해 회사의 경영현황과 경영전략을 전 직원들에게 설명했다. 그 결과 전사적으로 경영현황에 대한 정보와 의식이 공유되었고 직원들의 참여의식은 더욱 강화되었으며, 이러한 공감대는 생산성 향상으로 이어졌다. PMI 과정의 장애요소로써 가장 흔히 인용되는 것이 직원들의 참여의식 부족인데 TSI는 이상과 같은 투명경영과 정보공유를 통해 서로 신뢰하고 협력하는 노사문화를 만들어 나갔다.

다양한 커뮤니케이션제도

회사 조직내부에서 커뮤니케이션이 지속적으로 이루어지도록 하는 것은 인수 후 문화적 통합과 회사의 성공적인 운영을 위해 필요한 중요한 요소이다. TSI는 조직 활성화와 통합작업의 일환으로 회의와 토론 등을 통해 계층 간에 의사소통이 원활하게 이뤄지는 도레이의 경영문화의 장점을 받아들여 다양한 소집단 활동과 커뮤니케이션 제도를 활성화하고, 이를 통해 경영에 대한 직원들 간의 활발한 의견교환이 이루어지도록 하였다. 예를 들면 TSI는 도시락 간담회와 HOF 타임, 노사 주례미팅, 대리회의, 반장회의, 부서화합회의, 팀별단합대회, CEO와의 대화, 온라인 자유게시, 토론 등 공식 및 비공식 커뮤니케이션 채널을 운영하고 있으며, 2001년에는 멘토(mentor)제를 도입하여 사전적 문제해결과 조직계층 간에 신뢰와 공감대를 형성하는 TSI 특유의 커뮤니케이션 문화를 만들어 나갔다.

표 5-2 한국(새한)과 일본(도레이)의 기업문화 비교

한국	새한	일본	도레이
혈연, 지연, 학연의 문화 정의(情誼)의 문화	인재중시·조직관리의 삼성의 전통과 영향을 연상시키는 기업문화	종신고용과 가(家)의 경영문화(집단주의와 상호협조문화)	인간 존중과 고용안정 거주 지역 중시
중단기 업적 중시 연공과 인화 중심의 인사관리	자기주장이 강하고 경쟁적	장기적 경영목표, 연공서열 중시	연공서열, 절약과 질서를 강조
위계적 의사소통의 문화 상하간의 권위적 권한 관계 (스피드 경영)	위계적 가부장적 상사 선호 합리적 일처리와 강한 추진력을 강조	합의적 의사소통의 화(和) 문화 긴 의사결정과정과 집단책임	위계·권위보다 상사-부하간의 상호 의존을 선호 기술 중시와 개척자정신 및 기업가 혼(魂)을 강조
과업의 개인주의적 부여와 수행	조직에 대한 충성심과 공동체의식 강함	과업의 집단주의적 부여와 수행	자기존중과 자아실현이 큰 동기
명시적, 공식적 지휘·조정·통제	권력집중(공동경영시스템)	함축적, 비공식적 지휘·조정·통제	주위와의 관계와 협동업무가 인간관계보다 우선시
비교적 빠른 승진 제도	수입, 승진 중요시	완만한 경력경로	완만한 승진평가
산업별 노조	산업별 노조	기업별 노조	기업별 노조

복리후생제도와 성과평가제도의 확립

TSI는 IT소재사업으로 진출을 모색하던 2001년부터 태스크포스(TF)팀을 구성하여 새한의 기업문화와 도레이의 기업문화를 접목하여 TSI 고유의 문화를 정립하는 연구를 진행하였으며, 복리후생제도와 함께 성과와 보상을 연계한 투명한 보상 메커니즘의 뼈대를 세우는 작업을 추진하였다. 복리후생제도는 직원들의 생활안정, 의료건강, 주거안정, 문화체육의 4가지 관점에서 접근하여 개발·운영하였다. 이렇게 회사 측이 직원들의 복리후생에 대해 진정으로 관심을 가진다는 의지를 말뿐이 아닌 행동으로 보여주면서 TSI는 서로 신뢰하고 협력하는 문화를 더욱 다져 나갈 수 있게 되었으며, 그 결실은 직원들이 기여한 만큼 경영성과를 돌려주는 성과배분제도로 구현되어 나타났다.

새로운 혁신지향의 조직문화 창조

IT소재분야에 진입을 추진한 시기에 고유의 기업문화를 모색해 가던 TSI는 '전통적인 섬유기업의 문화를 그대로 유지할 경우 사업환경이 전혀 다른 정보통신산업에서 의도하는 IT소재 전문기업으로 변신할 수 있겠는가'라고 하는 의문을 가지게 되었으며, 성공적인 변신을 위해서는 이에 걸맞은 새로운 기업문화

를 정립할 필요가 있음을 느꼈다. TSI의 태스크포스(TF)팀은 한국과 일본 문화에서 비롯된 한국 TSI와 일본 도레이의 기업문화를 면밀히 검토한 후(〈표 5-2〉 참조), 양사 모두 위계문화는 강하나 혁신문화는 약하다고 진단하고, TSI가 IT소재 전문기업으로 도약하는 에너지를 얻기 위해서는 자율과 창의를 존중하고 혁신과 도전정신을 강조하며 위험을 감수하려는 미래지향적인 혁신문화로의 변화가 필요하다는 결론을 내렸다.

이러한 결론을 바탕으로 TSI는 양사 경영문화의 장점을 통합하면서 업종전환과 관련된 경영전략의 요소라는 관점에서 혁신문화 만들기에 나서 새로운 기업문화를 구체화시켜 나가기 시작했다. 먼저 임직원 모두가 공유하고 지향해야 할 새로운 미래지향점으로 '창조하는 경영을 통해 사회에 공헌한다'는 경영이념을 도출하였다. 이것은 TSI가 전통적인 화섬기업에서 IT소재 전문기업으로 변신에 성공하려면 첫째 기존의 것을 개선하는 것만으로는 부족하고 기존의 것을 혁신하고 새로운 뭔가를 만들어내야 하며, 둘째 최근 급변하는 경영환경 하에서 생존하고 지속적으로 성장을 도모하려면 윤리경영이나 사회책임 경영에 대한 기업의 자세도 중요하다는 인식을 바탕으로 한 것이었다.

향후과제

성공적인 인수 후 통합을 이룬 도레이새한(TSI)은 도레이첨단소재(주)로 개명한 후, 사업 확대를 위해 2016년 10월 경북 구미 국가5단지 내 외국인투자지역에 4,250억원을 투자하여 제4공장을 기공하였다. 2020년에는 매출 2조 4,930억원과 종업원 2,300명을 고용하는 기업으로 성장하였으며, 향후 매출 5조원 및 영업이익 5,000억원 달성을 목표로 잡았다.

 토의사안

1. 일본 도레이의 새한 인수 과정이 어떻게 진행됐는지 설명하시오.
2. 도레이새한(TSI)의 인수 후 통합(PMI) 과정에서 최고경영층이 중점을 두고 수행해 나간 다양한 방안들은 무엇이고, 주요 내용은 무엇인지 설명하시오.
3. 일본 도레이와 한국 새한의 조직문화 차이점과 최고경영층은 TSI에 맞는 어떠한 새로운 조직문화 창출에 역점을 두었는지 설명하시오.

제 6 장
글로벌 라이선싱 및 프랜차이징 전략

기업은 자신이 보유하고 있는 독점적 특허나 브랜드를 활용하여 해외직접 투자를 통해 수익을 올릴 수도 있으나, 이들 특허나 브랜드에 대해 라이선싱 이나 프랜차이징 계약을 통해 직접투자 없이 안정적으로 수익을 창출할 수도 있다. 따라서 본장에서는 글로벌 라이선싱과 프랜차이징의 개념 및 관리 방식 에 대해 중점적으로 살펴본다.

I 글로벌 라이선싱

1.1. 글로벌 라이선싱의 개념

글로벌 라이선싱이란 공여기업이라 할 수 있는 한 국가의 라이선서 (licensor)가 로열티, 수수료 등의 대가를 기대하고 수혜기업이라 할 수 있 는 외국의 라이선시(licensee)에게 특허권, 상표권, 저작권, 영업기밀 등의 무 형자산(intangible assets)을 공여하는 것을 내용으로 하는 다양한 계약협정 (contractual agreement)을 지칭한다. 통상적으로 이들 무형자산의 이전에 있 어 올바른 사용법을 지도하기 위한 기술적 서비스가 수반된다. 글로벌 라이선

그림 6-1

글로벌 라이선싱

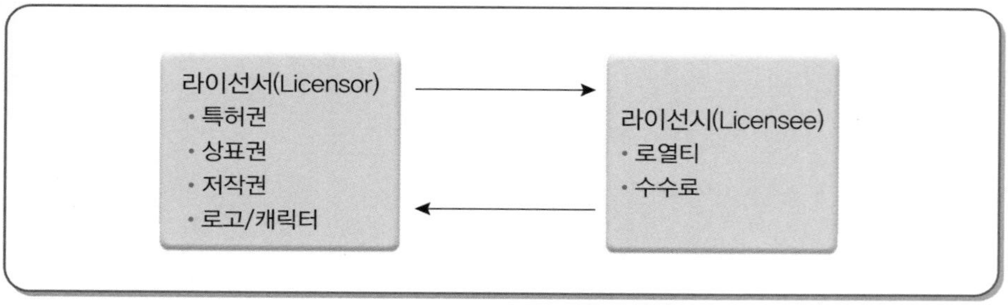

라이선서(Licensor)	라이선시(Licensee)
· 특허권	· 로열티
· 상표권	· 수수료
· 저작권	
· 로고/캐릭터	

싱의 가장 큰 의의는 직접적인 자본참여 없이 기술이나 상표에 대한 라이선싱 대가로 해외에서 이익을 올릴 수 있다는 점이다. 한편, 라이선시 입장에서는 선진기술 도입을 통한 제품생산 및 판매전략을 추구하고, 또한 자체 기술개발의 대안으로 활용할 수 있는 기회가 된다.

특허(Patent) 라이선싱

특허는 특허의 소유권자가 여타 개인이나 기업에게 양도하기 위하여 선택할 수 있는 독점적 권리를 보장한다. 라이선싱에서 대상이 되는 것은 특허 자체가 아니라 그것을 문서화하고 권리화한 특허권이다. 특허권은 새로운 공업적 발명을 한 자가 그 발명품 또는 발명원리에 의거하여 제조한 제품을 일정 기간 동안 독점적으로 제작하거나 사용 및 판매할 수 있는 권리를 지칭한다. 대개 특허권은 제품의 생산 전반에 관한 것이 아니라 제조과정의 일부에 한정되는 경우가 대부분이다. 예컨대 미국의 퀄컴(Qualcomm)사가 코드분할다원접속(CDMA) 원천기술 특허권을 라이선싱 계약을 통해 한국의 삼성전자, LG전자, 팬택 등에게 제공한 대가로 매년 판매수입의 5.25~5.75%를 로열티로 받는데, 그 액수가 매년 1조원 대에 이른다. [참고사례 6-1]에서 보듯이 국내 제약회사의 대표기업 중의 하나인 한미약품도 다국적 제약사들에게 자신의 신약들에 대한 특허 라이선싱 계약을 통해 판매함으로써 막대한 로열티 수입을 올리고 있다.

참고사례 6-1 **'제약 기술 강자' 한미약품, 다국적사들과 잇달아 라이선싱 수출계약**[1]

한미약품이 해외 유력 제약사들과 연이어 라이선싱을 통한 기술수출계약을 맺으며 R&D 역량을 인정받고 있다. 일라이 릴리, 베링거인겔하임, 사노피까지 굵직한 글로벌 제약사에 기술을 수출하면서 제네릭에서 개량신약, 복합신약, 신약으로 이어지는 '한국형 R&D 전략'을 구축했다는 평이다. 한미약품은 2015년 다국적 제약사 일라이릴리와 BTK 저해제 'HM71224'의 개발과 상업화에 관한 라이선스 및 협력계약을 체결을 시작으로 베링거인겔하임과 내성표적 항암신약 'HM61713'에 대한 라이선싱 아웃 계약을 체결했다. 여기에 지속형 당뇨신약 포트폴리오인 이른바 '퀀텀프로젝트'를 사노피에 라이선싱 아웃 계약을 하기로 하면서 그 역량을 각인시켰다. 이번 계약에 따른 금액 역시 기존 제약사들의 수출 계약금액을 훌쩍 뛰어넘는다. 일라이 릴리와 맺은 BTK 저해제 'HM71224'의 계약금액은 5,000만 달러이고 단계별 임상개발, 허가, 상업화 마일스톤(milestone)으로 총 6억4,000만 달러 등 개발 성공 시 최대 6억9,000만 달러(한화 약 7,855억원)를 받게 된다. 상업화 이후에는 별도로 두 자릿수 퍼센트의 판매 로열티를 받는다.

베링거인겔하임은 표적항암제 'HM61713'에 대한 확정 계약금 5,000만 달러와 임상시험, 시판허가 등에 성공할 경우 받게 되는 단계별 마일스톤 6억 8,000만 달러를 별도로 받게 된다. 한화로 약 8,310억원이며 이 제품 역시 출시 이후에는 두 자릿수 퍼센트의 판매 로열티도 받는다. 이번 사노피와의 퀀텀프로젝트 계약은 앞선 두 제품의 계약금액을 가볍게 넘었다. 총 수출 금액은 약 5조원으로 확정된 계약금 4억 유로와 임상개발, 허가, 상업화에 따른 단계별 마일스톤으로 35억 유로를 받게 된다. 이를 원화로 계산하면 4조 8,000억원 가량으로 거의 5조에 가까운 금액이다. 이와 별도로 제품 출시 이후에는 두 자릿수 퍼센트의 판매 로열티도 받는다. 이 같은 기술수출의 성공은 한미약품의 R&D 투자에 따른 결과다. 한미약품은 그동안 매년 매출액의 20%대에 육박하는 R&D 투자율을 보여왔다. 지난 2013년 코스피 상장 제약기업으로는 최초로 R&D 투자액 1,000억원을 돌파했으며, 2020년에는 매출의 21%에 해당하는 2,260억원을 R&D에 투자했다.

브랜드(brand) 라이선싱

브랜드는 글로벌 라이선싱에 있어서 매우 중요한 위치를 차지한다. 브랜드 라이선싱의 대상이 되는 것은 등록상표이다. 독점적으로 사용할 수 있는 브랜드, 로고, 캐릭터 등이 대상이 된다. 우리나라에서 판매되고 있는 외국 유명 브랜드(Daks, Benetton, Sisley, Polo, Lacoste 등)가 부착된 의류, 넥타이, 가방 등의 제품의 대다수는 브랜드 라이선싱 계약에 의거해 국내에서 제조된 것이다. 이 경우 라이선시인 국내 제조사는 세계적 브랜드 명성에 힘입어 제품 인지도 향상과 신뢰도 확보로 비교적 용이하게 시장개척에 나설 수 있다.

브랜드 라이선싱의 세계적 대명사인 월트디즈니의 미키마우스는 매년 6조원 가량의 라이선싱 수익을 기록하고 있다. 미키마우스(Mickey Mouse)가 등장하는 애니메이션뿐만 아니라 디즈니랜드와 같은 미키마우스 캐릭터를 활용한 테마파크를 비롯해 의류, 장난감, 문구, 생활용품 등 다양한 상품과 연계되어 수익을 창출하고 있다. 한편, 토종 대표적 캐릭터 중의 하나인 뽀로로의 경우도 라이선싱 상품수가 2,500여 종에 이르고 150여개 국가에서 애니메이션 방송에 등장시키고 있다.

1.2. 글로벌 라이선싱의 장단점

기업의 입장에서 볼 때 라이선싱을 통한 해외시장진출도 〈표 6-1〉에서 보듯이 여러 장단점을 지닌다.[2]

표 6-1

글로벌
라이선싱
장단점

장점	단점
• 낮은 진출 비용 및 위험 부담 • 신속한 수익 발생 • 경기변동, 정치적 위험 등에 대한 노출 최소화 • 독점금지법 접촉 회피 • 장래 글로벌 사업 활동을 위한 현지파트너 개발 기회 • 수입장벽 및 외국인투자규제 회피 가능	• 수익 발생이 로열티나 수수료에 국한 • 라이선시(licensee)가 계약종료 후 경쟁자로 부상될 위험성 • 라이선시가 기술보호, 품질관리 등 계약을 준수하지 못할 가능성 • 수익이 발생될 경우에만 계약을 갱신하려고 하는 라이선시의 속성으로 인한 단기적 사업성 • 기술 유출 위험성 • 장래에 해당 지역에서의 라이선서(licensor)의 직접 사업참여 제한

라이선싱 장점

라이선싱의 최대 장점은 적은 비용으로 신속한 수익 발생이 가능하다는 점이다. 라이선싱의 경우 해외직접투자나 수출의 경우처럼 생산시설이나 판로개척을 위한 자본투자가 소요되지 않으며, 또한 경영에 직접 참여하지 않는만큼 해외진출에 따른 위험부담에서도 비교적 자유로울 수 있다. 따라서 직접적인 해외사업 경험이 없어도 용이하게 해외시장진출을 도모할 수 있다.

라이선싱의 또 다른 이점은 관세, 쿼터 등의 수입장벽과 외국인투자규제를 회피할 수 있다는 점이다. 현지국의 관세, 비관세 장벽 등 수입장벽으로 인하여 더 이상의 수출이 어렵거나 또는 치열한 경쟁으로 인하여 수출을 통해서는 더 이상 채산성을 맞출 수 없을 때 차선책으로 라이선싱을 활용할 수 있다. 경우에 따라서는 완제품에 대한 수입규제가 높은 국가에서 현지기업과 라이선싱을 체결함으로써 완제품 생산에 필요한 원자재나 중간재의 지속적인 수출판로를 개척할 수도 있다. 또한 라이선싱은 부피나 중량이 커서 높은 운송비용으로 인한 가격경쟁력이 불리한 제품에 대해서도 간접적인 판로개척 수단이 된다.

특정 제품의 경우 현지국의 수입규제 또는 외국인투자규제 대상에 포함되어 라이선싱 만이 오직 유효한 진입방식이 된다. 이를테면 방위산업장비와 통신장비 같은 전략산업 제품들에 대해서는 현지국 정부는 기술이전을 목적으로 자국 기업과의 라이선싱 체결을 담보로 외국기업의 자국 시장 진출을 허용한다.

해외직접투자보다 정치적 위험(political risk)에 덜 노출된다는 점도 라이선싱의 장점이다. 즉, 라이선싱으로 진출할 경우 공장 및 시설 확보에 따른 자본투자가 요구되지 않아 현지국 정부에 의한 국유화, 몰수 등의 정치적 위험으로부터 자유로울 수 있다.

한편, 이러한 외부적 환경요인뿐만 아니라 기업 내부적 동기에 의해 라이선싱을 통한 해외시장 진출이 선호된다. 이를테면 현지 소비자의 기호에 맞추기 위하여 대대적인 제품 수정이 불가피할 경우 해외직접투자보다는 라이선싱을 통하여 제품 수정에 따른 비용과 사업위험부담을 현지 라이선시에게 전가시킬 수 있다. 또한 현지국의 시장잠재력이 미세할 경우 라이선싱은 수출이나 해외직접투자보다는 위험부담면에서 더 안전한 진입방식이 된다.

라이선싱의 단점

라이선싱의 최대 단점은 수출이나 해외직접투자와 비교해서 예상 수입의 절대 규모가 낮다는 점이다. 라이선싱의 로열티(royalty)는 산업계 관례, 경쟁상태, 현지국 정부 규제 등에 따라 통상 총매출액의 5% 내외로 결정된다. 또한 수출이나 해외직접투자와는 달리 라이선싱 수입은 보통 5년 내지 10년의 계약기간에 한정된다. 라이선서가 현지시장에서의 라이선시의 사업 운영을 직접 통제하기가 어렵기 때문에 판매 성과는 전적으로 라이선시의 능력과 노력 여하에 따라 좌우된다. 그러나 라이선싱의 수익성은 낮은 사업위험성이 감안되어져 재평가될 필요가 있다. 또한 라이선싱의 경우 로열티 수익 외에도 기술지원에 따른 수수료나 원부자재 판매에 따른 추가적 수입 창출이 가능하다는 점 고려되어야 한다.

간과할 수 없는 라이선싱의 또 다른 단점은 미래의 경쟁자를 양성할 수 있다는 점이다. 즉, 라이선싱을 통하여 기술을 습득한 외국의 라이선시가 미래에 글로벌 시장에서 라이선서의 강력한 경쟁자로 부상될 가능성이 있다. 물론 라이선서는 라이선시의 판매지역을 제한하거나 또는 계약만료 후에 라이선시가 공여된 기술을 자국 시장 외에 여타 해외시장에서 사용할 수 없도록 제한 조치를 취해 놓음으로써 어느 정도 경쟁자로 부상되는 위험을 방지할 수 있다. 그러나 이러한 조치는 현지국 정부에 의해 금지되거나 또는 공정거래에 따른 독과점금지법에 위반될 소지가 높다.

또한 라이선싱의 경우 통상적으로 라이선시가 공여된 기술, 상표, 영업권 등에 대해 현지시장에서 독점권(exclusive rights)을 갖는다. 따라서 라이선서는 라이선싱 계약 종료 전까지는 공여된 기술이나 브랜드를 가지고 같은 제품으로 현지시장에서 사업을 할 수 없다는 단점이 있다. 물론 이러한 기회비용은 라이선시가 계약을 위반하거나 부진한 판매성과를 보일 경우 계약을 종료시키거나 또는 라이선싱을 합작사업 형태로 전환시킬 수 있다는 계약조건을 명시해 놓음으로써 어느 정도 방지할 수 있다.

1.3. 라이선싱의 수익성 분석

라이선싱계약 체결 전에 예상 수입 및 비용에 대한 분석을 통해 라이선싱 사업타당성에 대한 판단을 내릴 수 있다.[3]

판매수입 평가

라이선싱을 통한 예상 수입은 계약기간에 걸쳐 라이선싱 기술이나 브랜드를 사용해 제품을 제조하고 판매하는 라이선시의 능력에 전적으로 좌우된다. 따라서 라이선싱 수입의 극대화를 위해서는 라이선서는 우선 해외시장조사를 통해 라이선싱에 의거하여 경쟁적(가격 및 품질)인 제품을 생산해낼 수 있는 가장 유력한 라이선시를 발굴하여 계약을 체결하는 것이 무엇보다 중요하다. 라이선시의 판매능력은 차후에 보통 총 판매액의 일정비율로 산정되는 로열티 수입과 직결된다.

라이선싱을 통한 예상 수입의 총규모에는 로열티 수입 외에도 다음과 같은 다양한 수입원, 즉 기술자문료, 지분참여에 따른 배당금, 원자재 판매수입, 경영관리 수수료(management fees) 등이 포함된다. 예컨대 미국의 퀄컴사는 CDMA 이동통신기술을 국내 휴대폰 제조사인 삼성전자나 LG전자에 라이선싱하면서 부가로 CDMA 모뎀칩과 RF칩을 공급하여 추가적 수입을 올리고 있다.

비용 평가

라이선싱의 수익성 분석의 다음 단계는 계약기간에 걸쳐 라이선시에게 이전되는 기술 및 서비스와 관련된 모든 추가적 비용을 평가하는 일이다. 라이선싱에 있어서 예상되는 비용은 기회비용, 착수비용, 유지비용 등 크게 세 범주로 분류된다.

첫째, 기회비용으로는 라이선싱으로 인한 영업권 포기에 따른 손실과 라이선시가 미래의 경쟁자로 부상될 위험성 등을 들 수 있다.

둘째, 착수비용으로는 현지시장조사, 라이선시 대상자의 발굴 및 협상, 현지국에서의 특허권 및 상표권 취득, 라이선시가 상업화하는데 수반되는 특허기술에 대한 수정이나 엔지니어링 서비스 등에 따른 제반비용을 들 수 있다.

셋째, 유지비용으로는 라이선시에 대한 정기적 교육 및 훈련, 현지국에서의 특허권 및 상표권 관리비용(소송비용 포함), 품질 감독 및 심사, 영업감사, 분쟁해결 등에 따른 제반비용을 들 수 있다.

1.4. 라이선싱 계약

라이선싱 거래를 성사시키는 위해서는 최종적으로 라이선싱 계약을 체결해야 되는데, 주요시 취급되어져야 할 사안으로는 〈표 6-2〉에서 보듯이 기술패키지, 준수조건, 보상(compensation), 기타조항 등을 들 수 있다.[4] 이 중에서도 독점권, 지역권, 계약이행의무 및 분쟁해결 조항이 특히 중요하게 고려되어져야 한다.

표 6-2 글로벌 라이선싱 주요 계약사항	계약조항	내 용	
	기술패키지	• 지적재산권(특허, 상표, 노하우) 및 이전방법 • 원자재, 장비, 중간재의 공급	
	준수조건	• 라이선싱 기술의 사용분야 • 서브라이선싱(sublicensing)권리 • 특허 및 상표의 도용방지 • 라이선서의 감사 권리 • 경쟁적 기술 및 제품의 취급 여부	• 판매지역권 • 영업기밀 유지 • 품질수준 유지 • 라이선시의 이행의무사항
	보상	• 로열티(일시불/정기적) • 교육/훈련 수수료 • 세금	• 기술자문료 • 결제통화
	기타조항	• 계약기간 및 연장 • 분쟁해결절차	• 계약취소 및 종료조건 • 승인 취득

소유권

라이선시에게 특허나 상표에 대한 독점적 소유권(exclusive licensing) 부여 여부를 결정해야 한다. 독점적 라이선싱하에서는 공여자인 라이선서는 라이선시에게 공여된 기술패키지에 대한 특정 지역 내에서의 독점적 사용권을 보장해 줄 의무가 있다. 라이선서가 독점적 라이선싱 계약을 체결할 것인가의 여부는 미래에 자신의 해외진출 가능성과 라이선시와의 교섭력 여하에 달려 있다. 일반적으로 라이선서는 장래에 현지국에서 자신이 기술특허, 상표 등을 직접 사용할 수 있도록 하기 위해, 또는 제3자와 또 다른 라이선싱 계약 체결을 위해 독점적 라이선싱 계약의 체결을 꺼린다. 반면에 라이선시는 자국에서 라이선서 또는 제3자에 의한 동일한 특허나 상표의 사용 방지를 위해 독점적 라이선싱 계약의 체결을 원한다.[5]

지역권

특허 또는 브랜드 라이선싱 제품의 판매지역 제한 여부 결정 또한 중요하다. 판매지역을 특정 국가 또는 국가 내 특정 지역 단위로 할 것인지에 따라 미래에 해당 지역에서의 라이선서의 해외사업 가능성이 달라진다. 특히 라이선시가 공여된 기술을 습득하여 장기적으로 라이선서의 경쟁자로 부상될 위험도 있다. 따라서 라이선서는 이러한 부메랑 효과를 방지하기 위한 제반 조치를 강구해 놓아야 한다. 이를테면 제공된 기술이나 브랜드로 생산된 제품의 판매를 현지국 시장 내로 한정하거나, 또는 라이선싱 계약기간의 종료 후에는 해당 기술의 사용을 금지한다는 등의 조항을 계약서에 명시해 놓음으로써 어느 정도 위험을 방지할 수 있다.

이행의무조항

라이선싱 사업의 성공 여부는 약정된 품질 수준으로 제품을 생산하고 시장 잠재력을 최대한 개발할 수 있는 라이선시의 능력 여하에 전적으로 좌우된다. 특히 독점적 라이선싱하에서는 라이선시의 역할이 더욱 중요시 된다. 따라서 일정 수익을 보장하기 위해 라이선서는 생산 및 판매에 관한 라이선시의 이행의무조항을 계약에 명시해 놓아야 한다. 만일 라이선시가 이행의무를 준수하지 못할 경우 배상금을 물리거나 또는 라이선싱 계약을 취소시킬 수 있는 조치를 취해 놓을 수 있다.

분쟁해결

라이선싱 계약 내용은 가능한 한 명료하게 작성되어져야 하나 양측은 계약의 이행준수 판단에 있어 어느 정도 신축적인 태도를 견지할 필요가 있다. 계약내용이 아무리 명료하게 작성되어 있더라도 종종 양측의 견해 차이로 분쟁이 발생된다. 대부분의 경우 분쟁은 계약내용을 토대로 상호간의 의견조정을 통한 내부적 해결로 타결되나, 내부적인 조정이 여의치 않을 경우 외부적인 중재에 맡겨야 한다. 그러나 법적 소송은 많은 시간과 비용이 수반되므로 양측은 가급적 분쟁 소송은 자제해야 한다. 분쟁 소송을 방지할 수 있는 가장 직접적인 방법은 계약내용에 미리 분쟁해결 조항, 즉 분쟁 발생 시에는 사안별로 양측은 상호간에 협약된 중재규정에 의거하여 분쟁을 해결한다는 조항을 상세히 명시해 놓는 것이다.

Ⅱ 글로벌 프랜차이징

2.1. 글로벌 프랜차이징 개념

프랜차이징(franchising)이란 가맹본부, 즉 프랜차이저(franchisor)가 독립적인 다른 기업이나 개인, 즉 가맹점이라 할 수 있는 프랜차이즈(franchisee)에게 상호, 상표, 영업방식 등을 공여하고 관리해주는 사업방식이다. 가맹본부측은 가맹점들이 사업본부의 상호와 영업방식에 의거해서 사업 활동을 조직화하고 운영할 수 있도록 지원해주는 대가로 가맹점들로부터 가맹비와 운영 로열티(running royalties), 그리고 원부자재 공급에 따른 부가 수입을 올릴 수 있다.[6]

1960년대에 미국에서 급성장한 프랜차이징 사업방식은 현재 다양한 업종, 즉 패스트푸드점, 자동차 임대업, 편의점, 호텔, 부동산 중개업, 회계법인 등

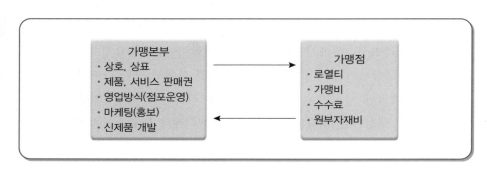

그림 6-2

글로벌
프랜차이징

의 분야에서 활발히 도입되고 있는 실정이다. 예컨대 프랜차이징 사업의 세계적 대표 기업인 맥도날드는 현재 전 세계 3만 4,000여 개의 매장 중 약 80% 이상을 프랜차이징 방식으로 운영하고 있다.

한국 기업에 의한 글로벌 프랜차이징 사업도 좁은 내수시장을 벗어나 〈표 6-3〉에서 보듯이 외식기업을 필두로 최근 활발히 이루어지고 있다. 한국농수산식품유통공사의 '2019년 외식기업 해외진출실태 조사보고서'에 따르면 2019년 기준 해외진출 국내업체는 총 160개이며, 매장수는 4,319개로 나타났다. 업종별로 구분하면 한식은 73개, 비한식(치킨, 베이커리, 커피, 디저트 등) 87개 업체다. 국가별로는 총 49개국에 진출하였으며, 중국은 80개 업체가 1,919개 매장을 열었으며 미국은 53개 업체가 546개 점포를 열어 이 두 지역이 해외진출 전체 매장의 약 60%를 차지하는 것으로 나타났다. 대표적 사례로 치킨 브랜드 BBQ를 꼽을 수 있다. BBQ는 전 세계 57개국과 마스터프랜차이즈 계약을 체결, 중국, 호주, 스페인, 미국 등 20여 개 국가에 130여 개 매

표 6-3

한국 외식기업의 글로벌 프랜차이징 현황

기업(브랜드)	업종	주요 진출국가
롯데리아(LOTTERIA)	패스트푸드	중국, 일본, 베트남, 인도네시아, 미얀마, 캄보디아, 몽골, 라오스, 네팔
제너시스비비큐(BBQ)	패스트푸드	중국, 미국, 호주, 스페인, 일본, 말레이시아, 베트남, 몽골, 인도네시아, 필리핀, 이란, 브라질, 캐나다, 방글라데시, 사우디
파리바게뜨(SPC)	제빵	중국, 프랑스, 베트남, 미얀마, 싱가포르, 미국
대상(불고기브라더스)	외식	필리핀, 태국, 미얀마
교촌치킨	외식	중국, 태국, 인도네시아, 미국, 말레이시아, 필리핀
탐앤탐스	커피	중국, 미국, 호주, 필리핀, 태국, 싱가포르, 미얀마, 몽골, 카타르
미스터 피자(Mr. Pizza)	패스트푸드	중국, 태국
놀부	외식	중국, 일본
카페베네	커피	몽골, 사우디, 대만, 인도네시아
본월드(본죽)	외식	중국, 일본, 미국, 베트남
더본코리아(본가)	외식	중국, 일본, 태국, 호주, 인도네시아, 싱가포르, 말레이시아, 필리핀, 베트남
페리카나	외식	중국, 미국, 말레이시아, 캄보디아, 대만, 캐나다
설빙	빙수	캄보디아, 말레이시아, 필리핀, 베트남

장을 보유하고 있다.[7]

2.2. 글로벌 프랜차이징의 장단점

여타 진입방식과 마찬가지로 프랜차이징을 통한 해외시장진출에도 다양한
장단점이 수반된다. 우선 프랜차이징의 주요 장점을 들면 다음과 같다. 첫째,
기업이 자체적으로 외국시장에 진입함에 따라 수반되는 투자비용이나 위험
을 최소화하며 해외시장으로의 신속한 진출이 가능하다는 점이다. 라이선싱
과 마찬가지로 프랜차이징의 경우 직영을 하지 않는다면 제품 생산 및 판매를
위한 투자비용이 거의 들지 않는다. 따라서 본사의 소규모 조직으로도 얼마든
지 수익 창출이 가능하다. 둘째, 프랜차이징은 표준화된 품질관리와 마케팅을
통해 통합된 이미지 확립과 규모의 경제를 통한 비용 절감을 이룰 수 있다. 예
컨대 가맹본부가 TV 광고를 내보내면 모든 가맹점이 수혜를 입을 수 있다. 셋
째, 의욕적인 가맹점 확보를 통해 매우 신속한 사업 확장이 가능하고, 현지국
에서 직접투자 부담을 줄임으로써 정치적 위험으로부터 자유로울 수 있다.

반면, 프랜차이징으로의 진출시에는 다음과 같은 단점이 따른다. 첫째, 라
이선싱과 마찬가지로 가맹비, 로열티 등으로 수익이 제한된다. 물론 원부자재
공급에 따른 추가적 수익을 기대할 수 있다. 둘째, 가맹점에 대한 품질관리나
영업방식에 대한 완전한 통제가 어렵기 때문에 일부 가맹점의 잘못으로 가맹
본부의 전체 사업 이미지가 손상될 수 있다. 셋째, 라이선싱과 마찬가지로 미
래의 경쟁자를 양성시킬 수 있다는 위험이 존재한다. 넷째, 글로벌 프랜차이
징의 경우 라이선싱에 비해 현지국 정부의 까다로운 승인 절차와 규제가 적용
된다.[8]

2.3. 글로벌 프랜차이징 계약 및 운영

프랜차이징에 의한 해외시장진출 실패는 국내 사업에도 재정적으로 큰 피
해를 가져올 수 있다. 특히 중소업체의 경우 실패에 대한 리스크 관리가 더욱
중요하다. 따라서 진출 전 현지 문화와 생활습관, 인프라 등에 대한 철저한 사
전조사가 요구된다. 또한 초기 투자자금이 많이 소요되는 직접방식이나 합작
방식보다 계약방식으로 진출하는 것이 위험 부담을 줄일 수 있다. 위험 부담
을 낮추는 또 하나의 방법은 여러 국가에 동시에 진출하는 것보다 한 국가나
지역에 집중적으로 진출하여 성공을 거둔 후 그 경험을 바탕으로 점진적으로

여타 국가나 지역으로 사업을 확장해 나가는 것이다.[9]

프랜차이징 계약

프랜차이징 사업을 외국에 설립하는 절차는 전형적인 라이선싱 사업 설립 절차와 유사하다. 즉 현지시장의 판매잠재력 평가, 유망한 현지 파트너 및 가맹점 발굴, 프랜차이징 계약을 위한 협상, 현지 파트너 및 가맹점과의 파트너십(partnership) 구축 등의 과정이 요구된다.[10]

프랜차이징은 품질관리, 가격책정 등 가맹점들의 영업활동에 대해 어느 정도 통제가 가능하다는 점에서 라이선싱과는 차별된다. 글로벌 프랜차이징 추진 시에 가장 중요한 점은 유망한 현지 파트너나 가맹점을 발굴하는 일이다. 이를테면 해외사업위험 부담을 줄이기 위해서는 현지 법규에 정통하고, 현지인을 고용 및 관리하고, 현지 자금조달이 가능하고, 또한 현지 사업 경험이 풍부한 파트너를 발굴하여 계약을 체결하는 것이 무엇보다 중요하다.

프랜차이징 계약에는 가맹점들이 준수해야만 하는 영업지침이 명시된다. 통상 가맹점들이 규정 준수를 위반할 경우 가맹본부측이 계약을 종료시킬 수 있다. 물론 그 반대의 경우도 마찬가지이다. 그리고 가맹본부측이 가맹점의 모든 운영을 감독할 수 있는 권한과 아울러 제품 및 브랜드 이미지에 손상되는 가맹점의 영업활동을 제약할 수 있는 권한을 갖는 것이 일반적이다.

가맹본부측 지원

가맹본부측이 가맹점의 영업활동을 지속적으로 지원하지 않는다면 프랜차이징 사업은 지속되기 힘들다. 가맹본부의 지원업무에는 설비, 간판, 홍보, 영업, 원부자재 공급 등이 포함된다. 이밖에도 필요시 교육훈련, 재무, 회계, 상품기획, 운영관리 등을 지원한다. 이러한 지원은 가맹점의 영업실적을 일정 수준으로 끌어올리고 유지시키는 데 필수적인 업무이다. 대부분의 경우 가맹본부측은 가맹점의 판매촉진도 지원한다.

영업방식의 현지화

글로벌 프랜차이징의 경우 현지국의 법과 제도, 문화에 맞게끔 가맹본부측은 프랜차이징 패키지를 수정 또는 보완시켜야 한다. 30%가 넘는 미국 프랜차이징 가맹본부측이 현지시장에서 그들의 제품, 로고(logo), 판매촉진, 메인 색상 및 디자인을 수정하여 사용하고 있는 것으로 나타났다.[11] 예를 들어, 맥도날드는 일본에서 맥도날드의 일본식 이름 '마꾸도날드(Makudonarudo)'로 변경하였고, 호주에서는 뭐든지 줄여 말하는 호주인의 특성을 반영하여 '맥카스(Macca's)'로 변경하였다. 프랑스에서는 전통적인 적색 배경색 대신 녹색으로 바꾸어 친환경적인 이미지를 강조하였다. 또한 한국에서는 한국인의 입맛에 맞는 불고기버거, 김치버거 등의 토종 메뉴를 개발했으며 미국에서는 없는 배달 서비스를 도입했다.

[참고사례 6-2]에서 보듯이 국내 외식업계 일부 브랜드가 미국 시장 프랜차이징 사업에 야심차게 진출했지만 현지에서의 사업방식 및 경험 미숙으로 적자경영에 시달리고 있는 실정이다.

📖 참고사례
6-2

아메리칸드림 꿈꿨지만… 비싼 '수업료' 치르는 韓 외식[12]

미국 시장에 진출한 한국 외식업체들이 잇달아 '쓴맛'만 보고 있다. 글로벌 영토 확장을 목표로 '프랜차이즈의 본고장'인 미국에 출사표를 던졌지만 현지에서 연착륙하지 못한 채 적자만 남기며 수익성 악화의 부메랑이 되고 있다는 지적이다. 금융감독원 및 관련업계에 따르면 카페베네가 지분 100%를 보유한 미국법인 '카페베네 Inc'는 2016년 132억원의 당기순손실을 기록하며 2015년(-48억원)보다 손실 규모가 더욱 확대됐다. 2010년 설립한 카페베네 미국법인은 뉴욕 타임스스퀘어 등에 직영점을 열고 글로벌 확장을 시도했으나 2013년 5억원의 순익을 낸 것을 제외하고는 만성적자에 허덕여왔다. 카페베네 미국법인의 설립 이후 누적 적자는 277억원 규모다. 미국법인의 부실과 과도한 투자는 카페베네가 완전자본잠식 상태에 빠지며 위기에 처하게 된 원인 중 하나로 꼽힌다. 카페베네는 현재 미국 법인 매각

을 검토 중인 것으로 전해졌다. '미스터피자'로 유명한 MP그룹(옛 MPK그룹)도 미국에 있는 2개 법인 가운데 2005년 설립한 '미스터피자 웨스턴'의 해산을 진행 중이다. 해마다 적자가 계속되는 등 시장성이 없는 미국 시장 대신 잠재력이 큰 동남아 시장에 집중하겠다는 의지로 풀이된다. 최근 미국 시장에는 토종 치킨 프랜차이즈의 공략이 본격화되는 양상이다. 비비큐(BBQ)가 2017년 3월초 미국 뉴욕에 첫 직영점을 열면서 현재 120개인 미국 내 매장을 2020년까지 1만개로 확대하겠다는 구상을 밝혔고, 버거·치킨 프랜차이즈인 맘스터치도 미국 시장에 출사표를 던지고 2017년 하반기 미국 1호점을 낼 계획이다. 그러나 한국식 치킨의 미국 공략이 녹록치 않을 것이라는 우려도 제기된다. 2007년 '교촌치킨'으로 미국에 진출한 교촌F&B의 경우 미국법인인 '교촌USA'이 지난해 39억원의 당기순손실을 기록한 것으로

잠정 집계되는 등 적자가 이어지고 있기 때문이다. 2012년부터 5년간 교촌USA의 당기순손실 규모는 약 225억원에 이른다. 국내 대표 외식 대기업의 사정도 별반 다르지 않다. CJ푸드빌이 지분 100%를 보유한 미국법인 'CJ푸드빌USA'는 지난해 219억원의 매출을 거둬 2015년 대비 14.4% 증가했으나, 9억원의 손실을 기록했다. 2013년 55억원의 손실을 낸 이후 2014년 33억원, 2015년 28억원 등 점차 손실 규모를 줄이고 있으나 여전히 적자에서 벗어나지 못하는 상태다. 미국에 있는 '뚜레쥬르 인터내셔널'이 CJ푸드빌의 9개 해외법인 중 유일하게 흑자(1억1,000만원)를 기록한 것이 위안을 삼을 만하지만, 이마저도 2015년(2억7,000만원)에 비해 줄어들었다. 업계 관계자는 "미국 시장 진출이라는 장밋빛 기대에만 휩쓸릴 것이 아니라 현지 맞춤형의 프랜차이즈 모델 개발 등 시장 대응이 필요하다"면서 "일부 프랜차이즈는 한인밀집 지역에 매장을 다수 내는 제살깎이식 확장을 하는가 하면 현지 프랜차이즈 관련법에 대한 이해와 숙지 부족으로 소송에 휘말리는 경우도 있다"는 지적이다.

2.4. 글로벌 프랜차이징 방식

글로벌 프랜차이징 방식에는 직영방식, 합작방식, 계약방식 등이 있다. 한편, 계약방식은 마스터 프랜차이징과 가맹점 프랜차이징으로 구분된다.[13]

직영방식(Direct Franchising)

자금 부담은 가지만 직접투자를 통해 직접 운영하는 방식이다. 자금 부담도 높고 시행착오 위험도 있지만 높은 글로벌 인지도와 철저한 시장조사에 따른 사업타당성이 있다고 판단되면 추진 가능하다. 만일 성공적으로 사업을 정착시킨다면 직영점 수입과 추후 가맹사업에서 오는 모든 수익을 전유할 수 있다. 예컨대 한국에 진출한 KFC의 경우 100% 직영점 체제로 운영하고 있다. 중국에 진출한 '파리바게뜨'의 경우도 상하이, 베이징 등에 직영점 30개를 운영하고 있다. 많은 현지인들이 가맹점을 원하지만 수익적 측면에서 직영방식이 유리하다는 판단이다.

합작방식(Joint Venturing)

합작방식은 현지 파트너와의 합작투자로 사업을 추진하는 방식이다. 주로 외국 투자측은 브랜드 사용권 부여, 상품개발 지원, 자본투자 등에서 주요 역할을 담당하고, 현지 파트너 측에게 운영, 마케팅 및 조직관리를 맡기는 방법이다. 그렇지만 합작 파트너 상호간 역할 분담이 명확하지 않을 경우 많은 갈등이 야기되고 문제를 풀어가는 해법에서도 파트너 간 차이로 불협화음이 끊이지 않으므로 파트너 선정에 따른 역할 분담을 명확히 설정해 놓는 것이 중요하다.

계약방식(Contract Franchising)

계약방식으로 우선 마스터 프랜차이징(master franchising)은 해외 사업권 자체를 해외 현지 파트너 기업에 넘기는 전통적인 프랜차이징 해외진출방식이다. 계약 초기에 기술전수, 서비스 등의 기본 노하우 전수에만 전념하고 그 다음부터는 현지 파트너가 직접 운영하므로 상대적으로 수월한 진출 방식이다. 마스터 프랜차이징 현지 파트너 기업은 약정된 기간 동안 가맹본사측의 비즈니스 방식에 대한 독점권을 부여받아 특정 지역 내에서 합의된 약정에 따라 가맹점을 모집할 수 있는 권리를 가지며, 또한 지역을 분할하여 서브프랜차이즈(sub-franchise) 계약을 맺을 수 있다. 가맹본사측은 보통 계약에 따른 초기 가맹 계약금과 계약기간동안 매출액의 보통 1~3% 정도의 일정 비율로 지속적인 로열티 수입이 보장된다. 또한 가맹점이나 지사 등이 생길 때에도 옵션에 따라 부가수입이 가능하다. 마스터 진출 방식에서는 역시 현지 파트너의 능력에 따라 성공 또는 실패가 결정된다. 따라서 동종업계에 종사하며 충분한 자금력과 사업경험 및 능력이 뛰어난 현지 파트너와 마스터 계약을 체결하는 것이 무엇보다 중요하다. 예컨대 '스타벅스'의 한국에서의 성공에는 마스터 프랜차이징 계약 파트너인 '신세계푸드'가 큰 역할을 하였다.

또 다른 계약방식으로는 흔히 많이 활용되고 있는 현지 가맹점(franchisee) 계약방식이 있다. 직접투자 의사도 없고 유력한 마스터 프랜차이징 파트너 발굴이 쉽지 않다면, 유력한 개별 가맹점 파트너가 현지 가맹점 개설을 타진해 올 경우 적극 고려해 볼 수 있다. 직영점 개설에는 직접 많은 자금을 투자해야 하는데 비해 현지 정보 부족으로 실패 가능성이 높은 반면, 가맹점 개설의 경우 오히려 최소 경비를 받아가면서 현지 협력자를 얻을 수 있다. 또 개별가맹점이 잘 운영되도록 집중 지원하여 성공시킨다면, 후속적인 가맹점 확보가 가능하게 된다. 최초 가맹점을 영업에이전트로 활용할 경우 가맹본사는 최소한의 경비로 현지 가맹점들을 최소 경비로 관리해 나갈 수 있다. 그러므로 초기 현지 가맹점 하나가 성공하면 직영 지사나 시범 직영점 하나를 개설하는 파급

효과를 얻게 된다. 따라서 능력 있는 현지 가맹점주를 발굴해 전폭적 지원으로 사업 성공을 이루게 한다면 다수의 가맹점 체인화의 기회를 가지게 된다.[14]

2.5. 본 글로벌 프랜차이징(Born-Global Franchising)

본 글로벌 프랜차이징은 본국이 아니라 외국에서 직접 프랜차이징 사업을 창업하거나 또는 본국에서 창업한 후 단 기간 내에 프랜차이징 사업을 해외시장에 진출시키는 방식을 일컫는다. 이러한 본 글로벌 프랜차이징 방식은 국내시장 규모가 영세하여 수요 창출이 어려울 경우 또는 국내에서 경쟁이 치열하여 진입장벽이 높을 경우 합당시 된다.

국내에는 사업장이 없고 중국 46개 도시에 160여개 커피전문매장을 운영하고 있는 '만(漫)커피(MAAN COFFEE)'가 본 글로벌 프랜차이징의 좋은 본보기다. 2011년 중국 베이징 외국인 밀집 거주지역인 장타이시루(將台西路)에 만커피 1호점을 오픈한 후 스타벅스와 같은 쟁쟁한 글로벌 경쟁자를 상대로 나름대로 성공적으로 경쟁하고 있다. 만커피는 미국식 스타일을 중국인에게 익숙해질 것을 강요하는 스타벅스와는 달리 매장 크기나 인테리어, 서비스 방식 등 카페를 구성하는 모든 요소를 철저히 중국인에게 맞췄다. 스타벅스 등과 같은 글로벌 커피 브랜드가 좁은 매장에 테이블과 의자를 촘촘히 붙여놓는 식이라면, 만커피는 평균 1,000㎡ 규모 매장에 편안하게 앉아 쉴 수 있도록 널찍하게 자리를 제공했다. 또한 제조된 상태에서 매장에 진열된 샌드위치가 아니라 주문과 동시에 만들어 내놓는 음식 메뉴와 고객 테이블로 직접 주문한 음료를 가져다주는 서비스는 스타벅스 등과 같은 기존 경쟁업체와는 확연히 차별되는 점으로 중국 현지 소비자들에게 크게 어필하였다.[15]

토의문제

1. 글로벌 라이선싱이 여타 해외진입방식과 비교하여 어떠한 장단점이 있는지 설명하시오.
2. 글로벌 라이선싱을 통해 기대되는 예상 수입과 비용에 대해 설명하시오.
3. 글로벌 라이선싱 계약 시에 유의하여야 할 주요 사안은 무엇인지 설명하시오.
4. 글로벌 라이선싱과 프랜차이징의 주요 차이점에 대해 분석하시오.

5. 글로벌 프랜차이징에는 어떠한 방식이 있는지 설명하시오.

6. [참고사례 6-2]에서 보듯이 미국시장에서 카페베네 등 국내기업들의 프랜차이징 사업에서 어려움을 겪는 원인에 대해 분석하시오.

사례   **맥도날드의 글로벌 프랜차이즈사업**[16]

Global Strategic Management

맥도날드(McDonald)는 1955년 창업자 레이몬드 앨버트 크록(Raymond Albert Kroc)이 미국 캘리포니아주 샌 버나디에서 '스피디 시스템'으로 운영하고 있던 딕 맥도날드 형제의 레스토랑의 프랜차이즈 판매권을 인수, 공동 경영에 나선 것으로부터 출발되었다. 인수 후 이들은 '퀵 서비스'라는 영업방식을 도입했다. 우선 25개의 메뉴를 9종류로 줄이는 대신 조리 스피드를 높이고 쟁반과 컵을 종이로 바꿔 세척 시간 및 인력 감축의 성과를 거두었다. 또한 햄버거 사이즈를 8% 작게 하여 가격을 반으로 낮추었다. 그리고 주문 후 30초 이내에 음식을 서비스하였다. 이러한 새로운 영업방식의 도입으로 미국 일리노이즈 드플레인에 첫 매장을 설립한지 5년 만에 250개의 지점이 생길 정도로 선풍적 인기를 끌었다.

미국 전역에 체인점을 확보한 후 해외시장에도 적극적으로 진출하여 2020년 현재 맥도날드는 전 세계 120여 개국의 약 39,000개 매장에서 매일 6천5백만 명 이상에게 서비스를 제공하면서 전 세계 패스트푸드 시장의 40% 점유하는 세계 1위 햄버거 체인으로 성장하였다. 전 세계 인구의 거의 1%에 육박하는 사람이 매일 맥도날드 레스토랑을 찾는 셈이다.

2020년 포브스 브랜드 가치 평가에서는 세계 10위에 올랐다.

해외시장진출

맥도날드는 프랜차이즈 사업으로 이제 "미국의 맥도날드"에서 "세계의 맥도날드"로 자리를 잡았다. 미국 시장에서의 성공에 힘입어 1967년 캐나다로 최초로 진출했다. 그리고 1970년대에는 독일, 호주, 프랑스, 영국, 일본 등으로 해외사업을 확대했다. 맥도날드는 세계 최초로 공산국가에 진출한 햄버거체인이기도 하다. 1982년 유고슬라비아와의 계약 체결로 시작된 맥도날드의 공산국가 진출은 1990년 모스크바, 1992년 베이징에 세계 최대 규모의 매장을 개점하면서 전 세계적인 브랜드가 되었다. 그해에 아프리카의 모로코에도 진출했다. 1993년에는 이스라엘, 사우디아라비아, 오만, 쿠웨이트, 이집트, 바레인, 아랍에미리트 등 중동 지역에 진출하였으며, 1996년에는 인도 시장과 더불어 체코, 헝가리, 슬로베니아 등 동구권에도 진출했다. 현재 미국 시장 외에 맥도날드의 가장 큰 해외시장은 소위 "Big Six"라 불리는 일본, 캐나다, 독일, 영국, 호주, 프랑스 등이다. 지역적으로는 미국, 유럽, 아시아/태평양, 중동 및 아프리카 등을 커버하고 있다. 이러한 글로벌 위상을 뒷받침하듯 각국의 맥도날드 빅맥 햄버거의 현지 통화 가격을 달러로 환산한 가격으로 각국의 통화 가치가 적정 수준인지 평가하는 '빅맥 지수'가 활용되고 있는 실정이다. 맥도날드는 세계시장에 진출함에 있어 선진국에서는 대개 직영방식을 택하나 중국, 한국, 일본 등 아시아 지역에서는 40% 정도의 비중으로 가맹점 계약방식을 택하고 있다.

글로벌 사고, 국지적 행동

맥도날드의 세계시장에서의 성공은 소위 글로벌 사고와 국지적 행동("Think Global, Act Local")이라는 경영방침에 기초한다고 볼 수 있다. 맥도날드는 우선 어느 곳에서든지 통일된 품목의 맛과 장비, 기술, 마케팅, 종업원 훈련, 운영 및 공급 제도를 도입하고 있다. 회사의 최우선 목표는 고객에 대한 특별한 배려, 능률적인 품질의 우수성을 유지하면서 맥도날드의 세계적인 상표의 가치를 최대한 마케팅의 도구로 활용하여 세계 최고의 패스트푸드 레스토랑이 되는 것이다. 세계 어디서나 소비자들로 하여금 똑같은 경험과 만족을 느끼게 하는 것이 맥도날드만의 가치이다. 이를 위해 맥도날드는 전 세계 사업장에 기본 경영방침인 QSC&V 정책을 준수한다. 즉 우수한 품질의 제품을 고객에게 제공하고(Quality), 친절하고 신속한 서비스를 제공하며(Service), 청결한 분위기를 유지하며(Cleanliess), 가치를 제공하는 메뉴를 제공하는(Value) 것이다.

한편, 이러한 글로벌 전략을 기반으로 "적어도 음식에서 만큼은 각 지역의 고유한 맛을 살려야 한다"는 맥도날드의 현지화 경영방침

은 맥도날드가 세계적으로 성공할 수 있게 한 원동력이 되었다. 맥도날드는 각국의 음식 문화에 맞게 새로운 품목을 개발하고 맛을 개선시키는 노력을 기울이고 있다. 예를 들어, 일본의 데리야키 맥버거(Teriyaki McBurger), 독일 및 프랑스의 맥크루아상(McCroissants), 필리핀의 맥스파케티(McSpaghetti), 뉴질랜드의 키위버거(Kiwiburger) 등이 좋은 본보기다, 한국에서는 불고기버거를 새로운 메뉴로 추가시켰다. 아랍국과 말레이지아, 싱가포르 등에서는 이슬람교도의 식습관을 고려하여 돼지고기를 사용하지 않는 "할랄(halal)" 메뉴를 개발해냈다. 힌두교의 인도에서도 쇠고기 대신 닭고기를 사용하고 다양한 채식주의 메뉴를 개발하였다. 필리핀에서는 아침식사 메뉴를 포함한 몇몇 메뉴에 찰기 적은 안남미로 지은 밥이 포함되어 있는 경우도 있다. 그리고 프랑스, 독일 등 일부 유럽국에서 와인과 맥주 같은 주류도 서비스하고 에비앙(Evian)과 같은 생수를 음료수 메뉴에 포함시켰다. 또한 미국에서는 배달 서비스를 제공하지 않지만 음식 배달 문화가 정착된 한국과 중국에서는 배달 서비스를 제공하고 있는 것도 현지 실정에 맞추기 위한 전략의 일환이다.

맥도날드의 한국시장 진출

맥도날드는 1988년 압구정 매장 개점을 시작으로 한국에서 첫 영업을 시작했다. 28년이 지난 2014년에는 매출액이 약 4,800억원, 2020년에는 9,800억원으로 성장하였으며, 개설된 전국매장이 430여개로 짧은 기간에 괄목한 성장을 거듭해 왔다. 2020년 기준 한국맥도날드 이용 고객은 연간 2억명, 매일 40만명 이상이다. 직영점과 가맹점 비율은 75대 25

수준이다.

- 1988년 제 1호점 압구정점 오픈
- 1999년 매출액 : 1,700억원
- 2000년 매출액 : 2,600억원(전국 240여 개 매장)
- 2013년 매출액 3,800억원(전국 282개 매장)
- 2014년 매출액 4,800억원(전국 396개 매장)
- 2020년 매출액 9,800억원(전국 430여개 매장)

한국에서의 맥도날드 성장은 맥도날드의 경영철학에 힘입은바 크다. 맥도날드 경영철학은 맥도날드라는 브랜드의 세계적인 성장을 위해서는 프랜차이즈 파트너와 협력업체의 동반 성장이 이루어져야 한다는 신념에서 출발한다고 해도 과언이 아니다. 1954년 맥도날드 창업자인 레이몬드 크록은 어디에서나 변함없이 좋은 품질의 음식을 제공할 수 있는 레스토랑 시스템을 운영하고 싶었고, 그에 따라 '세 다리 의자(The Three-Legged Stool)', 즉 맥도날드본사, 프랜차이즈 파트너 및 공급업체가 의자의 세 다리와 같은 역할을 해야만 맥도날드가 튼튼하게 바로설 수 있다는 의미의 철학이 탄생되었다. '세 다리 의자 철학'에 따라 맥도날드는 본사에서 식자재와 설비를 직접 판매하지 않고, 현지에서 입증된 공급자를 선택해 효율적인 공급망을 구축하고 있다. 한국에서도 오뚜기, 매일유업, 코카콜라 등과 20년 넘게 원자재 공급협력관계 유지해 오고 있으며, 국내 농가로부터의 식자재 수급을 늘릴 방침이다.

또한 맥도날드는 한국을 비롯한 세계 각국에서 QSC&V 및 '세 다리 의자(The Three-Legged Stool)' 경영철학에 근거하여 다음과 같은 운영방식을 고수하고 있다.

장기적인 가맹계약 맥도날드와 체결하는 가맹계약 기간은 10년을 기본으로 하며 이는 인수매장의 임대계약 기간에 준하여 조정된다. 맥도날드는 매장의 상권과 수익성 등의 분석을 통해 인수매장을 선정하며, 건물주와의 임대계약은 맥도날드 본사가 유지하고, 가맹점사업자는 맥도날드로부터 임대 또는 전대를 받는다.

체계적인 교육 프로그램 고객들에게 맥도날드 가치를 전달하기 위해 가맹점 오너도 직영점과 동일한 교육 프로그램을 받는다. 가맹오너가 되기 위해서는 9개월간의 레스토랑 경영 커리큘럼(Restaurant Management Curriculum)을 이수해야 하며, 이 기간 동안 지원자에게 체계적인 교육 프로그램을 통해 맥도날드의 글로벌 경영 노하우를 전수 받는다. 주요 교육 프로그램 내용은 인력관리, 고객서비스관리, 원자재수급관리, 품질관리(QSC&V), 파이낸스관리 등으로 이루어진다.

지속적인 전문컨설팅 맥도날드 본사는 가맹점 오너에게 지속적인 교육과 마케팅 활동, 제품 및 품질 관리 등을 지원해 안정적인 가맹점 운영을 도우며, 또한 전문 컨설턴트가 자력 운영이 가능하도록 레스토랑 매니저들에게 다양한 교육 프로그램을 동등하게 제공하고 현장에서 일하는 레스토랑 매니저에게 회사의 경영방식이나 새로운 플랫폼 및 제품과 관련한 지속적인 컨설팅을 진행한다.

안정적인 매장 운영 맥도날드의 전문가들이 지원자의 요건을 고려하여 인수 대상 매장

표 6-4	국내시장에서의 주요 햄버거 프랜차이즈					
	맥도날드	롯데리아	버거킹	KFC	파파이스	맘스터치
창립년도	1940년 (미국)	1972년 (일본)	1954년 (미국)	1930년 (미국)	1972년 (미국)	1997년 (한국)
한국영업시작 연도	1988년	1979년	1984년	1984년	1994년	1997년
한국영업회사	한국맥도날 드·맥킴	롯데리아	어피니티에퀴 티 파트너스	CVC 캐피탈	TS푸드연 시스템	해마로푸드 서비스
국내점포수 (2020)	430여개	1,300여개	340여개	200여개	100여개	1,330여개

을 선정 또는 제안하고, 지원자는 인수 대상 매장의 현재 매출 및 수익구조에 대한 결과를 확인하고 인수 여부를 결정한다.

우수한 품질관리 매장에서 생산되는 모든 맥도날드 제품들의 품질과 공급에 대해 본사에서 직접 관리하여 전 매장의 제품과 서비스 품질을 보장한다. 맥도날드에서는 식자재의 납품을 직접 진행하지 않으며 협력업체와의 계약을 통해 검증된 품질의 식자재를 직영점과 동일한 조건으로 제공받는다.

지역사회에서의 사업 확장 맥도날드 본사가 인정한 역량 있는 가맹점 오너는 지역사회 내에서 여러 개의 매장을 동시에 운영할 수 있다. 이를 통해 맥도날드는 가맹점 오너가 해당 지역에서 사업확장과 더불어 지역사회에 지속적으로 기여하길 기대한다.

앞으로의 과제

최근 맥도날드는 한국 햄버거 시장에서의 치열한 경쟁으로 실적이 악화되는 등 어려움을 겪고 있다. 순이익은 계속 감소 추세를 보여 2015년에는 134억원 적자를 기록하기도 했다. 가맹점 확대 및 배달 서비스 도입전략으로 매출액은 2020년 9,800억원까지 늘었지만 점포당 매출액은 하락 추세를 보이고 있다. 예컨대 2013년 17억 8,000만원에서 2015년 16억 3,000만원으로 줄었다. 중저가 햄버거 시장에 토종업체들이 진출해 수익성이 악화된 것이 그 원인이다. 2020년 가맹점을 1,330여개로 늘린 맘스터치가 대표적이다. 이에 맥도날드는 마스터프랜차이즈 방식으로 한국 사업 운영권 매각을 추진 중에 있다.

맥도날드 실적 부진은 한국뿐만 아니라 세계 공통으로 나타나고 있다. 이는 전 세계적으로 햄버거병, 비만 등에 따른 염려로 젊은 세대를 비롯한 고객들이 더 신선하고 건강한 음식과 다양한 맞춤형 메뉴를 갖춘 체인점을 찾는 추세 때문인 것으로 풀이된다.

토의사안

1. 맥도날드는 세계시장에서 "글로벌 사고, 국지적 행동"을 어떤 식으로 조화시켜 나가고 있는지 설명하시오.

2. 맥도날드의 '세 다리 의자' 경영철학의 핵심 내용은 무엇인지 설명하시오.

3. 한국을 비롯한 세계 각국에서 QSC&V 및 '세 다리 의자' 경영철학에 근거해 어떠한 운영 방식을 채택하고 있는지 설명하시오.

4. 최근 한국 시장에서 맥도날드의 실적 부진 원인과 그 대처방안에 대해 분석하시오.

제**3**부

글로벌경영환경 분석

다양한 전략 대안 중 최적의 대안을 선택하기 위해서는 외부환경 및 내부환경에 대한 분석이 요구된다. 외부환경은 모든 기업이나 산업에 영향을 미치는 거시적 환경과 특정 기업이나 산업에 국한해서 영향을 미치는 산업환경으로 대별된다. 거시적 외부환경 분석에는 〈표 7-1〉에서 보듯이 보통 PEST 모델로 지칭되는 정치적(political), 경제적(economical), 사회문화적(socio-cultural), 기술적(technological) 환경 등이 핵심이다. 한편, 산업환경 분석에서는 특정 산업 내에서의 다섯 경쟁유발 세력(five forces)인 신규 진입자, 경쟁자, 대체품, 구매자, 공급자 등이 주요 대상이 된다. 이러한 외부환경은 글로벌기업에게 기회(opportunity) 및 위협(opportunity) 요인으로 작용한다. 따라서 본서에서는 이들 외부환경 요인 중 정치적 및 문화적 환경 요인과 산업구조 및 국가경쟁력 요인에 초점을 맞추어 분석하고자 한다. 한편, 내부환경 요인과 관련해서는 기업의 내부 자원 및 능력에 분석의 초점을 맞추어 살펴보고자 한다.

표 7-1   PEST 분석

외부환경요인	구성요인
정치(Political)	정치제도, 정부정책, 부패, 대외개방, 정치적 위험
경제(Economic)	GDP, 무역수지, 해외직접투자, 외채, 물가, 이자, 환율, 사회간접자본
사회문화(Social)	인구통계, 언어, 교육, 종교, 가치관, 문화지능
기술 (Technological)	기술혁신, 기술개발인프라, 전문기술인력, 지적재산권

출처: CIPD Website(www.cipd.co.uk).

제 7 장
정치적 위험 분석

구소련 정권의 붕괴, 중국의 천안문 사태, 중동지역 분쟁과 IS 테러, 이집트, 튀니지 등 아프리카 지역에서 촉발된 시민혁명 등 전 세계에 걸친 정치적 환경의 급변은 세계시장을 무대로 활동하는 글로벌기업들에게 예상치 못한 큰 위협 요인으로 작용한다. 이러한 정치적 환경의 변화로 일부 국가에서는 글로벌기업들의 재산이 몰수당하거나 국유화 되기까지 하였다. 최근 국내기업들도 종래의 단순한 수출활동에서 벗어나 해외직접투자를 통한 글로벌경영에의 적극적 참여로 정치적 위험(political risks)에 대한 노출이 더욱 높아져 이에 대한 대응이 중요하게 되었다.

Ⅰ 정치적 위험의 개념 및 원인

1.1. 정치적 위험의 개념

정치적 위험이란 정치적 환경의 변화로 기업이 겪는 경영상의 불이익을 일컫는다. 대체로 정치적 위험은 다음과 같은 세 가지 속성, 즉 급작스럽게 정치적 환경이 바뀌는 불연속성(discontinuity), 예측하기 어려운 불확실성(uncertainty), 그리고 경영상에 대한 막대한 영향력(business impact)을 띤다.[1] 예컨대 이라크의 쿠웨이트 침공은 돌발적인 사태로서 쿠웨이트와 이란에 진출한 외국기업들에게 재산상의 막대한 손실을 가져다 준 전형적인 정치적 위험이다. 또한 본장 말미의 사례분석에서 보듯이 미국 트럼프 대통령의 'America First'정책에 의한 보호무역주의와 주한미군 사드(THAAD·고고도미사일방어체계) 배치 발표에 따른 중국 정부의 한국 기업에 대한 경영 간섭도 정치적 위험의 일환이다.

정치적 위험과 유사한 개념으로 국가위험도(country risk)가 있는데, 이는 한 나라의 외채를 포함한 채무 상환능력에 분석의 초점이 맞추어진다. 따라서 국가위험도는 전쟁위험 등 정치적 위험 요인뿐만 아니라 무역적자, 외환보유액, 외채구조(장단기) 등의 재정 건전성과 일인당 국민소득, 노동유연성 등 국가경제의 건전성을 종합해서 보통 국가신용등급으로 평가된다. S&P, Moody's, Fitch 등의 국제적 신용평가회사에서는 〈표 7-2〉에서 보듯이 정기적으로 국가별 신용등급을 평가하여 발표한다. 한국은 2019년 1월 기준 3등급인 Aa2로 5등급인 A1의 일본보다 국가신용도가 높게 나타났다.

표 7-2

무디스 (Moody's)의 국가별 신용 등급

국가신용등급		국 가
A등급	Aaa(1등급)	룩셈부르크, 독일, 뉴질랜드, 스위스, 스웨덴, 네덜란드, 노르웨이, 덴마크, 미국, 캐나다, 싱가포르, 호주 등
	Aa1~Aa3 (2~4등급)	Aa1: 오스트리아, 핀란드, Aa2: 영국, 홍콩, 대한민국, 프랑스, 카타르, 쿠웨이트, 버뮤다, 아랍 에미리트, Aa3: 사우디아라비아, 칠레, 대만, 마카오, 벨기에 등
	A1~A3 (5~7등급)	A1: 에스토니아, 오만, 일본, 중국, 체코, 이스라엘, A2: 보츠와나, 슬로바키아, 폴란드, A3: 몰타,멕시코, 말레이시아, 페루 등
B등급	Baa1~Baa3 (8~10등급)	Baa1: 라트비아, 아일랜드, 태국, 바레인, Baa2: 불가리아, 남아프리카공화국, 이탈리아, 스페인, 콜롬비아, 필리핀, Baa3: 러시아, 인도, 인도네시아우루과이, 루마니아, 터키 등
	Ba1~Ba3 (11~13등급)	Ba1: 헝가리, 코스타리카, 포르투갈, 브라질, Ba2: 파라과이, 아르메니아, 나이지리아, Ba3: 튀니지, 엘살바도르, 볼리비아, 방글라데시 등
	B1~B3 (14~16등급)	B1: 세네갈, 스리랑카, 요르단, 레바논, 베트남, B2: 가나, 몽골, 캄보디아, B3: 니카라과, 에콰도르 등
C등급(17~21등급)		Caa1: 파키스탄, 이집트, 쿠바, 아르헨티나, Caa3: 자메이카, 베네수엘라, 우크라이나, Ca: 벨리즈, C: 그리스 등

출처: Moody's Credit Outlook(2019).

1.2. 정치적 위험의 원인

정치적 위험은 크게 두 가지 원인, 즉 현지국 자체의 정치, 경제, 사회적 불안정 등 외부적 요인에 의해 초래되거나, 또는 다국적기업 자신의 불공정하거나 불법적인 경영활동, 즉 내부적 요인에 인해 촉발된다.[2]

국가적 환경 불안정 요인

- **정치적 불안** 쿠데타, 내란, 과격정당의 집권, 집권당의 독재, 집권당과 야당과의 극한적 대립, 외교 분쟁이나 전쟁 등에 의한 정치적 불안정은 현지국에 진출한 다국적기업에게 경영상에 큰 위험 요인으로 작용한다.
- **경제적 혼란** 고물가, 만성적 무역적자, 높은 외채부담, 극단적인 노사분규, 만성적 실업문제 등의 경제적 혼란은 현지국에 진출한 다국적기업의 경영활동을 위축시킨다. 한때 국내에서도 극심한 노사분규와 급격한 임금상승으로 인해 많은 외국계기업들이 국내에서 철수한 바 있다.
- **사회적 갈등** 종교집단 간의 극한적 대립, 노동자나 학생들의 과격한 데모, 사회치안의 불안, 테러, 소득분배의 불균형, 인종문제 등으로 야기된 사회적 불안과 갈등은 현지국에 진출하고 있는 다국적기업의 경영활동에 부정적인 영향을 미친다. 예컨대 남아프리카공화국에서의 흑인과 백인 간의 인종문제로 인해 미국 등 많은 서방국 기업들이 현지에서 철수한 바 있다.

다국적기업의 내부적 요인

다국적기업은 현지국에 자본유입, 고용증대, 기술이전 등 경제적으로 긍정적인 공헌도 하지만, 때로는 이전가격을 통한 탈세와 불법적 이득 취득, 환경공해문제 야기, 고위관료층에의 뇌물공여 등의 불법적 행위로 인해 스스로 정치적 위험을 초래하기도 한다. 만일 다국적기업의 공헌에 대한 현지국 정부의 기대치와 실질적 기여도에 있어서 크게 차이가 난다면, 현지국 정부는 다국적기업의 경영활동에 대한 간섭에 나설 것이다. 미국을 비롯한 선진국 다국적기업들이 1970년대에 중남미 국가들을 경제적으로 종속화 시켜 결국 현지국 정부에 의해 국유화되거나 수용되는 정치적 위험을 맞이한 경우가 좋은 본보기이다. 최근에는 독일의 폭스바겐 자동차사가 디젤자동차 배출가스 조작으로 전 세계적인 지탄을 받았고, 결국 막대한 벌금과 경영진의 퇴진으로 경영위기를 맞기도 하였다.

1.3. 정치적 위험의 유형

현지국의 정치적 환경이 다국적기업의 경영활동과 수익에 미치는 잠재적 영향력에 따라 정치적 위험은 크게 네 유형, 즉 일반적 불안정 위험, 소유권/

통제위험, 운영상의 위험, 이전위험 등으로 분류된다.[3]

- **일반적 불안정 위험**(general instability risk) 현지국의 정치적 시스템의 연속성, 즉 현지국의 정치 풍토나 제도 및 정책의 불확실성에서 비롯되는 위험이다. 예컨대 내란, 시민혁명, 여당과 야당의 극한적 대립, 빈번한 정권 교체 등에 기인한 정치적 불안정은 현지국에서 다국적기업의 경영활동과 수익성에 부정적 영향을 미친다. 즉, 정치적 불안정은 결국 정부 정책에 대한 불확실성으로 이어져 다국적기업의 경영활동은 위축될 수밖에 없다. 한국의 경우 항시 북한과 대립하고 있는 안보적 위험 때문에 외국인투자 입장에서는 일반적인 정치적 불안정 위험이 높다고 볼 수 있다.
- **소유권/통제위험**(ownership/control risk) 다국적기업의 소유권 및 통제권한을 소멸시키거나 제약시키는 현지국 정부의 정책에 대한 불확실성에 기인하는 위험이다. 이러한 위험의 대표적인 형태로는 보상 없이 외국인 소유자산이 현지국 정부에 몰수되어지는 국유화(nationalization), 보상을 통해 외국인 소유자산의 전부 또는 일부가 현지국 정부에 귀속되어지는 수용(expropriation), 국가 비상사태 시에 현지국 정부에 의해 외국인 소유자산이 일시적으로 몰수되는 징발(requisition), 현지국 정부가 외국인 소유자산 전체 또는 그 일부를 시장가격보다 낮게 정부기관이나 현지인에게 매각토록 강압하는 강매(coerced sale), 외국투자가와 체결한 원래의 계약에 대한 강제적 재협상(coerced contract renegotiation)이나 계약철회(contract revocation) 등이 있다. 이러한 소유권/통제위험은 현지국 정부에 의해 외국투자기업에게 취해질 수 있는 최악의 사태라 할 수 있다. [참고사례 7-1]에서 보듯이 몽골에 투자한 국내기업들이 몽골 집권당의 교체에 따른 정책적 변화로 계약 취소와 재협상 등 소유권 및 통제의 정치적 위험에 노출된 바 있다.
- **운영위험**(operation risk) 다국적기업의 각종 운영상의 활동을 제약하는

국내기업의 몽골 투자 정치적 리스크

민간 발전회사인 포스코에너지는 2013년 2월 몽골 정부로부터 황당한 공문을 받았다. 2012년 7월 프랑스, 일본 기업 등과 공동으로 수주한 몽골 석탄열병합발전소(450만MW급) 계약이 취소됐다는 내용이었다.

사업을 원점에서 재검토할 테니 관심이 있으면 재입찰에 응하라는 통보에 이 회사는 부랴부랴 다른 기업을 끌어들여 몽골 정부에 다시 서류를 제출했다. 포스코에너지 관계자는 "2012년 6월 몽골 총선에서 자원민족주의를 내세운 야당이 승리한 이후 외국기업들의 투자에 제동이 걸리고 있다"고 말했다. 이렇듯 국내기업에 몽골의 '정치 리스크' 비상등이 켜졌다. 2012년 6월 몽골 총선에서 야당인 민주당이 집권당인 인민당을 누르고 제1당을 차지하면서 공무원이 대폭 물갈이된 이후 몽골 정부가 외국기업들의 투자계획을 백지화하는 사례가 잇따르고 있다. 몽골 측의 정책 결정이 늦어지면서 국내기업들이 현지에서 추진 중인 주요 사업도 줄줄이 표류하고 있다. 현대중공업은 2012년부터 몽골에서 10억 달러 규모의 화력발전소 건설 사업을 추진하고 있지만 해가 바뀌어도 감감 무소식이다. 회사 관계자는 "2012년 총선 이후 정부와 정치권에서 외국 기업의 투자에 비판적인 의견이 나오면서 발주가 지연되고 있다"며 "향후 일정도 알려진 게 없어 무작

정 기다리고만 있다"고 하소연했다.

이밖에도 몽골에 진출은 여타 한국 기업들이 정치적 리스크를 겪었다. 2012년 9월 몽골 현지 딜러와 건설기계 독점판매 계약을 맺은 두산인프라코어는 6개월이 지나도록 아무런 실적을 내지 못했다. 몽골의 주요 광산이 해외투자자들과 갈등을 빚으면서 개발에 차질이 생긴 탓이다. 몽골 풍력발전 사업에 참여하기 위해 현지 업체에 지분 투자 의향서를 낸 한국전력도 성과를 내지 못하고 있다. 2012년부터 몽골 취항을 추진하고 있는 아시아나항공은 몽골 정부의 소극적인 태도로 어려움을 겪고 있다. 2012년 6월 한국 정부의 항공회담 요청에 몽골 측은 내부 사정을 이유로 9개월이 지나도록 의견을 내놓지 않고 있다. 해외 주요 기업들도 속을 태우고 있는 것은 마찬가지다. 몽골 최대 광산인 오유톨고이를 인수한 호주 광산업체 리오틴토는 몽골 정부가 투자 협상을 재검토하자고 요구해 마찰을 빚고 있다. 중국알루미늄공사, 일본 마루베니상사 등도 현지투자 사업이 가로막혔다. 한 대기업 관계자는 "민주당 승리 이후 외국기업들이 자원만 노리고 앞 다퉈 들어온다는 시각이 몽골에 퍼졌다"며 "2013년 5월 대선을 앞두고 몽골 정치권이 민족주의를 부추기고 있어 당분간 정치 리스크가 계속될 것"이라고 전망했다.

현지국 정부 정책의 불확실성에서 기인되는 위험이다. 여기에는 수입규제, 가격통제, 현지산 사용요구(local content requirement), 수출의무규정 등의 정책적 요구사항이 포함된다. 이와 더불어 현지국 정부나 특정 이

익집단에 의한 외국산 제품에 대한 불매운동도 운영위험으로 볼 수 있다. 현지산 사용요구 규정에 의거하여 현지산 부품 사용 비중이 기준에 미달될 경우 외국기업이 현지에서 제품을 생산하더라도 수입품으로 간주되어 관세가 부과되거나 원산지증명이 불허된다.

- **이전위험**(transfer risk) 과실송금, 이중과세, 이전가격 등 자금이전과 관련하여 현지국 정부의 정책에 대한 불확실성에서 기인되는 위험으로 송금위험이라고도 불린다. 현지국 통화나 환율에 대한 통제로 경화(hard currency), 즉 달러와 같은 국제적 통화로의 태환불능 위험도 이전위험으로 볼 수 있다.

Ⅱ 정치적 위험의 분석

정치적 위험의 변동성이 고조됨에 따라 다국적기업들은 경기변동 예측만큼이나 정치적 위험에 대한 예측에도 높은 관심을 쏟고 있다. 정치적 위험에 대한 분석은 다음과 같은 다섯 가지 방법, 즉 정성적 기법으로서 현지방문조사, 전문가 자문 및 델파이분석방법과 정량적 기법으로서 계량모델분석, 그리고 통합적 기법으로서 시나리오기법 등을 통해 이루어질 수 있다.[5]

현지방문조사(grand tour)

투자대상국가에 조사단을 파견하여 현지국의 정부 관료나 현지 관계자들과의 직접 접촉을 통하여 현지국의 정치적 환경을 파악하는 방법으로서, 단기간 내에 얼마나 객관적이며 정확하고 필요한 정보를 입수할 수 있느냐가 관건이 된다. 정치적 위험을 직접 피부로 느낄 수 있다는 장점이 있으나, 조사비용이 많이 소요되고 시간적 제약이란 약점이 있다.

전문가 자문

현지국의 정치적 환경에 대한 고급 정보를 가지고 있는 외부 지역전문가, 즉 정치가, 외교관, 특파원, 학자 등으로부터 자문을 구하는 방법이다. 예컨대 미국의 국무장관이었던 헨리 키신저(Henry Alfred Kissinger) 박사는 중동지역 전문가로서 중동지역에 진출하는 많은 미국기업들의 자문을 맡은 바 있다. 그러나 이 방법은 전문가가 과거 재임 당시 현지국 정치적 환경에 대해서는 정통하지만, 현재 그리고 미래의 정치적 환경 변화를 얼마나 객관적으로 정확히 판단할 수 있느냐는 별개의 문제이다. 때에 따라서는 이들 외부 전문가를 정치적 위험에 대한 로비스트(lobbist)로 활용할 수도 있다.

델파이분석(delphi analysis)

각국의 정치적 위험을 비교 평가하는데 유용한 방법으로서 다음과 같은 세 단계 절차가 요구된다. 첫째, 정치적 위험에 중요한 영향을 미치는 요인에 대한 심사목록(checklist) 작성, 둘째, 전문가들의 의견을 토대로 심사목록 요인의 영향력에 따른 순위와 가중치 설정, 셋째, 심사목록에 의거한 전문가의 평가 결과에 따른 종합점수 산정 등이다. 현재 가장 널리 알려진 정치적 위험에 대한 델파이분석방법으로는 사업환경위험지수(BERI: Business Environment Risk Index)를 들 수 있다. BERI는 15개 위험 요인들에 대한 100여명의 전문가들의 평가에 의거해 산정되며, 각국의 전체적 사업환경위험 외에 별도로 정

기준	가중치				
	전체	정치	운영	재무	국수주의
1. 정치적 안정성	3	6			
2. 경제적 성장	2.5		5		
3. 화폐 태환성	2.5		5	5	5
4. 노동비용/생산성	2		3		
5. 장기융자/위험부담자본	2			5	
6. 단기신용대부	2			5	
7. 외국인투자 이익에 대한 태도	1.5	5			8
8. 국유화	1.5	5			8
9. 통화 인플레이션	1.5	3		3	
10. 국제수지	1.5	3		3	
11. 계약이행	1.5		4	2	
12. 행정적 지연	1	3		2	4
13. 통신: 텔렉스, 전화, 우편	1		3		
14. 현지 관리 및 파트너 여건	1		2		
15. 전문적 서비스 및 하청업자	0.5		3		
합계	25	25	25	25	25

표 7-3
전체 BERI와 개별 BERI의 요인 및 가중치

표 7-4
정치적 위험에 대한 BERI 지침

주) 평가척도: 수 = 4, 우 = 3, 미 = 2, 양 = 1, 가 = 0.

출처: F.T. Haner(1981), *Business Environment Risk Index*, World Insurance Forum.

지수	지침
100~86	외국인투자에 대해 매우 안정적이며 우수한 사업환경: 위험이 존재하지 않음.
85~71	선진국의 전형적 사업환경: 국수주의에 대한 어떠한 위험도 국가의 효율성, 경제적 수요, 시장기회 등에 의해 상쇄됨.
70~56	보통 수준의 위험국가: 정치적 환경이 경영활동에 치명적으로 영향을 줄 정도로 불안정하지는 않음.
55~41	외국인투자에 대한 높은 위험: 투자 결정에 있어서 신중한 고려가 요구됨.
41~0	외국인투자가 어려울 정도의 만족스럽지 못한 사업환경.

출처: 〈표 7-3〉과 동일

치, 운영, 재무 및 국수주의 위험이 평가된다. 15개 요인들은 사안별로 상대적 중요성에 의거하여 각기 상이한 가중치를 띤다. 〈표 7-3〉은 전체적 사업환경과 별도의 네 유형의 위험 평가에 대한 15개 요인들과 가중치를 나타내고, 〈표 7-4〉는 리스크 정도에 따른 BERI 투자지침을 나타낸다.[6]

계량적 분석방법

경기지수 예측과 같이 계량모델을 이용해 정치적 위험을 평가하고 예측하는 방법이다. 그러나 계량적 분석은 객관성을 띤다는 장점이 있으나, 계량화된 자료만 사용할 수 있어 국수주의, 정치적 불안 등 주관적 평가를 계량적 모델에 적용시키는 데는 한계가 있다.

시나리오 기법

통합적 분석방법으로서 계량화하기 어려운 정치적 위험 항목에 대한 전문가의 주관적인 판단과 더불어 여타 수치화된 자료에 따른 객관적인 계량적 방법을 병행시킴으로써 정치적 위험을 좀 더 정확하게 분석하고자 하는 데 목적이 있다. 예컨대 객관적인 자료와 경영자의 주관적 판단에 의거해 정치적 위험에 대한 낙관적, 비관적 등 몇 가지의 가상적인 시나리오를 설정하여 그에 대한 각기의 대책을 수립해 놓는 것이다. 실제 상황이 발생될 경우 설정된 시나리오 대책에 따라 즉시 대응에 나설 수 있다.

Ⅲ 정치적 위험관리

다국적기업 입장에서는 정치적 위험을 예측하는 것도 중요하지만 실제로 정치적 위험을 어떻게 효과적 관리해 나갈 것인가도 중요한 문제이다. 정치적 위험에 대한 관리를 위해서는 다음과 같은 세 단계 절차가 요구된다.[7]

첫째, 해외투자사업과 관련된 정치적 위험 요인을 규명하고, 현지국의 정치적 상황의 변화를 탐지할 수 있는 정보시스템을 구축한다.

둘째, 수집·분석된 정치적 위험에 관한 정보를 기업의 전략계획에 참고한다. 이를테면 각국의 정치적 위험도에 따라 투자프로젝트 수익성에 대해 상이한 기준수익률(hurdle rate)을 적용시키고, 미래에 발생될 수 있는 정치적 위험을 고려하여 자본예산계획을 수립한다.

셋째, 예상되어지는 정치적 위험에 대한 대응책을 수립한다. 현지국의 정치적 위험에 대한 대처방안은 현지국 진출 전, 현지국 진출 후 정치적 위험이 예견되지 않는 경우, 현지국 진출 후 정치적 위험이 예견될 경우 등 세 단계로 구분하여 강구될 수 있다.[8]

실제로 많은 다국적기업들이 정치적 위험 관리를 위한 전담부서를 운영하고 있는데, [참고사례 7-2]는 미국 포드자동차사의 정치적 위험에 대한 관리 시스템을 잘 예시하고 있다.

Global Strategic Management

<table>
<tr><td>📖 참고사례
7-2</td><td colspan="2">포드자동차사의 정치적 위험관리 시스템[9]</td></tr>
</table>

포드(Ford) 자동차사의 정부관련 국제업무부(International Governmental Affairs Unit: IGA)의 주요 임무 중의 하나는 현지사업장이 있는 국가들의 정치적 위험을 예측하고 관리하는 일인데, 이를 위해 다음과 같은 다섯 가지 구체적 업무를 수행한다. 첫째, IGA는 해외사업의 문제발생에 대한 조기경보시스템(early warning system) 역할을 담당하며, 문제발생 시에 해결을 위한 자문역할을 수행한다. 둘째, IGA는 각국 정부의 정책적 변화로 야기되는 사업기회 가능성을 최고경영층에 보고함으로써 기회규명(opportunity identification)의 기능을 담당한다. 셋째, 주요 정치적 사안 관리(issue management) 기능을 담당한다. 예컨대 남아프리카공화국의 인종문제에 대한 경제적 보이콧 등을 들 수 있다. 넷째, IGA는 주요 사업장 국가의 현재 및 미래의 정치적 분석(political assessment) 기능을 담당한다. 다섯째, IGA는 각국의 주요 정치적 지도자와의 접촉을 위한 사전 문의 및 의전관리 업무를 담

당한다. 특히 정치적 위험 분석과 관련해서는 현지자회사, 지역본사, 본국 본사의 담당자들의 업무 협조를 구하는데, 각 현지국 자회사들의 의견을 가장 많이 참작한다. IGA는 사안의 경중에 따라 공식 및 비공식 보고시스템을 통하여 일차적으로 본사의 정부관계부서(Governmental Relations)나 대외인사관리부서(External and Personnel Affairs)의 책임자에게 정식 보고를 하고, 이들 부서장은 필요시 다시 회사 최고경영자에게 직접 보고한다. 한편, 포드자동차의 해외영업부의 장은 해외사업 문제에 대한 자문을 구하기 위해 언제든지 관련부서의 담당자들을 소집할 수가 있다. IGA에서 작성된 정치적 위험의 제안서는 최종적으로 본사의 기업전략분석스탭(corporate Strategic and analysis staff)에게 전달되어 전략계획 수립을 위한 최종 자료로 활용된다.

3.1. 현지국 진출 전 대응방안

현지국 진출 후에는 정치적 위험에서 자유롭지 못하기 때문에 가급적 현지국에 투자하기 전에 대응을 모색하는 것이 상책이다. 다국적기업은 현지국의 정치적 위험 강도에 따라 다음과 같은 대처방안을 강구할 수 있다.

첫째, 회피방안이다. 현지국의 정치적 위험도가 매우 높아 큰 손실이 예상된다면 해당국에 대한 투자를 포기하고, 대신 정치적 위험도가 낮은 다른 국가에다 투자하는 방안이다.

둘째, 현지국의 정치적 위험도가 다소 높더라도 전략적으로 중요한 시장이라면 투자위험에 대한 보험에 가입한 후 진출하는 방안이다. 많은 국가에서 정치적 위험에 따른 보험 서비스를 제공하고 있다. 미국의 경우 OPIC(Overseas Private Investment Corporation)이 수용, 국유화, 송금규제 등 해외투자에 따른 위험에 대한 보험 상품을 판매하고 있다. 우리나라에서도 '한국수출보험공사'에서 수용위험, 전쟁위험 및 송금위험에 대한 해외투자 보험 서비스를 제공하고 있다.

셋째, 현지국에 진출 한 후에는 현지국 정부와의 협상에 있어 아무래도 교섭력이 약화되기 때문에 가급적 현지국에 진출하기 전에 현지국 정부와의 협상을 통하여 투자액, 투자보장, 이중과세방지 등을 양허협정으로 확약 받는 방안이다. 이 경우 다국적기업은 고용, 수출, 기술이전 등 현지국에의 경제적 공헌도를 교섭력으로 활용할 수 있다.

3.2. 현지국 진출 후 대응방안

현지국에 일단 진출한 후에는 예상되어지는 정치적 위험에 대한 대처방안을 강구해야 하는데, 크게 정치적 위험 발생이 예견되었을 경우와 그렇지 않을 경우에 따라서 그 대응이 달라질 수 있다.

정치적 위험이 예견되기 전

현지국 진출 후 당장 정치적 위험이 예견되지 않았더라도 앞으로 발생될지도 모르는 정치적 위험을 방지하거나 감소시킬 수 있는 방안을 강구해 놓아야만 한다.

첫째, 가장 피해가 큰 정치적 위험은 해외투자자산에 대한 국유화나 수용인데, 특히 개도국에서 이들 위험의 발생 소지가 높다. 따라서 이러한 투자위험국가에 진출하는 다국적기업은 해당 국가에서 생산공정 전체를 수행하는 대신, 가급적 여러 국가에다 생산공정을 분산시키는 것이 현지국 정부의 수용 및 국유화 의지를 약화시키는데 도움이 된다. 예를 들어, 1970년 당시 페루를 비롯한 중남미 국가들의 정부는 자국에 투자한 다국적기업들의 자산을 국유화시켰는데, 미국자동차업체인 크라이슬러사는 이를 피할 수 있었다. 당시 크라이슬러는 페루 현지공장에서 자동차 및 트럭 부품의 50%만 생산하고 나머지 50%는 브라질, 아르헨티나 등의 다른 인근 국가에 있는 현지공장들에서 부품들을 생산하여 조달받고 있어서 페루 정부가 크라이슬러의 페루 현지공장을 국유화시켜도 자동차 완제품을 생산해낼 수가 없는 실정이었다.

둘째, 핵심기술에 대한 연구개발은 본국에서 수행함으로써 현지국 정부가 현지자회사를 국유화시켜도 실제로 핵심기술을 취득할 수 없게끔 하는 것도 국유화 등 정치적 위험을 낮추는 방안이 된다.

셋째, IBM, 코카콜라 등 글로벌 브랜드 제품에 대해서는 현지국 정부가 국유화시켜도 해당 브랜드를 사용할 수 없어 자연적으로 국유화 및 수용 의지가 약화된다.

넷째, 정치적 위험이 높은 국가에 투자할 경우 투자금의 상당 부분을 국제금융기관으로부터 조달받는 방안이다. 이 경우 현지국 정부는 국제금융시장에서의 신용도를 고려해서 외국투자금에 대한 국유화 및 수용에 선뜻 나서기 어렵다.

다섯째, 현지국 정부나 기업과 합작투자를 하거나, 또는 여러 국가의 기업들과 컨소시엄 방식으로 투자함으로써 정치적 위험을 경감시킬 수 있다. 반면, 정치적 위험이 높은데 단독투자를 할 경우 위험부담이 높아진다. 또한 합작투자의 현지 파트너는 대정부 로비 창구 역할을 할 수도 있다는 이점도 있다.[10] 예를 들어, 영국의 필링턴 사는 중국에 판유리공장을 설립하는 데 있어 투자위험을 고려해서 25%의 지분만을 소유하고, 나머지 지분은 호주 UDI, 중국은행(中國銀行), 국가건재공사(國家健材公司), 상해야오타 유리제작소와 공동 투자하는 컨소시엄 방식을 취하였다.

여섯째, 활발한 기술이전, 수출비중 확대, 현지산 부품 비중 확대 등을 통해 현지국에 대한 경제적 공헌도를 높여 현지국 정부로부터 높은 신임을 얻을 경우 어느 정도 정치적 위험에서 자유로울 수 있다.

일곱째, 현지국에서 자선과 기부 등 사회공헌활동을 통하여 현지국 정부와 국민들에게 현지기업으로서 좋은 이미지를 심어주고, 기업의 홍보 효과도 달성할 수 있다. 예를 들어, 인도네시아에 진출해 조미료시장의 30% 이상을 차

표 7-5 현지국 내에서의 투자마찰경감을 위한 일본기업의 행동기준 요지	1. 본사의 경영관리 체제	• 본국시장편중의 경영관리조직에서 탈피하여 국내와 해외를 등거리로 보는 세계 본사로서의 기능. • 명확한 기준에 입각한 현지자회사에 대한 권한 위임. • 본사에서도 외국인 직원을 적극적으로 채용. • 본사의 임원진에 외국인 등용. 외국인을 포함한 자문위원회 설치.
	2. 현지 자회사 경영	• 현지문화의 가치관과 법률의 정신을 고려한 사업운영. • 현지경영진에 현지인 적극 등용. 소수인종 고용에 대한 프로그램 작성. • 원자재 및 부품의 조달 등에 있어 현지기업과 적극 거래. • 현지에의 기술이전, 연구개발체제의 정비 및 확충. • 현지산 제품의 수출에 노력.
	3. 지역사회 활동	• 지방공공단체, 사회복지단체, 병원, 교회에 대한 기부. • 현지사회단체에 적극 참가. • 종업원의 지역봉사활동에 대한 참가 장려. 교육 및 문화사업에 대한 지원. • 본국 문화 소개 프로그램 개발. • 현지 주민의 공장 견학 장려. • 기업시민으로서의 활동에 대한 홍보체제 정비.
	4. 사원 개인의 노력	• 현지국적인과 본국적인을 차별하지 않는다. • 학교행사 등 지역사회 활동에 적극 참여. • 현지어 능력의 향상과 의사소통 확대. • 본국의 습관대로 행동 자제. • 본국인의 가치관만으로 의사결정을 하지 않는다.

출처: 김태승 역(1990), 至豫測, 1990년대의 세계, 청계연구소, p.168.

지하고 있는 우리나라 해외직접투자 1호인 대상(구 미원)은 이익의 현지사회 환원에 적극적인 기업 가운데 하나인데, 중·고등학교와 이슬람교회를 건축하여 현지 지역에 기증하였으며, 또한 공장 인근지역의 상수도건설, 도로포장사업, 불우이웃돕기 등의 사업을 펼쳐 현지인들에게 좋은 기업 이미지를 심어주었다.

〈표 7-5〉에서 보듯이 일본경제동우회가 마련한 현지국에 있어서 투자마찰경감을 위한 기업행동기준도 다국적기업이 현지국에서 정치적 위험을 방지하기 위한 좋은 지침이 된다.

정치적 위험이 예견될 경우

현지국 진출 후 실제로 정치적 위험 발생이 예견되었을 경우 대체적으로 다음과 같은 세 가지 대응방안이 가능하다. 물론 예견된 정치적 위험도에 따라 대처방안은 달라진다.

첫째, 사업축소방안이다. 투자규모를 축소하거나 자산 매각을 통하여 점차적으로 사업규모를 축소해 나간다.

둘째, 자산 감소 및 부채 증대 방안이다. 이를테면 외상매출대금은 축소하여 자산규모는 줄이고, 반대로 외상매입대금은 확대하여 부채규모는 늘린다. 또는 운영자금을 현지금융을 통하여 조달하여 부채를 늘린다. 만일 현지금융을 통한 부채비율이 100% 이상일 경우 국유화나 수용 등 정치적 위험으로부터 재산 손실을 피할 수 있다.

셋째, 매각을 통한 철수방안이다. 정치적 위험이 매우 높아져 더 이상 현지국에서의 사업활동이 무리라고 판단되면 사업 매각을 통하여 즉시 철수한다.

토의문제

1. 정치적 위험과 국가위험도(country risk)는 어떠한 개념적 차이가 있는가?
2. 정치적 위험 유발에 대한 다국적기업의 내부적 원인에 대해 설명하시오.
3. [참고사례 7-1]의 "국내기업의 몽골 투자 정치적 리스크"에서 나타난 정치적 위험의 구체적 유형에 대해 설명하시오.
4. 정치적 위험을 어떠한 방식을 통해 분석할 수 있는지 설명하시오.
5. [참고사례 7-2]의 포드(Ford) 자동차사의 정부관련 국제업무부서(International

Governmental Affairs Unit: IGA)의 정치적 위험 관리를 위한 다섯 가지 구체적 업무에 대해 분석하시오.

6. 현지국에 진출한 후 정치적 위험이 당장 발생되지 않았지만 미래에 일어날 수 있는 정치적 위험을 줄일 수 있는 어떤 방안들이 있는지 설명하시오.

사례   정치적 리스크에 제동 걸린 다국적기업 세계화[11]

Global Strategic Management

다국적기업(multinational corporation)은 세계 경제의 슈퍼 파워다. 다국적기업은 글로벌기업, 초국적기업과 비슷한 의미로 쓰이지만 단순히 해외에 지점이나 자회사를 만드는 수준이 아니라 현지 법인의 자격으로 공장을 짓고 판매자회사를 세워 사업을 하는 점이 특징이다. 다국적기업은 90년대 이후 본격화한 세계화 기조 속에서 규모를 키웠다. 중국·러시아·인도가 문호를 개방하고 유럽이 하나의 시장으로 통합되면서 엄청난 기회가 펼쳐졌다. 기업들은 인건비가 저렴한 곳에 공장을 세우고 세금이 낮은 시장을 활용하면서 막대한 수익을 올렸다. 국가도 과실을 누렸다. 블룸버그와 유엔무역개발회의(UNCTAD) 등에 따르면 다국적기업은 국제무역의 절반 이상을 차지하는 공급망(공장 등 생산시설)을 거느리고 있다. 주식은 서구 증시 시가총액의 40%를 차지하고, 특허 등 전 세계 지식재산권도 대부분 이들 소유다.

그러나 성공한 기업의 본보기로 여겨지던 다국적기업의 위세가 최근 확연히 꺾이고 있다. 이는 주요국들이 보호주의 색채를 강화하면서 세계화의 상징인 다국적기업도 공격 대상이 되고 있기 때문이다. 최근 한국 기업들을 비롯한 외국 기업들이 세계 각국의 정치적 상황 변화에 따라 다양한 정치적 위험에 노출되고 있는 형세에 있다. 한국 기업들에게 최근 가장 큰 정치적 변동 상황으로 미국의 자국우선주의(America First) 정책과 중국의 사드 보복 조치를 들 수 있다.

미국 트럼프 대통령의 "America First" 정책에 따른 리스크

2017년 미국 제45대 대통령으로 취임한 도널드 트럼프 대통령이 "America First"라는 미국 최우선주의 보호주의 정책을 펼쳐 미국에 진출한 다국적기업들의 경영상 압박 요인이 되었다. 미국 우선주의 핵심은 "미국산을 사고 미국인을 고용"하라는 것이다. 세계화로 인해 미국의 일자리와 세금이 해외로 빠져나갔다는 것이 이들의 주장이다. 트럼프는 "그들은 우리의 제품을 대신 만들고, 우리의 기업을 훔쳐가고, 우리의 일자리를 파괴하면서 국경을 유린한다"고 비판했다. 그들은 다름 아닌 '다국적기업'이다.

사실 맥킨지(McKinsey)에 따르면 2007

년도 만해도 미국에서 활동 중인 다국적기업은 미국 민간 영역에서 고용의 19%와 임금의 25%를 담당했다. 또 수출의 48%, 연구개발(R&D)의 74%를 차지할 만큼 경제적 기여도가 높았다. 유치국 쪽에서도 다국적기업이 현지 법인을 통해 투자를 하고 최신 기술과 선진 경영기법을 전수한다는 점에서 반겼다. 그러나 2008년 미국 발 서브프라임 모기지 사태로 촉발된 금융위기 이후 상황이 급변했다. 미국 통계청에 따르면 2009년부터 2013년까지 다국적기업이 만들어낸 미국 내 일자리는 전체의 5%(40만 개)에 그쳤다. 특허나 상표권 등 재식재산권으로 얻는 이익은 국고가 아닌 소수 주주에게 돌아갔다. 특히 애플 등 거대 기업들이 아일랜드·룩셈부르크·버뮤다 등 조세피난처로 본사를 옮기면서 미국과 유럽에선 이를 규제하려는 움직임이 거세졌다. 미국은 2016년 말 '보톡스'로 유명한 제약기업 화이자가 아일랜드 소재의 앨러간과 합병해 세금을 회피하려 한다며 합병 계획에 제동을 걸기도 하였다. 앞서 EU는 애플이 아일랜드 법인을 통해 조세를 회피해 왔다며 무려 16조원의 세금을 부과했고 애플은 항소 중이다.

미국은 아예 생산 공장을 미국으로 옮겨오라고 압박을 가하였다. 트럼프 대통령은 "미국 내 공장을 짓지 않으면 막대한 국경세를 내야할 것"이라며 국내외 기업을 강하게 압박하였다. 트럼프 행정부의 피터 나바로 국가무역위원장은 "미국 무역정책의 우선순위는 다국적기업들이 '글로벌 공급망'에서 벗어나 공급망을 미국으로 복귀시키는 것"이라며 "단순한 조립공장이 아니라 부품공장을 가져오라"는 지침까지 밝혔다. 이와 같은 미국 내 투자 압박은 대미 흑자를 보이고 있

는 한국이나 일본의 자동차나 가전제품 회사들이 일차적 타격이 되어, 일자리 창출을 위해 미국 현지에 새로운 공장 설립 계획을 발표할 수밖에 없었다. 물론 멕시코 등 외국에 공장 신축 계획이 있었던 GM이나 포드자동차 같은 미국 기업들도 수입산에 대해 북미자유협정(NAFTA) 재협상을 통한 35%의 높은 국경세를 부과한다고 압박하자 미국 내 공장 신축으로 투자계획을 변경하기도 하였다.

2017년 1월 9일 미국 디트로이트 코보센터에서 진행된 북미국제오토쇼 도요타의 프레스 콘퍼런스에서 일본 도요타자동차 아키오 사장은 "멕시코공장 신설 계획을 철회하고 앞으로 북미에 5년간 100억 달러를 더 투자하겠다"고 깜짝 발표했다. 혼다자동차의 하치고 다카히로 최고경영자(CEO)도 "올해는 혼다가 미국 공장에 투자한 지 40년이 되는 해로 지금까지 총 170억 달러를 들여 12개 생산 및 부품 공장을 지었다"고 강조하며, 또 향후 사업계획을 소개하면서 "2018년까지 완전히 새로운 하이브리드차량은 물론 전체 차량의 절반을 전기차로 출시할 예정인데, 이들 핵심부품은 미국에서 생산할 것"이라고 밝혔다.

삼성전자, LG전자, 현대차 같은 국내기업들도 미국 내 공장 건립을 위한 검토에 들어갔다. 가장 앞서 삼성전자가 가전제품 생산공장 건설을 검토 중이라는 보도에 트럼프 대통령이 "땡큐 삼성(Thank you, @samsung!)"이라고 SNS에 문자를 남기기도 하여, 여타 다른 한국 기업도 삼성을 따르라는 무언의 압력 요인으로 작용하였다. 결국 한 달 후에는 LG전자가 미국 테네시주 내슈빌(Nashville)에 'LG전자 세탁기 공장 투자 MOU'를 체결했다고 밝

혔다. 이미 미국 알라바마주와 조지아주에 생산공장을 가지고 있는 현대자동차 역시 향후 5년 간 미국에 31억 달러(3조 5천억원)를 투자하겠다는 계획을 발표하였다.

전문가들은 미국 최우선주의에 입각한 통상압박 정책이 효율적 경영 측면에서 글로벌 기업들에게는 큰 부담으로 작용할 것이며, 장기적으로는 제품 가격 인상 요인이 되어 미국 소비자에게도 불이익이 돌아갈 것이라는 평가이다. 사실 소비자에게는 원산지보다 질 좋은 제품을 얼마나 값싸게 살 수 있느냐가 더 중요한 문제이다.

중국의 사드 보복에 따른 리스크

주한미군 사드(THAAD·고고도미사일방어체계) 배치가 2016년 7월 공식 발표되자 중국이 한국에 대한 경제 보복에 나섰다. 산업은행 산업기술리서치센터는 '사드배치와 한중 관계 악화에 따른 산업별 영향' 보고서에서 중국의 사드 관련 경제조치로 우리나라 경제가 최대 200억 달러의 손실을 입을 것으로 전망했다. 이보고서는 중국이 현 수준의 사드 보복을 이어갈 경우 주요 산업의 수출이 26억 달러 줄어들고 면세점과 관광수입이 74억 달러 줄어드는 등 100억 달러의 손실이 발생할 것으로 추산했다. 하지만 중국의 경제제재가 지금보다 확대되고 반한 감정이 확산되면 손실은 수출 감소 83억 달러, 면세점과 관광수입 감소 117억 달러 등 200억 달러까지 늘어날 것으로 전망하였다. IBK경제연구소도 중국 사드보복에 따른 경제적 피해를 최대 147억6천만 달러라는 전망을 내놓았다. 상품수출 10%, 관광객 30%, 콘텐츠 부가가치 20% 감소하는 경우를 상정한 것이다.

2017년 3월 기업 경영성과 평가사이트 CEO스코어가 국내 500대 기업 중 중국 매출액을 별도 공시한 70개 기업을 대상으로 중국 매출 비중을 분석한 결과, 국내 대기업의 중국 매출 비중이 매년 높아져 2014년 평균 16.7%, 2015년 17.0%에서 2016년 18%를 넘어선 것으로 나타났다. 특히 IT전기전자·자동차·화학분야 수출 대기업들의 중국매출 비중이 30%까지 육박하여, 사드 배치에 따른 중국 정부의 보복 위험에 그대로 노출된 것으로 조사됐다. 특히 중국내 사업장을 가진 국내기업들의 피해는 중국 정부의 행정적 조치와 중국 소비자의 불매운동으로 그 피해가 더욱 크게 나타났다. 대표적인 케이스가 사드 부지로 성주 골프장을 제공한 것과 관련 중국에서 불매운동 등 다양한 보복조치를 겪는 롯데그룹이다. 사드 배치계획 발표 후 중국 진출 롯데마트 점포 99개 가운데 약 90% 가량인 90여개가 영업상의 곤란을 겪었다. 이중 중국 당국으로부터 영업정지 처분을 받은 곳은 67개, 반한 시위대가 몰려와 롯데 측이 스스로 영업을 중단한 곳은 20여개다. 영업정지 처분이 대부분 한 달 미만이지만, 롯데 측은 현지 직원 임금 100%를 지불해야 할 뿐더러 영업 공백 기간에 따른 매출 손실 규모를 합하면 피해액은 약 1천억원 이상이 될 것으로 추산하였다.

현대자동차도 2017년 1분기 영업이익률과 당기순이익이 2010년 이후 최저치를 기록했는데, 이는 중국 판매량 급감에 따른 영향을 많이 받았다. 현대차는 2017년 3월달 중국에서 전년 동기 대비 44.3% 감소한 5만 6026대를 판매하였다. 현대차의 판매 부진은 중국 사드보복 영향에 힘은 바 크다. 'K뷰티 열풍'을 일으키며 중국에서 돈을 쓸어 담던 한국 화장품

기업들도 고전을 면치 못하였다. 국내 1위 기업인 아모레퍼시픽그룹은 2017년 1분기 매출(1조8554억원)이 전년 동기 대비 5.5% 증가했지만 영업이익(4177억원)은 10% 감소했다. 샤드 영향으로 중국인 관광객(유커))이 감소한 탓이다. 그 밖에 토니모리, 더페이스샵, 스킨푸드 등도 이미 중국 사업에서 적자를 냈다. LG생활건강은 더 페이스샵무역 광둥법인 순손실이 2016년도에 43억원으로 늘자 중국 관둥과 상하이 법인을 통합시켰다. 토니모리는 2017년 6월말로 예정된 중국 공장 완공시기를 잠시 늦추기로 했다. 또한 1997년 국내 대형마트 가운데 처음으로 중국 시장에 진출했던 이마트는 2010년에는 매장 수가 27개에 이를 정도로 성공을 거두었으나, 최근 몇 년간 지속되는 적자로 경영이 악화되어 6개 점포만 운영하다 결국 중국의 '샤드 보복'에 직격탄을 맞아 2017년 6월 전격 중국에서 철수하기로 결정을 내렸다. 물론 이마트의 경우는 샤드 영향도 받았지만 중국에서의 치열한 경쟁에서 밀려 났다고도 볼 수 있다.

토의사안

1. 미국 도널드 트럼프 대통령의 "America First" 정책의 주요 쟁점은 무엇인가?
2. 미국 "America First" 정책에 대한 일본과 한국의 자동차 및 가전업체들은 어떻게 대응 조치를 취하였는가?
3. 샤드 배치에 따른 한국에 대한 중국의 경제적 보복의 여파에 대해 알아보시오.
4. 중국의 샤드 보복에 따른 롯데그룹 등 우리나라 기업들의 실질적 피해에 대해 알아보시오.

제 8 장

문화적 환경 분석

글로벌경영의 성공적 수행을 위해서는 국가 간 문화적 동질성 및 이질성에 대한 이해가 필수적이다. 문화적 요인은 제품개발, 마케팅, 조직관리 등 글로벌경영활동의 전반에 걸쳐 막대한 영향을 미친다. 글로벌경영에서의 실패가 행동양식, 습관, 가치관, 전통, 규범, 언어 등에 걸친 현지국의 문화에 대한 무지에서 비롯된 경우가 많다. 따라서 본장에서는 문화적 차이가 글로벌경영에 미치는 영향과 그 대처방안에 대하여 중점적으로 살펴본다.

I 문화의 이해

문화(culture)란 한 사회의 인간 행동을 규정짓는 사회적 규범과 양식의 총체적 체계이다. 한마디로 문화란 한 사회의 독특한 생활양식(life style)을 나타낸다. 문화인류학자들은 대체적으로 문화를 다음과 같이 정의하는데 동의한다.[1]

첫째, 문화란 태어날 때부터 습득되어지는 것이 아니라 사회화 과정을 통해 집단적으로 학습되고 공유된 의식 체계이다.

둘째, 문화란 지식, 가치, 신념, 풍속, 예술, 도덕, 법, 관습, 제도 등을 포괄하는 혼합체(integrated whole)이다.

셋째, 문화는 한 사회 구성원들이 물리적 및 사회적 환경에 순조롭게 적응해 나갈 수 있도록 삶에 대한 총체적 규범(a complete set of rules) 역할을 띤다.

모든 문화는 공통된 생활양식, 즉 문화적 보편성(cultural universals)을 갖는다. 문화적 보편성은 인간의 생물학적 속성과 물리적 및 사회적 환경에 적응하고자 하는 인간의 공통된 욕구에 그 바탕을 둔다. 이러한 문화적 보편성에는 〈표 8-1〉에서 보듯이 나이, 사회구조, 조리, 춤, 교육, 윤리, 장례식, 놀이, 예절, 주거, 혼례, 의술, 신화, 작명, 소유권, 종교예식, 산아제한, 공구제작, 상거래 등이 모두 포함된다. 그러나 이러한 문화적 보편성은 각 문화권에 따라 고유한 방식으로 표출되고 이행된다.

문화적 특성에 대한 이해에는 두 단계가 있다. 첫째 단계는 사실(fact)에 입각한 이해단계로 한 나라의 종교구성비율, 교육수준, 가족단위, 경제수치 등 객관적이고 통계적 수치 차원에서의 문화적 이해이다. 둘째 단계는 해석

표 8-1

문화의 보편적 양식

연령구조	금식물	음악
체육활동	장례식	신화
몸장식	게임	數詞
역법	제스처	助産
청결훈련	선물	체벌
사회단체	정부	작명
협동심	인사말	인구정책
우주론	헤어스타일	출산
예절	적대감	소유권
춤	집안청결	초자연인숭배
장식예술	근친상간금기	혼기
탈법	상속법	종교의식
분업	농담	거주법
해몽	친족	性의 禁止
교육	命名	영혼관념
종말론	언어	신분차이
윤리	법률	의술
國花	미신	공구
예법	마술	거해
신앙요법	결혼	방문
가족	약품	離乳
경축일	토속신앙	기후
민속	제사	공경심

출처: G.P. Murdock(1945), "The Common Denomination of Cultures," in the *Science of Man in the World Crisis*, ed. E. Linton, NY: Columbia University.

(interpretation)에 입각한 이해단계로 단순한 수치 차원의 이해를 넘어 근본적인 문화적 배경까지도 이해하는 수준이다. 즉 오랜 세월에 걸쳐 구축된 가치, 관습, 습관, 미신, 태도 등의 맥락까지 해석할 수 있는 이해단계를 나타낸다.[2] 이런 관점에서 문화에 대한 이해는 빙산에 비유할 수 있다. 언어, 음식, 음악, 건축, 의복. 스포츠 등 눈에 보이는 부분이 20% 정도라면 가치관, 철학, 습관, 미신 등 눈에 보이지 않는 부분이 80% 정도 차지한다. 타 문화권에서의 실수 대부분이 금기(taboo)시 되는 관습 등 눈에 보이지 않는 부분에서 비롯된다. 예를 들어, 이슬람권에서는 왼손이 불결한 행위를 하는데 쓰이기 때문에 악수를 하거나 선물, 명함, 서류를 전달하는 등 상대방과 접촉 시에는 왼손 사용을 가급적 피해야 한다.

글로벌경영에서 이러한 타문화에 대한 이해의 결여로 종종 실수가 발생되곤 한다. 예를 들어, 롯데백화점이 러시아에서 돌침대 판매를 시도하다 한 개도 못 팔았는데, 이는 러시아에서는 시체를 돌에 눕히는 풍습을 간과했기 때문이다. 또 다른 일화로 미국 유나이트 항공사가 서울 취항 축하 행사의 일환으로 탑승객 전원에게 하얀 카네이션을 달아주었는데, 한국 승객들이 이에 강한 불쾌감을 보였으며 일부 승객은 탑승 거부 의사를 표출하기까지도 하였다. 이는 한국에서 하얀색이 죽음의 의미로 받아들여지는 풍습을 간과했기 때문이다.

Ⅱ 문화적 배경 및 가치관 차이

각 문화는 보편적인 양식을 가지고 있지만 문화에 따라 그 양식에 있어 차이를 보인다. 즉 각 문화는 고유한 개성을 갖는다. 따라서 나라마다 고유한 이상적인 규범과 일치되는 사회구성원들의 행동에 대해서는 보상이 따르는 반면, 불일치되는 행동에 대해서는 제재가 가해진다. 이러한 각 문화의 독특한 개성을 이해하기 위해서는 문화적 배경에 대한 이해가 우선시된다. 또한 문화적 배경에 따른 사회적 가치관에 있어서도 상호 차이를 보인다.

2.1. 고맥락 문화 대 저맥락 문화

사회구성원의 행동이나 의사전달에 대한 이해를 위해 맥락(context) 또는 배경 인식 정도의 필요성에 따라 저맥락 문화(low-context cultures)와 고맥락 문화(high-context cultures)로 구분된다. 저맥락 문화권에서는 감정이나 생각이 분명하고 명시적인 언어로 표출되는데 반하여, 고맥락 문화권에서는 감정 표출이 절제되며 몸짓 언어(제스처, 표정 등)가 의사소통에 매우 중요한 역할을 띤다. 대체로 노르웨이, 덴마크, 스웨덴, 핀란드 등 스칸디나비아 국가들과 독일, 스위스, 영국 등의 유럽국, 그리고 미국과 캐나다 등의 북미권 국가들은 저맥락 문화의 특성을 띠는 반면, 중국, 일본, 한국, 아랍국 등 동양권의 국가들은 고맥락 문화의 특성을 띤다.

고맥락 문화권에서는 의사전달이 매우 암시적이어서 정황과 수신자의 해석에 따라 얼마든지 상이하게 받아들여질 수 있다. 예를 들어 일본에서 'Kekko(고려해보겠다)'라는 표현은 긍정적으로 고려해보겠다는 뜻도 있으나 정황에 따라 부정적인 완곡한 거절의 표현으로 해석될 수도 있다. 또한 문화권에 따라 어의도 단순하거나 복잡하다. 예컨대 저맥락 문화권의 미국에서는

	고맥락 문화	저맥락 문화
배 경	• 배경, 관계, 지위, 의례에 따른 환경에 의해 의미가 결정 • 언어는 애매모호한 의미, 비언어적인 신호가 중요	• 의미가 명백하게 드러나고, 종종 문자로 기입 • 언어는 분명한 의미, 비언어적 신호는 보충적 성격
공 간	• 보다 큰 규모의 집단 공간 중시, 대화시 짧은 물리적 거리 간격	• 사적인 공간 강조, 대화시 긴 물리적 거리 간격
시 간	• 복합시간 개념, 많은 일들을 동시에 수행 • 계획은 쉽게 중단, 간섭 허용. 인간적 유대관계 우선	• 단일시간 개념, 한 번에 한가지 일 집중 • 신중한 계획, 마감일 준수. 단기적이고 일시적 관계에 익숙
음성/비음성	• 비음성적 신호, 몸짓언어 중요, 침묵도 의사소통 수단	• 대부분 음성신호, 몸짓은 보조, 침묵을 참지 못함
언 어	• 완곡하고 미묘한 언어구사, 간접적·포괄적 사고방식 • 직관과 내부지식 의존, 내적지향성	• 직설적 언어 구사, 직접적·직선적 사고방식 • 귀납과 객관적 외부지식 의존, 외적지향성
계 약	• 구두 내용 중시, 광범위한 명기, 유연한 법적 적용 • 계약은 관계를 상징함	• 계약서 중시, 구체적 명기, 완고한 법적 적용 • 계약은 의무를 상징함

표 8-2

고맥락 문화 대 저맥락 문화 특성 비교

출처: E.T. Hall and M.R. Hall(1987), *Hidden Differences*, NY: Anchor Press.

상대방에 대한 호칭이 "you"로 통용되지만, 고맥락 문화권의 한국에서는 정황에 따라 "당신", "너", "자네" 등 다양한 명칭이 사용된다. 당연히 고맥락 문화권에서는 외국인들은 의사소통에 있어 더욱 어려움을 겪게 된다.

또한 고맥락 문화권에서는 사물을 전체 맥락 속에서 파악하고자 한다. 즉 어떤 사건을 이해하기 위해 다양한 많은 관련 요인들을 함께 고려한다. 반면, 저맥락 문화권에서는 개별 사물을 전체 맥락에서 떼어내어 분석하고, 사물을 다스리는 공통의 규칙을 통해 사물의 행동을 통제할 수 있다는 신념이 높다. 따라서 고맥락 문화권에서는 맥락에 따른 융통성 있는 특수적 행동 규범이 요구되는 반면, 저맥락 문화권에서는 모든 사람에게 동일한 보편적 행동 규범이 준수된다.[3] 이러한 고맥락 대 저맥락 문화 특성에 대한 상세한 비교는 〈표 8-2〉와 같다.

2.2. 사회적 가치관 차이

상이한 문화적 배경으로 인해 사회적 가치관에 있어서도 차이를 보인다. 예컨대 〈표 8-3〉은 중국인, 일본인, 한국인, 베트남인 등에 의해 공유되어지고 있는 동양적 가치관과 미국, 일부 유럽국 등에 의해 공유되어지는 서양적 가치관을 상호 비교한 것이다. 물론 이러한 비교는 피상적인 것이지만 가치관은 개인의 태도와 행동에 영향을 미치기 때문에 타 문화권의 사람들과 원만한 유대관계를 갖기 위해서는 상대편의 사회적 가치관에 대한 올바른 이해가 우선되어야 한다.

이를테면 미국 등 서구권 사회에서는 미래를 위한 부(富)의 축적에 가치를

	서양권	동양권
표 8-3 사회적 가치관 차이	富의 사용 중시	富의 소유 중시
	소비가 미덕	저축과 절약이 미덕
	개인 중심적	집단 중심적
	핵가족	집단가족
	직접적 표현	간접적 표현
	독립적/경쟁적	상호의존적/조화
	이질적 사회	동질적 사회
	평등주의	권위주의

미국의 경영방식	절충방식	일본의 경영방식	
단기고용	장기고용	종신고용	표 8-4
다수결의 원칙 결정	일본식 바람직	전원 합의적 결정	미국 대 일본의 경영방식 비교
개별책임	미국식 바람직	집단책임	
능력위주 인사고과	일본식 바람직	연공서열 인사고과	
명시적, 공식적인 업무체계	비명시성이 가미된 공식적인 업무체계	비명시적, 비공식적인 업무체계	
전문화된 인사배치	적절한 전문화된 인사배치	비전문화된 인사배치	
업무중심의 상사와 부하와의 관계	업무와 인간중심 조화	인간중심의 상사와 부하와의 관계	

출처: W. Ouchi(1981), *Theory Z: How American Business Can Meet the Japanese Challenge*, MA: Addison-Wesley.

두기보다는 현재의 삶의 질을 높이기 위한 부의 사용에 더 가치를 둔다. 따라서 서구권 사회에서는 소비가 미덕으로 여겨지는데 반하여, 일본 등 동양 문화권에서는 부의 소유와 축적에 더 가치를 두며, 따라서 저축과 절약이 미덕으로 간주된다. 또한 미국 등 서구권 사회는 개인 중심적이며 경쟁심이 높은데 반하여, 상대적으로 일본 등 동양권 사회는 집단 중심적이며 상호 의존적이고 조화가 중시된다.

사회적 가치관의 차이는 고용, 승진, 협상, 조직구조 등 경영방식에도 지대한 영향을 미친다. 〈표 8-4〉에서 보듯이 서구적 가치관에 근거한 미국식 경영방식과 동양적 가치관에 근거한 일본식 경영방식에는 큰 차이가 존재한다.[4]

- **미국식 경영방식** 서구적인 미국의 기업들은 종업원들의 업무를 감독하고 통제하는 데 있어서 명시적이며 문서화된 규정에 의존하며, 또한 구체적인 목표 달성과 성과 기준에 의거하여 개인의 능력을 평가하는 경향이 높다. 또한 미국 기업들은 부서별 업무 분담과 개인별 역할을 명료하게 규정해 놓음으로써 상사와 부하를 보다 업무중심의 공식적 관계(formal relation)로 묶어 놓는다. 그리고 업무와 사생활은 엄격히 구분된다.

또한 통상적으로 미국 기업에 있어 최고경영층은 장기적 전반계획을 수립하고, 중간층의 경영관리자는 단기적 목표를 달성하기 위한 세부적인 업무계획을 입안하는 데 치중한다. 그러나 이러한 기업의 장·단기 계획의 수립에 있어 일반 직원들의 참여의 폭은 매우 제한적이다. 미국인들은 기업은 몇몇 핵심적인 직책과 개인에 의해 좌우되어진다는 믿음을 갖고 있다. 또한 중요한 임직원들은 언제든지 외부로부터 충원 가능하며, 이들이 조직의 공식화된 업무와 규정에 별 어려움 없이 적응할 것이라는 신념이 높다. 이러한 맥락 하에서는 경영자들이나 일반 종업원들 모두 자신의 역량에 준하는 경제적 보상에 의존해 동기부여를 갖게 된다. 따라서 더 높은 보수를 제시하는 직장이 생기면 큰 거부감 없이 전직을 고려한다.

- **일본식 경영방식**　일본, 한국 등 동양 문화권의 국가에서는 경영자나 종업원의 역할과 행동은 암묵적인 규율(implicit rules)에 의해 지도되며, 조직 내에서의 사회적 관계와 업무협조가 매우 중시된다. 또한 조직 내에서 임직원 각자의 지위나 여건에 따라 거기에 맞는 신축적인 행동과 역할이 기대된다. 일본에서는 경영자나 종업원은 회사의 전통적 조직문화에 대한 동화를 매우 중시 여기며, 이러한 전통적 조직문화는 장기간의 근무를 통해서만 습득되어질 수 있는 것이라 믿는다. 따라서 가급적 젊은 인재를 채용하여 조직문화에 잘 적응할 수 있도록 교육 및 훈련에 심혈을 기울인다. 자연적으로 고위 간부직의 외부 충원에는 매우 소극적이다.

  또한 모든 경영자는 기업의 장기적 복지 증진에 대해 높은 사명감을 가져야만 된다는 것이 일본 기업들의 기본적인 신념이다. 또한 주요 사안에 대한 의사결정에 있어 조직 내부의 전반적인 의견이 존중되며, 일반 임직원들도 기업의 장기적 목표 및 계획 수립에 참여하도록 적극 장려된다. 이러한 일본식 경영관리방식은 경영자나 종업원으로 하여금 기업에의 높은 귀속감과 충성심을 유발시킨다. 따라서 종업원들은 큰 결격 사유가 발생되지 않는 한 첫 입사한 기업에서 정년을 맞는 것을 당연시 여기며, 직장이 업무를 떠나 종업원들의 생활의 구심점이 된다.

- **절충방식**　〈표 8-4〉에서 보는 바와 같이 오우치(Ouchi) 교수는 사회적 가치관의 차이에서 기인된 미국과 일본의 경영방식을 상호 비교하고, 나아가서 이들 양방식의 장단점을 보완한 절충적 경영방식인 『Z이론』을 제창하였다. 예컨대 고용방식에서 미국식 단기고용방식과 일본식 종신고용방식을 절충한 장기고용방식을 대안으로 제시하였다.

상호 통합 및 조화

물론 글로벌경영에 있어 현지국 문화 실정에 맞는 경영관리방식을 채택해야 되겠지만, 자국의 경영관리방식이 더 효율적이라 판단될 경우 자국의 경영방식을 현지 임직원들에게 전수시키는 노력 또한 중요하다. 예를 들어, 한국 기업들이 중국 진출 시에 경영관리 상에서 가장 큰 애로요인 중의 하나를 꼽으면 한국의 '빨리빨리'문화 대 중국의 '만만디'문화의 충돌이다. 초기에는 한국 기업들이 중국 종업원들에게 한국에서 하듯이 신속한 업무 처리를 요구하여 중국 종업원들의 큰 거부감을 불러일으키곤 했다. 따라서 해결책으로 시간 내 업무를 완수할 경우 성과급을 제시하는 등 중국인들의 만만디 습관을 바꾸는데 많은 노력을 기울였다.

최근 정보, 통신 및 교통수단의 발달로 국가 간 문화 교류의 증진에 따라 각국의 상이한 문화에 대한 접촉과 그에 따른 학습 기회가 높아지고 또한 경제의 글로벌화로 외국의 효율적인 경영관리방식에 대한 도입이 점차 확대되고 있다. 예를 들어, 그동안 종신고용제를 고수해오던 일본과 한국의 기업들이 미국식 정리해고제와 성과연봉제 도입을 적극 수용하고 있다. 앞으로는 글로벌 경쟁으로 인해 경영 효율성이 더욱 중시됨에 따라 경영방식도 글로벌 스탠더드(global standard)를 추구하는 방향으로 전개될 것이다. 회계부문에서 국제회계기준(International Financial Reporting Standards)에 따른 연결재무제표 도입 확산이 단적인 예이다.

Ⅲ 이문화 간 의사소통과 협상

3.1. 몸짓언어 이해의 중요성

글로벌 비즈니스에서 원활한 의사소통은 필수적이다. 수시로 현지 거래선이나 고객과 의사소통해야 하므로 현지 언어를 구사할 수 있어야 하고, 아니면 최소한 영어 등 국제적 공용어를 구사할 수 있어야 한다. 의사소통에서는 언어뿐 아니라 손짓, 표정, 자세 등 '몸짓언어(body language)'도 활용된다. 그러나 몸짓언어가 나라마다 다르게 해석될 수 있으므로 또한 이에 대한 올바른 이해를 갖추어야 한다. 예를 들어, 두 손가락으로 동그라미를 그려 보이는 행위는 미국에서는 'OK'라는 뜻으로, 일본에서는 '금전'으로, 프랑스에서는 아무

것도 없다는 '공허'의 뜻으로, 그리고 중남미 일부 지역에서는 '저속한 몸짓'으로 해석되기도 한다.

대화 태도의 경우도 국가마다 상이하다. 예를 들어, 서구권에서는 대화 시 상대방의 눈을 똑바로 응시해야 자신의 의사를 꾸밈없이 전달하는 것으로 받아들여지나, 동양권에서는 상대방, 특히 자신보다 연배가 높은 사람의 눈을 똑바로 주시하면서 대화하는 것은 예의에 어긋나는 건방진 태도로 오해받기 십상이다. 또한 동양권에서는 대화 시에 손을 주머니에 넣거나 발바닥이 상대방에 보일 정도로 다리를 꼬고 앉는 태도는 결례로 간주된다. 고개로 '예', '아니요'를 표시할 때도 주의가 요구된다. 인도나 불가리아 일부 지역에서는 고개를 끄덕이는 것이 '아니요' 의미로 해석된다.

색상, 선물, 인사예절, 식습관, 복장 등도 보이지 않는 언어로서 나라마다 특징이 있다. 예를 들어, 비즈니스와 관련해서 선물을 줄 경우 일부 국가들, 특히 동아시아권의 국가들에서는 받는 사람이 곤란하지 않도록 은밀히 전해 주는 것이 관례로 되어 있으나, 서구권의 일부 국가들이나 중동권의 국가들에서는 이럴 경우 뇌물로 오해될 수 있으므로 공개적으로 전달해야 한다.

또한 악수, 키스, 포옹, 코비비기 등 각국마다 인사예절이 상이하므로 처음 만나서 결례를 피하기 위해서는 각국의 고유한 인사예법을 숙지할 필요가 있다. 색상의 의미도 나라마다 상이한데 미국이나 유럽에서는 검정색이, 한국과 일본에서는 하얀색이, 중남미에서는 자주색이 죽음의 색을 상징한다. 또한 동일 색상이라도 국가마다 다른 의미로 받아들여진다. 예를 들어, 유럽과 북미에서는 적색이 위험을 상징하지만, 일본에서는 노여움이나 위험을 상징하는 색으로, 그리고 중국에서는 환희나 축제를 상징하는 색으로 받아들여진다. 따라서 중국에서는 축의금 전달 시 하얀색 봉투 대신 빨간색 봉투를 사용해야 한다. 또한 갈색은 중국에서는 명예를, 유럽과 미국에서는 주의(caution)를, 그리고 아랍권에서는 행복과 평안을 나타내는 색으로 받아들여진다.

이문화 간 의사소통에 있어서는 이러한 몸짓언어 외에도 특정 숫자나 번역상의 오류로 낭패를 보는 경우가 종종 발생된다. 예컨대 특정 숫자에 대해서도 나라마다 특유의 의미를 부여하는데, 한국, 일본 등 동양권에서는 4가, 미국에서는 13이 불운의 숫자로 인식된다. 오래전에 미국의 한 골프공 제조업체가 일본에서 4개씩 골프공을 포장하여 판매를 시도하다 낭패를 본 경우도 있었다. 또 다른 예로 일본에서는 고통을 나타내는 '쿠(苦)'와 같은 발음인 숫자

9를 기피한다. 환자들이 머무는 병동과 병실에는 절대 9자를 붙이지 않는다. 반면, 중국에서는 9가 장수를 상징하는 '지우(久)'와 같은 발음이라 중국인들이 선호하는 숫자이다. 예컨대 9월 9일을 '구구절'이라 하여 산에 올라가 장수를 기원하는 풍습도 있다.

자국 언어로 된 단어나 문장을 발음 그대로 현지 언어로 표기할 시에 종종 엉뚱한 오해를 불러일으키기도 한다. 실례로 미국 GM 자동차의 모델명 중의 하나인 "NOVA"의 발음을 스페니쉬(Spanish)로 표기하면 "가지 않음(it does not go)"이라는 뜻으로 해석된다. 그래서 멕시코와 일부 중남미 국가에서 "NOVA" 차종의 판매는 부진함을 보였는데, 이름을 "CARIBE"로 변경하면서 판매가 정상 회복된 경우도 있었다. 또 다른 예로 "Coca Cola" 발음을 중국어로 표기하면 "Ke Kou Ke La"가 되는데, 이는 "밀랍형의 올챙이를 물어라(bite the wax tadpole)"라는 뜻으로 풀이된다. 따라서 코카콜라사는 명칭을 "입술을 즐겁게"라는 의미를 가진 "Ko Kou Ko Le"로 변경하였다.

3.2. 침묵의 언어

문화인류학자인 홀(Hall)은 각국의 보이지 않는 문화적 속성을 다섯 가지 내면적인 침묵의 언어(silent language)로 비유하고, 성공적인 국제거래를 위해서는 이에 대한 이해가 필수적임을 강조하였다.[5] 특히 이들 내면적 언어를 이해하지 못할 경우 상대방의 의도에 대한 오해와 불신으로 갈등이 야기되고 결국 양측 간 비즈니스 관계는 파국을 맞게 된다는 것이다.[6]

- **시간의 언어(language of time)** 시간에 대한 개념이 문화권마다 상이하다. 예컨대 미국 등 서양 문화권에서는 약속시간 준수를 매우 중시 여기며 계획된 스케줄에 따라 신속히 행동함에 높은 가치를 부여하는 데 반하여, 아랍 문화권에서는 '인슈알라(신의 뜻)', 즉 오직 알라신만이 미래의 일에 대해 알고 있기 때문에 치밀한 계획을 세우는 것에 대해 강한 거부감을 표출한다. 즉 아랍인들은 스케줄 작성과 약속시간 준수에 크게 신경 쓰지 않는다. 따라서 아랍인과의 거래 시 우리나라의 '빨리빨리' 문화대로 마감 시간을 정해놓고 서두르면 낭패 보기 십상이다.

  남미의 '아스따 마냐(내일까지)', 중국의 '만만디'도 시간의 개념에 대한 국가 간의 차이를 보여주는 단적인 예이다. 한편, 서양 문화권에서는 특정 사안에 대한 의사결정의 지연은 그 사안이 별로 중요하지 않거나 관심이 낮은 것으로 받아들여지는데 반하여, 일본 등 동양 문화권에서는 특정 사안에 대한 의사결정의 지연은 관심의 높낮이를 나타내는 것이 아니라 충분한 시간을 가지고 신중을 기하는 태도로 여겨진다. 일반적으로 동양 문화권에서보다 서구 문화권에서 약속시간 준수가 더 중시된다.

- **공간의 언어(language of space)** 공간에 대한 개념도 문화 간에 상이성을 띤다. 예컨대 미국인들은 대체로 자신들의 사무실 문을 열어 놓고 업무를 보는데 반하여, 독일인들은 문을 닫아 놓고 업무를 보는 습관에서도 알 수 있듯이 공간을 타인과 공유해야 한다는 미국인들의 사고방식은 독일인들에게는 통하지 않는다. 독일인들은 개인 사무실 문을 열어 놓고 업무를 보는 것을 무절제한 행위로 인식하는 반면, 미국인들은 문을 닫아 놓는 것을 불친절한 태도로 여긴다. 또한 미국에서는 사무실의 위치나 크기는 각 개인의 직책이나 지위와 직접 연관된다. 일반적으로 최고 경영자는 최상층에 가장 큰 사무실을 차지한다. 그러나 여타 문화권, 특히 중남미에서는 사무실의 위치나 크기가 미국에서처럼 개인 신분의 척도를 상징하지는 않는다. 또한 대화 시에 유지해야 할 두 사람 간 적정 간격도 문화권에 따라 상이하다. 예컨대 북미권은 19인치(inches), 서유럽권은 14에서 16인치, 영국은 24인치, 그리고 중동권은 8에서 12인치가 적정 간격으로 인식된다. 따라서 미국을 비롯한 서양 문화권에서는 대화 시 상대방과 너무 밀착하면 큰 결례가 되나, 중동국가들에서는 너무 떨어져서 대화하면 큰 거부감을 느낀다.

- **물질의 언어(language of things)** 미국과 같은 서양 문화권에서는 동양 문화권에서보다 개인능력의 평가척도로 물질적인 것에 더 가치를 둔다. 따라서 미국인들은 더 높은 보수와 직책을 제시하는 직장이 있으면 쉽게 전직을 결정한다. 반면 유교(Confucianism)의 영향을 많이 받은 동양 문화권에서는 개인을 평가할 때 그 사람의 사회적 신분을 중시하는 성향이 높다. 따라서 동양 문화권에서는 성공의 척도로 사회적으로 존경받는 일에 종사하는 것이 경제적인 부를 얻는 것 못지않게 가치 있게 여긴다.

- **우의의 언어(language of friendship)** 미국과 같은 서구 문화권에서는 사고방식이 개인 중심적이고 여가활동도 가족 중심적인데 반하여, 동양 문화권에서는 상대적으로 사고방식이 집단 중심적이고 여가활동이 동료

중심적으로 이루어지는 성향이 높다. 따라서 미국과 같은 경우 여행이나 외식이 가족단위로 주로 이루어지는데 반하여, 한국 등 일부 동양권 국가에서는 친구나 동료와 같이 즐기는 성향이 높다.

- 합의의 언어(language of agreement) 협상 시에 미국인들은 "예", "아니요"로 자신의 의사를 분명히 밝히고 또한 합의내용을 법적으로 효력있는 문서로 작성시켜 놓는 것을 당연히 여기는데 반하여, 일본인들은 가부에 대한 의사표시가 불분명하며 일반적 합의와 상호 신의에 의거한 암묵적 약속을 중시 여긴다.

3.3. 이문화 간 협상

이문화 간 협상(cross-cultural negotiations)은 글로벌 경영자들에게는 현실적인 당면 과제이다. 해외사업에 대한 현지국 정부의 승인, 현지국에서의 거래선 구축, 합작기업 설립 등을 위해서 현지국의 정부관료, 현지 파트너 및 거래선과 수많은 협상을 벌여야만 한다. 따라서 타 문화권에서의 성공적인 협상 능력은 글로벌 경영자들이 갖추어야 할 필수적인 덕목이다.

<table>
<tr><td>인사</td><td>어떻게 인사해야 하며 서로를 어떻게 호칭하는가?
비즈니스 명함 교환은 필요한가?</td></tr>
<tr><td>격식의 정도</td><td>격식에 맞게 정장을 갖추어 입어야 하는가?
어느 정도 격식을 갖추어 행동해야 되는가?</td></tr>
<tr><td>선물의 교환</td><td>선물을 교환하는가?   어떤 선물이 적절한가?
금기되는 선물이 있는가?   어떻게 선물을 전달하는가?</td></tr>
<tr><td>신체 접촉</td><td>신체 접촉과 관련해 어떤 생각을 가지고 있는가?</td></tr>
<tr><td>눈맞춤</td><td>대화 시 직접적으로 눈을 맞추는 것이 예의 바른 것인가?</td></tr>
<tr><td>품행</td><td>어떻게 처신해야 하는가?</td></tr>
<tr><td>감정</td><td>직설적으로 감정을 표출하는 것이 이례적이며 무례한 것인가?</td></tr>
<tr><td>침묵</td><td>침묵이 불편한 것인가? 모욕인가? 존경을 표하는 것인가?</td></tr>
<tr><td>식사</td><td>식사하는데 적절한 매너는 무엇인가? 금기시되는 음식이 있는가?</td></tr>
<tr><td>몸짓언어</td><td>특정 몸짓이나 신체 언어의 형식이 불쾌감을 주지 않는가?</td></tr>
<tr><td>시간엄수</td><td>시간을 엄수해야 하며 상대방도 그러하기를 기대하는가? 스케줄 및 일정에 있어 유연한가?</td></tr>
</table>

표 8-5

이문화 간 협상
시 주의 사항

출처: J.K. Sebenius(2002), "Caveats for Cross-Border Negotiators," *Negotiation Journal*, 18(2), 121-133.

협상이란 이해관계 당사자들 간에 합의점을 도출하는 과정이다. 따라서 모든 협상에서는 이해관계에 따른 갈등과 충돌이 항시 발생된다. 따라서 성공적인 협상을 위해서는 상충이 예상되는 사안에 대한 사전 인지가 무엇보다 중요하다. 또한 유능한 협상자가 되기 위해서는 상대편의 의중을 꿰뚫어 볼 수 있는 통찰력이 있어야 한다. 그러나 동일 문화권 내에 속한 사람의 진의도 꿰뚫어 보기가 힘든데 하물며 상이한 문화권에 있는 외국인과의 협상 시에 상대방의 진의를 파악하기란 매우 어렵다. 따라서 성공적인 협상을 위해서는 글로벌 경영자들은 상대방의 문화를 자신의 문화만큼이나 잘 이해할 수 있어야 한다. 만일 그렇지 못할 경우 아무리 시간과 노력을 기울인다 해도 소기의 성과를 달성하기 힘들다. 따라서 〈표 8-5〉에서 보듯이 이문화 간 협상 시에는 인사, 격식, 선물, 품행, 식사시간 엄수 등 다방면에 걸쳐 타 문화권의 규범과 금기시 되는 사항을 사전 숙지하는 것이 매우 중요하다.

이를테면 서양 문화권의 미국인과 동양 문화권의 일본인 간에 협상방식에서 〈표 8-6〉에 제시된 바와 같이 많은 차이점을 보인다.

첫째, 저맥락 문화권의 미국측 협상자들은 통상 구체적인 목표와 일정을 수립하여 협상에 임한다. 따라서 협상 초기에 구체적인 협상안을 단도직입적으로 제시하고 또한 원하는 바를 얻기 위해 양보할 것은 확실히 양보한다. 반면, 고맥락 문화권의 일본측 협상자들은 인간관계와 체면을 중시하기 때문에 처음부터 논쟁에 임하기보다는 우선 서로에 대한 이해와 신뢰감 조성을 위한 시간을 갖기를 원한다. 또한 구체적인 협상안을 제시하기 전까지 제3자적인 입장에서 충분한 시간을 가지고 사안들을 하나하나 신중하게 검토하는 방식을 취한다. 또한 일본인들은 협상팀 전원의 의견이 합의에 이르기 전까지는 상대편측에 개인적 의견의 표출을 가급적 자제한다.

둘째, 양측 문화 간의 차이는 합의에 대한 태도에 있어서도 나타난다. 이를테면 일본인들이 고개를 숙이면서 말하는 "예(yes)"의 의미는 단순히 이해하였다는 뜻이지 반드시 동의한다는 의미는 아니다. 더군다나 일본인들은 상대방의 감정을 해치는 것을 우려해서 면전에서 "아니요"라고 대답하는 것을 매우 꺼린다. 반면, 미국인들은 합의과정에 있어 가부의 입장을 분명히 밝힌다. 따라서 협상 시에 미국인들은 자기측 주장과 불일치 될 경우 "NO"라는 표현을 더 자주 사용하며, 가급적 협상을 조기에 타결 짓기를 원한다. 그러나 일본인들은 미국인들에 비해 곤란한 사안이 대두되면 일단 침묵을 취한다. 침묵

표 8-6

미·일
협상방식의 차이

항목	미국	일본
기본적 가치관	경쟁심 개인에 의한 의사결정과 행동 횡적인 비즈니스 관계 독립심	협조의 정신 집단적인 의사결정과 행동 종적인 비즈니스관계 의타적
교섭과정		
(1) 잡담에 의한 서로의 탐색	짧은 시간에 끝낸다. 격식에 매이지 않는다.	오랜 시간이 걸린다. 접대 등 격식에 매인다.
(2) 일에 관한 정보교환	공정가격주의(처음부터 공정 가격으로 제시한다.) 전체적인 결정권을 갖는 사람이 참석한다. '본심'을 표출하는 방식 분명한 의사전달	바나나 덤핑전술(처음에 할인가로 시작하여 점차 가격차를 좁혀간다.) 부분적으로만 결정권을 갖는 사람이 참석한다. 표면상과 본심의 이중구조 함축적인 의사전달
(3) 설득전술	공격적 설득전술(위협, 확약, 논쟁, 이치로 따짐) '이렇게 해야 할 것이다'라는 다소 강압적 어투	'사전교섭' 전술과 '중개자' 이용 인정이 있는 예의바른 어투
(4) 양보와 합의	순차적인 결론 방식(계약서) 호조건의 거래가 목적	포괄적인 결론 방식 장기적인 관계구축이 목적

출처: J.R. Graham and Y. Sano(1989), *Smart Bargaining: Doing Business with the Japanese*, Harper Business, HED 역(1991), 미·일간의 교섭전략, 한교원, p.56.

과 인내심은 일본을 비롯한 대다수의 동양권 국가들에서 미덕으로 여겨지고 있으며, 때로는 이러한 침묵과 인내심은 미국인들과 같이 신속한 결정에 익숙한 타 문화권의 사람들과 협상 시에 좋은 협상 수단이 되기도 한다.[7]

셋째, 미국인들은 단도직입적이고 공격적인 설득 전술을 펼치는 데 반하여, 일본인들은 강압적인 설득에 대해서는 큰 거부감을 느낀다. 따라서 미국인들의 강압적 태도를 몰인격적인 행동으로 받아들인다. 반면, 일본인들은 자연스럽고 순리적인 타결을 선호한다. 자연적으로 일본인들은 미국인들에 비해 권유, 규범준수, 확약 등의 협상 전술에 대한 의존도가 높은데 반해, 미국인들은 상대적으로 보상, 처벌, 경고 등의 협상 전술에 대한 의존도가 높다.

넷째, 일본인들은 인간관계를 매우 중시하기 때문에 합의된 내용의 실행과정에서 야기될 수 있는 모든 문제들에 대해 양측이 호의적으로 해결할 수 있도록 합의 이행조건을 구체적으로 명기해 놓기보다는 광범위하게 표기해 놓는 것을 더 선호한다. 즉 일본인들은 계약체결 그 자체보다도 어떻게 하면 합의된 사항을 성공적으로 이행할 수 있는 가에 더 높은 관심을 기울인다. 반면, 미국인들은 통상 상호간의 합의사항에 대해 문서화된 계약에 의거해서 공식적이며 법률적인 조치를 취해 놓아야 안심한다. 따라서 미국인들은 계약서에다 서명하는 것으로서 사실상 협상은 종결되었다고 믿는다.

Ⅳ 문화적 차이 측정

국가 간 문화적 차이가 글로벌경영의 제반 분야에 지대한 영향을 미친다는 사실을 인식하지만, 전략적 관리를 위해서는 국가 간 문화적 차이를 실제적으로 측정할 수 있어야 한다. 이러한 맥락에서 국가 간의 문화적 차이에 대한 여러 측정 방법이 제시되었는데, 가장 빈번히 활용되는 방식은 홉스테드 지수 (Hofstede Index)이다. 홉스테드 지수란 1967~1973년 IBM의 70여 개국 해외법인 11만6천명의 직원을 대상으로 각국의 문화적 특성을 네 차원, 즉 개인주의 대 집단주의, 권력거리감, 불확실성 회피성향, 남성성 대 여성성 등에 걸쳐 측정한 지수이다.[8] 이후 홉스테드(Hofstede)는 또 따른 문화적 차이 측정지표인 장기지향성 대 단기지향성을 다섯 번째 요인으로 추가시켰다.

- **개인주의 대 집단주의(individualism vs. collectivism)** 개인주의적 문화권에서는 각 개인의 독립적인 자아의식이 존중되고, 개인 간의 구속력이 느슨하다. 따라서 개인의 성취, 자유, 권리 등에 더 높은 가치를 둔다. 반면, 집단주의 문화권에서는 타 집단과 엄격히 자신이 속한 집단을 구분하고 집단 내 구성원 간의 관계 조화에 더 관심을 둔다. 따라서 집단 구성원이 자신을 보호해 줄 것이라는 높은 신념을 가지면서, 대신에 집단의 이익을 위해 기꺼이 자신을 희생할 마음의 준비가 되어 있다. 한국에서 혈연, 학연, 지연 관계가 중시되는 문화와 중국의 인맥을 중시하는 콴시(quanxi) 문화도 집단주의 문화의 속성에 의거한다고 볼 수 있다.
- **권력거리감(power distance)** 이는 사회 내에서 부와 권력이 불평등하게 분배되어 있다거나 혹은 편중되어 있을 경우 소외자들이 이를 수용하는 정도를 나타낸다. 인도의 카스트제도처럼 특정 문화권에서는 권력 불평등이 자연스럽게 수용되어지는 반면, 여타 문화권에서는 권력 불평등

에 대해 강한 거부감이 표출된다. 따라서 권력거리감에 대한 수용 정도가 높은 문화권에서는 권위주의적이며 상하 위계질서가 중시되는 반면, 권력거리감에 대한 수용 정도가 낮은 문화권에서는 보상, 정당성, 분권적 권한구조와 자율성이 중시된다.

- **불확실성 회피성(uncertainty avoidance)** 불확실성 회피성이란 미래의 불확실성에 대한 수용, 즉 변화에 대한 정서적 저항 정도를 나타낸다. 따라서 불확실성 회피성과 위험감수성과는 상반 관계에 있다. 과거, 현재, 미래는 개인의 노력보다는 운명에 의해 결정된다고 믿는 사회는 불확실성 회피성이 높고 위험감수성은 낮다고 볼 수 있는데 반하여, 운명론을 거부하고 개인적 성취와 의지로 미래를 주도하고자 하는 도전정신이 강하고 변화에 대한 정서적 저항이 낮은 사회는 불확실성 회피성은 낮고 위험감수성은 높다고 볼 수 있다. 예컨대 미국은 불확실성 회피성이 낮다고 볼 수 있는데, "뜻이 있는 곳에 길이 있다(where there is a will, there is way)"는 속담에서도 알 수 있듯이 미래의 일은 노력 여하에 따라 좌우된다는 신념이 매우 높다. 한편, 불확실성은 불안정과 두려움을 초래하기 때문에 사람들은 성문화된 규범이나 종교에 의존해 의식적으로 위험과 불확실성에서 탈피하려는 성향을 띤다. 따라서 불확실성 회피성이 높은 사회에서는 성문화된 규범이나 제도 변경에 대해 강한 정서적 저항을 표출한다. 예를 들어, 한국, 일본 등 불확실성 회피성이 높은 나라에서는 공식적 규칙 제정, 일탈적 생각이나 행동에 대한 거부감, 절대적 진리의 수용 등에 의거해 다방면으로 미래의 불확실한 상황에서 벗어나기를 원하는 성향이 높다. 따라서 불확실성 회피성이 높은 문화권에서는 과거의 전통, 관습 등에 의거해 안정과 질서를 중시하는 반면, 불확실성 회피성이 낮은 문화권에서는 변화에 대해 큰 거부감 없이 유연하게 대처하고 도전적이고 모험적인 미래지향성에 더 높은 가치를 둔다.

- **남성성 대 여성성(masculinity vs. femininity)** 사회적인 지배 가치가 얼마나 남성다움 또는 여성다움을 강조하는지의 정도를 나타낸다. 남성성이 강조되는 사회에서는 경쟁심, 야망, 권력, 자기주장과 모험적인 행동이 장려되고, 물질적인 부가 선망의 대상이 된다. 반면, 여성성이 높은 사회는 타인에 대한 애정과 겸손을 중시하고 대인관계나 삶의 질을 높게 평가한다. 따라서 남성성이 높은 사회에서는 남녀 역할이 명확히 구분되

표 8-7	국가	권력거리감	개인주의	남성성	불확실성회피	장기지향성
국가별	과테말라	95	6	37	101	-
홉스테드 모형의	필리핀	94	32	64	44	19
다섯 가지	일본	54	46	95	92	80
문화척도지수	이탈리아	50	76	70	75	-
	멕시코	81	30	69	82	-
	베네수엘라	81	12	73	76	
	영국	35	89	66	35	25
	독일	35	67	66	65	31
	나이지리아	77	20	46	54	16
	터키	66	37	45	85	
	미국	40	91	62	46	29
	호주	36	90	61	51	31
	홍콩	68	25	57	29	96
	아르헨티나	49	46	56	86	-
	인도	77	48	56	40	61
	파키스탄	55	14	50	70	
	아랍권	80	38	52	68	-
	캐나다	39	80	52	48	23
	말레이시아	104	26	50	36	-
	브라질	69	38	49	76	65
	싱가포르	74	20	48	8	48
	인도네시아	78	14	46	48	-
	대만	58	17	45	69	87
	프랑스	68	71	43	86	-
	중국	80	20	66	40	118
	한국	60	18	39	85	75
	태국	64	20	34	64	56
	가나	77	20	46	54	16
	칠레	63	23	28	86	-
	우루과이	61	36	38	100	
	포르투갈	63	27	31	104	
	유고슬라비아	76	27	21	88	-
	그리스	60	36	57	112	
	헝가리	46	55	88	82	
	네덜란드	38	80	14	53	44
	덴마크	18	74	16	23	
	아일랜드	28	70	68	35	
	노르웨이	31	69	8	50	20
	스웨덴	31	71	5	29	33
	뉴질랜드	22	79	58	49	30
	이스라엘	13	54	47	81	-
	오스트리아	11	55	79	70	-
	전체 평균	60.2	41.2	50.2	65.1	43.8

주) 아랍권은 사우디아라비아, 쿠웨이트, 이라크, 레바논, 리비아, 아랍에미리트연합, 이집트 등의 국가가 포함됨.

출처: Greert Hofstede(2001), *Culture's Consequences: Comparing Values, Behaviors, Institutions, and Organizations Across Nations*, CA: Sage Publications Inc. p.500.

고, 여성의 역할에 비해 남성의 역할이 상대적으로 더 중시되는 성향을 띤다. 당연히 남성성이 높은 사회에서는 사회적 주요 직책에 여성의 수보다 남성의 수가 월등히 많다.

- **장기지향성 대 단기지향성(long-term orientation vs. short-term orientation)** 장기지향성 문화는 현재보다 미래에 더 가치를 두는데 반해, 단기지향성 문화는 미래보다 현재에 더 가치를 둔다. 장기지향성 문화권은 유교에 영향을 많이 받아 끈기, 인간관계에서의 서열확립과 존중, 절약, 염치 등의 가치가 중시된다. 반면, 단기지향적인 문화권에서는 안전주의, 호혜주의, 사회적 책임 준수 등의 가치가 중시된다. 예컨대 장기지향적인 문화의 경우 가치를 미래에 두어 절약이 미덕으로 여겨지는데 반해, 현재에 가치를 둔 단기지향적인 문화의 경우 소비가 미덕으로 받아들여진다.

이러한 다섯 가지 문화적 지표에 의거해 각국의 점수를 산정한 결과가 〈표 8-7〉에 나타나 있다. 최저 점수는 1점이고 최고 점수는 120점이다.

집단주의 성향에 비해 상대적으로 개인주의 성향이 높게 나타난 나라는 미국, 호주, 영국, 네덜란드 등을 꼽을 수 있다. 이에 반해 한국, 대만, 홍콩, 인도네시아, 파키스탄 등은 매우 낮게 나타났다. 이를 통해 상대적으로 동양 문화권은 집단주의 성향이 강하고 서양 문화권은 개인주의 성향이 강함을 알 수 있다. 권력거리감의 수용성은 오스트리아, 덴마크, 아일랜드, 미국, 이스라엘 등에서 낮게 나타난데 반해, 말레이시아, 중국, 한국, 인도, 싱가포르 및 아랍권 국가들에서 높게 나타났다. 이는 서양권보다 동양권에서 권력거리감 수용성이 더 높음을 시사하는 것이다. 불확실성 회피성은 과테말라, 그리스, 포르투갈, 우루과이, 일본, 한국 등에서 높게 나타났고, 싱가포르, 홍콩, 미국, 영국, 덴마크, 자메이카 등이 상대적으로 낮게 나타났다. 남성성은 일본, 헝가리, 베네수엘라 등에서 높게 나타난 반면, 덴마크, 네덜란드, 노르웨이, 스웨덴 등에서 낮게 나타났다. 마지막으로 장기지향성은 유교의 영향을 많이 받은 중국, 타이완, 싱가포르, 홍콩, 한국 등에서 높게 나타난 반면, 필리핀, 가나, 나이지리아 미국, 노르웨이 등에서는 낮게 나타났다.

이러한 국가 간 문화적 차이는 〈표 8-8〉에 요약된 바와 같이 기업조직, 인사관리, 상사와 부하의 관계, 의사결정, 기업가정신과 혁신성 등 경영상의 여

표 8-8

문화적 차이가
경영상에 갖는
영향력

집단주위 문화권	개인주의 문화권
• 회사의 환경(분위기, 조직문화) 중시 • 대기업에 매력 • 직무에 있어 전통과 교육 중시 • 관리자는 일체감과 질서 중시 • 집단적 결정이 개인적인 결정보다 우선	• 사원의 사생활 중시 • 중소기업에 매력 • 직무에 있어 자유와 도전 중시 • 관리자는 리더십과 다양성 중시 • 개인적 결정이 집단적 결정보다 우선
권력거리감이 높은 문화권	권력거리감이 낮은 문화권
• 권력을 가진 자는 특권을 누릴 권리 • 부하와 상사는 다른 종류의 인간 • 권력은 선악을 초월함 • 위압적이고 그 관심을 끄는 힘을 중시 • 권력 강자와 약자는 내면적으로 갈등	• 사람은 모두 동등한 권리를 가짐 • 상사는 나와 똑 같은 인간 • 권력의 행사는 선악의 판단에 따라야 함 • 보상이나 정당성, 기술력 중시 • 권력 강자와 약자는 잠재적으로 조화
불확실성 회피성이 높은 문화권	불확실성 회피성이 낮은 문화권
• 변화에 대한 정서적 저항이 큼 • 한 직장에 장기간 근무하는 경향 • 실패의 공포가 높음 • 위험부담을 가급적 피함 • 부하의 주도적 역할을 통제	• 변화에 대한 정서적 저항이 적음 • 이직에 대한 망설임이 적음 • 성공에 대한 희망이 높음 • 위험부담 피하지 않음 • 부하에게 완전한 권한 위양
남성성 문화권	여성성 문화권
• 금전과 물질 중심 사고 • 성취와 성장 중시 • 독립적인 이념 • 우월성 지향 • 남성이 모든 상황하에서 지배자 역할	• 인간 중심적 사고 • 생활의 질과 환경 중시 • 상호의존적 이념 • 평등성 지향 • 성별 차이로 인한 권력 차이 불인정

출처: Greert Hofstede(2001), *Culture's Consquences: Comparing Values, Behaviors, Institutions, and Organizations Across Nations*, CA: Sage Publications Inc.에서 요약.

러 분야에 걸쳐 지대한 영향을 미친다. 따라서 이에 대한 이해가 사업을 영위하고 있는 국가의 문화적 특성에 맞는 경영활동을 수행해 나가는데 매우 중요하다.

한편, 홉스테드 문화지수는 현시점에서 측정상 여러 문제가 있다. 이를테면 미국이나 중국과 같이 다양한 인종이나 민족이 분포되어 있을 경우 국가 내 지역에 따라 문화적 차이를 보일 수 있다는 점이다. 예컨대 중국과 같은 경우 지역에 따라 개인주의, 불확실성 회피성, 장기지향성 등의 홉스테드 문화지수에 있어 차이가 존재하는 것으로 나타났다.[9] 또한 같은 동양권이나 서양권 내에서도 국가 간에 다소 문화적 차이가 존재한다. 예컨대 문화적 차이에 있어 유럽국 중 스페인, 이탈리아, 그리스 등 지중해권 국가들과 벨기엘, 독일 등의 국가는 신교의 영향력이 강하며, 앵글로색슨 문화가 강한 전형적인 서양과 동양의 중간쯤에 해당되는 문화적 성향을 띤다.[10] 또한 비록 시간이 걸리지만 문화적 속성도 변화될 수 있기 때문에 1970년대에 측정한 지수가 오늘날에도 유효한지는 의문이다. 또한 IBM 해외법인 직원이 해당 국가 국민의 대표적인 표본으로 보기 어렵다는 비판이 따른다. 예를 들어, 한국의 경우 남성성 지수가 39점으로 낮게 나왔다는 것은 아마 IBM 한국지사 직원을 조사대상으로 삼았기 때문일 수도 있다. 만일 일반 국민을 표본으로 삼아 조사하였다면 그보다 높은 수치가 나왔을 가능성이 있을 것으로 사료된다.

Ⅴ 문화적 차이 관리

5.1. 문화적 영향력 관리

글로벌경영과 관련하여 문화적 영향력에 대한 관리는 〈표 8-9〉에서 보듯이 동일 문화권 내에서 문화적 변동성, 복잡성, 적대감 등 세 범주에 걸쳐, 그리고 비교 문화적 차원에서 문화적 이질성과 독립성 등 두 범주에 걸쳐 이루어질 필요가 있다.

	범주	저	고
문화内	문화적 변동성	낮고 안정된 변화	높고 불안정한 변화
	문화적 복잡성	단순(저도암시)	복잡(고도암시)
	문화적 적대감	호의적(호감)	적대적(편협)
문화間	문화적 이질성	동질성	이질성
	문화적 독립성	상호의존적	독립적

표 8-9

글로벌 경영에서의 문화적 영향력 범주

출처: Vern Terpstra(1978), *The Cultural Environment of International Business*, Cincinnati: South-Western Publishing Co., p. xviii.

- **문화적 변동성관리(cultural variability)** 동일 문화권 내에서도 문화적 요소의 변동성으로 행동양식이 바뀔 수 있다. 예를 들어 소득 또는 교육수준의 향상으로 인한 소비자 구매행태가 달라 질 수 있는데, 제품 구매 시에 품질, 안전성, 친환경성 요인 등에 더 가치를 둘 수 있다. 따라서

이러한 변화에 기업은 신속히 대응해야 한다. 특히 불확실성을 초래케 하는 일국의 문화적 변화는 외국기업들에게 보다 높은 유연성과 적응성을 요구한다. 개방된 의사소통 채널, 분권화된 의사결정 조직구조, 그리고 현지국 문화에 대한 전문가의 조언은 현지국 내에서의 급격한 변화를 인지하고 대응하는 데에 있어 큰 도움이 된다.

- **문화적 복잡성관리(cultural complexity)** 문화적 속성에서도 언급됐듯이 의사전달이 얼마나 명료하게 이루어지느냐에 따라 문화는 단순한 저맥락(low-context) 문화와 복잡한 고맥락(high-context) 문화로 구분된다. 일반적으로 미국, 유럽 등의 서구권은 한국, 일본, 중국 등의 동양권보다 저맥락 문화에 속한다. 의사소통에 있어 우회적이며 비언어적 요소들이 많이 사용되는 고맥락 문화권에서는 외국기업들은 잘못된 이해와 해석으로 경영상의 낭패를 피할 수 있도록 사전에 더 많은 준비와 노력을 기울여야만 한다. 요컨대 상호 의사전달과 이해를 어렵게 만드는 문화적 복잡성은 외국기업들에게 현지문화에 대한 조직적이고 체계적인 준비 자세를 요구한다.

- **문화적 적대감관리(cultural hostility)** 어느 국가에서나 외국기업은 현지기업에 비해 자민족중심주의에 따른 더 높은 적대감에 부딪치게 된다. 외국기업에 대한 적대감은 국가마다 정도의 차이가 있으므로 적대감이 높은 국가에서 사업을 영위할 시에는 보다 강도 높은 경제적 공헌과 적극적인 사회적 책임 활동을 통하여 현지사회에 동화되도록 노력하는 것이 중요하다. 예컨대 비교적 자민족중심주의가 높은 중국에서 사회적 책임이 높은 외국기업의 브랜드에 대해서는 중국 소비자들이 더 호의적인 구매태도를 보이는 것으로 나타났다.[11]

- **문화적 이질성관리(cultural heterogeneity)** 만일 본국과 현지국의 문화가 동질적이면 본사의 경영방식을 현지자회사에 그대로 적용시킬 수 있다. 그러나 현저한 문화적 차이가 존재할 경우 본사의 경영방식을 현지자회사에 그대로 적용시키는 것은 무리이다. 문화적 차이로 인한 각국의 경영방식에 있어 차이가 나기 때문이다. 앞서 설명했듯이 한국의 '빨리빨리' 문화를 중국의 '만만디' 문화에 그대로 적용시키는 데에는 중국 종업원들의 저항이 따를 수 있다. 이러한 문화의 이질성 관리를 위해서는 본사중심적인 중앙집권적인 조직체계보다 분권화된 조직체계가 더 효율

적이다. 즉 현지자회사에게 자율권을 부여하여 현지국 실정에 맞는 경영
방식으로 관리해 나가도록 해야 한다.

- **문화적 독립성관리(cultural independence)** 문화적 독립성이란 특정 국
  가 문화에 대한 이해, 적응 및 수용에 있어 어려움의 정도를 나타낸다.
  당연히 국가 간 문화적 차이가 높을수록 양국의 문화적 독립성은 높다고
  볼 수 있다. 따라서 문화적 독립성이 높을수록 본국의 본사와 현지국의
  자회사간에 조직문화 차이와 의사소통 장벽이 높아지기 때문에 경영전
  반에 걸쳐 양측 간에 더 긴밀한 접촉과 협력이 요구된다. 예컨대 전사적
  차원에서 문화적 차이 관리를 위한 글로벌 팀(global team)을 운영할 수
  있다.

5.2. 문화적 시너지 창출

문화적 시너지(cultural synergy)란 문화적 차이점에 대한 통합과 조화를 통
해 창출되는 시너지 효과를 나타낸다. 이를 위해서는 서로 상이한 문화권의
장점을 취합하여 새로운 조직문화와 경영방식을 창출해 낼 수 있어야 한다.[12]
따라서 글로벌기업은 지역주위나 자민족중심적인 조직관리보다 문화적 시너
지를 창출할 수 있는 통합적 조직관리 개발에 힘써야 한다. 예컨대 제5장의
글로벌 M&A에서 일본 도레이가 새한을 인수하여 문화적 시너지 창출을 통한
사후관리에 성공한 것이 좋은 본보기다. 문화적 시너지 창출을 위해서는 보통
다음과 같은 세 단계의 절차가 요구된다.[13]

- **상황기술단계(situation description)** 문화적 차이에 따른 현재 직면하고
  있는 문제의 상황을 정확히 기술하는 것이 문제해결과 시너지 창출의 첫
  단계이다.
- **문화적 해석단계(cultural interpretation)** 기술된 문제의 문화적 배경에
  대한 해석이 요구된다. 문화권에 따라 사고와 행동은 왜 달라지는가, 현
  재의 상황을 이해하기 위해서는 어떤 역사적, 문화적 배경에 대한 이해가
  필요한가, 유사성과 차이점은 무엇인가 등의 문제에 대한 문화적 배경의
  이해와 해석은 문화적 시너지 창출을 위한 지표가 된다.
- **문화적 시너지 창출단계(cultural creativity)** 문제해결의 방안으로서 문
  화적 시너지 창출 대안을 모색한다. 문화적 배경이 다른 사람 또는 조직

간에 서로 어떻게 기여할 수 있는가라는 전제가 문제해결 대안 모색의 시발점이다. 즉 문제해결 대안들이 서로의 문화적 배경과 맥락에 얼마나 일치, 상치 또는 조화를 이루는가에 초점을 맞추어야 한다. 통상 서로 다른 문화적 배경과 잘 조화를 이룰 수 있는 제3의 대안이 문화적 시너지를 창출하는데 가장 좋은 해결책이 된다. [참고사례 8-1]은 문화적 시너지 창출 과정에 대한 한 예시를 보여준다.

참고사례 8-1 | 문화적 시너지 창출 사례: 화물배송 스케줄 사전 고지에 대한 일본과 미국의 문화적 차이

상황기술단계 아시아 등 세계적으로 광범위한 네트워크망을 갖고 있는 미국 한 항공화물사의 영업부는 고객들에게 수하물의 도착일시를 사전에 고지한다. 특히 미국인 고객들은 사전에 정확한 수하물 수취 일시와 시간을 알기 원한다. 이러한 배송 스케줄을 알 수 없다면 아마 미국인 고객들은 회사의 능력을 불신할 것이다. 그러나 수하물이 고지 일정보다 늦게 도착하는 경우가 종종 발생되는데, 이런 경우 대부분의 미국인 고객들은 회사 측이 납득할 만한 설명을 제시하면 배송지연에 대해 수긍하는 편이다. 반면에 일본인 고객들은 회사 측에서 고지한 약속은 반드시 지켜질 것으로 기대하며 차질이 생길 경우 회사에 대한 신뢰감을 저버린다. 따라서 미국 항공화물사의 일본 영업부는 배송시간이 정확히 지켜지리라는 확신이 서지 않는 한 일본 고객들에게 사전에 수하물의 정확한 수취시간을 고지하지 않는다. 그야말로 '비행기가 이제 막 활주로에 착륙'하는 것을 확인한 후에나 고지하는 격이다.

문화적 해석단계 미국 항공화물사는 미국과 일본의 문화적 특성 모두에 부합되는 통합된 '배송약속' 시스템을 만들 필요가 있다고 인식하였다. 즉 미국 고객의 관점에서 보면 배송 스케줄이 신뢰감을 갖기에 충분할 정도로 분명하고 확실한 것이어야 하고, 일본 고객의 관점에서 보면 충분한 실현 가능성을 지녀야만 한다고 해석하였다.

문화적 시너지 창출단계 양국 간 배송확약 시스템에 내재하고 있는 문화적 역동성을 분석한 후, 영업 담당자들은 수하물 수취시각을 예정시간 전후의 일정한 범위내로 제시하는 시스템 개발에 동의하였다. 예컨대 '목요일 오후 2시 30분'이 아니라 '목요일 오후 일찍' 정도로 수취시각을 고지하는 것이다. 이렇게 함으로써 미국 고객에게는 어느 정도 명확한 약속시간을 제시할 수 있게 되었으며, 일본 고객에게는 지키지 못할 약속을 하지 않을 수 있게 되었다.

이러한 해결책은 어느 한 문화의 가치를 크게 침해하지 않고서도 동시에 두 문화적 가치를 조화시키는 것이다. 즉 문제에 대한 문화적 시너지 창출 대안은 양측 문화 모두에 새롭고 수용할 만한 것이어야 한다.

5.3. 문화지능

글로벌 비즈니스에 종사하는 사람들, 특히 글로벌 경영자는 문화적 차이 관리와 문화적 시너지 창출을 위해서는 문화지능(cultural intelligence) 함양이 필수적이다. 문화지능이란 '새로운 문화에 효과적으로 적응하는 능력'을 나타낸다. 즉 문화차이를 인식하고, 해당 문화에 대해 학습하여 점차 그 문화에 동화되는 사고를 확립하고, 나아가서 능숙하고 적절하게 행동하는 처신을 나타낸다. 따라서 문화지능은 인지(cognitive), 감성(motivational), 그리고 행동(behavioral)으로 이루어진 다중구성요소 체계를 띤다.[14]

- **인지적 문화지능** 인지적 문화지능은 사회통념과 가치를 통해 자아를 인식하고 해당 사회 또는 문화에서의 합당한 행동을 취하기 위한 판단기준을 확립하는 근간이 된다. 즉, 인지적 문화지능은 이질적 문화 환경에서 유연한 행동을 유발케하는 정보처리(information-processing) 기능을 띤다. 따라서 인지적 문화지능은 문화적 차이를 이해하고 행동하기 위한 시발점으로 볼 수 있다.
- **감성적 문화지능** 감성적 문화지능은 새로운 문화를 이해하는 인지능력과 함께 새로운 문화에 맞게 행동하려는 학습동기 역량을 나타낸다. 따라서 감성적 문화지능이 높은 사람은 이질적 문화 환경 하에서도 상대방의 문화적 관점에서 이해, 존중 및 공감하는 능력을 갖게 된다.
- **행동적 문화지능** 행동적 문화지능은 다양한 행동양식 중에서 문화적 정황에 맞게 적절한 행동을 취하는 역량을 나타낸다. 당연히 행동적 문화지능이 높은 사람은 의식적으로나 무의식적으로 상대방과 공감대를 형성하고 새로운 문화에 적응하는데 기제 역할을 하는 학습동기, 즉 감성적 문화지능도 매우 높다.

결론적으로 문화지능이 높은 사람은 상이한 문화적 환경하에서 무엇을 어떻게 할지 인식하고(인지적), 적응하고 노력하려는 태도(감정적)와 함께 주어진 상황에 일치되는 적합한 행동(행동적)을 취할 수 있게 된다.

1. 고맥락 문화와 저맥락 문화의 차이점에 대해 설명하시오.
2. 문화적 차이에 의한 사회적 가치관에 따라 미국식 및 일본식 경영방식 차이점과 절충 방안에 대해 설명하시오.
3. 홉스테드의 문화적 차이 측정을 위한 다섯 지표의 속성과 이들이 경영상에 미치는 함의는 무엇인가?
4. 문화적 영향력을 효과적으로 관리하기 위한 다양한 방안에 대해 설명하시오.
5. 문화적 시너지는 무엇이며 이를 창출하는 과정에 대해 설명하시오.
6. 문화지능의 중요성과 구성 요인들에 대해 설명하시오.

사례 **패션·문화·가치를 판매하는 롯데백화점 해외진출**[15]

Global Strategic **Management**

백화점업은 상품뿐만 아니라 문화와 가치를 파는 사업이라는 점을 고려할 때 해외진출은 결코 쉬운 일이 아니다. 백화점을 비롯한 많은 세계적인 대형할인마트들이 해외시장에서 실패를 맛보았다. 예컨대 백화점은 아니지만 대형할인마트 세계 제1위 및 제2위 입지를 누리고 있는 미국 월마트(Wal-mart)와 프랑스 까르푸(Carrefour)가 한국 시장에서 실패한 것도 한국 소비문화와 거래 관행을 소홀히 했던 측면이 크다. 또한 수년 전 프랑스 프랭탕백화점이 국내에 들어왔다가 문화 차이를 넘지 못하고 철수한 사례도 있다. 제7장에서 언급했듯이 한국의 신세계 이마트도 2017년 6월 전격 중국시장에서 철수하기로 결정했는데, 이는 '사드'라는 정치적 영향도 있었지만 현지 문화와 가치와 밀접히 연관된 유통업의 특성

에 기인된 바도 크다. 롯데백화점도 해외시장진출 초기에 건물 외관이나 제품 구성에 있어 그 나라의 문화적 성향과 국민적 정서를 잘못 읽어 큰 곤욕을 치루었다.

롯데백화점의 해외시장진출 동기

롯데백화점은 여타 국내 경쟁 백화점과는 다르게 적극적인 해외시장진출을 통한 성장 전략을 구사해 왔다. 예컨대 신세계백화점의 정책과 방향은 롯데백화점과 완전히 상반된다. 신세계백화점은 "백화점은 문화를 파는 곳이지 상품만을 파는 데가 아니다"라는 판단 하에 백화점의 해외진출이 어렵다고 보고 내수시장에만 전념하고 있다. 반면, 롯데백화점은 2016년 말 현재 베트남 2개, 인도네시아 1개, 중국 5개, 러시아 1개점 등 해외에 총 9개점을

출점하고 있다. 앞으로도 계속 M&A 등을 통해 해외진출을 늘려 갈 계획이다. 백화점이 해외에서 성공하려면 넘어야 할 산이 적지 않다. 먼저 장기간 대규모 투자를 감내하겠다는 의지가 필요하다. 진출 초기에는 적자가 불가피하므로 상당 기간 투자 자금이 잠길 수밖에 없다. 단기성과에 급급하면 곤란하다는 얘기다. 결국 최고경영진의 결단이 필요한 대목이다. 또한 패션과 문화를 판매하는 업태라는 점에서 현지인 정서와 라이프스타일 등에 대한 철저한 분석과 그에 맞는 마케팅이 뒤따르지 않는다면 실패하기 십상이다. 이처럼 위험 부담이 큰 까닭에 롯데 외에 다른 국내 백화점업체들은 선뜻 해외로 나서지 못하는 실정이다.

그러나 롯데백화점은 국내 시장이 포화상태로 저성장 궤도로 접어들었다는 판단하에 적극적인 해외진출을 시도하였다. [그림 8-1]에서 보듯이 현재 국내 백화점 수는 2006년 80 여개에서 2016년 100 여개로 늘었는데, 더 이상 백화점이 들어설 장소를 찾기가 어렵다. 2016년 백화점 총매출액도 2013년 120조원에서 답보 상태를 걷고 있다. 극심한 내수 부진으로 성장이 멈춘 것이 주된 이유다. 또한 최근에는 대형마트나 아울렛 출점이 늘면서 백화점 고객을 잠식하고 있는 실정이다. 따라서 롯데백화점은 이제 해외에서 새로운 성장동력을 찾아야 한다는 판단하에 잠재력이 큰 VRICIs(베트남·러시아·인도·중국·인도네시아) 시장을 중점적인 공략 대상으로 잡고 있다. 롯데백화점 측은 국내에서 출점을 하면 손익분기점이 보통 3~4년 걸리지만 해외시장에서는 2배(6~8년) 이상 걸릴 것으로 내다보고 있다.

해외시장진출 동력
롯데백화점은 자신의 수준 높은 서비스

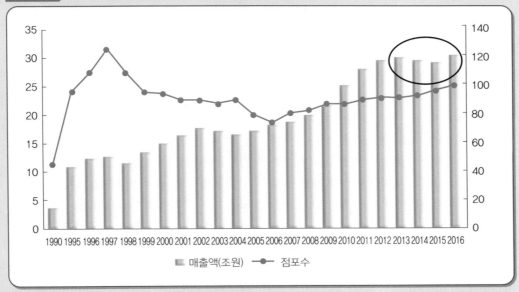

| 그림 8-1 | 국내 백화점 매출 및 점포 수 추이(1990년-2016년)

출처: 통계청

역량과 데이터를 기반으로 한 다양한 고객관리 역량으로 해외진출에 따른 여러 어려움을 극복할 수 있을 것으로 자신하였다. 또한 롯데백화점은 현지화에 입각한 상품구성 차별화와 비용 효율화에 역점을 두고 해외사업을 전개하고 있다. 이와 같이 국내업계 3사 가운데 롯데백화점이 용이하게 해외시장에 진출할 수 있었던 것은 앞서 해외시장에 진출했던 계열사들이 이미 인프라를 갖춰 놓았고 또 계열사 간 시너지 효과가 발휘될 수 있었기 때문이다. 롯데그룹의 경우 이미 1990년대 초반에 롯데제과가 해외시장에 진출했고, 롯데마트 역시 중국, 인도네시아, 베트남 등지에 점포를 146개나 갖춰 놓았다. 또한 최근 대규모 복합단지 건설을 통해 계열사 간 동반진출로 글로벌 롯데의 브랜드 가치가 더욱 강화되는 효과를 불러왔다.

해외시장진출 연혁

롯데백화점은 2007년 9월 러시아 모스크바점을 개소하였다. 롯데백화점 해외진출 1호로서 동양에서 서양권으로 진출한 첫 사례로 기록되었다. '롯데플라자(Lotte Plaza)'라는 이름으로 백화점 외에도 호텔, 오피스 등이 차례로 들어서 복합쇼핑타운을 구축했다. 2010년 9월에는 바로 옆에 6성급 호텔인 롯데호텔이 들어서면서 복합쇼핑타운으로서 그 위상이 더욱 높아졌다. 그러나 러시아 진출 초기에는 현지 문화적 성향과 소비자들 의식에 대한 시장조사가 덜 되어 시행착오의 연속이었다. 가장 대표적인 사례가 '돌침대' 매장이었다. 온돌이 깔려 따뜻하면서도 고급스러운 돌침대가 한국 사람들에겐 고가의 웰빙 상품이지만 모스크바 사람들에겐 '돌무덤'을 연상시키는 희한한 물건일 뿐이었다. 결국 돌침대업체 2곳은 입점 후 수개월간 단 1개 제품도 못 팔았고, 이 중 한 업체는 매출 부진에 시달리다 결국 철수하고 말았다.

모스크바 심장부인 뉴아르바트에 위치한 롯데백화점 건물은 총 지하 4층, 지상 21층 규모로 백화점은 물론, 오피스텔, 호텔까지 들어선 복합빌딩이다. 이중 지상 7층까지가 백화점 매장이다. 개점해 놓고 보니 현지인들이 4층 이상의 고층으로 올라갈 생각을 안한다는 사실을 알게 됐다. 땅 덩어리가 넓어 대부분 '저층' 건물인 현지 사정을 감안하지 못한 결과였다. 결국 롯데백화점은 매장은 저층부 위주로 운영하고 지상 4층 이상의 고층부에는 러시아인들이 좋아하는 '까페' 등 편의시설로 바꿨다. 지하 주차장도 예상치 못한 난제였다. 고객 편의를 위해 지하 4층부터 지하 2층까지 대형 주차장을 선보였지만 현지인들은 오로지 지상주차장만 선호했다. 진입통로를 개선하고 표지판 설치, 주차 유도 요원 등을 통해 현재는 지하주차장 문제도 개선되었다. 또한 모스크바에서 백화점은 화려한 궁전 같은 모습이 많다. 롯데처럼 심플하고 모던한 건물은 백화점으로 여겨지지 않는 분위기라는 평이다. 이 밖에 한국브랜드를 대거 선보인 것도 문제였다. 모스크바점 오픈 당시 한국 브랜드 비율은 전체의 20% 수준을 유지하였다. 그러다 현지인들에겐 생소하다는 점을 반영, 많은 상품구성을 명품 등 해외 브랜드로 대체했다. 이들 모두 현지 문화에 무지하고 또한 사전 시장조사를 소홀히 한 결과였다. 롯데백화점측은 결국 철저한 '현지화'만이 살 길이라고 판단, 실패로부터 배우겠다는 일념하에 궤도를 수정해 나가고 있다.

표 8-10	롯데백화점 해외점포 현황

점포명	국가	오픈일	매장면적(평)	비고
모스크바점	러시아	2007.9.2	2만 3,000m² (7,000평)	롯데백화점 최초 해외 진출 점포, 동양에서 서양권으로 진출한 첫 사례. '롯데플라자'라는 이름으로 백화점, 호텔, 오피스 등이 함께 들어서는 복합단지에 위치
톈진동마로점 (톈진 1호점)	중국	2011.6.17	2만 8,400m² (8,600평)	롯데백화점이 중국에 단독 진출한 첫 사례
톈진 문화중심점 (톈진2호점)	중국	2012.9.1	4만 3,000m² (1만 3,000평)	톈진시 최고 규모의 복합문화단지 '문화중심(文化中心)'의 '갤럭시 쇼핑센터'에 입점
웨이하이점	중국	2013.4.25	2만 7,000m² (8,000평)	웨이하이시 최대 중심 상업지역에 개발중인 대규모 복합단지 '위고광장' 내에 입점
롯데쇼핑 에비뉴점	인도네시아	2013.6.22	11만m² (3만 3,000평)	호텔, 레지던스, 오피스 등이 들어서는 복합단지 '찌푸트라 월드 자카르타'에 백화점과 쇼핑몰 동시 운영
청두 환구중심점	중국	2013.8.28	5만 2,800m² (1만 6,000평)	중국 서부 내륙 최초 진출. 워터파크, 호텔, 예술센터(컨벤션센터, 콘서트홀) 등이 들어서는 '신세기환구중심(新世紀環球中心)' 프로젝트 내에 위치
선양점	중국	2014.5.31	7만 3,000m² (2만 2,000평)	테마파크, 호텔, 쇼핑몰, 마트, 주거시설 등이 들어서는 '롯데 중국 선양 프로젝트'에 위치. 중국점포 최초 영플라자 동시 오픈
롯데센터 하노이점	베트남	2014.8.29	1만 4,000m² (4,300평)	호텔, 오피스 등이 들어서는 대규모 복합단지인 '롯데센터 하노이'에 입점
롯데센터 호찌민점	베트남	2021년	10만m²	백화점, 쇼핑몰, 시네마, 호텔, 오피스 등 복합단지

출처: 롯데백화점

중국 롯데백화점

모스코바에 이어 롯데백화점은 2008년 8월 중국 유통그룹 인타이와 50 대 50 비율의 합작으로 베이징 최대 번화가인 왕푸징 거리에 중국 1호점을 개소하였다. 그러나 개점 이후 매년 수백억원대의 적자를 기록하는 등 실적 부진을 면치 못하였다. 또한 백화점은 상품구성 등 주변 환경에 빠르게 대응해야 하는데 합작회사라서 의사결정이 느리고 운영에 어려운 점이 많았다. 결국 2012년 지분 매각을 통해 사업을 접었다. 한편, 롯데백화점은 베이징점 운영에서 손을 떼기 1년 전인 2011년 6월 중국 톈진 동마로점을 오픈 한 이후 2012년 9월 톈진 문화중심점, 2013년 4월 웨이하이점, 2013년 8월 청두 환구중심점, 2014년 5월에는 선양점을 오픈했다. 2015년 이들 5개 점포의 매출액은 4,500억원으로 전년 대비 28% 정도 신장을 보였다.

롯데백화점은 현지 고객 수요를 파악하고, 유통시장 트렌드를 파악하기 위해 끊임없는 노력을 기울이면서 지속적인 두 자릿수 신장률을 기록할 수 있었다. 롯데백화점은 중국 내 한류 열풍에 힘입어 한국 중소기업과 연계한 '한국상품전' 등을 진행했으며, 그중 2015년도에 진행한 '락앤락' 판촉행사는 총 80억원의 매출을 기록하기도 했다. 중국 고객이 선호하는 상품 위주로 구성된 'gr-8', '바이에토르(BY ET TOL)' 등의 직매입 멀티숍도 운영해 차별화된 상품을 선보이기도 했다. 롯데백화점은 국내시장에서 쌓아온 역량을 바탕으로 중국의 향후 10년을 이끌어갈 '바우허우(85년대 후)' 세대에 초점을 맞춘 매장 차별화에 주력할 계획이다. 바우허우는 1980년대 생인 '바링허우'와 1990년대 생인 '주링허우'의 특징을 모두 갖춘 신세대 직장인들을 뜻한다. 특히 이들 세대는 강한 소비성향과 글로벌 수준의 눈높이·정보력을 갖췄기 때문에, 롯데백화점은 이들을 위한 직소싱 매장, 옴니채널 서비스 등의 차별화된 콘텐츠를 지속적으로 도입할 계획이다.

비록 러시아 모스코바점의 초기 실수를 타산지석으로 삼아 중국 진출 시에는 롯데의 유통 노하우와 현지의 문화와는 차이가 있음을 인지하고 '롯데식'이 아닌 '현지식'으로 시장 공략에 나섰지만 여전히 문화적 차이로 인한 시행착오를 겪어야만 했다. 예컨대 중국진출 1호점인 베이징점 오픈 당시 남성·스포츠 매장을 넓고 화려하게 꾸몄다. 하지만 매출은 기대치에 크게 못 미쳤다. 베이징 남성들이 계층을 막론하고 패션에 별 관심이 없다는 사실을 제대로 파악하지 못한 결과였다. 결국 남성 매장 규모를 절반 이하로 축소하고 그 자리에 가전 매장을 집어넣어 실적을 만회했다. 베이징점 화장실도 최고급으로 만들었다. 중국엔 좌변기 보다 바닥에서 해결하는 수세식 변기가 더 일반적이지만 고급 백화점인 만큼 최신 좌변기는 기본이라 판단했다. 그러나 현지 중국사람들은 익숙하지 않은 좌변기가 영 마뜩찮은 눈치였다. 다시 한번 해외 진출 시 서두르는 것은 절대 금물이며, 문화, 소비자 성향 등 모든 것이 한국과 다르다는 점을 인정해야 함을 깨닫는 계기가 되었다.

인도네시아 진출

롯데백화점은 러시아와 중국에 진출하면서 현지에서의 백화점 경영에 대한 귀중한 교훈을 많이 학습하였다. 이를 교훈을 바탕으로 인도네시아와 베트남 시장에 진출하였다. 롯데백화점은 2013년 6월 자카르타에서 쇼핑 특화거리로 조성 중인 메가 꾸닝안 지역의 복합단지 '찌푸트라 월드 자카르타'에 롯데쇼핑 에비뉴점을 개소하였다. 에비뉴점에는 롯데백화점과 면세점, 롯데리아, 엔젤리너스 등이 입점했다. 경쟁업체인 일본의 유명 백화점인 '세이부'와 '소고'도 인도네시아의 유명 쇼핑몰인 '그랜드 인도네시아'와 '플라자 스니안'에 각각 입점해 있다.

찌푸트라 월드 자카르타는 연면적 53만 7800m² 규모로 지하 3층부터 지상 50층까지 구성됐다. 내부에는 에비뉴점을 비롯해 5성급 호텔·사무공간·전시장·공연장 등이 들어섰다. 롯데백화점은 현지화에 주력하면서 한국 백화점의 장점을 접목시키는 방법을 택했다. 백화점과 쇼핑몰 공간을 복합적으로 구성해 매장을 꾸몄다. 인도네시아 사람들은 백화점보다 복합 쇼핑몰을 선호한다는 점을 고려한 것이다. 또 비슷한 제품 군(群)의 매장을 같은 층에 모아 소비자가 상품을 비교 구매할 때 겪는 불편을 최소화하였다. 이와 함께 '유니클로'와 'H&M'이 인도네시아 최초로 입점하며 'TBJ', '테이트' 등 한국의 영패션 브랜드도 대거 들어섰다. '옛골토성(오리 훈제 전문점)', '불고기 브라더스' 등 식음료 시설을 '먹자 골목' 형태로 조성했다. 문화홀과 문화센터도 인도네시아 쇼핑몰 중에서 처음 마련했다. 또한 한류 열풍을 활용해 'K-POP 댄스 경진대회' 등 다양한 이벤트를 오픈 프로모션으로 준비했다

인도네시아는 롯데그룹이 진출한 해외시장 가운데 성공적이라는 평가를 받고 있는 몇 안 되는 국가다. 인도네시아 시장에서 가장 먼저 자리를 잡은 롯데쇼핑의 경우 롯데쇼핑인도네시아(PT. Lotte Shopping Indonesia), 롯데마트인도네시아(PT. Lotte Mart Indonesia), 롯데쇼핑애비뉴인도네시아(Lotte Shopping Avenue Indonesia) 등 3개 법인을 운영하고 있다. 2012년 매출을 공개한 롯데쇼핑인도네시아와 롯데마트인도네시아 두 법인은 매출 2,402억원, 당기순손실 6억1869만원을 기록했다. 전년 대비 매출은 2.5% 늘었고 당기 순손실 폭은 80.8% 줄이면서 실적 개선을 이뤄냈다. 특히 총매출의 경우 1조130억원으로 환율 효과를 제외한 현지화를 기준으로는 전년 대비 13.8% 늘었다. 롯데마트의 현지 대형마트 시장 점유율은 15% 안팎으로 까르푸 등에 이어 4위를 차지하고 있다. 반면 같은 기간 중국 시장에서는 총매출 1조3460억원으로 현지화 기준 11.8% 매출이 줄었다. 지난해 말 기준

점포수는 중국이 103개, 인도네시아는 38곳으로 3배 가까이 차이 났지만, 매출은 1.3배밖에 차이나지 않았다.

베트남 진출

롯데백화점의 베트남 1호 복합단지는 2014년 8월 베트남 하노이에 오픈한 '롯데센터 하노이'다. 총 4억 달러가 투자된 지상 65층, 지하 5층, 높이 267m, 연면적 25만㎡ 규모의 빌딩으로 백화점, 마트, 특급호텔, 오피스 등으로 구성됐다. 롯데백화점은 2006년부터 현지에 주재원을 파견하고 하노이와 호찌민 등 주요 도시를 대상으로 출점을 적극 검토해 왔다. 첫 단추로 2013년 10월부터 호찌민시 소재 최고급 백화점인 '다이아몬드 백화점'을 수탁경영 해왔다. 롯데백화점은 국내에서 쌓은 유통 노하우에 현지 백화점 수탁경영 경험을 더해 하노이점을 주변 백화점과 차별화된 고급 점포로 운영 중이다. 특히 현지고객 특성에 맞는 매장과 상품을 갖추고 철저한 '현지화 전략'을 전개하고 있다. 롯데백화점 하노이점은 다른 해외 점포들보다 높은 매출을 기록하고 있으며, 매출액 또한 목표보다 높은 수치를 기록하고 있다. 이는 오휘 후, 더페이스샵 등 한국 화장품 브랜드가 견인했다. 베트남에서 "한류' 열풍에 힘입어 한국에 대한 이미지가 좋기 때문이다.

2015년 롯데는 포스코 건설이 보유한 베트남 호찌민의 '다이아몬드 플라자' 지분을 인수해 베트남 백화점 2호점을 오픈했다. 그리고 사업 확장을 위해 하노이에 이어 2021년에 베트남 호찌민에서도 약 10만㎡ 규모 용지에 총 사업비 2조원을 투입해 백화점, 쇼핑몰, 시네마 등 상업시설과 호텔, 오피스 등 업무시설,

그리고 주거시설 등으로 구성된 대규모 복합 단지조성에 나선 것이다.

향후 과제

국내 백화점 최초로 해외시장에 진출한 롯데백화점이 중국(5곳)·베트남(2곳)·러시아(1곳)·인도네시아(1곳) 등 해외사업에서 매출은 지속적으로 증가하고 있으나 10년째 적자 신세를 면치 못하고 있다. 2014년 흑자 전환을 자신했던 러시아 모스코바 1호점도 여전히 적자다. 해외사업 총매출은 2011년 90억원에서 2013년 580억원, 2015년 1280억원으로 늘었으나, 같은 기간 영업적자가 200억원, 850억원, 1050억원 순으로 계속 커졌다. 직접진출 전략으로 과도한 초기 투자비용과 현지 운영 미숙이 한몫을 했다. 통상 백화점 해외점포가 손익분기점을 넘어서기까지 6년 정도가 걸리는데, 아직도 적자 폭을 줄이지 못하는 것을 비추어 볼 때 롯데백화점의 해외사업은 '성공'이라 말하기 어렵다.

향후 해외사업에서 매출액 증가와 영업이익을 흑자로 돌리는 것이 롯데백화점이 시급히 해결해야 할 도전이다. 앞으로도 지속적으로 적자를 기록할 경우 국내사업 투자도 위축될 수밖에 없다. 이렇게 적자가 계속되면서 롯데백화점의 해외사업은 한차례 숨고르기에 들어갔다. 2015년부터 신규 출점은 잠시 멈추고 기존 점포들의 실적 개선에 집중하기로 한 것이다. 또한 해외투자 위험부담을 줄이면서 해외사업 확장세를 유지하기 위해 현지 백화점의 위탁경영도 적극 추진할 계획이다.

2017년부터 롯데백화점은 중국 중신(中信)그룹과 합작으로 상하이지역 쇼핑몰 사업에 뛰어들기로 계약을 체결하였다. 중신그룹이 소유한 네 개 쇼핑몰 운영을 롯데백화점이 위탁경영하는 형태다. 법인명은 중신타이푸낙천기업관리유한공사다. 이는 롯데백화점 경영 노하우를 수출하는 형태로 해외에 직접 점

그림 8-2 롯데백화점 해외점포 실적

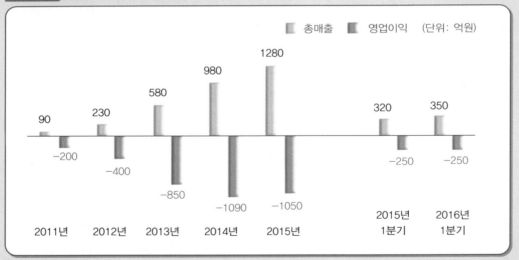

출처: 롯데

포를 내는 기존 해외 진출 방식과 달리 대규모 투자 없이 안정적으로 해외시장을 공략하는 모델이다. 중신그룹은 중국 국가재정부 산하 국영기업으로 금융서비스를 중심으로 에너지, 부동산개발 분야에서 연간 60조원의 매출을 올리고 있다. 롯데백화점측은 중신그룹과의 합작사 설립이 '부동산 개발 리스크와 인허가 부담이 없는 사업모델'이라는 점을 강조한다. 또한 초기 투자비용이 크지 않아 즉시 이익을 낼 수 있을 것으로 전망한다. 2018년에는 러시아 모스코바점 등 지속적으로 적자나는 해외지점에 대한 사업 축소, 영업 중단 등 본격 구조조정에 착수했다. 중국에서는 청두점을 제외한 여타 3곳 지점의 영업을 중단하였다. 반면 동남아시아시장에서는 성장세를 보이고 있다. 예컨대 2021년 현재 베트남에서 롯데백화점 2곳, 롯데마트 15개점을 오픈하고 있는데, 롯데백화점은 매출 180억원, 영업이익 30억원, 롯데마트는 매출 3,010억원, 영업이익 160억원을 기록했다.

백화점의 해외진출은 단순히 백화점만의 진출로 끝나지 않는다. 현지 점포에 국내 패션업체를 비롯한 여러 중소업체가 입점하기 때문에 동반 진출로 이어진다. 따라서 롯데백화점의 해외사업 성공 여부가 동반 진출한 국내 중소업체의 사활에도 매우 중요하다.

토의사안

1. 롯데백화점의 해외진출 배경은 무엇인가?

2. 롯데백화점의 국내 경쟁업체인 신세계백화점은 해외진출 대신 내수 시장에만 전념하고 있는데, 장단점에 대해 평가하시오.

3. 롯데백화점의 모스코바지점 등 해외 지점 운영에 있어 문화적 요인에 의한 시행착오와 그 대처 방안에 대해 설명하시오.

4. 현시점에 있어 롯데백화점의 해외사업은 비록 매출은 증대하지만 계속 적자를 내고 있는데, 어떠한 대처방안이 가능한지 살펴보시오.

제 9 장

산업구조 및 국가경쟁우위구조 분석

기업의 수익성은 업계 내에서 기업경쟁력뿐만 아니라 업계 자체 수익구조에 의해서도 결정된다. 즉, 업종마다 호황인 업종도 있는가 하면 불황인 업종도 있고, 또한 업종마다 경쟁구조가 다르기 때문에 평균 수익성에 있어 차이를 보인다. 따라서 해당업계의 수익 잠재성을 파악하기 위해서는 산업구조에 대한 이해가 필수적이다. 물론 글로벌 경쟁에서는 글로벌 차원에서의 산업구조분석이 요구된다. 한편, 국가 차원에서의 경쟁우위조건 또한 기업 및 산업 수익성에 영향을 미치고 결국 국가경쟁력을 좌우한다. 따라서 본장에서는 산업구조분석 요인과 국가경쟁우위 조건에 대해 중점적으로 살펴본다.

Ⅰ 산업구조분석

1.1 산업구조분석의 다섯 세력 요인

하버드 대학의 Porter(1980) 교수는 개별 산업의 수익 잠재력을 결정짓는 산업구조분석 체계로서 '다섯 경쟁유발 세력 분석(five forces analysis)'의 틀을 제시하였다. 이들 다섯 경쟁유발 세력에는 [그림 9-1]에서 보듯이 잠재적 신규 진입자의 위협, 기존 기업 간의 경쟁, 대체품의 위협, 구매자의 교섭력, 공급업자의 교섭력 등이 포함된다. 보통 산업 내 이들 다섯 경쟁유발 세력이 강할수록 완전경쟁을 촉진시켜 산업평균 수익성은 저하된다.[1]

한편, 최근 경쟁의 범주가 글로벌 차원으로 확대되면서 Porter 교수가 제시한 산업구조분석 체계인 '다섯 경쟁유발 세력 분석'도 글로벌 경쟁차원에서 이루어져야 할 당위성이 높아졌다. 즉 신규 진입자, 경쟁자, 공급자, 구매자, 대

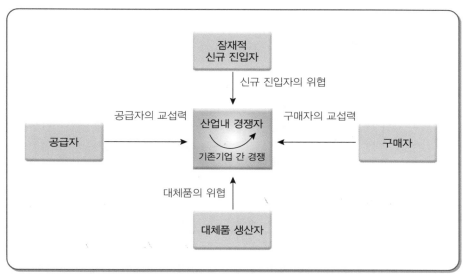

그림 9-1

산업 내
경쟁유발 세력

출처: M.E. Porter(1980), *Competitive Strategy*, NY: The Free Press, p.4.

체품 등도 자국 세력뿐만 아니라 산업 내 글로벌 세력 모두를 포함시켜야 한다. 특히 전 세계 시장에 걸쳐 사업 활동을 영위하고 있는 글로벌기업의 경우 글로벌 산업구조분석을 통해 수익성 검토와 경쟁전략을 수립하는 것이 당연하다.

잠재적 신규 진입자의 위협

잠재적 신규 진입자란 이제 막 산업에 진입하여 사업을 시작하려는 기업이다. 신규 진입자가 많아질수록 경쟁이 치열해져 가격하락으로 인한 산업 전체 및 개별 기업의 수익성은 저하된다. 신규진입의 수월성은 보통 경쟁적 장벽이라 불리는 해당업계의 진입장벽(barriers to entry)에 의해 좌우된다. 진입장벽을 결정짓는 핵심 요인으로는 규모의 경제, 제품차별화, 소요자본, 교체비용, 유통경로 접근성, 규모와 상관없는 비용상의 불리함, 정부 정책, 기존기업에 의한 예상되는 보복 등을 들 수 있다. 진입장벽이 높을수록 신규 경쟁자의 진입 비용과 위험이 높아져 산업 내 신규 진입이 더 어렵게 된다.

- **규모의 경제(economies of scale)** 규모의 경제란 시간 경과에 따른 절대 생산량이 늘어남에 따라 제품의 단위원가가 떨어지는 경제적 효과를 일컫는다([그림 9-2] 참조). 이는 건물, 설비, 기계 등에 들어가는 고정비를 대규모의 생산량에 분산시키는 효과 때문이다. 그러나 일정 생산량

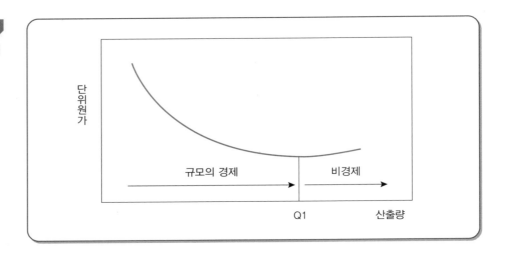

그림 9-2

규모의 경제

단위원가

규모의 경제   비경제

Q1   산출량

(Q1)이 넘으면 새로운 설비 설치로 고정비가 증대되기 때문에 단위원가도 상승하게 된다. 기존 업체들의 생산량이 클수록 그들은 원가우위를 누릴 수 있기 때문에 신규 진입자는 가격 경쟁력에서 불리할 수밖에 없으므로 그만큼 높은 진입장벽을 맞게 된다. 물론 대량생산을 할 경우 규모의 경제뿐만 아니라 원재료 및 부품의 대량구매에 따른 가격 할인도 원가우위에 기여한다. 이러한 규모의 경제에 의한 진입장벽 효과는 자동차 등 자본설비가 많이 요구되는 장치산업에서 더욱 크게 작용한다.

• **제품차별화(product differentiation)** 제품차별화란 특정 제품이나 상표에 대한 고객의 인지 및 신뢰의 정도를 나타낸다. 제품차별화의 요인으로는 품질 및 디자인에서의 차별성, 포장, 브랜드, 서비스를 통해 제품을 경쟁사와 차별화시키고자 하는 노력, 잠재적 구매자의 호의와 충성심을 유발해내는 촉진 활동, 유통채널의 효과적 통제 등을 들 수 있다. 제품차별화는 브랜드 및 고객에 대한 충성도에 긍정적 영향을 미친다. 즉, 소비자들 대부분 잘 알려지지 않은 제품보다는 이미 널리 알려져 있는 친숙한 제품을 선호하는 성향을 띤다. 따라서 이미 제품차별화가 이루어진 제품들이 판매되고 있는 산업이나 시장에 신규 진입하기란 그만큼 어렵고 위험부담이 따르기 때문에 진입장벽이 높은 것이다. 특히 해외시장에서 현지 소비자들은 이미 자국기업의 제품이나 브랜드에 친숙해져 있어 세계적으로 유명한 제품이 아니고서는 외국기업이 자사 제품이나 브랜드 이미지를 현지 소비자들에게 각인시키기란 어렵기 때문에 국내시장에서보다 해외시장에서 제품차별화에 따른 진입장벽이 더욱 높다고

볼 수 있다.

- **소요자본** 신규 진입시 생산시설 확충과 시장 개척을 위해 많은 자본이 소요된다. 특히 고객신용, 재고, 초기단계의 적자보존 등을 위해 일정의 자금 확보가 필요하다. 특히 거액을 들인 투자가 실패하는 경우에 자금 회수가 어려운 연구개발이나 광고가 시장진입에 필수적인 경우 진입장벽은 더욱 높아진다. 따라서 조선, 화학 등 자본집약적 산업에서 신규진입에 따른 소요자본에 의한 진입장벽이 높다 할 것이다.

- **교체비용(switching costs)** 교체비용이란 구매자가 다른 공급자의 제품으로 구매를 변경하는 과정에서 부담하게 되는 비용이다. 주요 교체비용으로는 신규 공급자에 대한 조사비용 및 시간, 제품 설계 변경 비용, 종업원 재교육 비용, 새로운 설비 도입 비용, 새로운 공급자와의 관계유지를 위한 심리적 부담 등을 들 수 있다. 이는 공급업자도 마찬가지다. 새로운 구매자로 변경하는 데에는 교체비용이 따른다. 따라서 구매자와 공급업체 간 교체비용이 높을 경우 진입장벽이 높아져 신규 진입이 어렵게 된다. 예컨대 자동차 업종과 같은 경우 신규 진입자는 수많은 부품 공급처를 확보해야 되는데, 기존 공급업체들이 높은 교체비용으로 인해 신규 진입자와의 거래를 꺼린다면 신규 진입은 그만큼 어려운 것이다. 과거 삼성그룹이 자동차 산업에 신규 진입하였을 당시 부품 공급업체 확보에 어려움을 겪었는데, 물론 기존 경쟁업체들의 부품 공급업체에 대한 압력도 있었지만 부품 공급업체들의 자체 교체비용도 무시하지 못할 요인으로 작용하였다.

- **유통경로에 접근** 신규 진입자가 독자적인 유통망을 구축해야만 하는 경우 상당한 시간과 비용이 소요된다. 특히 기존 기업에 의해 유통채널이 통제될 경우 진입장벽은 더욱 높아진다. 예컨대 일본에서와 같이 유통경로가 다단계이고 주요 메이커나 도매유통업자에 의해 유통계열화가 이루어져 있는 경우 외국기업의 일본 시장 신규 진입은 유통장벽에 의해 더욱 어렵게 된다.

- **규모와 상관없는 비용 면에서의 불리함** 신규 진입자는 규모의 경제성 외에도 비용상 여러 가지 불리한 위치에 놓이게 된다. 즉, 독점적인 제품 및 생산기술 확보, 유리한 구매처 확보, 유리한 입지조건, 정부 보조, 학습경험 등에 걸쳐 신규 진입자는 기존 경쟁업체들에 비해 비용 면에서

매우 불리한 위치에 있다. 예컨대 기존 경쟁업체들은 풍부한 생산 학습 경험으로 인한 노동생산성 증가나 설비 개선 등을 통해 신규 진입자보다 생산비용을 낮추는 데 유리한 위치에 있다.

- **정부의 규제 정책** 정부는 인허가 제도, 면허제도 등의 시행을 통해 특정 산업으로의 신규 진입을 통제할 수 있다. 이외에도 대기나 수질의 오염 문제에 따른 환경규제, 제품의 안정성이나 성능에 대한 일정 기준 준수 규정도 신규 진입의 장애요인으로 작용한다. 특히 교통, 항만, 전력 등과 같이 기간산업에서 자국 산업보호정책으로 외국기업의 신규 진입에 대한 정부의 규제가 높은 편이다.

- **기존 기업에 의한 예상되는 보복** 기존 기업은 신규 진입자에 대해 여러 가지 보복 수단을 강구할 수 있다. 가장 빈번히 행해지는 보복적 조치는 규모의 경제성을 내세워 가격을 대폭 할인하는 것이다. 이 경우 신규 진입자는 시장에 정착하기도 전에 가격 경쟁에서 밀려날 수밖에 없다. 또한 공급업체나 유통업체가 기존 경쟁업체에 의해 수직계열화 되어 있거나 거래가 전속되어 있는 경우 신규 진입자와의 거래 시 기존 거래가 중단될 수 있다는 압력을 받기도 한다.

글로벌경쟁구조관점

잠재적 신규 진입자 범주를 글로벌경쟁 차원에서 고려해야 한다. 자국 기업에 한정해서는 신규 진입의 위협이 존재하지 않더라도 얼마든지 외국기업들이 자국 산업 내로 진입할 수 있는 것이다. 최근에는 일부 기간산업을 제외하고는 모든 산업분야에 걸쳐 외국기업에게 시장이 개방화 됨에 따라 외국기업의 신규 진입이 더욱 수월해졌다. 예를 들어, 한국이 1997년 IMF 외환위기 이후 금융시장을 개방하였을 당시 은행 등 많은 국내 금융기관은 시장에서 퇴출되었지만 외국 금융기관들이 그 공백을 대체하였다. 또한 특성 산업 내에 글로벌경쟁기업이 많이 진출하여 있을 경우 국내기업 자체의 신규 진입은 더욱 어렵게 된다. 예컨대 햄버거와 같은 패스트푸드 및 커피전문점의 경우 맥도날드와 스타벅스와 같은 글로벌리더 기업이 버티고 있어 국내기업에 의한 신규 시장 진입장벽은 매우 높다 할 것이다.

기존 기업들 간의 경쟁

산업 내에서 유리한 위치를 차지하려는 기존 기업 간의 경쟁강도(intensity

of rivalry)는 가격경쟁, 광고경쟁, 신제품 출시, 대고객 서비스 등의 행동으로 표출된다. 만일 신규 진입자가 출현하면 경쟁강도는 더욱 높아지고, 시장을 확보하고 유지하기 위한 비용이 더욱 요구되어져 수익성은 그만큼 악화된다. 이같은 경쟁강도는 다음과 같은 구조적 조건하에서 더욱 치열해지는데, 즉 수 많은 경쟁기업이나 대등한 경쟁기업이 존재하는 경우, 산업성장이 완만한 경우, 고정비나 재고비용이 높은 경우, 제품 차별성이 희박하거나 교체비용이 낮은 경우, 대규모적인 시설 확충으로 시설과잉 현상이 예상되는 경우, 이질적인 전략을 가진 다양한 경쟁업체들이 존재할 경우, 특정 산업에서의 성공 여부가 기업 전체 사업에 막대한 영향을 미칠 경우, 철수장벽이 높은 경우 등을 들 수 있다.

수많은 경쟁기업이나 대등한 경쟁기업의 존재 여부는 보통 산업집중도 또는 시장집중도로 분석된다. 산업집중도는 동일 산업에 속하는 기업의 수와 그 개별기업의 규모에 의해 좌우된다. 한 기업이 산업 전체를 독점할 경우 산업집중도가 가장 높으며, 반대로 경쟁강도는 가장 낮다. 반면, 기업의 규모와 시장점유율이 비슷한 수많은 경쟁업체가 존재할 경우 산업집중도는 낮고 경쟁강도는 높아진다. 또한 이질적인 전략을 가진 다양한 경쟁업체들이 존재할 경우에도 기업 간 암묵적인 담합이 어렵기 때문에 산업 내 경쟁강도는 높아진다. 반대로 소수의 기업에 의해 시장이 지배될 때 경쟁강도는 낮아진다.

한국의 경우 공정거래위원회에서 상위 3개 기업들의 시장점유율을 합산한 3사 시장집중도 비율(concentration ratio)을 발표하고 있다. 통상적으로 1위 기업의 시장점유율이 50% 이상이면 독점, 1위와 2위의 시장점유율 합계가 75% 이상이면 복점, 1위부터 3위까지의 시장점유율 합계가 75% 이상이면 과점, 그리고 1위부터 4위까지의 시장점유율 합계가 40% 수준이면 경쟁적 시장으로 간주된다. 따라서 독점, 복점 및 과점 상태인 경우 경쟁강도는 낮아지고, 반대로 경쟁적 시장인 경우 경쟁강도는 높아진다.

글로벌경쟁구조관점

모든 산업에서 글로벌 경쟁자들이 존재하기 때문에 경쟁업체 분석 시에 당연히 이들 글로벌 경쟁자를 포함시켜야 한다. 예를 들어, 미국 자동차시장의 경우 GM, 포드, 크라이슬러 등 3사가 주요 미국 경쟁업체이지만 글로벌 경쟁 관점에서 이들 미국 3사 외에 일본 도요타, 독일 폭스바겐, 일본 르노닛산그룹, 한국 현대차그룹 등이 미국 자동차시장의 경쟁을 좌우하고 있다. 글로벌

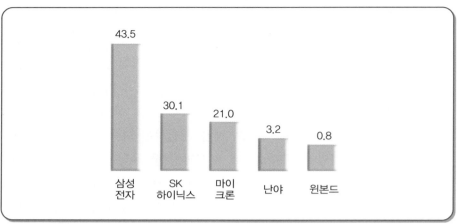

그림 9-3

메모리 반도체 D램
세계 시장점유율

주: 단위 %, 2020년 기준

경쟁자가 많이 존재한다는 것은 이질적인 전략을 가진 다양한 경쟁업체의 존재가 많다는 것을 의미하기도 한다. 따라서 자동차업종뿐만 아니라 모든 업종에 걸쳐 잠재적 수익성 파악을 위해서는 글로벌 산업집중도 및 경쟁강도 분석이 합당시 된다. 글로벌 상위 3개사 또는 5개사의 글로벌 시장점유율 분석을 통해 해당 산업의 글로벌 경쟁구조가 독과점적 구조인지 경쟁적 구조인지 파악할 수 있을 것이다. 예컨대 2020년 기준 메모리 반도체 D램 세계시장점유율은 [그림 9-3]에서 보듯이 삼정전자 43.5%, SK하이닉스 30.1%, 미국마이크론 21%, 그리고 대만의 난야와 원본드가 각기 3.2%, 0.8%로 상위 3개사의 세계시장점유율이 94.6%로 나타나 글로벌 산업집중도가 매우 높음을 알 수 있다. 본 장 말미의 [부록 9-1]에는 주요 업종별로 국내외 톱 기업의 매출실적에 대한 비교가 제시되어 있는데, 업종별로 글로벌 경쟁이 심화되고 있음을 알 수 있다.

공급자의 교섭력

포괄적 의미로 공급자란 원부자재를 공급하는 업계나 업자를 지칭한다. 자동차 업계로 본다면 부품업체가 공급자가 된다. 공급자는 구매자에 대해 가격인상, 납기연장 또는 공급하는 제품에 대한 품질 통제 등을 통해 교섭력을 발휘할 수 있다. 이 경우 공급자가 원가 인상분을 제품가격에 전가시키기 어렵다면 수익성은 떨어질 수밖에 없다. 보통 다음과 같은 조건하에서 공급자는 구매자에 대해 높은 교섭력을 발휘할 수 있다.

- 공급자가 소수이고 구매자 업계보다 집약되어 있는 경우. 이 경우 다수가 경쟁하고 있는 구매자 업계에 공급하는 소수의 공급업자는 수요와 공급의 원리에 따라 가격, 결제 등 거래조건에서 높은 교섭력을 발휘할 수 있다.

- 공급자가 생산하는 제품에 대한 대체품이 없는 경우. 이 경우 구매자가 공급자를 선택할 수 있는 여지가 없어 공급자의 교섭력이 높아진다.

- 구매자가 공급자의 주요 고객인 아닌 경우. 이 경우 공급자는 구매자와 거래가 중단되더라도 큰 손실을 입지 않아 높은 교섭력을 발휘할 수 있다.

- 공급자의 제품이 구매자의 생산과 품질에 큰 영향력을 미칠 경우. 이 경우 구매자는 공급자의 요구 조건을 수용할 수밖에 없어 공급자의 교섭력은 높아진다.

- 공급자의 제품이 차별화되어 있거나 또는 교체비용이 높을 경우. 이 경우 구매자는 공급자들로 하여금 서로 경쟁하게 만드는 선택의 폭이 좁아져 구매자에 대한 공급자의 교섭력은 높아진다.

- 공급자가 전방통합(forward integration)을 통해 향후 구매자와 경쟁 상대자가 될 가능성이 높은 경우. 예컨대 핵심 부품 공급업체가 완성제조업체로의 전환을 모색하는 경우이다. 이 경우 구매자는 공급자들에 의한 전방통합 추진 가능성을 낮추기 위해 가급적 그들의 거래조건을 수용할 수밖에 없다. 반면 핵심 부품에 대한 공급자의 교섭력은 구매자 입장에서 보면 높은 거래비용(transaction costs)을 유발시키는 것이기 때문에 구매자는 반대로 수직적 후방통합(backward integration)을 통해 이 문제를 해결할 수 있다.[2] 극단적으로 핵심 부품 공급업체가 부품을 공급하지 않는다면 완성업체는 큰 생산 차질을 빚기 때문에 완성업체는 수직적 후방통합, 즉 계열사를 설립하여 핵심 부품을 직접 생산해 낼 수 있다. 예컨대 현대자동차나 기아자동차가 계열사인 현대모비스나 현대위아를 통해 엔진과 같은 핵심 부품을 직접 생산하여 조달하는 것이 좋은 본보기다.

글로벌경쟁구조관점

공급업자도 글로벌 차원에서 분석되어져야 한다. 소수에 의한 국내 공급업자의 교섭력이 높거나 또는 국내에는 적합한 공급업자가 존재하지 않을 경우 얼마든지 해외에서 공급자를 찾을 수 있다. 즉, 해외 공급처로부터 부품 등 중간재를 공급받는 글로벌 소싱(global sourcing) 경로를 개발할 수 있는 것이다. 이 경우 구매자의 선택폭이 넓어져 국내 공급자에 대한 교섭력을 높일 수 있다. 부품뿐만 아니라 완제품도 위탁가공 또는 주문자생산(OEM) 방식으로 외국업체로부터 공급받을 수 있다. 예컨대, 나이키(Nike)의 경우 대부분의 제품을 외국업체로부터 OEM으로 공급받고 있는데, 신발의 경우 한국의 태광실업이 최대 공급업체 중의 하나이다. 애플(Apple)도 아이폰과 아이패드를 대만의 팍스콘 사로부터 위탁생산을 통해 공급받고 있다. 이 경우 나이키나 애플은 원자재 조달이나 생산에 들어가는 비용을 절감시켜 연구개발이나 마케팅 등 핵심 분야로 전용할 수 있는 것이다.

구매자의 교섭력

구매자란 기업이 제공하는 제품이나 서비스를 구매하는 고객을 지칭한다. 산업재의 경우 또 다른 기업이 구매자가 된다. 예컨대 자동차 부품인 경우 완성업체가 구매자가 된다. 구매자들이 가격 인하, 서비스 증대, 품질 향상 등을 요구하거나 다수의 공급업자들과의 계약을 통해 입찰 경쟁을 붙이는 경우 가격 경쟁으로 인해 공급업자 업종의 수익성은 저하된다. 즉, 구매자의 교섭력(bargaining power)이 높을 경우 공급자 업종 수익성은 떨어진다. 구매자의 수익성을 결정짓는 구매자의 교섭력은 보통 다음과 같은 조건하에서 더욱 유리해진다.

- 집중적인 대량 구매를 하거나 또는 공급자의 판매량 중에서 큰 비중을 차지할 경우. 이 경우 구매자가 거래를 단절하면 공급업자에게 막대한 손실을 끼치게 된다.
- 구매자가 구입하는 제품이 구매자의 비용 전체에서 차지하는 비중이 클 경우. 이 경우 구매자는 가격에 민감할 것이므로 가장 값싸게 공급하는 공급업자를 적극 찾아 나설 것이다.
- 구매하는 제품이 규격화되어 있거나 또는 차별화가 되어 있지 않을 경우. 이 경우 구매자는 언제든지 다른 공급업자로부터 제품을 구입할 수 있기 때문에 가격 인하 경쟁이 벌어진다.
- 교체비용이 거의 들지 않는 경우. 이 경우 구매자는 언제든지 쉽게 공급업자를 변경할 수 있다. 예컨대 공급업자의 제품이 구매자의 제품 품질

이나 성능에 대한 영향력이 미세할 경우 구매자는 쉽게 공급업자를 교체할 수 있다.

- 구매자의 수익성이 낮은 경우. 이 경우 구매자는 수익성 제고를 위해 저렴한 가격으로 제공하는 공급업자를 적극 찾아 나서게 된다.
- 구매자가 후방통합(backward integration)을 하려는 경우. 이 경우 구매자가 직접 공급업자의 비즈니스를 수직계열화 하는 것이기 때문에 공급업자는 큰 위협을 느낀다. 예컨대 완성제조업체가 부품, 자재, 서비스 조달과 관련하여 직접 물류, 광고, 부품 회사를 설립하여 계열화 할 수 있다.
- 구매자가 공급업자에 대한 충분한 정보를 가지고 있을 경우. 예컨대 구매자가 공급자의 원가구조에 대해 완전히 숙지하고 있을 경우 가격 등 거래조건에 있어 구매자가 큰 교섭력을 발휘할 수 있다.

글로벌경쟁구조관점

공급업자와 마찬가지로 국내 구매자뿐만 아니라 글로벌 구매자도 분석 대상으로 삼아야 한다. 이를테면 자동차나 가전산업에 있어 부품업체들은 국내 완성업체뿐만 아니라 외국의 완성업체에게 공급함으로써 얼마든지 구매자, 즉 판로의 다변화를 꾀할 수 있다. 예를 들어 한국 자동차 부품업체인 현대모비스는 현대자동차뿐만 아니라 미국의 크라이슬러를 비롯해 GM, BMW, 폭스바겐 등 해외 자동차업체에 부품을 공급하고 있고, 만도도 GM과 포드 등에 제품을 공급하며 내수 의존도를 낮추었다. 이 경우 공급업자의 구매자 선택지가 넓어져 자연적으로 국내 구매자에 대한 교섭력을 높일 수 있다. 만일 국내 구매자가 단가 인하로 압박할 경우 판로를 외국으로 바꿀 수 있는 것이다. 반대로 구매자도 앞서 설명한 바와 같이 글로벌 공급자를 찾아 나선다면 선택지가 넓어져 자체 교섭력을 높일 수 있다.

대체품의 위협

대체품이란 구매자의 동일한 필요와 욕구를 다른 방법으로 충족시키는 제품을 지칭한다. 예컨대 디지털 카메라에 대해 카메라가 내장된 휴대폰은 대체제가 될 수 있다. 특히 대체품이 기존 제품보다 가격 대비 성능이 뛰어나거나 수익성이 높은 업계의 제품에 해당될 경우 상당한 위협 요인이 된다. 예컨대 타자기는 컴퓨터 워드프로세스에 의해 대체되어 시장에서 사라졌고, 내비게이션(navigation)은 내비가 내장된 휴대폰에 의해 사양 업종으로 전락하였다.

대체품에 의한 노출 정도가 높을 경우에 기업은 대체품에 대한 정면대응 전략을 취하던지 아니면 회피 또는 수비 전략을 취할 수 있다. 정면대응 전략은 수익률이 희생되더라도 대체품과 동일한 가치를 제공하는 수준으로 제품을 개선하는 전략이다. 예를 들어, 디지털 카메라인 경우 대체품인 카메라 내장 휴대폰이 가지기 힘든 화질의 우수성으로 대응할 수 있다.

반면, 회피 또는 수비전략은 직접 경쟁을 피하고 자사 제품이나 서비스를 새롭게 위치화(positioning)하는 것이다. 예를 들어, 프로야구팀들이 관객 유치에 있어 축구나 농구 등 타 구기종목도 경쟁자이지만 e-스포츠를 비롯한 영화, 오락, 게임 등 엔터테인먼트(entertainment) 업종이 관객을 대체한다고 보고 경기 관람뿐만 아니라 오락을 겸하는, 즉 스포츠(sports)와 엔터테인먼트(entertainment) 요소를 융합한 새로운 '스포테인먼트(sportainment)' 개념을 도입한 것을 들 수 있다. 예컨대 'SK와이번스'와 같은 경우 바비큐를 즐길 수 있는 '바비큐존', 소풍을 나온 것처럼 돗자리를 펴고 야구를 즐길 수 있는 '그린존', 야구장에 테마파크 개념을 도입한 '와이번스랜드'와 클럽문화를 접목한 '불금파티' 등 다양한 볼거리와 즐길 거리를 제공하고 있다. 이는 새로운 서비스로 스포츠를 위치화한 것이다.[3]

글로벌경쟁구조관점

글로벌경쟁 차원에서는 대체품의 위협 가능성이 더욱 높아진다. 자국 내에 국한해서는 대체상품의 출현 가능성이 낮지만 외국에는 이미 대체상품이 존재할 수 있다. 예를 들어, 자국 시장에서는 아직 전기자동차가 보급되고 있지 않지만 외국 시장에 이미 보급되고 있는 전기자동차가 언제든지 자국 시장으로 진입하여 기존 내연기관 자동차를 대체 할 수 있는 것이다.

1.2. 산업별 매력도

신규 진입자의 경우 어느 산업에 진입하는 것이 높은 수익성을 담보할 수 있는가는 매우 중요한 사안이다. 이를 위해 산업구조분석을 통한 수익 잠재력에 따른 산업별 매력도(industry attractiveness)를 측정할 필요가 있다. 즉, 산업별 매력도 분석을 통해 유망 산업 여부를 판단할 수 있는 것이다. 물론 산업별 매력도는 기업 자신이 구매자, 공급자, 신규 진입자 중 어느 입장에 있느냐에 따라 달라진다. 〈표 9-1〉은 자동차 완성업체와 같은 입장에서 산업별 매력도

표 9-1

산업별 매력도
분석

	매력적이지 않음	매력적임
기존 기업 간의 경쟁 강도	• 동질적인 경쟁기업과 제품이 과다 • 혁신이 빠르게 모방됨 • 성장이 더딤 • 과잉 설비 • 가격경쟁 심함	• 차별성을 지닌 지배적인 기업이 소수 • 제품 및 브랜드 정체성이 확고 • 성장이 빠름 • 설비 부족 • 가격경쟁 약함
공급업체의 교섭력	• 산업이 몇몇 집중된 부품 공급업체에 의존 • 독점적 생산에 의한 비합리적인 부품가격	• 비슷한 제품을 생산하는 부품 공급업체가 다수 • 가격 경쟁과 풍부한 공급으로 합리적인 가격으로 부품 조달 가능
구매자의 교섭력	• 제품 선택폭이 넓음 • 낮은 브랜드 인지도 • 낮은 전환 비용	• 제품 선택폭이 제한 • 브랜드 파워가 강력함 • 상품의 희소성과 차별성으로 인해 고객 만족도에 중요한 영향
진입장벽 및 퇴출 장벽	• 적은 자본으로도 신규 진입 가능 • 희소성을 지닌 자원이나 특화된 자원이 불필요 • 기존 경쟁기업들의 전략을 쉽게 모방하거나 추월이 용이 • 퇴출이 용이함	• 신규 기업의 진입이 어려움 • 신규 진입에 규모의 경제, 제품 차별화, 높은 자본투자 • 규제 당국의 승인 또는 축적된 전문지식이나 경험이 요구됨 • 퇴출이 어려움
대체품의 위협	• 매력적인 가격에 고객의 욕구를 충족 시켜주는 다양한 대체품 존재	• 비교 가능한 가격에 욕구를 충족 시켜주는 대체품을 선택하기 어려움

출처: C.A. Montogomery(2012), *The Strategist: Be the Leader Your Business Needs*, Harper Collins Publisher.

에 영향을 미치는 다섯 세력 요인별 영향력을 예시한 것이다.[4] 물론 기존 기업 간의 경쟁강도, 구매자와 공급자의 교섭력, 진입장벽과 퇴출장벽 그리고 대체품의 위협 등이 높을 경우 수익 잠재력이 낮아 산업별 매력도는 떨어진다. 따라서 신규 사업 결정시 산업구조분석을 통해 산업매력도가 뛰어난 분야로 진입하는 것이 높은 수익성을 담보하는 지름길이다. 글로벌 경쟁을 염두해 둔다면 글로벌 세력도 산업별 매력도 분석에 포함시켜야 한다.

1.3. 구조-행동-성과 모형

산업구조분석의 의의는 외부환경 요인으로서 산업구조에 따라 기업의 전략적 행동이 달라지고 결국 경영성과에도 영향을 미친다는 "구조-행동-성과

(SCP: structure-conduct-performance)"모형의 근거가 되기 때문이다.[5] 즉, 기업은 산업구조분석을 통해 산업별 매력도 측정뿐만 아니라 산업별 특유의 성공요인(Key Success Factor)과 경쟁방식을 규명해 낼 수 있게 된다.

첫째, 구조-행동-성과 모형에서의 구조는 산업구조로서 신규 진입자의 위협, 기존 경쟁기업들 간의 경쟁, 대체품의 위협, 구매자의 교섭력, 공급업자의 교섭력 등 다섯 세력 요인에 의거한 산업별 매력도를 나타낸다.

둘째, 행동은 산업 내 기업의 구체적 행동으로서 가격전략, 제품전략, 광고, 연구개발, 공장 및 설비투자 등으로 대변된다. 즉, 구조적 외부환경에 대한 전략적 조치로 볼 수 있다.

셋째, 성과는 두 범주로 구분되는데, 즉 기업수준의 성과와 사회전체 수준의 성과로 평가할 수 있다. 기업수준의 평가는 보통 경제적 이윤을 나타내는 것으로서 업계 평균, 평균 이하, 평균 이상 등으로 구분할 수 있다. 한편, 사회수준의 성과는 사회전체에 대한 영향력을 나타내는 것으로서 생산 및 분배

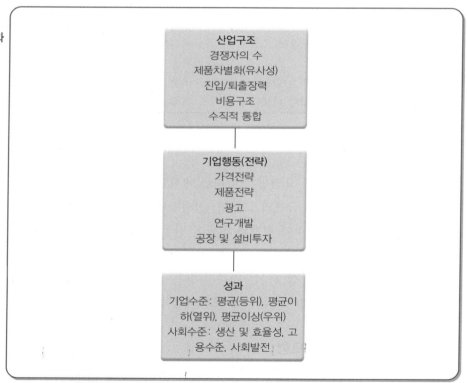

그림 9-4

구조-행동-성과 모형

출처: J.B. Barney and W.S. Hesterly(2006), *Strategic Management and Competitive Advantage: Concept and Cases*, Prentice Hall.

의 효율성, 고용수준, 사회발전에 대한 기여도 등이 포함된다.

일반적으로 신규 진입자의 위협, 기존 경쟁기업들 간의 경쟁, 대체품의 위협, 구매자의 교섭력, 공급업자의 교섭력 등 다섯 경쟁유발 세력이 강할수록 완전경쟁상태가 되어 기업의 행동 선택 폭은 제약된다. 따라서 이러한 완전경쟁상태 하에서는 이익 기대치가 낮아 기업은 수요나 공급 수준에 영향을 미치는 행동에 적극적으로 나서기 보다는 단지 가격 수용자의 입장을 취하게 된다. 즉 완전경쟁 산업구조에서는 기업은 잘해야 장기적으로 평균적인 경제적 성과를 올리게 된다. 반면, 불완전경쟁 산업구조 하에서는 기업들의 행동 선택 폭은 넓어진다. 즉 기업들은 더 큰 이익 기대치를 가지고 수요와 공급에 적극 영향을 미치고자 행동에 나선다. 그러나 산업 내 특정 기업이 평균 이상의 경제적 성과를 얼마나 유지해 나갈 수 있는가는 진입장벽 여하에 달려있다. 만일 진입장벽이 낮을 경우에는 많은 신규 진입자가 출현할 것이며, 결국 치열한 경쟁으로 인해 개별 기업의 수익성은 산업 내 평균이나 평균 이하로 다시 떨어지게 된다. 물론 진입장벽이 높을 경우 장기적으로 높은 수익성 유지가 가능하다.

1.4. 전략집단과 이동장벽

동일 산업 내에 속한 기업들 간에도 수익성에서 차이를 보이는 이유를 설명하기 위해 Porter(1980) 교수는 전략집단(strategic group) 개념을 도입하였다. 전략집단이란 특정 산업 내의 기업들 중 동일하거나 유사한 전략을 추구하는 기업군을 지칭한다. 따라서 전략집단은 시장세분화 개념처럼 산업을 세분화하는 개념으로서 산업을 전체적으로 접근하는 시각과 각 기업을 개별적으로 파악하는 시각의 중간 정도에 위치한 준거체계이다.

전략집단을 구분하는 가장 간단한 예로 Porter 교수가 제시한 세 가지 경쟁전략에 의거하여 원가우위전략집단, 차별화우위전략집단, 집중화전략집단 등으로 유형화할 수 있을 것이다. 원가우위전략이란 경쟁사보다 낮은 가격으로 경쟁하는 전략이고, 차별화우위전략이란 품질, 성능, 브랜드, 대고객 서비스 등을 통해 고객에게 자사 제품의 독특성(uniqueness)을 인식시키는 전략이다. 한편, 집중화 전략이란 특정 고객층, 제품, 지역 등 한정된 영역으로 기업의 경영 자원을 집중하는 전략이다.

원가우위전략, 차별화우위전략, 집중화전략 등에 의거 국내 항공여객산업

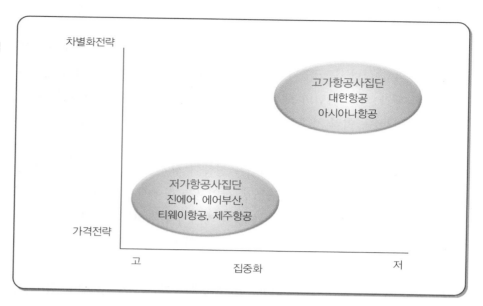

그림 9-5

국내 항공산업
(여객)의
전략집단

차별화전략

고가항공사집단
대한항공
아시아나항공

저가항공사집단
진에어, 에어부산,
티웨이항공, 제주항공

가격전략

고   집중화   저

을 유형화하면 [그림 9-5]에서 보듯이 크게 저가항공사집단과 고가항공사집단으로 분류할 수 있다. 물론 이들 집단 간에는 경쟁전략이 다르다. 고가항공사에 비해 상대적으로 저가항공사의 특징은 중·단기 비행이 가능한 특정 지역에 집중화하며, 기내 서비스, 수탁물 개수 및 무게, 운항횟수 등에 걸쳐 서비스의 질은 떨어지지만 가격이 저렴하다. 유통산업도 이들 세 가지 경쟁전략에 의거 전략집단군으로 구분 가능하다. 예컨대 차별화전략집단에는 백화점과 면세점, 가격우위전략집단에는 슈퍼체인이나 대형할인마트, 그리고 집중화전략집단에는 전문양판점(가전, 가구, 의류 등), 편의점 등이 해당된다.

전략집단 유형화의 의의는 전략집단별로 상이한 전략을 구사하며 또한 수익성에 있어 차이를 설명할 수 있다는 점이다. 당연히 어느 한 전략집단에 속한 기업이 다른 전략집단으로 이동하는 데에는 장애요인, 즉, 이동장벽(mobility barriers)이 존재한다. 이동장벽이 존재하는 이유는 전략집단별로 신규 진입자의 위협, 기존 경쟁기업들 간의 경쟁, 대체품의 위협, 구매자의 교섭력, 공급업자의 교섭력 등 다섯 경쟁유발 세력이 다르기 때문이다. 물론 전략집단별로 진입장벽에서도 차이가 난다. 예컨대 저가항공사집단에 속한 항공사가 고가항공사집단으로 이동하는 데는 더 높은 진입장벽에 직면할 것이다. 반면 고가항공사집단에서 저가항공사 집단으로 이동하는 것은 상대적으로 수월하다고 볼 수 있다. 이 경우 이동장벽을 극복하는 방안으로 자금이 풍부할 경우 신설 기업에 대한 출자나 기존 기업에 대한 인수를 활용할 수 있다.

대한항공과 아시아나항공의 경우 각기 저가항공사인 진에어와 에어부산에 출자하여 저가항공사집단에 진출한 것이 단적인 예이다.

1.5. 산업 내 세력과의 배타적 거래관계 대 호혜적 협력관계

Porter(1980) 교수의 산업구조분석 체계로서 '다섯 경쟁유발 세력 분석'은 세력 간의 단기적 거래관계를 전제로 한다고 볼 수 있다. 즉, 단절적인 교환(discrete exchange)으로서 단기지향적이며 상호의존도가 낮은 거래 당사자들의 배타적인 경쟁행동에 입각한다는 관점이다. 이 경우 승-패 경쟁 논리에 따라 한 측이 이득을 얻으면 다른 측은 그만큼 손실을 보는 제로섬(zero-sum) 게임이 된다. 이를테면 산업 내에서 기존 경쟁업체와는 시장지배력 다툼을 위해 상호 치열한 경쟁을 벌이며, 공급자로부터는 가급적 저렴한 가격으로 구매하고, 구매자에게는 비싼 가격으로 판매할 수 있도록 교섭력을 발휘하고, 또한 신규 진입자와 대체품 생산자에게는 진입장벽을 높여야 높은 수익성을 담보할 수 있다는 논리이다.

그러나 최근 산업 내 경쟁환경이 급변하고 있다. 우선 산업 내 경쟁이 국경을 초월한 글로벌경쟁구조로 바뀌고, 또한 급진적인 기술변화 및 소비자 기호 변화로 제품수명주기 단축에 따른 스피드 경영의 중요성이 부각되었다. 어느 기업이든 자원 제약으로 인해 종래의 배타적인 거래관계로서는 산업 내에서 스피드 경영 실현과 지속적인 경쟁우위 유지에 한계가 따른다. 따라서 전략 대안으로 자원과 비용 공유를 위한 기업 간의 협력의 중요성이 대두되었다. 협력관계는 본질적으로 관계적 교환(relational exchange)으로서 장기지향적이며 상호의존도가 높은 거래 당사자들의 호혜적인 행동에 입각한다. 이 경우 승-승(win-win) 논리에 의거해 시너지 창출을 통한 쌍방 모두 이득을 보는 포지티브섬(positive-sum) 게임이 된다. 단순 배타적 거래관계와 호혜적인 협력관계의 특징을 좀 더 구체적으로 비교하면 〈표 9-2〉와 같다.

첫째, 기간으로 볼 때 배타적 거래관계는 독립적인 시장거래로서 일시적이며 단기성을 띠는데 반하여 협력관계는 파트너십 형태로서 장기적이며 반복적이다. 물론 협력관계에 있어서도 단기적 관계와 장기적 관계로 구분지울 수 있겠지만, 단기적 관계라 할지라도 배타적 거래관계보다는 상호작용 기간이 통상적으로 길다.

둘째, 배타적 거래관계에서는 개별 당사자들이 자기이익 중심적이고 상대

표 9-2

거래관계 대
협력관계

	거래관계	협력관계
목적	거래비용 최소화	시너지 극대화
거래준거	• 제로섬 게임 • 자기이익중심 • 기회주의	• 승승게임 • 호혜성 추구 • 신뢰
상호작용	• 독립적 • 소극적 • 단순	• 상호의존적 • 적극적 • 복잡
거래기간	단기적	장기적
거래빈도	단절	지속
정보	정보독점	정보공유
투자	거래특유투자	관계특유투자

편을 이용하려는 기회주의적 속성을 띠기 때문에 제로섬 게임(zero-sum game)
에 빠지게 되는데 반해, 협력관계 하에서는 공평성·공정성을 추구하고 상호
신뢰를 바탕으로 하기 때문에 승승 게임을 지향할 수 있다.

셋째, 배타적 거래관계에 있어서는 일방이 정보를 독점하려는 성향이 높은
반면, 협력관계에 있어서는 정보를 공유하려는 성향이 높다. 물론 협력관계를
맺지 않고 있는 다른 기업들에게는 정보 노출이 엄격히 통제된다.

넷째, 배타적 거래관계에 있어서는 사업계획을 수립하고 업무를 수행하는
데 있어 각자 독립적인데 반해, 협력관계에 있어서는 상호 의존적이며 업무
협조가 중시된다. 따라서 배타적 거래관계에 있어서는 Williamson(1975)이 지
적하였듯이 어느 일방에 의한 거래특유투자(transaction-specific investment)가
문제가 된다. 거래특유투자란 특정거래를 위하여 투자된 자산을 의미하며, 만
일 그 거래 파트너와의 거래관계가 종료되면 소멸되는 자산이다.[6] 예컨대 완
성업체에게 전속된 부품업체가 납품을 위해 생산설비를 설치하였다면, 거래
가 종료될 경우 생산설비에 대한 투자 가치는 소멸된다. 이에 반해 협력관계
에서는 일방이 아니라 쌍방(dyadic)에 의한 지속적인 투자, 즉 관계특유투자
(relationship-specific investment)가 중시된다. 공동생산, 공동연구개발 또는 공
동마케팅을 위한 시설 및 인력에 대한 투자가 좋은 본보기다.

다섯째, 배타적 거래관계에 있어서는 정보탐색, 거래 상대방의 기회주의
적 행동 감시, 거래 불확실성 등에 따른 높은 거래비용이 발생된다.[7] 따라서
배타적 거래관계에서는 어떻게 하면 매 거래 시 마다 거래비용을 최소화시킬

그림 9-6

가치공동창출

(공동) 연구개발	(공동) 조달구매	(공동) 제조생산	(공동) 마케팅/판매	(공동) 서비스	(공동) 가치 창출

수 있는가에 초점이 맞추어진다. 반면 협력관계에서는 [그림 9-6]에서 보듯이 상호 협력을 통한 가치공동창출 및 시너지 효과의 극대화가 주된 관심사이다. 물론 협력관계에서는 상호 신뢰가 바탕이 되기 때문에 자연적으로 기회주의 행동에 따른 거래비용은 제약된다. 또한 협력을 통한 가치공동창출은 기업 독자적으로 가치를 창출하는 것보다 스피드 경영 측면에서도 유리하다.

기업 간 협력관계의 주요 수단으로는 크게 전략적 제휴와 M&A를 들 수 있다. 전략적 제휴의 경우는 각 개별 기업의 독자성이 유지되는데 반해, M&A에서는 개별 기업의 독자성이 유지되기 힘들다는 점에서 차이성을 보인다. 또한 전략적 제휴에서는 제휴 목적이 달성된 후에는 협력관계가 종결되는 것이 보통이다. [그림 9-7]에서 보듯이 기업 입장에서 산업 내 경쟁유발 다섯 세력 모두와 협력관계를 맺을 수 있다.

- **경쟁자와의 협력** 기존 경쟁자와의 협력은 자연히 경쟁과 협력 관계구조를 띤다. 우선 경쟁기업과는 연구개발, 구매, 생산, 마케팅 등 가치사슬 상의 어느 하나 또는 둘 이상의 업무분야에 걸쳐 협력관계를 유지하면

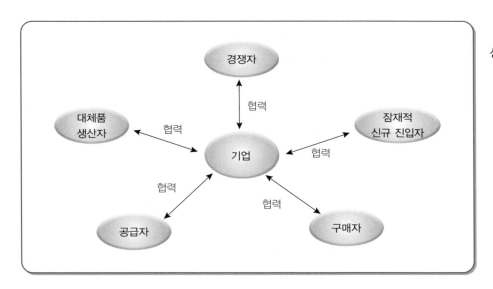

그림 9-7

산업내 세력과
협력 관계

서, 여타 분야에서는 경쟁관계를 가질 수 있다. 예컨대 삼성전자는 주요 제품분야에서 자신의 세계적 라이벌들과 경쟁 및 협력관계를 유지하고 있다. 우선 애플과는 핵심부품인 메모리 반도체와 시스템반도체를 비롯해서 아이패드용 액정표시장치(LCD), 유기발광다이오드(OLED) 등을 납품하는 주요 협력업체이면서 휴대폰 판매에서는 세계 순위 1, 2위를 다투는 치열한 경쟁자 관계에 있다. 가전산업 분야에서도 오랫동안 경쟁관계에 있던 삼성전자와 일본 소니는 S-LCD 패널 합작생산을 통해 협력관계를 유지하였지만, 이 패널을 장착한 평면TV 판매에서는 세계시장을 놓고 치열한 경쟁을 벌인적이 있다. 또한 삼성전자는 구글과는 안드로이드 폰의 80%를 제조 및 납품하는 최대 협력사이면서, 다른 한편으로 자체 운영체제(OS)인 '타이젠'을 스마트워치 등 웨어러블 기기의 OS로 탑재시키며 경쟁관계에 있다.

특히 이러한 기업간 협력을 통한 경쟁은 글로벌 경쟁에서 약자에 위치에 있는 기업들에게 더욱 유효시 된다. 예를 들면, 한때 중형 제트항공기의 세계시장은 미국의 보잉과 맥도널더글라스가 독과점적으로 시장을 양분하고 있었다. 유럽의 항공기 제조업체들은 독자적으로는 이들 강력한 미국업체들과 경쟁하기 어렵다고 판단하고 공동 대응전략을 펼쳤다. 즉, 프랑스의 에어로스페시얼레, 이탈리아의 에어이탈리아, 스페인의 CASA, 영국의 에어로스페이스, 네덜란드의 Fokker, 벨기엘의 SABCA, 독일의 VFW 등이 콘소시엄을 구성하여 에어버스(Airbus) 사업을 추진하였다. 미국 기업들이 기술과 자본으로 유럽 기업들보다 경쟁력이 뛰어난데다, 유럽 기업들이 독자적으로 막대한 연구개발비를 들여 미국 경쟁업체들을 따라잡을 만한 자금도 충분치 못했기 때문이었다. 따라서 기업간 협력만이 시장을 보호하고, 막대한 연구개발비 부담없이 미국 기업들을 일시에 따라잡을 수 있는 유일한 방안으로 판단한 것이다. 후에 에어버스의 성공은 상대적으로 맥도널더글러스의 경쟁적 입지를 약화시켜 결국 맥도널더글러스가 보잉사에 합병되는 계기가 되었다.

• **공급자와의 협력** 공급사와의 협력은 경쟁력 강화에 매우 중요하다. 예컨대 완성업체의 경우 공급업체가 공급하는 부품의 가격 및 품질 경쟁력이 뒷받침되지 않고서는 경쟁력 있는 제품을 생산해낼 수 없다. 따라서 공동연구개발, 판로개척 지원, 자금지원, 기술교육지원 등 다양한 협력

관계를 통해 공급업체와의 상생경영이 중요하다. 예컨대 완성업체와 공급업체간 협력모델로 '게스트 엔지니어링(Guest Engineering)'을 들 수 있다. 게스트 엔지니어링은 완성업체들이 제품개발 과정초기부터 공급업체의 기술진을 참여시켜 부품 설계 및 개발을 공동으로 수행함으로써 제품개발 기간 단축 및 비용 절감을 이루고 신속한 기술이전을 통해 궁극적으로 완제품의 품질을 높여가는 생산방식이다. 특히 모듈화된 생산방식에 맞는 적합한 부품 조달을 위해서는 공급업체와의 긴밀한 협력이 더욱 중요하다.

- **구매자와의 협력** 구매자, 특히 산업재 구매자인 경우 업무 일관성을 위해 일시적 거래관계가 아니라 장기적 협력관계 유지가 매우 중요하다. 구매자에게 사용법을 지도하는 '솔루션 마케팅'이 좋은 본보기다. 예컨대 포스코는 고부가가치의 새로운 철강 제품에 대한 적합한 절단법과 용접법을 구매자인 고객사와 공유한다. 또한 자동차 강판 구매 회사를 위해서는 미리 차량충돌 시뮬레이션을 통해 부분별로 어떤 철강제품을 활용하면 최적의 차체를 완성할 수 있다는 노하우를 알려준다. 한편, 일부 제조품의 경우에는 딜러나 대리점 등 유통업자가 일차적 구매자가 된다. 이 경우 유통업자와의 공동제품기획, 공동판촉활동 등을 통해 협력관계를 공고히 할 수 있다. 최근 백화점 등 대형 소매업체들이 제조업체와 공동 기획하여 PB(private brand) 상품을 개발해 내는 것이 좋은 본보기다. 일본에서는 많은 산업에서 제조업체들이 대형 도매상이나 소매상의 지분 소유를 통한 수직계열화를 통해 직간접으로 그들과 공고한 협력관계를 유지하고 있다.

- **신규 진입자와의 협력** 신규 진입자의 출현이 피할 수 없는 현실이라면 기존 기업은 두 가지 선택지가 있다. 첫 번째 선택지는 신규 진입자가 시장에 기반 구축을 못하도록 압력을 가하는 것이다. 예컨대 대폭적인 가격인하를 통해 신규 진입자의 제품에 대한 소비자의 구매를 방해할 수 있다. 또한 공급자나 유통업자와의 기존 거래관계를 이용해 신규 진입자의 공급망이나 유통망 구축을 막을 수 있다. 두 번째 선택지는 신규 집입자와 협력관계를 맺는 것이다. 신규 진입자에게 제품을 공급하거나 지분 소유를 통해 협력 관계를 맺을 수 있다. 예컨대 대한항공과 아시아나항공의 경우 저가항공시장에 진입한 진에어와 에어부산의 지분을 소유

함으로써 수평적 계열화를 이룬 것이 좋은 본보기다.

• **대체자와의 협력** 최근 급격한 기술변화와 소비자 기호 변화로 기술 또는 기능 융합을 통한 새로운 대체품 시장, 즉 컨버전스(convergence) 사업 분야가 차세대 유망 사업으로 부상하고 있다. 대표적 본보기로 기술 및 기능 융복합의 결정체인 디지털 컨버전스 제품이라 할 수 있는 스마트폰을 들 수 있다. 스마트폰은 유선전화 기능뿐만 아니라 카메라, 녹음, MP3, DMB, 시계, 인터넷 기능을 대체하고 있다. 조만간 결제기능, 간단한 의료진단 기능도 대체할 것으로 예상된다. 다양한 기술의 융복합은 광범위한 전문가와 기술이 요구되고, 또한 신속한 진출을 통한 시장 선점을 위해서는 관련 기술과 기능을 소유한 기업 간에 협력이 절대적이다. 정보기술과 통신기술의 융합인 정보기술통신(ICT) 분야가 좋은 본보기다. 예컨대 소니와 같은 경우 자사의 모든 가전제품, 게임, 영화, 음악 컨텐츠를 통합하는 컨버전스 사업을 적극 추진 중이다. 즉 TV 수상기가 서로 '대화'하고, 모바일 기기들이 PC를 대체하며, 자동차 내에서 음악을 다운로드하는 엔터테인먼트 컨텐츠 중심의 디지털 컨버전스 사업이 소니가 구상하는 전략이다. 미국의 CBS레코드 및 콜럼비아 영화사의 인수도 컨버전스 사업전략의 일환으로 볼 수 있다.

따라서 글로벌경쟁의 강도, 급격한 기술변화와 융복합 추세 등으로 앞으로 경쟁은 기업 대 기업 경쟁이 아니라 기업 간 네트워크 대 네트워크 경쟁으로 변모될 것이다. [참고사례 9-1]에서 보듯이 미국의 델 컴퓨터(Dell Computer)는 경쟁업체, 공급업체, 배송업체 등과 네트워크 체계를 구축하여 후발업체로서 단기간 내에 업계 1위를 달성하는 성과를 거둔 바 있다.

참고사례 9-1 델 컴퓨터(Dell Computer)의 네트워크 협력관계

1984년 마이클 델(Michael Dell)이 컴퓨터 시장에 진출하였을 당시 IBM, 컴팩, HP 등 선두 경쟁업체들이 시장을 지배하고 있었다. 델 컴퓨터는 진입장벽을 극복하기 위해 종래의 오프라인 판매에서 온라인 판매, 즉 인터넷 점포 이용한 직판모델을 도입하였다. 이 과정에서 주요 부품의 공급 협력업체와 공고한 파트너십이 요구되었다. 고객이 온라인상의 인터넷 점포에서 주문하면 워크플로(work flow)를 통해 담당 판매원에게 주문사항이 전달되고 주문시스템에 입력되면 주문사양 조립(Build to Order)을 위해 바로 공장으로 전달된다. 소비자는 다양한 사양을 선택할 수 있고, 가격이 자동으로 책정되며, 제품가용일자와 배송일자를 자동으로 알 수 있게 된다. 주요 부품의 공급업체와는 하나의 회사처럼 공급사슬을 통합시켰다. 델 컴퓨터는 최종 조립만 담당하고 마이크로프로세스는 인텔과 마더보드, LCD 디스플레이, 마우스, 하드 드라이브, 악세서리 등 나머지 부품은 아시아 위탁 제조업체로부터 공급받았다. 전산망을 통해 이들 공급업체에게 고객의 주문이 실시간으로 전달되면, 공급업체는 바로 생산계획, 납기, 품질정보 등을 델 컴퓨터에게 제공한다. 수요예측이 가능하여 델 컴퓨터는 적기공급생산(JIT: just in time)방식으로 원재료 및 완성품 재고를 최소화하여 재고비용을 대폭 줄일 수 있었다. 이 과정에서 파트너십 강화를 위해 100개가 넘었던 공급업체를 20여 개로 줄였다. 포장·운송 등 생산 이후의 모든 과정도 협력업체가 담당하도록 하였으며, 이로 인해 주문에서 선적까지 걸리는 리드타임(lead time)을 경쟁사보다 배 이상 줄일 수 있었다. 배송업체와는 아웃소싱계약을 통해 유통비용을 절감하였다. 즉, 배송 서비스업체인 Federal Express와 UPS는 델 컴퓨터의 텍사스 어스틴(Austin) 공장에서 컴퓨터 본체를 픽업하고 멕시코의 소니 물류창고에서 모니터를 픽업해서 고객에게 직접 배송한다. 또한 델 컴퓨터는 1999년 당시 업계 1위 경쟁업체인 IBM과 160억 달러 상당의 장비구입 및 기술도입, 신제품 공동개발을 포괄하는 전략적 제휴를 체결하였다. 이 협정에 의거 델 컴퓨터는 초기에 디스크 드라이버, 평면디스플레이, 메모리 칩 등을 포함한 장비를 IBM으로부터 구입하며, 광범위한 특허공유와 신제품 공동개발이 가능하게 되었다.

플랫폼(platform) 비즈니스

기업 간 협력을 통한 네트워크 경쟁의 대표적 본보기로 플랫폼 비즈니스 모델을 들 수 있다. 플랫폼이란 원래 기차역의 승강장을 뜻하는데, 레일 규격에 맞는 기차들과 각 지역으로 가는 사람들이 모여드는 곳이다. 비즈니스 측면에서 플랫폼이란 구매자, 공급자, 개발자 등 다양한 시장 참여자의 경제활동의 공유, 즉 공유경제(sharing economy)를 가능케 하는 기반으로 볼 수 있다. 최근 인터넷 혁명에 힙 입어 인터넷 사업자, 콘텐츠 제공자, 사용자, 기기 제조사 등 다양한 주체들로 이루어지는 온라인(one-line) 플랫폼이 좋은 본보기다. 예컨대 중국 알리바바닷컴과 같은 전자상거래 플랫폼을 들 수 있다. 알리바바는 고객간거래(C2C) 플랫폼 타오바오나, 글로벌 기업고객간거래(B2C) 플랫폼인 티몰, 간편결제 서비스 플랫폼 알리페이를 제공하여 미국 시장에 상장하자마자 시가총액이 삼성전자보다 큰 글로벌기업으로 부상하였다. 알리바바는 현재 200만 개 이상의 알리바바 온라인 스토어가 오픈되어, 40개 이상의 산업 내 5,000가지 이상의 제품 카테고리가 서비스되고 있다. 이외에도 페이스북이나 카카오톡과 같은 모바일 메신저 플랫폼, 구글과 네이버와 같은 검색 플랫폼, 유튜브와 같은 동영상 플랫폼, 우보와 같은 교통 플랫폼, 에어비앤비와 같은 숙박 플랫폼 등이 계속 개발되고 있다.

현재 세계 시가총액 상위 10개 기업 중 5개가 플랫폼 기업이다. 알리바바 외에 애플, 구글, 페이스북, 아마존 등이 그들이다. 이들은 다수의 사용자들이 참여해 특정한 가치를 교환할 수 있도록 자신들만의 독자적인 플랫폼을 구축했다는 공통점이 있다. 구글은 안드로이드 운영체제(OS) 기반 기술인 '소스 코드'를 모두 공개함으로써 스마트폰업체나 앱 개발자 어느 누구라도 이를 이용하여 기기와 소프트웨어를 만들어 판매할 수 있도록 개방형 플랫폼을 구축하였다. 반면, 구글과 모바일 플랫폼으로 경쟁하고 있는 애플은 자사의 운영체제 iOS를 아이폰이나 아이패드와 같은 자사 제품에서만 구동되는 폐쇄형 플랫폼 전략을 구사하고 있다.

만일 기업들이 모바일 비즈니스에서 플랫폼 생태계를 구축하지 못하면 앞으로 경쟁에서 불리해질 것이 분명하다. 예컨대 1998년 국내 새한정보통신이 세계 최초로 만든 MP3 플레이어는 하드웨어에만 집착하다가 애플의 아이튠스 플랫폼에 연계된 음악 재생 단말기인 아이팟에 의해 경쟁에서 밀려 시장에서 퇴출되었다. 이 밖에도 2000년대 초반 국내에서 한창 인기를 끌었던 소셜 네트워크인 '싸이월드'는 플랫폼 생태계를 구축하지 못하고 페이스북이나 트위터에 의해 경쟁에서 밀려났다.

이와 같이 플랫폼 비즈니스 경쟁에서는 구매자, 판매자, 생산자, 개발자 간 긴밀한 협력 생태계 구축이 필수적이다. 따라서 플랫폼 경쟁에서는 다양한 참여자간 배타적인 단기적 거래관계보다 개방적이고 상호 신뢰를 기반으로 한 장기적인 협력관계를 통해 얼마마한 시너지를 창출할 수 있느냐가 성공의 관건이 된다. 특히 모바일 플랫폼 경쟁에서는 누가 먼저 플랫폼 생태계를 구축하여 시장을 선점하느냐가 관건인데, 이를 위해서는 개방형 혁신 등 참여자 간 협업이 절대적이다.

산업구조분석이 산업별 수익성에 영향을 미치는 요인에 대한 분석이라면, 국가경쟁우위구조 분석은 국가차원의 경쟁력 성과에 영향을 미치는 요인에 대한 거시적 분석이라 할 수 있다. Porter(1985) 교수는 교수는 국가경쟁우 위 조건으로 요소조건, 수요조건, 연관 및 지원산업 발달, 기업전략, 구조 및 경쟁관계 등 네 가지 조건을 제시하였다 그러나 [그림 9-8]에서 보듯이 본서에서는 이들 네 조건 외에 두 조건, 즉 문화적 조건과 제도적 조건도 국가경쟁우위에 영향을 미치는 요인으로 보았다. 특히 이들 문화적 조건과 제도적 조건은 여타 네 조건에도 직·간접적인 영향을 미친다는 관점이다. 한편, 이들 여섯 조건이 국가경쟁력을 좌우하는 메커니즘으로는 혁신과 생산성의 영향력을 들 수 있다. 즉, 이들 여섯 조건은 기업 및 산업의 혁신과 생산성에 영향을 미치고, 결국 국가단위에서의 혁신 및 생산성을 결정지어 국가경쟁력을 좌우한다는 논리이다. 국가경쟁력의 측정 지표로는 일국의 수출 및 해외직접투자의 총규모를 들 수 있다. 국가별로 수출이나 해외직접투자를 주도하고 있는 업종

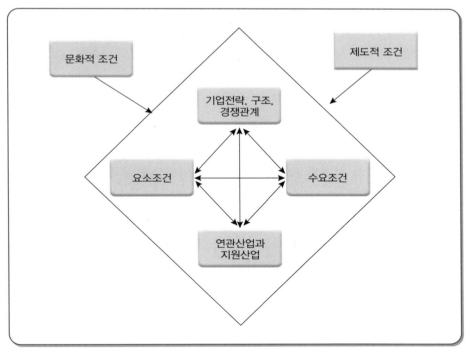

그림 9-8

국가경쟁우위
조건

출처: M.E. Porter(1985), *The Competitive Advantages of Nations*, NY: The Free Press의 내용을 재구성.

이 다를 수 있는데, 이들 여섯 가지 국가경쟁력조건으로 설명이 가능하다는 입장이다. [부록 9-2]에서 보듯이 스위스의 국제경영개발원(IMD: International Institute for Management Development)에서는 매년 이들 제조건과 관련된 항목에 기초하여 각국의 경쟁력 순위를 발표하고 있는데, 한국의 국제경쟁력 순위는 평가대상 61개국 중 2016년 29위, 2017년 27위, 2020년 28위를 기록한 바 있다.

2.1. 요소조건

요소조건(factor conditions)은 크게 요소부존 및 요소창출 조건으로 구분하여 설명할 수 있다. 요소부존조건은 노동, 토지, 천연자원, 자본, 기간시설 등의 유용성 수준을 나타낸다 즉, 전통적인 비교우위 조건으로 볼 수 있다. 반면, 요소창출조건은 고도화된 산업의 중추가 되는 숙련된 인적자원이나 과학적 기술 인프라와 같은 고급요소를 창출하기 위한 국가의 능력, 즉 투자수준을 대변한다.

과학기술의 가속화에 따라 기업의 혁신성과 생산성 제고에 요소부존조건보다도 요소창출조건이 더 중요한 역할을 하는데, 부존자원이 없는 일본이나 한국 기업들이 세계시장에서 높은 경쟁력을 유지할 수 있는 것도 고급요소를 창출해 낼 수 있는 능력 때문으로 볼 수 있다. 즉 신기술, 신공정, 신소재 개발 등의 혁신을 통해 요소부존 열위 문제를 해결할 수 있는 것이다. 이를테면 노동력 부족과 고임금 문제는 생산 자동화를 통한 생산성 제고를 통해 얼마든지 해결 가능한 것이다. 일본의 적기공급생산(JIT) 방식이나 전사적 품질관리가 좋은 본보기다.

한편, 글로벌화 시대에 요소부존조건은 해외생산을 통해 해결할 수 있다. 즉 부존자원이 풍부한 국가로 생산시설을 이전하는 것이다. 중국이 세계의 공장으로 부상한 것은 다국적기업들이 중국의 값싼 노동력을 활용하기 위해 공장시설을 중국으로 이전하기 때문이다. 또한 마이크로소프트사를 비롯한 대부분의 세계적인 IT기업들이 인도에다 소프트웨어개발센터를 두고 있는데, 이는 인건비가 낮으면서도 IT 지식과 영어에 능숙한 인도의 숙련 노동력을 활용하기 위함이다. 같은 목적으로 삼성전자, LG CNS, SK C&C 등 우리나라 IT 기업들도 인도에 소프트웨어 개발회사를 운영하고 있다.

2.2. 수요조건

수요조건(demand conditions)에는 제품 또는 서비스의 국내 수요의 상태, 즉 시장규모라는 정량적인 조건뿐 아니라 제품 및 서비스에 대한 소비자들의 기호와 요구의 특징을 나타내는 정성적인 조건도 포함된다. 기업들은 국내시장에서 어느 정도 수요가 예상되어져야 신제품 개발을 위한 투자를 시도할 것이며, 이는 해당 국가의 산업경쟁력 강화에 일조한다. 산업경쟁력에 영향을 미치는 수요조건을 설명할 수 있는 업종의 예로 철강산업을 들 수 있다. 철강은 건설, 조선, 자동차 등 모든 업종에서 요구되는 원자재이기 때문에 경제발전과 궤도를 같이한다. 예컨대 산업혁명이 처음으로 시작됐던 유럽에서 철강산업이 제일 먼저 발전되었으며, 다음으로 미국과 일본을 거쳐 현재는 중국이 철강 생산 최대 강국으로 부상하였다. 이는 중국의 경제발전과 더불어 중국에서 철강에 대한 수요와 생산이 세계 1위를 차지하고 있기 때문이다.

그러나 내수 규모는 경쟁력 강화에 필수조건이지만 충분조건으로는 볼 수 없다. 내수 시장이 협소하더라도 얼마든지 해외시장에 의존하여 기업 또는 산업 규모를 키울 수 있다. 예컨대 내수 시장 발달이 늦었던 한국의 기업들은 물론 정부의 수출주도성장 정책에 편승한 점도 있었지만 대외무역의존도가 100%대에 이를 정도로 해외시장 개척에 앞장섰다. 스위스의 네슬레, 핀란드의 노키아, 스웨덴의 이케아 등 유럽의 작은 국가의 기업들도 일찍부터 내수보다는 해외시장에 의존하여 세계적인 기업으로 성장하였다.

한편, 정성적 조건으로 국내 소비자들의 요구와 기호가 세련되고, 고급스럽고 또 까다로울수록 이러한 소비자를 만족시키기 위해 기업들은 지속적으로 혁신적인 노력을 기울이게 된다. 예컨대 비좁은 집에 살며 비싼 전기요금을 지불하는 일본 소비자들은 에어컨, 세탁기, 냉장고 등 가전제품이 가급적 작고 가벼운 절전형을 원했다. 이러한 일본 소비자의 까다로운 요구는 모든 산업에 걸쳐 일본 기업의 지속적인 혁신의 촉매제가 되었다. 결국 이러한 경(light), 박(thin), 단(short), 소(small)의 특징을 띤 일본 제품들은 고유가 시대에 세계시장에서 높은 경쟁력을 발휘할 수 있었다.

2.3. 연관 및 지원산업 발달

어느 한 기업이 제품 생산에 투입되는 모든 원자재나 부품 등을 자체적으로 해결할 수는 없다. 따라서 특정 산업이 높은 경쟁력을 이루는 데에는 연관 및 지원산업(related and supporting industries)의 도움이 절대적이다. 철강산업, 조선산업 및 자동차산업은 철강 제품을 중심으로 연관 및 지원산업 관계에 있다. 우리나라 조선산업과 자동차산업이 세계적 강자로 부상한 데에는 포스코라는 세계적 수준의 철강기업의 지원에 힘입은바 크다. 역으로 포스코가 세계적 수준에 오른 데에는 우리나라 조선산업과 자동차 산업의 발전으로 철강 수요가 크게 늘었기 때문이다.

또한 관련 부품산업의 발달 없이는 완성업체의 경쟁력을 기대할 수 없다. 우리나라 자동차가 세계적 경쟁력을 갖춘 데에는 세계적 수준의 부품 공급업체들이 존재하기 때문이다. 물론 부품을 글로벌 소싱(global sourcing)을 통해 해외에서 공급받을 수도 있지만 거리적 제약으로 국내 부품산업의 생태계가 확립되어 있어야 한다. 글로벌 경쟁력이 있는 산업들의 경우 한 국가 내에서 연관 및 지원산업의 클러스터(cluster)가 구축되어 있는 것이 좋은 본보기다. 이러한 비즈니스 생태계가 집단을 이루어 서로 근접해 있는 경우 긴밀한 의사소통 및 업무협조뿐만 아니라 항시 아이디어와 혁신을 교환할 수 있다는 이점

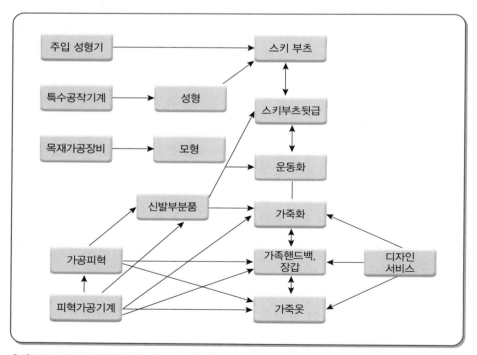

그림 9-9

이탈리아
신발산업
클러스터

출처: M.E. Porter(1998), *On Competition*, Boston: Harvard Business School Press.

이 있다.[8] 물론 전문인력 확보 및 납기 시간 단축을 통한 생산성 제고와 물류 비용을 낮추는데도 큰 도움이 된다. 예를 들어 이탈리아는 신발산업에 있어 세계적인 경쟁력을 갖추고 있는데, [그림 9-9]에서 보는 것처럼 주입 성형기, 특수공작기계, 목재가공 장비, 성형, 모형, 신발부품, 가공피혁, 피혁가공기계 등의 지원산업과 스키부츠, 운동화, 가죽화, 가죽핸드백, 가국장갑, 가죽옷 등 연관산업이 집단을 이루어 잘 발달되어 있기 때문이다.

2.4. 기업전략, 구조 및 경쟁관계(firm strategy, structure, and rivalry)

기업의 전략 및 구조는 개별 국가의 특정 산업에 있어 기업이 어떻게 설립, 조직 및 관리되어야 하는가의 조건을 나타낸다. 즉 개별 국가 내에서 특정 산업의 경쟁력은 각국에서 선호되는 경영방식과 조직유형이 해당 산업의 경쟁우위 원천들과 잘 융합된 결과이다. 예컨대 이탈리아는 조명, 가구, 신발, 모직물, 포장기계 등의 산업에서 세계적인 경쟁력을 갖추고 있는데, 이는 이탈리아 기업들의 집중화, 고객맞춤생산, 니치 마케팅, 신속한 변신, 유연성 등의 전략과 구조가 잘 맞아 떨어졌기 때문이다.

또한 산업 내 강력한 경쟁자들의 존재는 해당 산업의 경쟁우위를 창출하고 지속시키는 강력한 촉매제가 된다. 치열한 국내 경쟁관계는 기업들로 하여금 혁신과 생산성 제고에 전력하도록 압박을 가한다. 따라서 국내에서 치열한 경쟁을 겪은 기업일수록 그만큼 자생력이 생겨 세계시장에 나가서도 성공할 가능성이 높다. 그러나 글로벌 경쟁시대에는 글로벌 산업구조분석에서 언급되었듯이 자국 경쟁업체뿐만 아니라 자국 내 진출한 글로벌 경쟁업체로 인해 라이벌 경쟁관계가 더욱 치열해 지는 구조를 띤다. Porter 교수는 네 가지 국가경쟁우위조건 중에서도 기업전략, 구조 및 경쟁관계가 제일 중요한 요인으로 꼽았는데, 이는 국내 시장에서의 강력한 경쟁관계가 여타 국가경쟁우위조건의 효과를 증진시키는 촉매제 역할을 띠기 때문이라는 설명이다.

2.5. 문화적 조건

문화는 국가경쟁우위조건인 요소조건, 수요조건, 기업전략, 구조 및 경쟁관계, 연관 및 지원산업 발달에 직간접적으로 영향을 미쳐 결국 국가경쟁력에도 영향력을 미친다. 즉 문화는 총체적 규범으로서 경영철학, 리더십,

협상방식, 조직시스템 등 기업경영 전반에 영향을 미친다. 좋은 본보기가 Ouchi(1981) 교수가 제시한 사회적 가치관의 차이에 기인된 미국 대 일본의 경영방식의 비교이다. 양국의 문화적 차이로 인해 고용, 의사결정방식, 인사고과방식, 책임 및 권한, 업무체계, 인사배치, 상사와 직원과의 관계 등 다양한 경영방식에 걸쳐 미국과 일본 간에 차이가 존재한다는 것이다.[9] 이러한 경영방식의 차이는 특히 기업전략, 구조 및 경쟁관계에 주요한 영향을 미친다. 예컨대 기업전략이 장기지향성 또는 단기지향성이냐를 결정하고, 조직구조가 수평적이냐 수직적이냐를 결정하고, 또한 경영철학과 리더십이 얼마나 혁신적인가에 영향을 미친다.

이를테면 문화적 차이는 국가 간 기업가정신(entrepreneurship)에도 영향을 미친다. 기업가정신은 혁신, 창업 등을 통해 산업 생태계 활성화와 국가경제발전에 주요 역할을 한다. Hofstede(1980)는 국가 간 문화적 차이를 네 지표, 즉 개인주의-집단주의(individualism vs. collectivism), 권력거리감(power distance), 불확실성 회피성(uncertainty avoidance), 남성성-여성성(masculinity vs. femininity) 등에 의거 측정하였다.[10] 우선 개인주의 성향이 강한 문화권은 집단주의 문화권에 비해 실패에 대한 두려움이 적고 높은 성취욕구, 강한 내적 통제력, 높은 자신감과 결단력 및 모호성에 대한 수용도가 상대적으로 높다고 추정된다. 따라서 모험정신과 높은 성취 욕구에 기인하는 기업가정신은 집단주위 문화권보다 개인주의적 문화권에서 더 높이 발휘될 가능성이 높다. 다음으로 권력거리감 관점에서 높은 권력거리감 문화권에서는 현재의 사회질서 유지에 중점을 둔다. 반면, 낮은 권력거리감 문화권에서는 개인 각자의 위상을 향상시키기 위한 더 높은 수준의 사회적 유연성이 중시된다. 따라서 모든 정보가 고르게 전달되고, 구성원의 자율성이 존중되며, 조직 내 관료주의 정도가 낮고, 또한 모든 구성원에게 동등한 기회가 제공된다. 따라서 낮은 권력거리감 문화권에서 기업가정신이 더 높게 발휘될 가능성이 높다. 한편, 불확실성 회피성이 높은 문화권에서는 불확실한 위험요인에 대한 억제 욕구로 인해 변화에 대해 강한 저항을 보인다. 이에 반해 불확실성 회피성이 낮은 문화권에서는 새로운 과업이나 산출물 창출이 적극권장되고, 또한 변화에 대해 낮은 저항을 보인다. 즉 실패에 대한 두려움이 낮고 위험 수용 정도는 높게 나타난다. 자연적으로 불확실성 회피성이 낮은 문화권에서 기업가정신이 더 높게 발휘될 가능성이 높다.

문화적 영향력의 또 다른 예로 국가 간 교육열과 저축률 차이를 들 수 있다. 교육은 지식기반산업의 주요 생산요소로서 고급 인적자원 저변 확대에 중추 역할을 한다. 고급 인적자원 측정 지표로 대학교 진학률을 들 수 있다. 우리나라 대학 진학률은 1991년 33.3%였으나 2008년 84%까지 상승했다. 2015년 71%, 2019년 68%로 하락 추세에 있지만 아직도 세계최고 수준이다. 학비가 무상인 독일을 비롯한 유럽 국가들의 대학교 진학률이 30~40% 수준에 머무르고 있는 것과 비교해 보면 우리나라의 높은 대학교 진학률은 사회구조적인 면도 있지만 우리나라 부모의 자녀에 대한 높은 교육열에도 일정 부분 기인한다고 볼 수 있다. 물론 높은 대학교 진학률이 자원 낭비라는 문제점도 안고 있지만, 2019년 우리나라 경제규모가 국내총생산(GDP) 기준 세계 11위로 부상한 데에는 생산자원이 부족한 우리나라에서 교육을 통한 고급 인적자원 개발의 기여도를 무시할 수는 없을 것이다.

또한 높은 저축률은 자본축적을 통한 기업투자 재원으로 활용되어져 국가경쟁력에 영향을 미친다. 과거에 우리나라 높은 저축률이 기업투자 재원으로 활용되어 국가경제발전을 견인했다고 볼 수 있다. 10.6%의 경제성장률을 보였던 1988년 우리나라 가계 저축률은 24.7%로 최고점을 기록하였다. 높은 저축률은 일본이나 중국도 마찬가지다. 지난 30여 년 간 연평균 10%대의 성장 가도를 달리고 있는 중국의 총저축률(가계, 기업 및 정부의 총저축액을 총가처분소득액으로 나눈 비율)이 2013년 기준 무려 53%에 달했다. 이는 한국의 총저축률이 한창 성장기에 40%를 기록한 수치보다 훨씬 높은 수치이다. 한국, 중국, 일본 등 동양 문화권에서 한때 높은 저축률을 보였던 데에는 부의 소유와 축적이 중시되고, 따라서 저축과 절약이 미덕으로 간주되는 문화적 영향력에 기인된 바 크다.[11]

2.6. 제도적 조건

제도이론(institutional theory)에 따르면 모든 조직의 행위, 구조 및 절차는 제도적 환경에 영향을 받는다는 논리이다. 제도는 게임의 준거(rules of the game)로서 크게 규정, 법률 등 명시적 조건이 준거가 되는 공식적 제도와 규범, 가치, 신념, 관습 등 비명시적인 조건이 준거가 되는 비공식적 제도로 분류 가능하다. 전자는 정치, 경제, 교육, 법률 제도와 관련성이 높고 단기적으로 변화가 가능하지만, 후자는 관습 및 규범과 관련성이 높고 장기에 걸쳐 변화된다.[12] 기업 등 모든 조직은 사회 구성원의 일원으로서 제도화된 규칙과 규범을 따르게 되는 구조동일화(isomorphism) 현상을 보인다. 즉, 모든 조직은 사회구성원들의 기대에 부응함으로써 정당성(legitimacy) 획득과 생존을 위해 합리성과 효율성이 다소 떨어지더라도 제도적 조건에 일치되는 행위, 구조 및 절차를 따르게 된다는 것이다.[13]

이러한 제도이론의 논리는 법적, 정치적, 경제적, 제도적 요인 등이 기업 및 산업 활동에 영향을 미쳐 결국 국가경쟁력에도 영향을 미칠 수 있음을 시사한다. 예컨대 인적자원의 근간이 되는 교육수준은 정부의 교육제도(무상교육, 직업교육 등)에 의해, 금융자본 등 외국자본 진입 수준은 정부의 시장개방화 정책에 의해 영향을 받는다. 법적 제도 또한 기업경영 및 산업발전에 지대한 영향을 미친다. 기업의 독과점 여부는 정부의 공정거래법에 의해 좌우된다. 유전자 조작이나 줄기세포치료 등 생명공학분야에 대한 법적 규제도 국가마다 달라 해당 산업이나 기업의 경쟁력에 영향을 미칠 수 있다. 기업의 불법적 뇌물행위에 대한 법적 구속력도 나라마다 다른데, 일부 국가에서는 정부 관료에 대한 소액의 뇌물은 선물로 용인되기도 한다. 1977년도에 미국에서 "해외부패방지법(Foreign Corrupt Practices Act)"이 의회에서 통과되었을 당시 미국 기업들은 해외에서 자국 기업의 국제거래 경쟁력을 위축시킬 것이라고 강력히 반대한 바 있다. 또 다른 예로 중소벤처기업의 기술 보호를 위한 법적 제도를 들 수 있다. 미국 벤처기업의 산실인 실리콘밸리가 세계적 모델로 발전된 근간에는 풍부한 고급인력자원뿐만 아니라 벤처기업이 개발한 아이디어나 기술의 도용을 막기 위한 엄격한 법적 장치가 뒷받침되었기 때문이다.

정부의 정책 또한 기업 및 산업 활동에 중요한 영향을 미치는 제도적 요인이다. 이는 정부 정책이 불투명하고 행정적 시스템이 관료주의적일 경우 기업이 높은 사회적 비용을 지불해야만 하는 제도적 공백(institutional voids)을 야기 시킬 수 있기 때문이다.[14] 정부의 산업 활동에 대한 각종 정책과 규제가 좋은 본보기다. 정부의 관료주의에 입각한 각종 규제는 기업가정신과 혁신 및 스피드 경쟁의 걸림돌로 작용한다. 기업 전략의 성공적 실행을 위한 조직 적합성이 요구되듯이, 정부의 효율적인 제도 및 행정적 시스템의 뒷받침 없이는 기업, 산업 및 국가 차원에서 경쟁력이 뒤쳐질 수밖에 없다. 이러한 맥락에서 국가의 정치적, 경제적, 법적 제도나 정책이 글로벌 스탠더드(global standard) 수준으로 확립되는 것이 중요하다. 그래야만 우리나라 기업들이 해외에 나가서 제도적 공백에 따른 관료비용(bureaucratic costs)으로 인한 조직실패 위험을 줄일 수 있고, 이는 국내에 진출한 외국기업에게도 마찬가지로 적용된다.

토의문제

1. 산업구조분석의 다섯 세력 요인을 글로벌 산업구조 틀 속에서 재조명할 필요성에 대해 설명하시오.
2. 산업구조분석 또는 산업별 매력도 분석의 중요성에 대해 설명하시오.
3. 구조–행동–성과 모형의 핵심 내용은 무엇인지 설명해 보시오.
4. 전략집단과 이동장벽 개념에 대해 설명하시오.
5. 산업 내 세력과의 배타적 거래관계 대 호혜적 협력관계 차이점에 대해 분석하시오.
6. 한국은 IT산업에 있어 하드웨어(HW)보다 소프트웨어(SW) 업종에 있어 상대적으로 취약하다. 그 이유를 국가경쟁우위조건을 가지고 설명해 보시오.

부록 9-1 글로벌 경쟁구조: 주요 업종별 국내외 톱 기업 실적 비교[15]

기업 경영성과 평가사이트 CEO스코어가 2015년 국내외 대기업들의 글로벌 매출 순위를 조사한 결과 주요 16개 업종 가운데 국내 기업들이 7개 업종(43.8%)에서 10위권에 오른 것으로 집계됐다. 글로벌 순위는 2015년 매출액을 기준으로 했으며 삼성전자와 같이 반도체, 가전, IT 등 여러 업종에 걸쳐 사업을 영위하는 경우는 부문별 실적을 추출해 사용했다. 국내 기업이 글로벌 시장에서 1위를 달리는 업종은 생활가전 한 곳뿐이다. 삼성전자 소비자가전(CE)의 지난해 매출은 398억 달러로 2위 소니(299억 달러)보다 30% 가량 높았다. 3위는 LG전자(288억 달러)였고, 4위는 필립스(265억 달러)였다. 반도체와 휴대폰, 철강 업종에서는 국내 기업이 2위에 올랐다. 삼성전자 반도체 부문 매출은 404억 달러로 인텔(554억)의 73% 수준이다. 국내 2위 SK하이닉스(160억 달러)는 글로벌 순위에서 퀄컴(253억 달러), 마이크론(162억 달러)에 이어 5위였다. 휴대전화 부문에서는 삼성전자 IM사업부의 매출이 애플(1천550억 달러)의 56.7% 규모로 2위였다. 2013년, 2014년에는 1위였으나 지난해에는 애플에 밀려 2위로 처졌다. 3~4위는 중국 화웨이(196억 달러)와 ZTE(152억 달러)였고, LG전자(122억 달러)는 애플 매출의 7.9% 규모로 5위에 그쳤다. 포스코(494억 달러)는 철강 업종에

표 9-3	2015년 국내외 톱 기업 주요 업종별 매출 비교				단위: 백만 달러
업종	기업명	순위	매출액	글로벌 톱 기업 매출액 대비 비중	
생활가전	삼성전자	1	39,826	75.0%	
	소니	2	29,857		
철강	아셀로미탈	1	63,578	77.7%	
	포스코	2	49,420		
반도체	인텔	1	55,355	73.0%	
	삼성전자	2	40,413		
휴대폰	애플	1	155,041	56.7%	
	삼성전자	2	87,944		
자동차부품	로버트보쉬	1	77,124	39.7%	
	현대모비스	8	30,590		
자동차	도요타	1	235,916	27.8%	
	현대기아차	10	65,511		
담배	필립모리스	1	26,794	13.2%	
	KT&G	9	3,541		
은행	중국공상은행	1	101,714	21.8%	
	KDB산업은행	-	22,016		
화장품	로레알	1	27,588	14.7%	
	아모레퍼시픽	-	4,048		
보험	버크셔해서웨이	1	162,893	14.4%	
	삼성생명	-	23,529		
석유화학	시노펙	1	307,072	13.4%	
	SK이노베이션	-	41,067		
통신	AT&T	1	146,801	12.9%	
	KT	-	18,922		
식음료	네슬레	1	89,584	12.3%	
	CJ제일제당	-	10,976		
유통	월마트	1	482,130	5.1%	
	롯데쇼핑	-	24,737		
인터넷	아마존	1	107,006	2.8%	
	네이버	-	2,761		
제약	노바티스	1	49,414	2.3%	
	한미약품	-	1,119		

출처: CEO스코어.

주) '-'는 10위권 밖

서 1위 인도의 아셀로미탈 매출의 77.7% 규모로 2위에 올랐다. 국내 2위 현대제철(137억 달러)은 21.5% 규모로 글로벌 순위 7위였다.

완성차를 비롯해 자동차부품, 담배 등 3개 업종에서도 국내 대표기업들이 '톱 10'에 이름을 올렸다. 하지만 매출 규모는 글로벌 톱 기업과 큰 격차를 보였다. 현대기아차(655억 달러)는 벤츠, BMW 등 100년 이상 역사의 내로라하는 글로벌 대기업들과의 경쟁 속에서 10위를 기록했지만, 글로벌 톱 도요타에 비해 매출 규모는 27.8%로 아직 갈 길이 멀었다. 현대모비스 역시 자동차부품 업종에서 306억 달러로 8위에 올랐지만, 1위인 독일 로버트보쉬와 비교하면 매출 수준이 39.7%로 절반에도 미치지 못했다. 담배 업종에서 9위로 '톱 10'에 든 KT&G(35억 달러)도 1위인 필립모리스 매출의 13.2%로 10분의 1 수준에 그쳤다. 석유화학을 비롯해 유통, 통신, 식음료, 화장품, 제약, 인터넷, 금융 등은 국내 1위 기업이 글로벌 '톱 10' 순위권에 이름을 올리지 못했다. 석유화학 업종에서 SK이노베이션, GS칼텍스, 에쓰오일, 현대오일뱅크 등 국내 정유 빅4는 대부분 글로벌 20위권에 머물렀다. 15위로 가장 높은 순위를 기록한 SK이노베이션조차 1위 중국 시노펙 매출의 13.4% 수준에 그쳤으며, 매출을 공개하지 않은 중동지역 기업들을 감안하면 실제 순위는 더 낮을 것으로 예상된다. 식음료와 화장품, 통신 업종은 국내 1위 기업의 매출 규모가 글로벌 톱 기업의 10%대에 불과, 모두 순위권 밖으로 벗어났다. 식음료에서 국내 1위 CJ제일제당의 매출은 네슬레의 12.3%였고, 화장품에서 아모레퍼시픽은 로레알의 14.7% 수준이었다. 통신 업종에서도 국내 1위 KT의 매출 규모는 AT&T의 12.9%에 불과했다. 롯데쇼핑은 국내에서 '유통 공룡'이라 불리지만 글로벌 톱 월마트와 비교하면 매출 규모가 5.1%로 20분의 1밖에 되지 않는다. 한미약품은 2014년 다국적 제약사에 대규모 기술수출에 성공하며 제약 업종 국내 1위로 도약했지만 스위스의 노바티스와 비교하면 매출 규모가 2.3%로 비교가 되지 않았다. 국내 인터넷 시장을 장악한 네이버도 매출이 아마존의 2.6% 수준으로 순위권에 없다. 금융 부문 역시 은행과 보험 업종 국내 1위인 산업은행과 삼성생명의 매출 규모도 글로벌 톱 기업의 21.6%와 14.4%로 격차가 컸다. 최근 국내기업의 글로벌 시장점유율이 증가되고 있지만 반도체, 가전, 휴대폰, 자동차 등의 일부 업종을 제외한 여타 업종에서는 아직 글로벌 경쟁에서 10위권 밖에 머물고 있음을 알 수 있다.

부록
9-2

IMD 국가경쟁력 평가

스위스의 국제경영개발원(IMD: International Institute for Management Development)에서는 경제성과(국내경제, 국제투자, 국제무역, 고용, 물가), 정부효율성(공공재정, 재정정책, 제도적여건, 사회적여건, 기업관련법), 기업효율성(노동시장, 태도 및 가치, 경영관행, 금융,

표 9-4	2020년 IMD 국가경쟁력 평가 순위						
순위	국가	'19 순위	변동	순위	국가	'19 순위	변동
1	싱가포르	1	0	33	체코 공화국	33	0
2	덴마크	8	6	34	일본	30	△4
3	스위스	4	1	35	슬로베니아	37	2
4	네덜란드	6	2	36	스페인	36	0
5	홍콩	2	△3	37	포루투갈	39	2
6	스웨덴	9	3	38	칠레	42	4
7	노르웨이	11	4	39	폴란드	38	△1
8	캐나다	13	5	40	인도네시아	32	△8
9	아랍에미레이트	5	△4	41	라트비아	40	△1
10	미국	3	△7	42	카자흐스탄	34	△8
11	대만	16	5	43	인도	43	0
12	아일랜드	7	△5	44	이탈리아	44	0
13	핀란드	15	2	45	필리핀	46	1
14	카타르	10	△4	46	터키	51	5
15	룩셈브르크	12	△3	47	헝가리	47	0
16	오스트리아	19	3	48	불가리아	48	0
17	독일	17	0	49	그리스	58	9
18	호주	18	0	50	러시아	45	△5
19	영국	23	4	51	루마니아	49	△2
20	중국	14	△6	52	페루	55	3
21	아이슬란드	20	△1	53	멕시코	50	△3
22	뉴질랜드	21	△1	54	콜롬비아	52	△2
23	한국	28	5	55	우크라이나	54	△1
24	사우디아라비아	26	2	56	브라질	59	3
25	벨기에	27	2	57	슬로바키아 공화국	53	△4
26	이스라엘	24	△2	58	요르단	57	△1
27	말레이시아	22	△5	59	남아프리카 공화국	56	△3
28	에스토니아	35	7	60	크로아티아	60	0
29	타일랜드	25	△4	61	몽골	62	1
30	사이프러스	41	11	62	아르헨티나	61	△1
31	리투아니아	29	△2	63	베네수엘라	63	0
32	프랑스	31	△1				

출처: IMD World Competitiveness Yearbook(2020).

생산성/효율성), 인프라(기본 인프라, 기술 인프라, 과학 인프라, 보건 및 환경, 교육) 등 4대 요인에 의거해서 380개의 항목을 만들어 매년 60여 개국의 국제경쟁력 순위를 평가하여 발표하고 있다. 〈표 9-4〉에서 보듯이 2016년 IMD 국가경쟁력 평가결과, 우리나라의 종합순위는 평가대상 63개국 중 23위로 2019년도보다 5단계 상승한 것으로 나타났다.

사례 **한국의 축구 국제경쟁력 분석**[16]

Global Strategic Management

월드컵이나 올림픽에서의 축구경기는 스포츠의 세계경쟁이다. 세계챔피언이 되기 위해서는 세계적인 경쟁력이 뒷받침 되어야 한다. 기업들이 국제경쟁력 없이는 세계시장에서 설 곳이 없듯이 스포츠 경쟁도 마찬가지다. 2002년 한·일 월드컵에서 한국 축구대표팀은 4강 진입이라는 그야말로 전대미문의 성과를 거둔 바 있다. 그러나 그 후 월드컵에서 비록 몇 차례 본선에는 진출했지만 4강까지는 도달하지 못했다. 반면, 브라질, 독일 등 축구강국은 16강 본선 진출은 거의 자동적이며 언제든지 4강이나 우승도 가능하다고 점쳐진다. 이에 대한 해답을 Porter 교수의 '국가경쟁우위조건'에서 찾을 수 있다. 그에 의하면 한 국가의 국제경쟁력은 네 가지 조건에 의해 결정된다는 것이다. 첫째, 요소조건, 둘째, 수요조건, 셋째, 연관 및 지원산업 발달, 넷째, 기업전략, 구조 및 경쟁관계이다. 이 네 가지 조건에 영향을 미치는 문화적 조건과 제도적 조건도 중요하다. 따라서 축구에서도 세계적 강국이 되기 위해서는 이들 제 조건이 충족이 되어야만 한다. 한국의 축구 국제경쟁력 진단을 위

해 2002년 당시 이들 제조건에 대한 분석이 요구된다.

I. 요소조건 분석

요소조건은 요소부존과 요소창출 조건으로 구분된다. 축구에서 요소부존 조건의 측정변수로는 전체인구 대비 등록선수 비율을 들 수 있다. 〈표 9-5〉에서 보듯이 인구 대비 등록선수 현황을 2002년 한·일 월드컵에 참가한 32개국을 대륙별로 살펴보면 유럽의 경우가 가장 비율이 높다. 러시아를 제외한 14개국이 인구의 1%이상이 축구선수로 등록되어 있다. 특히 크로아티아가 전체인구의 약 11.4%가 축구선수로 등록되어 있으며, 덴마크, 잉글랜드, 독일, 아일랜드 순으로 등록비율이 높다. 다음으로는 남미로 파라과이가 4%, 우루과이 3.5%, 아르헨티나, 브라질 순으로 나타난다. 셋째로 아프리카대륙으로 남아프리카공화국과 세네갈이 각각 2.4%와 1.5%로 비교적 높다. 넷째로는 북중미로 코스타리카가 약 0.9%로 1%에 가깝고, 가장 비율이 낮은 대륙이 아시아로 1%를 넘는 국가가 없으며, 그나

표 9-5 2002년 당시 월드컵 참가국 인구대비 등록선수비율 현황(단위: %)

한국(0.0386)	일본(0.6480)	중국(0.0002)	사우디(0.0759)
브라질(0.9035)	아르헨티나(1.0544)	에콰도르(0.1666)	우루과이(3.5321)
파라과이(4.0075)	멕시코(0.4366)	미국(0.1492)	코스타리카(0.8833)
나이지리아(0.0492)	남아공(2.3952)	세네갈(1.5348)	카메룬(0.1488)
튀니지(0.3391)	덴마크(5.5307)	독일(4.1845)	러시아(0.5476)
벨기엘(3.2862)	스웨덴(2.2722)	슬로베니아(1.2878)	아일랜드(3.6822)
이탈리아(1.9193)	영국(4.6725)	크로아티아(11.3722)	터키(1.4099)
스페인(1.5143)	포르투갈(1.1762)	폴란드(1.5555)	프랑스(3.1230)

마 일본은 0.6%에 달하고 한국은 0.04%로 32개국 중 중국 다음으로 가장 낮다. 이러한 측면에서 한국의 축구 요소부존 조건은 매우 열위에 있다고 볼 수 있다.

II. 수요조건 분석

수요조건에는 시장규모라는 정량적인 조건뿐만 아니라 특정 제품 및 서비스에 대한 국내 고객들의 요구나 기호의 복잡성을 나타내는 정성적인 조건도 포함된다. 축구에서도 거대한 수요와 축구에 대한 소비자의 강한 욕구가 축구의 국가경쟁력의 중요한 결정요인이 될 것이다. 축구의 국가경쟁력 측정을 위한 수요규모 조건으로는 국내프로리그 관중수, 축구경기 TV 시청률 등을 들 수 있고, 수요의 특성으로는 국가대표 응원단 수, 축구경기 관전

표 9-6 국내 프로리그 관중수(2001년 당시 k-리그)

팀명	홈경기		원정경기	
	관중수	경기수	관중수	경기수
부천	380,608	18	213,791	17
부산	347,232	20	227,229	18
수원	289,636	19	275,579	19
포항	210,916	17	230,960	18
성남	209,103	18	201,006	18
전남	189,791	18	182,057	17
대전	168,499	18	198,119	17
울산	167,972	17	219,394	18
안양	153,490	17	200,218	18
전북	137,518	17	306,412	19

행태 등을 들 수 있다.

관중규모로 보면 아무래도 한국 프로리그 경기수가 다른 축구 선진국보다 작으므로 전체 관중수도 그 규모가 작을 수밖에 없다. 2002년 당시 프로팀 경기당 평균 관중수를 보면 〈표 9-6〉에서 보듯이 13,000여명 정도다. 유럽의 축구의 평균 관중수를 보면 독일이 평균 37,500명, 잉글랜드 35,000명, 스페인 28,800명, 이탈리아 25,400명 정도로 우리나라보다 2배 이상 높다.

수요의 정성적 조건으로 축구가 발전하려면 소득이 높고, 여가시간이 풍부하고, 또 국민들이 축구를 좋아해야한다. 이 세 가지 가운데 하나만 빠져도 그 나라 축구는 세계정상 근처에 갈 수 없다. 미국은 앞의 두 가지를 갖추었지만 국민들이 야구, 미식축구, 농구, 아이스하키 등 여타 운동을 더 좋아하기 때문에 축구가 발전하지 못한다. 반면 독일은 세 가지를 다 갖추고 있다. 이탈리아와 스페인 등은 소득이 다소 떨어지지만 국민들의 광적인 축구열기가 그것을 메우고도 남는다. 주로 산업 중심 도시에 있는 서유럽 국가의 1부 리그 축구 경기장이 노동자들로 만원 사태를 이루는 것은 금요일 오후부터 일요일 저녁까지 기나긴 주말이 있기 때문이다. 한국은 소득은 많이 올라갔지만 문제는 노동시간이다. 아무리 축구를 좋아하는 사람이라도 저녁과 주말에 아이들과 놀아줄 시간도 없으면서 경기장을 찾을 수는 없다. 그래도 주 5일 근무가 자리 잡으면서 주말에 경기장으로 사람이 몰리는 추세이다.

III. 연관 및 지원산업 발달

연관 및 지원산업이 발달되어야 본 산업이 경쟁력에 있어 우위를 확보할 수 있다. 축구와 관련하여 연관 및 지원산업의 측정 지표로는 유소년 축구팀, 스포츠에이전트, 스포츠마케팅 등을 들 있다.

유소년 축구팀

성인 축구의 지원과 관련해서는 유소년 축구팀을 들 수 있다. 저변 확대 없이는 대표팀의 경쟁력을 기대하기 힘들다. 유소년축구는 한국축구의 주된 문제점 중 하나이다. 우리나라는 지난 2001년에 출범한 한국유소년축구교육원과 차범근, 유상철 등 국가대표 출신이 운영하는 개인 유소년 클럽이 있다. 현재는 각 프로구단에서도 유소년클럽을 운영하고 있다. 유럽은 말할 것도 없고 아시아의 우리의 최대 경쟁자인 일본은 유소년팀을 의무적으로 갖춰야 구단의 자격이 주어진다. 또한 성장 가능성이 보이는 유소년들을 선발하여 조기 축구 유학을 보내 선진 축구기술 습득도 중요하다.

유소년 축구가 가장 잘 발달되어 있는 국가로 브라질을 꼽을 수 있다. 브라질에서 축구 후보생들을 조련하는 곳은 크게 세 가지로 나뉜다. 즉 사설학원과 축구학교, 프로팀 자체 유소년 클럽으로 구분된다. 미술학원이나 음악학원을 차리는 것과 마찬가지로 과거 유명 축구선수들이 은퇴 후 축구 사설학원을 차린다. 이들 사설학원은 대략 4~17세까지 수강을 하는데 일주일에 두 번, 한 번에 한 시간 가량 훈련을 하며 수강생들이 요구하면 세 번 정도로 횟수를 늘려준다. 수강생들은 대부분 프로 클럽에 테스트를 받는 선수들로 부족한 기술을 보충하기 위해 강의를 듣는다. 반면 축구학교는 한국과 일본 등의 선수들이 많이 유학을 가는 코스로 학업과 축구를 병행하게 돼 있다. 가장 성공한 케이스는 클럽 산하의 유소년 클럽에 들어가는 것이다. 유소년 클럽은 성인 무대에 데뷔할 수 있는 지름길인 동시에 소속 클럽에서 클 수 있는 기반이다. 유소년 축구팀 외에도 축구 저변 확대를 위해 축구팀을 가진 초중고 학교 수가 늘어나야하고, 지역마다 축구동호회가 활성화 되어야 한다.

스포츠마케팅

기업들의 스폰서십이 없다면 스포츠 발전은 기대하기 힘들다. 기업의 입장에서 보면 스폰서십 활동은 사회적 책임을 위한 투자의 일환인 것이다. 스포츠단체의 입장에서는 기업의 스폰서십은 중요한 운영재원이 된다. 기업이 프로구단을 운영하는 것도 스포츠마케팅 일환이다. 또한 축구대회 개최를 후원하는 것도 기업이다. 이렇게 프로축구단이나 유소년축구단을 지원하는 기업이 많을수록 축구 저변 확대를 통한 경쟁력 제고에 기여할 것이다.

스포츠에이전트의 발달 또한 중요하다. 프로리그의 선수가 정당한 대우를 받고 뛰고 싶은 곳으로 이적하는 것도 개개인의 동기부여 측면에서 중요하다. 선수를 하나의 상품으로 본다면 선수를 잘 포장해 가지고 같은 실력이면 좋은 금액에 이전시키는게 아마 협상력이라고 할 수 있다. 이런 측면에서 아직은 국내 에이전트들의 실력이 많이 떨어지는 것이 사실이다. 실제로 빅리그가 있는 영국은 FIFA가 인정하는 공식에이전트가 179명, 스페인은 91명, 이탈리아는 55, 독일에도 82명이지만, 우리는 2001년 FIFA 에이전트 시험에 12명이 추가로 합격해 16명이 되었다.

인프라 구축

가장 중요한 축구 인프라는 전용구장이다. 우리나라는 서울, 수원, 전주, 광주, 대전, 울산, 서귀포, 인천, 대구, 부산 등 10개의 월드컵경기장을 갖고 있는데, 이들 중 종합경기장은 부산, 대구, 인천의 3개 경기장이며, 이들 이외 7개 경기장은 축구전용구장이다. 축구선진국과 비교해서는 인프라 시설이 뛰어나다고 말하기 힘들다. 2002년 월드컵 당시 브라질과 프랑스를 비롯한 유럽팀들이 전지훈련장소를 일본 규수나 나가노를 택했는데, 이는 세계적 수준의 마땅한 전지훈련캠프 시설이 한국에 마련되어 있지 않았기 때문이었다.

IV. 라이벌 경쟁구조 분석

한 나라의 기업이 국내에서의 치열한 경쟁구조 하에서 기업들 간 선의의 경쟁을 펼쳐 경쟁력을 키워나간다면 그 기업은 세계 어떤 기업과의 경쟁에서도 살아남을 수 있을 것이다. 축구도 마찬가지이다. 예컨대 프로축구팀이 많으면 많을수록 치열한 라이벌 경쟁구조가 되어 그 국가의 축구 경쟁력은 높아질 것이다. 〈표 9-7〉과 같이 각 리그별 프로축구팀 수를 살펴보면 유럽 각국의 프로리그는 18개 또는 20개로 구성되어 있고, 남미의 아르헨티나 역시 20개의 프로축구 팀으로 구성되어 있으며, 가까운 일본의 경우도 1부 리그가 16개 팀이나 되고 2부 리그도 활성화되어 있다. 하지만 한국의 경우 프로축구가 시작될 때에는 고작 6개 팀이 전부였고, 2002년 당시 10개 팀이 전부일 정도로 규모가 작다. 축구 후발국이라 할 수 있는 중국 16팀보다 뒤처진다. 14년이나 지난 2016년 현재도 2팀이 늘어난 12팀이다. 즉 세계에서 가장 적은 프로축구팀을 보유한 나라는 우리나라이다. 그만큼이나 치열한 경쟁구조라고 말하기는 어렵다. 그래도 프

표 9-7 각국의 1부 리그별 프로축구 팀 수(2002년 당시)

국 가	리그 명	프로축구팀 수
한 국	K리그	10개
일 본	J리그	16개
이탈리아	세리에A	18개
스페인	프리메라리가	20개
영 국	프리미어리그	20개
독 일	분데스리가	18개
프랑스	프랑스리그	18개
아르헨티나	프리메라다비전	20개
네덜란드	에레디비지에	18개
중국	CSL	15개

자료: www.encyber.com
주) 한국의 경우 2016년 현재 12팀

로리그가 10개 팀으로 구성되면서 FIFA로부터 정식 프로리그로 인정받게 되었다.

반대로 왜 유럽과 남미 국가들은 월드컵에 나오면 우승후보가 되는지 프로축구팀 숫자만으로도 알 수 있다. 그 만큼 유럽과 남미 국가들은 각각의 프로축구가 치열한 라이벌 경쟁관계 구조하에 있다. 그리고 유럽과 남미 국가들은 1부 리그에서 2부, 3부, 4부, 5부 리그까지 있어 경쟁이 치열하다. 이탈리아 리그는 1부 리그격인 Serie A(세리에 A)를 비롯, Serie B, Serie C1, Serie C2 등 총 4개의 리그로 구성되어 있다. 한국도 현재 K리그 클래식(1부 리그) 12개 구단, K리그 챌린지(2부 리그) 11개 구단, WK리그 7개 구단을 운영하고 있지만 축구 선진국에 비해 양적 및 질적인 면에서 아직 미약한 실정이다.

V. 문화적 및 제도적 조건

문화적 조건 또한 한 국가의 축가경쟁력

에 영향을 미친다. 우선 각국마다 가장 좋아하는 스포츠 종목이 다르다. 대개 축구 강국은 전 국민이 축구를 좋아한다. 이는 수요조건에서도 살펴보았듯이 각국의 축구 경기 관람수와 TV 중계 횟수를 보면 알 수 있다. 우리나라는 전통적으로 축구가 국기처럼 여겨져 왔는데, 최근 들어 관중 수나 TV 중계 횟수에 있어 야구에 밀리고 있는 실정이다. 또 다른 문화적 조건으로 응원문화를 들 수 있다. 유럽의 스페인, 이탈리아, 포르투갈 등에서 열광적인 축구팬을 지칭하는 '울트라'라는 유명하다. 소위 "붉은악마"로 불리는 우리나라 응원팀 또한 국가대표팀 경기에 매우 열광적인 응원을 보낸다. 2002년 한국월드컵 당시 붉은악마의 거리 응원은 전 세계 언론의 주목을 받은 바 있다. 각국의 대표적인 서포터로 독일의 '그라운드후퍼스(Groundhoopers)', 일본의 울트라닛폰, 중국의 치우미 등이 있다. 우리나라 각 프로축구단도 서포트팀을 갖고 있다.

국명	FIFA랭킹(2002년 12월)	FIFA랭킹(2017년 12월)	FIFA랭킹(2020년 12월)
브라질	1	2	3
프랑스	2	7	2
스페인	3	8	6
독일	4	1	12
아르헨티나	5	4	8
네덜란드	6	20	16
영국	7	12	4
멕시코	8	16	11
터키	9	33	29
미국	10	27	20
포르투갈	11	3	5
덴마크	12	19	10
이탈리아	13	15	7
아일랜드	14	26	47
체코	15	46	40
카메룬	16	42	50
벨기에	17	5	1
한국	20	62	39
일본	22	44	28

표 9-8 주요국의 FIFA 랭킹

제도적 요인으로는 정부의 지원 제도와 축구 행정제도가 무엇보다 중요하다. 예컨대 현재 정부와 대한축구협회가 유소년 육성을 위해 유소년 해외유학 실시, 유청소년대회 리그제 도입, 축구 꿈나무 지도자 육성 등을 추진하고 있다. 국내축구 수준의 향상을 위해 외국인선수의 귀화나 과세에 있어 문제가 발생되지 않도록 제도적 장치 마련 또한 중요하다.

한국 축구경쟁력의 현주소

2002년 말 한국은 월드컵 4강에 힘입어 FIFA 랭킹이 2001년 말 40위 수준에서 20위로 수직 상승하였다. 그러다 〈표 9-8〉에서 보듯이 2017년 말 FIFA 랭킹이 62위로 수직하락하였다가, 2020년 말 39위로 재상승하였다. 그러면 한국은 왜 브라질, 프랑스, 독일처럼 계속 상위 랭킹을 지키지 못하는 것인가? 물론 2002년 월드컵처럼 외국 명감독을 초빙하면 깜작 성과를 올릴 수도 있으나 지속적으로 좋은 성과를 기대하기 힘들다. 해답은 위에서 분석한 여섯 가지 국가경쟁력 조건에서 찾아야 할 것이다. 즉, 축구 국가경쟁력과 관련하여 요소조건, 수요조건, 연관 및 지원산업 발달, 라이벌 경쟁구조, 문화적 조건, 제도적 조건 등에 대한 획기적인 개선 없이는 세계 최강 한국 축구를 기대한다는 것은 요행이나 욕심에 지나지 않는다.

 토의사안

1. 우리나라 FIFA 랭킹이 '국가경쟁우위' 조건에 기준하여 평가할 경우 합당하다고 생각하는 가? 그 이유에 대해 설명하시오.
2. '국가경쟁우위' 조건에 기준하였을 경우 한국 축구경쟁력을 세계 수준으로 높이기 위한 가장 시급히 요구되는 과제는 무엇이라 생각하는가?
3. '국가경쟁우위' 조건을 우리나라 여타 산업(자동차 산업, 가전산업 등)에 적용시켜 국제경쟁력에 대해 분석하시오.

제 10 장

내부환경 분석

손자병법의 "지피지기 백전불태(知彼知己 百戰不殆)", 즉 "적을 알고 나를 알면 백 번 싸워도 위태롭지 않다"라는 고사성어는 상대방과 자신의 강점(strength)과 약점(weakness)을 파악하고 승산이 있을 때 싸워야 이길 수 있다는 뜻이다. 따라서 성공적인 경영전략 수립을 위해서는 기업은 내부환경 분석을 통해 자신의 강점과 약점을 파악할 수 있어야 한다. 기업 내부환경 분석 대상에는 주로 경영자원과 능력이 해당된다.

I 경영자원과 능력

1.1. 경영자원

넓은 의미로 자원은 기업의 경영활동에 필요한 모든 자산, 능력, 역량, 조직 프로세스, 기업 평판, 그리고 지식 등을 포함하는 총체적 개념이다(Daft, 1983).[1] 일반적으로 이들 경영자원은 편의상 〈표 10-1〉에서 보듯이 크게 유형자원, 무형자원, 인적자원 등 세 범주로 구별 가능하다.

- **유형자원** 토지, 건물, 기계, 설비, 현금 등의 실물자산으로서 육안으로 식별 가능하여 쉽게 파악할 수 있고 또한 가치로 평가가 가능하다. 금융자원은 기업이 경영활동에 필요한 모든 금전적 자산이다. 기업이 보유한 이러한 유형자원의 가치는 이들을 얼마나 효율적으로 활용할 수 있는 기회 존재 여부에 따라 좌우된다.
- **무형자원** 화폐 가치로 평가하기 어렵지만 기업의 경쟁우위를 결정짓는 중요한 자원이다. 기업의 이미지나 명성, 신용, 기술, 특허권, 상표권,

경영자원	내 용
유형자원	• 물적자원(토지, 공장, 기계, 건물, 시설 등) • 금융자원(자금 등)
무형자원	• 기술자원(특허권, 저작권, 지식, 노하우 등) • 정보 • 브랜드(이미지, 가치 등) • 명성 • 사회적 자본(네트워크, 신뢰 등) • 스피드
인적자원	• 개인에 체화된 지식, 노하우, 기술, 역량 등

표 10-1

경영자원 유형

네트워크 등은 경쟁기업이 쉽게 모방할 수 없는 중요한 무형자원이다. 최근 급진적인 기술 변화와 소비자 기호 변화에 따른 제품수명주기 단축과 경쟁의 글로벌화로 경쟁자보다 한발 앞선 신기술 개발과 신제품 출시가 중요한 경쟁우위가 되었다. 즉, 소비자와 시장의 요구에 신속히 반응하는 신속성, 다양한 사업 환경에 적시에 적응할 수 있는 민첩성, 그리고 새로운 아이디어를 지속적으로 창출하는 혁신성 측면에서 스피드(speed)도 기업의 중요한 무형자원의 일환으로 볼 수 있다.

• **인적자원** 인적자원의 원천은 기업 내 경영자나 종업원들에게 체화되어 있는 경험, 판단, 지식, 관계, 통찰력 등을 포괄한다.[2] 인적자원은 기업에게 가장 중요한 경영자원으로서 계량적인 측면에서는 유형자원이 되지만, 개인 각자에 체화되어 있다는 점에서 무형자원이 된다. 인적자원의 중요성이 강조되는 이유는 인적자원이 경쟁우위 원천이 되는 기술이나 노하우를 축적하고 관리하는 근본적인 주체이기 때문이다.[3]

1.2. 능력

능력(capability)도 자원의 일환으로 볼 수 있지만 좀 더 세밀히 정의하자면 "능력이란 고객에게 가치 있는 제품이나 서비스를 제공하기 위해 다양한 유·무형의 자원을 통합하는 기량"인 것이다.[4] 따라서 능력이란 자원의 집합체로 볼 수 있다. 예컨대 신제품 개발을 위해서는 기술, 노하우 등의 무형자원, 자금, 시설 등의 유형자원, 그리고 연구개발인력 등의 인적자원 모두를 통합하여 조직적으로 잘 활용할 수 있어야 한다. 따라서 능력은 신제품 개발, 생산,

품질관리, 마케팅, 구매 등 모든 가치사슬기능에서 구현되어야 한다. 예컨대 마케팅능력, 연구개발능력, 품질관리능력 등이 요구된다.

Ⅱ 경쟁우위와 자원준거관점

Penrose(1959)는 일찍이 기업의 성장을 위해서는 자원의 중요성을 직시하였다. 즉, 기업의 성장은 기업이 통제하고 있는 자원들의 생산적인 기회와 이들 자원 활용을 조정하기 위한 관리적 틀에 의해 좌우된다고 보았다. 또한 기업에 의해 통제되는 자원의 집합체가 기업에 따라 다양하고 차별적임을 인지하였다.[5] 이와 같은 맥락에서 기업 성장을 위한 기업 내부자원의 중요성을 강조한 자원준거관점(resource-based view) 이론이 제기되었다(Barney, 1991; Diericks and Cool, 1981; Grant, 1991).[6] 요컨대 기업은 여러 자원으로 구성된 실체이고, 기업 간 수익성 차이가 기본적으로 외부적인 산업구조 요인보다는 오히려 기업 간 보유하고 있는 내부적인 자원의 이질성, 즉 VRIO 모델이라 불리는 가치성(valuable), 희소성(rarity), 비모방성(inimitability), 조직(organization) 특성 등에 기인한다는 관점이다. 즉 가치 있고, 희소하고, 모방할 수 없고, 대체하기 어려운 자원을 많이 보유할수록 기업은 지속적인 경쟁우위를 누릴 수 있다는 것이다. 특히 이러한 이질적 자원은 오랜 기간의 경험과 역사적 경로, 즉 경로의존성(path-dependent)을 통해 창출되기 때문에 인과적인 해석이 모호하고 복잡하여 경쟁업체가 단기간 내에 모방하기가 어렵다. 따라서 자원준거관점은 동일 산업 내에서 특정 기업이 산업 평균치보다 탁월한 수익성을 창출하고 유지하는가를 설명해 줄 수 있는 중요한 준거가 된다.[7] 자원준거관점에서 자원의 네 가지 속성을 부연 설명하면 다음과 같다.

첫째, 가치성이란 기업으로 하여금 외부 기회를 최대로 활용하고 위협은 최소화하며, 또한 경쟁업체 대비 저비용 및 고수익 달성을 가능케 하는 자원의 속성을 나타낸다. 기회 활용과 위협 방지에 유용하지 못한 자원이나 능력은 강점이 아니라 약점이 된다. 예를 들어, 노후화된 생산시설이나 낙후된 기술은 가치성이 없다.

둘째, 희소성이란 다른 기업은 쉽게 획득할 수 없는 자원의 속성을 나타낸다. 기업이 가지고 있는 특정 자원을 경쟁업체들이 역시 보유하고 있다면 그 자원은 경쟁우위의 원천이 될 수 없다.

셋째, 비모방성이란 현재의 경쟁우위의 근간이 되는 기업의 자원을 다른 기업들이 쉽게 모방할 수 없는 속성을 나타낸다. 자원 구축이 장기간에 걸쳐 경로의존적으로 이루어져 경쟁자들이 정확히 파악하지 못할 때 그 자원은 모방하기 어렵게 된다. 또한 직접적 복제나 대체에 의해 모방이 가능하기 때문에 자원의 비대체성(nonsubstitutable)도 경쟁우위 유지에 중요하다. 비대체성이란 경쟁우위의 기반이 되는 자원의 대체 가능성을 나타낸다. 현재의 전략적 자원을 경쟁자가 다른 자원으로 대체하기 쉽다면 경쟁우위를 지속하기가 어려운 것이다.

넷째, 조직특성이란 이질적 자원 구축과 활용을 위해 기업이 얼마나 잘 조직화되어 있는가를 나타낸다. 아무리 훌륭한 자원을 보유하고 있더라도 조직적으로 활용 못하면 무용지물인 것이다. 공식적 보고체계, 관리통제 시스템, 보상정책 등과 같은 요소들이 조직화 문제와 직결된다. 기업들이 정보 수집 및 활용을 위해 조직내 정보관리 책임자로 CIO(cheif information officer)를 두고 있는데, 마찬가지로 효율적 자원 관리를 위해서는 '자원관리책임자(CRO: cheif resource officer)'의 역할 또한 중요할 것이다.

자원준거관점에서 특허, 상표, 실용신안, 의장 등의 지적재산권은 가치성, 희소성, 비모방성, 비대체성의 속성을 일정 부분 띠고 있기 때문에 조직적 개발과 활용을 통해 기업의 경쟁우위에 크게 기여할 수 있다. 물론 특허나 상표가 실용신안이나 의장보다 가치성, 희소성, 비모방성 측면에서 경쟁우위 제고에 더 큰 영향을 미칠 것이다.[8] 이와 같은 측면에서 가치성, 희소성, 비모방성,

표 10-2
VRIO 분석의 틀

자원이나 능력에 대한 평가					
가치성이 있는가?	희소성이 있는가?	모방비용이 많이 드는가?	조직에 의해 활용되는가?	경쟁적 함의	경제적 성과
아니요	-	-	아니요	경쟁열위	평균 이하
예	아니요	-	↕	경쟁등위	평균
예	예	아니요		일시적 경쟁우위	평균 이상
예	예	예	예	지속적 경쟁우위	평균 이상

출처: J.B. Barney(1997), *Gaining and Sustaining Competitive Advantage*, MA: Addison-Wesley, p.173.

그리고 조직화의 문제는 기업의 자원이나 능력의 보유 및 활용과 관련해서 경쟁우위를 이해하기 위한 하나의 분석의 틀로 체계화시킬 수 있다 〈표 10-2〉에서 보듯이 기업의 보유한 자원의 가치성, 희소성, 비모방성, 조직화와 관련하여 경쟁업체보다 약점이 많으면 경쟁에 뒤처지게 되고, 반대로 경쟁업체보다 강점이 많으면 지속적인 경쟁우위에 따른 초과 수익을 누릴 수 있다.

Ⅲ 핵심역량

기업에 의한 자원 보유는 무한대가 아니라 사실상 유한하다. 또한 시간도 자원이라 볼 경우 시간 제약으로 인해 모든 자원에 걸쳐 VRIO의 속성을 갖출 수 없다. 따라서 자원을 많이 보유하는 것보다 VRIO 속성을 갖춘 핵심자원을 창출하고 보유하는 것이 더욱 중요하다. 이러한 관점에서 경쟁기업에 비하여 훨씬 우월한 경쟁우위를 가져다주는 특정 핵심자원(기술, 중간재 등)의 창출 및 활용의 근거가 되는 핵심역량(core competence) 보유가 관건이 된다. 물론 핵심자원은 자원준거관점에서 가치성, 희소성, 비모방성 등의 속성을 띤다. 따라서 핵심역량은 제품 및 서비스에서의 경쟁우위를 유발하는 원천이 되기 때문에 최종제품이나 사업보다 더 영속성을 띤다.[9]

핵심역량 체계는 나무에 비유하여 설명 가능하다. 즉, 핵심역량은 나무의 뿌리, 핵심제품은 줄기, 핵심사업은 가지, 그리고 최종제품은 열매로 비유할 수 있다. 뿌리가 충분히 내리고 튼튼해야 나무를 지탱하고 영양분을 충분히 공급할 수 있는 것이다. 반대로 뿌리가 부실하면 나무는 고사되고 만다. 따라서 기업의 생존도 결국 뿌리에 해당되는 핵심역량에 의해 좌우된다고 볼 수 있다.[10]

핵심역량의 전형적인 예로 [그림 10-1]에서 보듯이 일본의 혼다(Honda)사를 들 수 있다. 1948년에 창업한 혼다는 제초기 사업을 시작으로 오토바이, 자동차, 스쿠터, 소형제트기 제품 분야로 사업을 확대하였다. 이러한 성공적 사업다각화 배경에는 동력장치기술이라는 핵심역량에 기초하여 핵심제품에 해당되는 탁월한 각종 엔진을 만들어 내고, 또한 이들 엔진을 사용하여 오토바이, 자동차 등 다양한 사업 분야에 걸쳐 최종제품을 양산할 수 있었기 때문이다. 따라서 엄밀히 말하면 혼다사의 핵심역량이란 핵심기능에 대한 기술이라 할 수 있고, 핵심제품이란 핵심기능에 대한 부분품으로 볼 수 있다. 즉 자

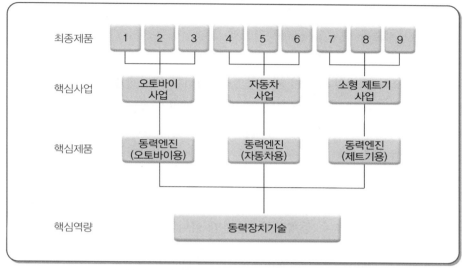

그림 10-1

혼다(Honda)의
핵심역량 체계

최종제품 1 2 3 4 5 6 7 8 9

핵심사업 오토바이 사업 | 자동차 사업 | 소형 제트기 사업

핵심제품 동력엔진 (오토바이용) | 동력엔진 (자동차용) | 동력엔진 (제트기용)

핵심역량 동력장치기술

출처: C.K. Prahalad and G. Hamel(2001), "The Core Competence of the Corporation," *Harvard Business Review*, (May/June), p.81 내용 재구성.

동차에서 핵심기능이란 동력이기 때문에 핵심역량이 엔진기술이 되고, 핵심 제품은 엔진이 된다.

또 다른 예로 일본의 캐논(Cannon)의 경우 1933년 현미경 사업으로 출발 하여 제2차 세계대전 후 상업용 카메라 사업을 시작하였으며, 1970년대에 들 어서는 복사기, 오버헤드 프로젝터, 컴퓨터, 반도체생산설비/웨이퍼가공 사 업 분야로까지 진출하였다. 이 같은 캐논의 성장 배경을 볼 때 캐논의 핵심역 량은 카메라, 복사기, 프린터, 반도체설비산업 등 지속적으로 새로운 사업영 역으로 진출하는데 있어 정밀광학기술, 첨단전자기술, 정밀기계기술 등 개별 사업단위의 핵심기술들의 융합임을 알 수 있다. 이 과정에서 캐논은 기업 내 부적으로 해결하기 어려운 기술을 습득하기 위해 외부 기업들과의 전략적 제 휴를 적극 추진하였다. 1960년대에 복사기 생산을 위한 간접 정전기 처리기 술을 미국 RCA로부터 도입하였고, 포켓형 계산기 제작을 위해 미국 TI(Texas Instrument)와 합작투자를 하였다. 그 후 컴퓨터 소프트웨어기술은 애플 (Apple), 의료용기 제작기술은 미국의 코닥(Kodak), 그리고 팩스기계에 필요 한 인터페이스기술은 독일의 지멘스(Siemens)와 각기 전략적 제휴를 체결하 여 습득하였다.[11]

중소기업도 핵심역량을 기반으로 얼마든지 업계에서 독보적인 지위를 누 릴 수 있다. 예컨대 1992년 설립된 '동인기연'은 세계시장점유율 1위(45%)의

하이엔드 백팩(backpack) 제조 전문업체이다. 동인기연의 핵심역량은 알루미늄 열처리 기술과 벤딩(bending) 기술에 있다. 이 두 핵심기술을 바탕으로 동인기연은 업계 최초로 강력한 충격에도 버틸 수 있는 강도 높은 다양한 알루미늄 파이프와 프레임 제작이 가능하였다. 이러한 핵심제품(부품)을 사용하여 동인기연은 전문 레포츠 용품(등산배낭, 암벽등반용품 등), 여행용가방, 구급차 카트, 유아용 캐리어, 유모차, 휴대용 카시트 등 경쟁력 있는 다양한 최종제품을 생산해낸다.

물론 핵심역량이 주로 핵심기술에 기반하지만 기술만이 핵심역량이 되는 것은 아니다. 디자인, 기업 평판, 생산방식, 마케팅 등도 핵심역량이 될 수 있다. 혼다(Honda)의 경우 동력장치기술뿐만 아니라 디자인, 품질관리, 생산공정기술 등에서도 탁월하다. 따라서 동력장치기술이 '1차적 핵심역량'이라 하면, 디자인, 품질관리, 생산공정기술 등은 '2차적 핵심역량'으로 볼 수 있다. 최근 자동차를 비롯한 많은 산업에서 1차적 핵심역량이 되는 핵심기술 수준이 업체 간 평준화되어 가는 추세에 있어 2차적 핵심역량이라 할 수 있는 디자인, 품질관리, 서비스 등이 경쟁우위를 좌우하는 수가 많다.

한편, 제품이나 업종에 따라 핵심역량이 다를 수 있다. 세계 최대 대형마트인 월마트(Wal-mart)와 같은 경우 핵심역량이 상품 배송 및 재고를 관리하는 로지스틱능력이다. 핵심부품을 협력업체로부터 공급받아 조립과정을 거쳐 온라인으로 직접 판매하는 델 컴퓨터(Dell Computer)와 같은 경우에는 공급망관리(SCM)가 주된 핵심역량이다. 또한 컴퓨터의 핵심기능에 있어 OS에 대해서는 마이크로소프트(MS)가, CPU에 대해서는 인텔이, 그리고 메모리(RAM)에 대해서는 삼성전자가 핵심역량이 있다고 볼 수 있다. 특히 인텔과 같은 경우 CPU 같은 비메모리 반도체 핵심역량에만 집중하지, 이를 기반으로한 컴퓨터와 같은 최종제품 사업에는 진출하지 않고 있다.

Ⅳ 동적역량

경쟁우위의 근간이 되는 기존 핵심자원이나 핵심역량은 소비자 기호 변화 등 사업 환경이 바뀌면 그 효용성이 떨어지게 된다. 즉, 기업의 기존 핵심자원이나 핵심역량이 환경 변화에 맞지 않을 경우 오히려 '핵심역량(core competence)'이 '핵심 경직성(core rigidity)'으로 뒤바뀔 수 있다.[12] 예컨대 휴대폰 분야에서 절대 강자였던 노키아나 모토로라가 스마트폰으로의 기술 및 수요 변화에 대응하지 못해 삼성전자나 애플에게 시장에서 밀려난 것이 좋은 본보기다.

이러한 관점에서 최근 자원준거관점 또는 핵심역량의 파생이론으로서 동적역량(dynamic capabilities)의 중요성이 부각되어졌다. 선두적인 연구로 Teece, Pisano and Shuen(1997)는 동적역량을 "급변하는 환경변화에 맞추어 내·외부적 역량을 통합, 구축, 재배치하는 기업 능력"으로 정의하였다.[13] 같은 맥락에서 동적역량 개념에 대한 다양한 정의가 이루어지고 있다. 즉, "급격한 환경 변화에 부응하기 위해 기업 자신의 자원이나 지식의 재구성 능력"(Helfat, 1997)[14], "시장 변화에 부응할 뿐만 아니라 새로운 시장을 창출해내는 자원의 획득, 통합 및 배치하는 프로세스"(Eisenhardt and Martin, 2000)[15], "격변하는 환경 하에서 자원을 추가하고, 제거하고, 재구성하는 자원교정(resource manipulation) 능력"(Blyer and Coff, 2003)[16] 등으로 정의되고 있다. 이러한 동적역량도 인과관계가 모호하고 경로의존성(path dependency)에 따른 모방이 어렵기 때문에 경쟁우위를 창출하고 지속하는데 중요한 역할을 한다. 또한 동적역량이 환경변화에 따른 자원 진화의 일상성(routine)을 강조한다는 점에서 진화론(evolutionary theory)에 입각한다고 볼 수 있다.

한편, 일부 학자들은 동적역량 요인의 유형화에 관심을 보였는데, 이를테면 Teece(2007)는 동적역량이 기회 및 위협 감지능력(sense and shape opportunities and threats), 기회 포착능력(to seize opportunities), 유·무형의 자원의 확장, 결합, 보호 및 재배열 능력(enhancing, combining, protecting, and reconfiguring) 등 세 요인으로 구성된다고 보았다. 한편, Kwon(2007; 2016)은 동적역량을 시장변화를 감지하는 탐지역량(environment sensing), 시장변화에 대응하는 혁신적 반응역량(innovative responding), 성공적 대응을 위한 자원갱신역량(resource renewing) 등 세 하위역량으로 유형화하였다. 즉, 기술변화, 경쟁환경 변화, 고객기호 변화 등 외부환경 변화를 탐지하여 거기에 맞게 제품 혁신과 사업 개발을 개발을 도모하고, 이를 성공적으로 수행하기 위한 새로운 자원을 획득하고 재배치하는 능력 등의 유기적 결합체가 동적역량이란 것이다. 특히 동적역량에서 강조되는 점은 시장변화에 혁신적 반응을 실행하기 위한 충분한 가용자원이 준비되어 있느냐 하는 점이다. 만일 가용자원이 충분치 못하다고 판단될 경우 자원 부족 문제를 내부적으로 해결하거나 외부

표 10-3	기회 및 위협 감지능력 (환경변화 기회탐지역량)	기회포착능력 (혁신적 반응역량)	동적자원관리능력 (자원갱신역량)
동적역량의 구성요인과 예시	• 기술환경변화 탐지 • 경쟁환경변화 탐지 • 시장환경변화 탐지 • 제도환경변화 탐지	• 제품혁신 • 비즈니스모델 혁신 • 신규시장 개발 • 신규사업 개발	• 가용자원 진단 • 신규자원 취득, 결합 및 재배치 • 외부자원 습득
	예시) 자동차 업종인 경우 기후변화협약과 탄소배출권거래제에 의한 이산화탄소(CO_2) 저감과 연비개선이 주요 사회적 이슈로 부상됨.	예시) 친환경자동차(하이브리드 자동차, 전기자동차, 자율주행차 등) 개발로의 혁신.	예시) • 신규 자금, 인력, 기술개발, 시설, 공급망 확보 등. • 기술습득을 위한 경쟁업체, 연구기관 등과의 공동연구개발.

출처: Teece(2007); Kwon(2007), 권영철(2016) 등에서 재구성.[17]

로부터 습득해야 한다. 특히 경쟁사보다 신속히 대응하는 것이 무엇보다 중요하므로 부족한 자원을 시간을 들여 내부적으로 개발하거나 충당하기 보다는 제휴 등을 통해 외부 조직으로부터 습득하는 방안도 적극 고려되어야 한다.

최근 급진적 기술변화와 비즈니스 모델 변화로 동적역량이 경쟁우위 창출과 유지 측면에서 더욱 중요하게 되었다. 이러한 기술 인플렉션 포인트(변곡점)를 누가 먼저 감지해서 사업화 하느냐가 업계 주도권을 잡게 된다. 앞서 설명했듯이 삼성전자와 애플이 노키아나 모토로라보다 스마트폰 인플렉션 포인트를 먼저 감지해서 업계 주도권을 잡았다고 볼 수 있다.

자동차 업종에 인플렉션 포인트를 적용시켜 동적역량의 세 하위역량을 설명하자면 〈표 10-3〉과 같이 요약할 수 있다.[18]

첫째, 기회탐지역량으로 기후변화협약과 탄소배출권거래제에 의한 에너지 절약과 이산화탄소(CO_2) 저감으로의 사업환경 변화에 대한 탐지를 들 수 있다. 예컨대 앞으로 자동차 업종에 있어 인플렉션 포인트는 전기자동차와 같은 친환경자동차로의 사업 기회 확대이다.

둘째, 기회포착 또는 혁신적 반응역량으로 전기자동차, 수소자동차, 자율주행자동차 등 친환경자동차 개발로의 혁신을 들 수 있다. 즉 누가 먼저 이러한 사업환경 변화에 대해 혁신적으로 대처하느냐에 따라 자동차 업계 판도가 바뀔 수 있다. 이 단계에서는 경쟁사보다 한 발 앞서 시장을 선점하는 스피드가 관건이다. 예컨대 전기자동차에서는 미국의 테슬라(Tesla)가 시장을 선점해 나가고 있고, 무인자율주행자동차에서는 구글(Goggle)이 혁신을 선도해 나가고 있다.

셋째, 자원갱신역량으로 친환경자동차 프로젝트를 성공적으로 수행하기 위해서는 신규 투자금, 전문인력, 시설, 기술개발, 공급망 확보 등 유무형의 자원이 요구된다. 예컨대 구글은 본격적으로 무인자율주행차사업에 뛰어든 2010년에 핵심기술개발(Lidar Laser, 레이더, 위치 센서, 교신용 컴퓨터, 비디오카메라, 전환 장치 등)을 위해 매출의 12%인 28억 달러를 투자하였다. 한편, 독자적으로 해결하기 어려운 일부 핵심기술(자동운행시스템 등) 및 부품(페달, 바퀴 등)과 관련해 기존의 완성차 업체나 부품회사들과 기술제휴를 추진하였다. 또한 구글은 무인자동차개발 프로젝트를 성공적으로 수행하기 위해 2005년 미국 국방부가 개최한 무인자동차 개발 콘테스트에서 대상을 받은 스탠퍼드대 인공지능분야 Sebastian Thrun 교수를 영입하였다. 조직적 측면에서도 구글의 창립자이며 CEO인 Larry Page가 전폭적으로 무인자동차 프로젝트를 지원하고 있다.

자원 습득 및 갱신은 기업 내부적으로 해결할 수도 있고 외부 조직으로부터 도움을 받을 수 있다. 우선 기술, 지식 등 무형자원을 내부적 연구개발을 통해 자체적으로 조달할 수 있다. 그러나 경쟁이 심화되고 급격한 기술변화 및 소비자 기호의 변화에 따라 기업 내부 연구개발로는 시간적으로나 자금 능력 면에서 한계가 따른다. 따라서 이 경우 외부 조직에 의존해야 한다. 예컨대 라이선싱, 기술제휴, 또는 공동연구개발 등 전략적 제휴를 통한 외부 조직과의 협력(collaboration)을 통해 핵심 기술 및 지식을 습득하거나 갱신할 수 있다. 즉, 전략적 제휴를 통해 직접적으로 타 기업의 지식과 자원에 접근 가능하기 때문에 전략적 제휴는 암묵적 지식 학습과 자원공유의 효율적인 수단이 된다.[19]

외부조직으로부터 기술이나 지식을 효과적으로 습득 및 갱신하기 위해서는 무엇보다 기업 자체 흡수능력(absorptive capacity)이 요구된다. 흡수능력이란 새로운 외부 지식 가치를 인지하고, 습득하여, 상업적인 목적에 사용할 수 있는 능력을 나타낸다. 즉 외부조직으로부터 기술이나 지식을 습득하고 갱신하기 위해서는 자체 연구개발을 통해 어느 정도 흡수능력이 준비되어 있어야 한다는 점이다. 자체적인 흡수능력이 없으면 외부조직으로부터 어떠한 기술이나 지식을 습득하는 것이 적정한지 판단하기 어려울 뿐더러, 외부의 기술 및 지식에 접근 가능하더라도 자체적인 기술이나 지식으로 완전히 체화시키기 어렵다. 즉, 자체적인 연구개발능력이 있어야 습득하여야 할 외부지식의 적절성에 대한 통찰력과 습득과정에서의 문제해결능력이나 학습능력을 갖출 수 있는 것이다.[20] 본장의 말미에 제시된 "삼성전자의 기술제휴와 자체 연구개발을 통한 반도체 핵심역량 구축" 사례에서 보듯이 삼성전자의 핵심역량이라 볼 수 있는 반도체 핵심기술을 외부조직으로부터 습득하고 동시에 자체 기술개발역량을 통해 더욱 발전시켰다고 볼 수 있다.

동적자원관리

동적역량이 "급격한 환경 변화에 부응하기 위해 기업 자신의 자원이나 지식의 재구성 능력"이라는 Helfat(1997)[21]의 주장은 경쟁우위를 지속하기 위해 기존 자원의 활용과 새로운 자원 개발 간의 균형을 이루는 최적의 자원 포트폴리오 유지를 위한 "동적자원관리(dynamic resource management)"[22] 개념과 일맥상통 한다. 문제는 환경변화에 맞게 자원을 어떻게 지속적으로 갱신하고 재구성하느냐 하는 점이다.

Kim and Mauborne(2005)는 경쟁자가 없는 새로운 시장인 블루오션(Blue Ocean) 창출을 위해 가치 요소의 재구성, 즉 가치혁신의 중요성을 강조하였다. 또한 이들은 가치혁신을 이루기 위한 네 가지 방안, 즉 불필요한 가치 요소의 제거(Eliminate), 과도한 가치 요소의 감축(Reduce), 부족한 가치 요소의 증대(Raise), 그리고 새로운 가치 요소의 창조(Create)를 제시하였다.[23] 같은 논리로 환경 변화에 상응하는 자원의 재구성을 위해서도 이러한 네 가지 방안이 적용 가능하다. 즉 불필요한 자원의 제거, 과도한 자원의 감축, 부족한 자원의 증대, 그리고 새로운 자원의 창조이다. 특히 동적역량 관점에서 환경 변화에 대응하기 위한 새로운 자원을 창조하는 능력이 무엇보다 중요하다. 기술이 기업의 핵심 자원이라 하면, 기술수명주기가 있듯이 모든 자원도 수명주기를 가진다. 즉 새로운 자원의 개발(창조), 보급 및 확대(증대), 시간경과와 환경변화에 따른 비효용성으로 인한 축소(감축), 그리고 마지막으로 용도 폐기(제거)의 과정을 거칠 것이다. 환경변동성으로 기술수명주기가 급속히 단축되듯이, 앞으로 모든 자원의 수명주기도 더욱 단축될 것이다.

매년 증가하는 삼성전자의 특허건수가 자원관리의 역동성을 잘 설명해준다. 특허는 기업의 핵심 자원이다. 2019년 말 기준 삼성전자의 누적 특허 등록건수는 전 세계적으로 총 19만 9,000건에 달했다. 이 가운데 미국 특허가

단위: 건
표 10-4
삼성전자 국가별
특허 등록 건수
(2019년 말 기준,
누적)

국가	한국	미국	유럽	중국	일본	기타국가
건수	36,787	71,718	33,073	16,531	10,051	11,893

출처: 금융감독원

단위: 건
표 10-5
삼성전자 연도별
특허 등록 건수

특허등록	'20년	'15년	'14년	'13년	'12년	'11년	'10년	'09년
한국	6,648	2,984	3,970	2,762	2,013	1,610	1,612	1,485
미국	8,539	5,072	4,952	4,676	5,081	4,894	4,551	3,611

출처: 금융감독원

차지하는 비율이 7만1,718건으로 40%에 이른다. 나머지 국가에서 보유한 특허는 한국 3만6,787건, 유럽 3만3,073건, 중국 1만6,531건, 일본 1만51건, 기타국가 1만1,893건 등이다(〈표10-4〉 참조). 특히 삼성전자의 연간 미국 특허 등록 건수는 2010년 4,551건, 2015년 5,072건, 2020년 8,539건으로 매년 급속도로 증가하는 추세다(〈표 10-5〉참조). 이에 따라 2020년 말 기준으로 삼성전자가 보유한 미국 특허 누적 등록 건수는 8만7,208건으로 2위 IBM 5만5,768건보다 3만건 이상 앞서고 있다. 삼성전자는 2006년부터 11년 연속으로 IBM에 이어 미국 특허 보유 2위 자리를 차지하고 있다가, 2019년특허 출원 건수 7,634건으로 7,220건의 IBM을 제치고 1위에 올랐선 후 계속 1위 자리를 유지하고 있다. 이들 특허는 대부분 스마트폰, 스마트 TV, 메모리, 시스템LSI 등에 관한 특허로서 전략사업 제품에 쓰이거나 신규 사업 진출 시 활용을 통해 경쟁사를 견제하기 위함이다.[24] 이렇듯 삼성전자의 특허 등록건수가 매년 늘어난다는 것은 지속적인 자원 개발을 의미하며, 이중 일부는 시간경과에 따라 그 가치가 소멸될 것이다.

　사실 전략경영체계에 따른 선택된 최적 전략은 주어진 내부자원에 대한 적합성, 즉 "자원 적합성"을 띠어야 한다(Hiroyuki, 1987).[25] 그러나 내부자원이 강점보다 약점이 많을 경우 최적의 전략을 선택하기가 어렵다. 따라서 환경변화에 따른 최적의 대응전략 수립을 위해서도 그에 상응하는 자원 갱신 또는 재구성이 신속하게 뒷받침되어야 한다. 극단적으로 내부자원과 능력이 부족하더라도 최적의 목표와 전략을 수립해 놓고 거기에 맞추어 부족한 자원 및 능력에 대한 신속한 보완을 강구할 수 있는 것이다.

Ⅴ 가치사슬활동상의 강점 및 약점 분석

기업의 자원 및 능력에 대한 강점 및 약점 분석은 가치사슬상의 모든 활동에 걸쳐 이루어져야 한다. 경영활동의 궁극적 목적은 고객이 일정의 대가를 지급하고 구입하고자 하는 가치(재화, 서비스, 혜택 등)를 창출하는데 있다. 이러한 관점에서 Porter(1985) 교수는 가치창출을 위한 모든 경영활동 기능을 가치사슬(value chain) 체계로 분석하였다.[26] 이를테면 경쟁우위는 본원적 가치사슬활동, 즉 경쟁자에 비해서 얼마나 경쟁적인 비용과 차별화된 방법으로 가치를 창출해낼 수 있는가에 좌우된다는 것이다. 만일 가치창출에 투입된 비용보다 소비자들이 더 높은 대가를 지불할 의사가 있다면 기업은 이윤을 창출할 수 있게 된다. 요컨대 기업이 제공하는 제품이나 서비스에 대해 소비자가 더 높은 가치를 부여할수록 기업은 더 높게 가격을 책정할 수 있어 최대의 이윤 창출이 가능하다. 개별 가치사슬활동마다 자원이 투입되어야 한다는 점에서 가치사슬활동은 자원관리 프로세스의 일환으로 볼 수 있다. 즉, 인풋 자원을 투입하여 아웃풋 자원을 창출해내는 과정을 얼마나 효율적으로 관리해 나가느냐의 문제이다. 한편, 소비자가 느끼는 가치에 대해 종래에는 품질과 가격이라는 경제성에 주로 초점이 맞추어졌는데, 이외에도 소비자 특성에 따라 제품이나 서비스에 느끼는 감정적 가치(즐거움, 자부심 등)와 사회적 가치(친환경, 윤리 등)도 중요시 고려되어야 할 소비자 가치(consumer value) 요소이다.[27]

기업의 본원적 가치사슬활동은 [그림 10-2]에서 보듯이 크게 연구개발, 조달구매, 제조생산, 마케팅/판매, 서비스 등의 주활동(primary activities)과 인사, MIS, 재무, 회계, 전략 등의 지원활동(support activities)으로 분류된다.[28] 이러한 가치사슬활동은 단절되는 것이 아니라 연쇄적으로 이루어진다. 가치사슬분석은 결국 소비자에게 제공하는 가치 창출을 위한 경영상의 모든 기능에 투입되는 자원과 이를 관리하는 능력(연구개발능력, 구매관리능력, 생산관리능력,

그림 10-2

본원적 가치사슬

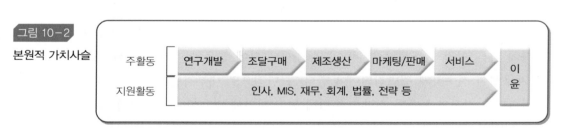

출처: M.E.Porter(1985), *Competitive Advantage*, NY: The Free Press 내용 재구성.

기술개발	구매/생산관리	마케팅/서비스	인사조직	재무회계
기초연구	자재조달	소비자지식	경영자능력	자본비용
신제품개발	구매관리	제품계열폭	종업원자질	재무구조
제품설계	제조생산	마케팅계획	인사정책	자금조달
디자인개발	공정관리	브랜드인지도	노무관리	재무계획
신소재개발	생산설비	광고/판매촉진	교육훈련	회계시스템
기술혁신	자재관리	판매망관리	조직관리	재고평가
연구개발시설	재고관리	유통/물류관리	기업전략	자산관리
연구개발인력	품질관리	서비스	기업규모	기업평가
기술변화예측	원가관리			

표 10-6

개별 가치사슬 활동의 강점 및 약점 분석

출처: Wheelen et al(2017); Jauch and Glueck(1988) 등 참조.[29]

마케팅관리능력 등)에 대한 분석이 핵심이 된다. 따라서 기업의 강점과 약점의 분석은 〈표 10-6〉에서 보듯이 기술개발, 구매, 생산, 마케팅, 인사조직, 재무회계 등 기업의 가치사슬활동 전반에 걸쳐 광범위하게 수행되어져야 한다.

한편, 기업은 자원 제약으로 인해 가치사슬기능 전 분야에 걸쳐 모두 강점을 가지기 어렵다. 따라서 선택과 집중을 통해 어느 분야에 집중적으로 투자하여 기업의 핵심 강점 분야로 육성할지를 결정해야 한다. 물론 선택과 집중 분야는 업종과 경쟁전략에 따라 달라진다. 예컨대 Nike와 Apple과 같이 차별화전략을 강조하는 기업은 위탁생산을 통해 생산비용을 줄이는 대신, 제품 기획 및 개발, 디자인 개발, 그리고 마케팅 분야에 모든 역량을 집중하고 있다. 반면 원가우위전략을 택했던 Dell Computer 회사와 같은 경우 온라인 직접 판매를 통해 마케팅 및 서비스에 역량을 집중하고, 부품생산, 포장, 운송 등은 아웃소싱을 통해 협력업체에 위탁하는 방식을 택했다.

Ⅵ 경쟁자 분석

내부능력의 강점과 약점은 절대적 평가가 아니라 경쟁자에 대한 상대적 평가이다. 따라서 경쟁자의 내부능력과 기업 자신의 내부능력과의 상호 비교분석(comparative analysis)이 요구된다. 경쟁자의 내부능력에 대한 이해가 높을수록 전략적 대응도 수월해진다. 따라서 경쟁자 정보에 대한 지속적 모니터링을 통해 경쟁자의 강점 및 약점에 대한 현재 상태와 미래 변화 추이를 잘 파악해야 한다.[30]

- **경쟁자 파악** 경쟁자에 대한 분석은 현재 및 잠재적 경쟁자를 규명하는 일로부터 시작된다. 소비자가 자사 제품 대신 타사 제품으로의 대체 (product substitution) 가능성에 따라 현재 및 잠재적 경쟁자 범주가 달라진다. 즉, 상이한 업종에서 동일 소비자층을 대상으로 경쟁하는 모든 기업 또는 동일 업종에서 상이한 소비자층을 대상으로 하는 기업 모두 경쟁자로 간주할 수 있다. 물론 동일 업종에서 동일 소비자층을 대상으로 할 경우 제품대체 가능성이 가장 높다. 한편, 글로벌기업은 자국 경쟁자뿐만 아니라 글로벌 경쟁자를 경쟁자 분석 대상에 포함시켜야 한다.

- **경쟁자의 시장지위** 판매성장, 시장점유율, 이익률 등은 경쟁자의 내부 능력과 기업전략의 효과성에 대한 간접적인 지표이다. 강력한 시장지위와 급속한 성장을 보이고 있는 경쟁자는 그만큼 경쟁력이 높고 효율적인 전략을 구사하고 있음을 시사한다. 따라서 경쟁자보다 시장지위가 낮을 경우 우선 그들의 강점과 약점을 파악하여 벤치마킹(benchmarking)하거나 대책을 강구할 필요가 있다.

- **경쟁자의 목표 및 가정** 경쟁자의 사업목표에 대한 분석은 경쟁자의 현재의 성과에 대한 만족도와 미래 전략에 대한 향방을 예측하는데 큰 도움이 된다. 예컨대 경쟁자가 제품차별화를 주요 목표로 세웠다면 경쟁전략의 핵심은 광고나 품질향상 또는 디자인개발에 초점이 맞추어질 가능성이 높다는 것을 예상할 수 있다. 이러한 예측의 정확성을 더욱 높이기 위해서는 시장점유율, 판매성장, 수익 등에 근거한 재무적 성과뿐 아니라 기술, 서비스, 거래선과의 유대관계 등 비재무적 성과도 분석 대상에 포함시켜야 한다. 한편, 글로벌 경쟁자를 상대로 하는 기업은 각국 경쟁자의 사업목표 설정이나 달성 기간에 대해 문화적 배경을 이해할 필요가 있다. 예를 들어, 미국 기업들은 단기적인 재무적 성과를 중시 여기는 반면, 일본 기업들은 장기적인 목표 하에서 전략을 입안하는 경향을 띤다.

- **경쟁자의 전략** 경쟁자의 현재 및 과거 전략에 대한 검토를 통해 어떠한 전략이 성공했고 실패했는지, 그리고 성공과 실패의 원인이 무엇인지를 규명하여 타산지석으로 삼아야 한다. 또한 경쟁자의 제품 및 시장 개발 추세를 자세히 분석해보면 그들의 미래 전략 향방을 예측할 수 있다. 만일 경쟁자가 차별화전략을 구사하는 경우 제품계열폭, 품질, 서비스, 유통방식, 브랜드 이미지 관리 등에 어느 정도 의존하는지를 파악해야 하

고, 반대로 경쟁자가 원가우위전략을 구사하는 경우 규모의 경제, 학습 경험, 생산시설 및 장비, 원자재 조달 등에 어느 정도 의존하고 있는지를 파악해야만 그에 대한 적절한 대응책을 세울 수 있는 것이다.

- **경쟁자의 조직문화** 조직구조, 시스템, 인적자원 등에 의해 형성되어지는 조직문화 또한 기업전략 결정에 중요한 영향을 미친다. 따라서 경쟁자의 조직문화에 대해 높은 지식을 갖출 경우 경쟁자가 채택한 전략의 배경에 대한 이해도를 높일 수 있다. 또한 기업 경영에 있어 아무래도 최고경영자의 영향력이 크게 작용하기 때문에 경쟁기업의 최고경영자의 경력과 과거 사업경험에 대한 지식은 향후 경쟁자의 전략을 예측하는 데 큰 도움이 된다.

- **원가구조** 경쟁자의 원가구조, 특히 원가우위전략을 구사하는 경쟁자의 원가구조에 대한 지식은 경쟁자의 미래의 가격전략과 시장점유율 향방을 예측하는 데 있어 필수 요건이다. 경쟁자의 원가구조분석은 종업원 규모, 생산성, 직접노무비 및 간접비(overhead), 연구개발비, 원·부자재 구매비용, 재고비용, 생산비용, 판매량, 생산량 등의 제반 정보에 입각한다.

- **경쟁자의 강점 및 약점 분석** 경쟁자에 대한 경쟁우위 비교는 원가우위요소뿐만 아니라 품질, 디자인, 브랜드 인지도, 애프터서비스 등 차별화 요소 등에 걸쳐 폭 넓게 이루어져야 한다. 또한 앞서 〈표 10-6〉에 제시되었듯이 가치사슬기능상의 각 역량에 대한 강점과 약점에 대한 비교분석 또한 중요하다. 특히 선두 위치에 있는 내부능력에 대한 강점과 약점을 분석하여 대응해 나가는 것이 무엇보다 중요하다.

🗨️ **토의문제**

1. 자원(resource)에는 어떠한 유형이 있으며, 자원과 능력(capability) 간의 개념적 차이점은 무엇인가?

2. 특허권, 상표권 등 지적재산권이 자원준거관점의 VIRO 속성에 의거하여 경쟁우위에 미치는 영향력에 대해 설명하시오.

3. 일본의 혼다(Honda) 사의 예를 들어 핵심역량, 핵심제품, 핵심사업 및 최종제품의 메커니즘에 대해 분석하시오.

4. 자동차 업종에 있어 친환경자동차로의 인플렉션 포인트를 적용시켜 동적역량 (dynamic capability)의 세 하위역량에 대해 설명하시오.

5. 가치사슬활동에서 선택과 집중 전략의 중요성에 대해 설명하시오.

사례　**삼성전자의 기술제휴와 자체 연구개발을 통한 반도체 핵심역량 구축**[31]　

Global Strategic Management

글로벌기업인 삼성전자는 물론 기업 내부의 연구개발 역량도 세계 제일이라 할 수 있지만, 다양한 IT 사업 분야에서 글로벌 선두주자로 입지를 구축하는 데에는 세계적 유수의 기업과 기술제휴를 통해 그들로부터 필요한 기술을 습득하는 전략도 큰 몫을 하였음을 알 수 있다. 반도체 분야에서 삼성전자의 핵심역량은 메모리 반도체 핵심기술(소자기술, 공정기술 등)에서 찾아 볼 수 있다. 메모리 반도체의 경쟁력은 원가 절감인데, 집적도와 수율을 좌우하는 미세공정기술이 핵심 역할을 한다. 반도

체칩을 양산하는 데에는 300여 공정을 거쳐야 한다. 이러한 기술적 핵심역량은 핵심제품군 (D램, S램, 플래시메모리 등)의 근간이 되며, 이러한 핵심제품(부품)군은 디지털TV, 스마트폰, 아이패드, 자동차, 윈도PC, 냉장고, MP3, 디지털카메라, 초음파영상, MRI(자기공명영상장치) 등 다양한 최종제품 양산에 활용되어 진다. 삼성전자는 후에 반도체 핵심기술을 LCD 사업에도 접목시켜 큰 성공을 거두었다.

따라서 본 사례에서는 급속한 환경변화 속에서 핵심역량의 진화의 가능성을 고려하면

그림 10-3　삼성전자 반도체 핵심역량 습득 개발

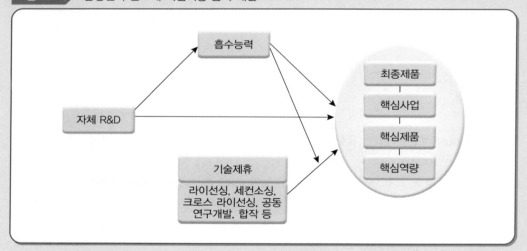

서 다양한 기술제휴를 이용하여 새로운 성장의 기반이 되는 사업을 전개하는데 필요한 핵심역량, 특히 사업의 성공에 있어서 관건으로 작용하는 핵심기술을 습득하고, 자체 R&D와 조정·통합하여 핵심제품(부품)을 개발하고, 변화하고 있는 시장의 기회에 적시에 대응하여 핵심역량(기술)과 핵심제품(부품)을 다양한 방법으로 결합하여 사업을 개시하고, 최종제품을 통해 글로벌 경쟁력을 구현하는 기업 특유의 전략적 조직과정의 분석에 초점을 맞추었다. 특히 기술제휴를 통한 외부 핵심기술의 습득을 위해서는 자체 연구개발을 통해 흡수능력(absorptive capacity)을 키우는 것이 중요함을 강조한 Cohen and Levinthal(1990)의 주장에 의거하여,[32] [그림 10-3]과 같은 분석의 틀을 설정하였다. 그리고 삼성전자가 본격적으로 메모리 반도체사업에 뛰어든 1983년부터 메모리반도체 세계시장 부동의 1위로 올라선 1993년까지를 중점적으로 분석하였으며, 최근의 비메모 반도체로의 핵심역량 개발로의

방향 전환의 필요성에 대해 살펴보았다.

I. 핵심역량의 구축: 메모리기술

삼성전자가 반도체기술을 축적하기 시작한 시기는 1974년까지 거슬러 올라간다. 그러나 최첨단기술의 축적은 1980년대 초기에 VLSI급 메모리사업에 진출하기 위해 전략전환을 시도하면서 본격화되었다고 말할 수 있다. 당시 사업전개에 필수 불가결한 메모리기술은 기업내부뿐만 아니라 국내에도 거의 존재하지 않았기 때문에, 삼성이 관련기술의 획득하기 위해 선택한 전략적 대안이 외국기업과의 기술제휴였다. [그림 10-4]에서 보듯이 삼성은 1983년에 미국 Micron Technology로부터 기술지원계약과 라이선싱을 통해 64K와 256K D램의 설계기술을 도입하고, 일본 샤프로부터는 기술연수를 포함한 라이선싱방식으로 CMOS공정기술을 도입하였다. 삼성전자는 이러한 기술제휴를 토대로 그 동안 축적해 온 반도체 제조기술을 응용하여 내부에서 공정

그림 10-4 핵심역량의 구축: 접근-획득-이용-보완

시기	전략경영	국제전략제휴	
		일본	미국
1983	메모리사업 결정		기술제휴(MT,기술지원)
1984		기술제휴(샤프, 공정)	
1985			세컨드소스라이선싱(Intel)
			판매대리점계약(Greenshaw)
1987	1M D램 양산 결정 D램에 특화		특허라이선싱
1989			
			크로스라이선싱(NCR)
1990	가치사슬의 상하류 강화	마케팅(마루분)	재료·장비합작(MEMC, AMT)
1992		판매합작(토멘)	

및 검사·조립 기술을 자체 개발하면서 64K D램의 시제품 생산에 성공하고, 이어서 256K D램의 양산화에 성공하면서 핵심기술역량의 토대를 마련하였다고 볼 수 있다.

또한 삼성전자는 D램을 최초로 개발한 기업인 미국 인텔(Intel)과 1980년대 중반에 협력하는 과정에서 메모리 생산에 관한 중요한 스킬과 노하우를 학습하여 기술적 핵심역량의 기초를 확실히 다질 수 있는 기회를 잡은 것으로 보인다. 1985년부터 삼성은 당시 세계반도체시장의 불황과 미·일 기업 간의 극심한 가격덤핑 경쟁의 와중에서 D램사업에서 MPU사업으로 전략전환을 꾀하던 Intel과 장기 기술제휴를 맺고 MPU, 마이크로소자 및 EPROM 등을 세컨드소스라이선싱방식으로 생산 및 수출하였다. 그러나 1987년에 들어서는 삼성이 직접 설계하고 개발한 256K D램을 Intel에게 공급하는 계약을 체결하고, 또한 1M D램의 독자개발에 성공하여 양산공장의 건설에 착수한 점을 보면 삼성-Intel 간의 세컨드소싱사업이 삼성에게 호환기술을 학습하고 자사 제품의 안정성과 품질관리에 필요한 생산공정 기술을 개발하면서 내부적으로 노하우를 축적하여, 조기에 자체 개발노선으로 전환하는 결정을 내리는데 상당한 도움을 준 것으로 판단된다. 이러한 맥락에서 삼성전자는 이 시기에 메모리의 핵심기술역량을 확보하였다고 판단된다. 삼성전자가 메모리 반도체 세계시장에서 부동의 세계 1위로 올라섰던 계기에는 세계최초로 4M D램 양산시 반도체 소재 집적도를 높이기 위한 웨이퍼 스텍(stack)기술 도입과 1990년 16M D램 양산시 8인치 웨이퍼를 도입함으로써 생산능력과 수율에서 경쟁사보다 월등한 차이를 보인 것이 결정적 작용을 하였다.

이러한 메모리 핵심기술역량을 확보한 다음에 삼성전자가 전개한 기술제휴에서 특기할 점은 특허침해로 제소한 외국기업과 포괄적인 크로스라이선싱방식의 협력관계를 형성하면서 보완적 기술역량을 축적하기 시작하였다는 점이다. 대표적 사례로는 [그림 10-4]에서 보듯이 1989년 삼성전자가 미국 NCR에게 메모리기술을 제공하고 대신에 비메모리의 ASIC셀 라이브러리와 설계자동화·소프트웨어 등을 공여 받는 내용의 장기적 기술교환협정을 들 수 있다.

1990년대에 들어와서 삼성전자는 핵심기술역량을 보완하기 위해 더 적극적으로 전략적 제휴를 전개하였는데, 그 범위가 가치사슬의 상류와 하류까지 확대된 것이 특징이다. 전자는 반도체 재료와 장비분야에서 미국기업과 합작을 통해 이루어졌다. 예를 들면 AMI와는 반도체 제조장비와 공정기술을 공동개발하기로 하였으며, MEMC 및 포항종합제철과는 합작으로 실리콘웨이퍼를 생산하는 공장을 국내에 건설하였다. 이것은 당시 반도체사업의 경쟁우위가 반도체 재료 및 제조장비 분야의 기술에 의해 크게 좌우되기 시작했기 때문이라고 해석된다.

한편, 후자의 가치사슬의 하류로의 확대는 글로벌마케팅 역량을 보완하기 위한 협력관계의 형성에서 찾아볼 수 있다. 특히 일본시장에 진출하기 위해 삼성이 1990년 일본의 독립계 대형반도체상사인 마루분(丸文)과 대리점계약을 체결하고, 1992년에는 일본 현지법인인 삼성전자 JAPAN을 통해 토멘과 판매합작회사를 설립한 것이 그것이다. 이와 같이 1990년대 초기부터 삼성은 전략적 제휴의 범위를 상류의 공급분야에서 하류의 마케팅 분야까지 확대하여 메모리의 전체 사업역량을 강화하면서 글로벌 시장에서 경쟁적 지위를 확보하려고 노력하였다는 것을 알 수 있다.

II. 핵심제품의 확장

1990년대에 들어와서 IT산업에서 가장 두드러진 환경의 변화로 두 가지를 들 수 있다. 첫째는 기술변화의 측면에서 기반기술이 아날로그에서 디지털로 기술패러다임이 변화하고 기술의 융복합화(convergence)가 진행된 것이고. 둘째는 시장변화의 측면에서 멀티미디어 기기 시장이 태동하기 시작한 것이다. 또한 이에 대한 IT기업의 변화로는 핵심기술과 핵심제품(부품)의 공급능력이 중요하다는 인식이 확산되기 시작했다는 점을 들 수 있다.

전략적 제휴의 맥락에서 삼성이 핵심제품을 확장하는 과정을 살펴보면, 대외적으로 1993년에 세계 메모리시장에서 점유율 1위를 차지하고, 대내적으로 그룹 최고경영자가 '질' 중시의 '신경영'을 선언하여 전략적 전환을 표방하는 가운데 본격화되었다는 것을 관찰할 수 있다. 여기서 핵심제품의 확장과정은 대체적으로 비구조화되어 있지만, 장래의 핵심사업의 윤곽을 어느 정도 드러내고 있는데, 아래와 같이 두 가지로 대별해서 고찰해 볼 수 있다.

첫째는 글로벌 경쟁우위를 확보한 D램에서 차세대 제품으로의 확장이다. 삼성전자는 1992년 일본 도시바가 추진하는 NAND형 플래시메모리사업과 관련하여 설계의 사양을 공통화하고, 세컨드소싱과 제품개발에서 상호 협력하기로 업무제휴를 맺었는데 이를 계기로 핵심제품을 확장할 수 있는 기회를 잡았다. 또한 주목되는 점은 자체 개발한 차세대 제품인 16M 싱크로너스D램의 제조기술을 일본 오키에게 제공하여 규격을 표준화하고 세컨드소싱방식으로 제휴하여, 자사 제품을 업계의 지배적 디자인(dominant design)으로 확립시켜 차세대 시장을 선점하기 위해 제휴를 전략적으로 활용하기 시작하였다는 점이다.

둘째는 디지털 기술의 변화에 대응한 새로

그림 10-5 | 핵심제품의 기반 구축과 확장

시기	전략경영	국제전략제휴	
		일본	미국
1992	LCD사업부 이관 D램 미국시장 1위	플래시메모리(도시바) 장비 합작(DNS)	RISC MPU표준(HP)
1993	질 중시 신경영 선언	16MSD램 표준(오키) 캐시메모리 표준, 공동개발(미쓰비시) LCD구동칩 표준, 공동개발(도시바) 장비 합작(도와)	HDTV공동개발(GI) DSP칩개발(Array) CDMA라이선싱(Qualcomm) GaAsIC매수(HMS)

운 핵심제품군의 개발이다. LCD분야는 1991년 말부터 그룹차원의 사업구조 조정을 통해 삼성전관(현재 삼성SDI)으로부터 TFT-LCD(초박막액정표시장치)사업을 이관 받으면서 기술역량을 확보하였다. 사업이관의 근거는 LCD제조의 전체공정이 D램 반도체의 공정과 아주 흡사하다는 점에서 찾아 볼 수 있다. 즉 메모리반도체 핵심기술을 LCD 분야에 접목시키고자 하였다. 전체적인 시야에서 보면 삼성은 차세대 영상가전으로 HDTV(고화질 텔레비전)에 주목하고, LCD 및 정보통신사업 등을 염두에 두면서 관련 핵심제품의 개발을 의도하였다는 것을 알 수 있다.

먼저 HDTV와 관련된 핵심제품의 개발을 보면 [그림 10-5]에서 보듯이 삼성은 최초로 완전 디지털 HDTV를 제안한 미국 GI사와 공동개발을 추진하고, 또한 HDTV 등의 화상압축용으로 사용되는 핵심부품인 DSP칩을 미국 Array에 지분출자(20%)하여 공동 개발하기로 하였다. 그다음 일본 미쓰비시전기와 화상처리에 적합한 캐쉬D램의 규격을 통일하여 개발하려고 했는데, 여기서 우리는 차세대 영상가전의 상용화의 시기를 제휴를 통해 앞당기려는 삼성전자의 전략적 의도를 읽어 낼 수 있다.

디지털TV와 PC 등의 기본소자가 되는 LCD관련의 핵심제품은 일본 도시바와 협력하여 LCD구동 칩의 규격을 표준화하고, 삼성전자가 갖고 있는 양산기술과 도시바의 기초기술을 결합하여 공동 개발하였다. 이것은 LCD가 같은 제품이라도 화소수가 미묘하게 다르기 때문에 이에 요구되는 구동 칩이나 필터 등도 각각 다르게 생산해야 했기 때문에 비용 상승의 요인이 되었기 때문이다.

한편, 정보통신사업은 이동통신시장으로의 진입 기회가 1993년부터 가시화 되면서, 관련 핵심제품의 개발이 본격화되었음을 알 수 있다. 삼성은 먼저 정보통신시스템과 관련 기기의 핵심부품으로 사용되고 있는 화합물반도체의 개발전문회사인 미국 HMS를 인수하여 관련 핵심기술의 확보에 나서는 한편, 미국 퀄컴(Qualcomm)과 CDMA(코드분할다중접속) 원천기술의 도입계약을 맺고 통신단말기와 시스템장비의 라이선스를 획득하여 정보통신사업의 발판을 마련하였다

이 시기에 핵심제품의 확장과 별도로 눈에 띄는 삼성의 제휴과정은 일본기업들과 장비생산을 위한 합작이다. DNS와는 웨이퍼의 가공장비를 생산하는 합작회사를 설립하고, 일본의 도와 사 및 국내의 한양기공과는 반도체 수지봉지장비의 합작사업을 추진하였는데, 여기서 우리는 삼성이 지속적으로 반도체 제조 인프라를 보완하여 핵심역량의 전 부문의 사업을 강화해 나갔다는 것을 엿볼 수 있다.

Ⅲ. 핵심사업의 구조조정

1994년은 삼성이 그룹 차원에서 해외 지역본사제를 도입되어 글로벌화가 본격적으로 추진되는 가운데 핵심사업의 구조조정에 착수하였던 시기이다. 전략적 제휴를 통해 기술역량이 축적되는 과정을 통해 삼성전자의 핵심사업이 어떻게 조정되고 또한 개발되어 갔는지를 분석해 보면, 핵심제품의 확장과정과 마찬가지로 두 가지의 경로를 규명해낼 수 있다. 첫째는 차세대 메모리사업에서 경쟁우위를 유지하는 과정, 둘째는 탈 메모리를 키워드로 메모리에 편중된 사업구조를 조정하여 새로운 핵심제품과 사업을 개발하는 과정이다. 이러한 과정에서 우리는 삼성의 핵심사업의 전략

그림 10-6 핵심사업의 구조조정과 미래 핵심사업의 기반구축

시기	전략경영	국제전략제휴			
		일본	미국	유럽	남미
1994	해외지역본사 체재 구축	256M D램(NEC, 정보교환)		RISCMPU(ARM)	
		가전용IC(도시바)			
		장비(유니온, 인수)	ATM 칩,기술(IGT,매수)		통신서비스(ENTEL,투자)
			멀티미디어 기기(Jazz,투자)		
1995	멀티미디어를 전략사업으로		PC(AST, 제휴·매수)		
		LCD기술교환(후지쯔)	멀티미디어IC(GI)	CD콘텐츠(Creative 등 5사)	
		DVD표준화(도시바)	멀티미디어IC(Weitek)		
		64M 플래시(도시바, 공동개발)	DVDP기술공동개발(CQV)		
		LCD장비(도레이,합작)	고속메모리(Rambus)		
		4M D램(NEC, 조달)			
		16MS D램 표준화(일본기업)	스마트카드(Siemens)		
		생산공정 공동연구(NEC)			
95.12	1GD램 개발		DSP(SGS-Thomson)		
		차세대 이동통신시스템 공동개발(미·IDC, 독Siemens)			

적 구조가 전체적으로 핵심기술역량을 강화하면서 미래의 경쟁우위를 지향하는 방향으로 구체화되고 있음을 발견할 수 있다.

3.1 반도체 핵심역량의 유지

차세대 메모리시장에서 경쟁우위를 유지하기 위한 삼성전자의 전략에서 돋보이는 점은 일본기업과의 협력이다. 1993년 오키와 16M 싱크로너스D램의 규격을 표준화하여 시장 선점을 노렸던 삼성전자는 싱크로너스D램의 회로방식을 일본 반도체기업들이 채택한 표준으로 변경하여 일본기업과 공동으로 유리한 경쟁위치를 확보하는 전략으로 나아갔다.

이 과정에서 [그림 10-6]에서 보듯이 삼성전자는 1995년 NEC와 차세대 반도체인 256M D램을 공동개발하기로 하고, 우선 D램 회로형성의 기본이 되는 소자인 '셀'의 구조에 관한 기술정보를 교환하기로 합의하였는데, 이는 핵심사업에서 경쟁우위를 계속해서 유지하기 위해 동사가 전략적 제휴를 유효하게 활용하고 있는 사례라고 하겠다.

3.2 탈 메모리 사업

메모리에 편중된 사업구조를 조정하기 위해 삼성전자가 관심을 두었던 분야는 MPU, 멀티미디어, 정보통신, 그리고 가전 중에서

HDTV라는 것을 아래와 같은 전략적 제휴의 과정에서 관찰할 수 있다. 1990년부터 MPU에 주목해 온 삼성전자는 1994년에 영국 ARM의 RISC형 MPU기술에 접근하여 레이저빔프린터(LBP)와 멀티미디어 프로세서(MMI)용 제품을 적극적으로 개발할 수 있는 사업토대를 마련하였다. 그리고 MPEG(동화상압축의 국제표준)부문에서 기술력을 인정받고 있는 미국의 벤처기업 Jazz Multimidia에 지분(14.4%)을 출자하여 기술제휴 관계를 맺고 멀티미디어의 영상 및 사운드분야의 기술축적과 함께 MPEG카드사업에 진출을 시도하였다.

한편, 정보통신분야의 사업화는 휴대폰, 이동통신시스템, 및 통신서비스로 나누어 전개되었는데, 휴대폰사업은 미국 퀄컴(Qualcomm)으로부터 도입한 CDMA원천기술을 바탕으로 CDMA휴대폰(애니콜)이 개발·출시되면서 본격화되었다. 후에 스마트폰(갤럭시)으로 이어졌다. 또한 CDMA이동통신시스템의 시제품을 개발하면서 삼성전자는 사업화를 위해 1994년 차세대 정보통신망의 핵심 기기이며 멀티미디어서비스의 핵심적인 전송장치인 ATM(비동기전송방식)교환시스템의 핵심기술과 칩을 개발하는 전문회사인 미국 IGT의 지분100%를 전격적으로 인수하였다. IGT를 인수한 이유는 초고속 정보통신망사업과 더불어 정보통신을 기반으로 컴퓨터와 가전기술을 접목시킨 멀티미디어사업의 육성을 고려하였기 때문이라고 해석된다.

정보통신사업과 관련하여 특히 주목되는 전략적 제휴로 1994년 중남미의 통신서비스사업자인 칠레 ENTEL의 지분 15.1%(1억 5천만 달러)를 매입하여 국제통신서비스사업에 진출을 의도한 것을 지적할 수 있다. 이는 통신서비스사업을 염두에 두고 그룹차원의 글로벌화를 배경으로 하여 통신서비스 운영에 대한 노하우를 학습하기 위한 것으로 보이나, 반도체 제조에서 경쟁우위를 지향하는 삼성의 핵심역량의 관점에서 보면 전략적 초점이 빗나갔다고 말할 수 있다.

가전분야에서는 1992년부터 협력관계를 지속적으로 구축해 온 도시바에 1995년 메모리 제품과 기술을 제공하는 대신, 도시바로부터 비메모리 제품생산의 주요 공정기술인 바이폴러공정과 HDTV용 반도체에 대한 기술을 제공받아 기술과 생산 양면에서 상호 협력하기로 합의하였다. 이로서 삼성은 화합물반도체에 이어서 DSP, MPU, 음성신호처리용 반도체, 통신용 반도체, HDTV용 반도체 등 비메모리의 주요 응용 분야별로 전략적 제휴를 성사시켜 비메모리 사업부문을 육성하기 위한 기초가 마련되기 시작했다고 보여 진다.

이상과 같은 삼성전자의 사업구조 전환과정에서 눈에 띄는 점은, 첫째 1994년 반도체장비와 정밀광학 측정장비 등을 생산하는 일본 유니온광학의 주식 50.4% 취득을 통해 경영권을 확보하여 핵심역량의 하부구조를 지속적으로 보완하고 강화해 나갔다는 점이다. 둘째 타이밍이 중요한 사업의 경우에는 스피드경영의 방침 하에서 M&A를 구사하기 시작했다는 점이다.

IV. 향후 전망

분석결과 삼성전자가 세계 유수의 글로벌기업으로 성장한데에는 최고경영자의 리더십, 전략전환과 사업조정·통합 능력, 시장예측 능력 등 다양한 요인들이 복잡하게 얽혀 복합적으로 영향을 미쳐왔다는 것을 관찰할 수 있었으나, 그 기저에는 사실상 기업의 경쟁력을 좌우하는 핵심기술역량을 외부에서 탐색하고, 또한 자체 연구개발역량에도 힘써 외부 기술을 자체 기술화하고 이를 토대로 핵심기술 선두주자로 올라설 수 있었다는 것을 들 수 있다. 삼성전자는 1990년 16M D램을 선진국과 비슷한 시기에 개발한 후 1992년에는 64M D램을 세계 최초로 개발하였다. 그리고 낸드메모리 개발에 나선 후 1996년에 64M, 1999년에 256M, 2001년에 1G, 2003년에 4G 제품을 잇달아 초격차로 개발해낸 후 낸드플래시 메모리 분야에서 세계 최고의 기업으로 부상하였다. 2020년에는 세계 최초로 3D낸드를 개발해냈다.

삼성전자는 메모리반도체 핵심기술역량을 CDMA휴대폰/스마트폰 및 TFT-LCD분야에 접목시켜 이 분야 핵심제품(부품)과 최종제품의 글로벌 경쟁력으로 구현시켰다. 반도체사업에서는 D램, S램 및 플래시메모리가 세계 시장 점유율 순위에서 세계 1위와 2위의 경쟁력을 확보하고 있으며, LCD사업에서는 TFT-LCD, 그리고 정보통신사업에서는 CDMA휴대폰/스마트폰이 세계 1, 2위를 차지하고 디지털미디어사업에서 DVD플레이어가 2위를 고수하고 있는 것을 보면 삼성전자는 디지털 제품의 다방면에서 글로벌 경쟁력을 확보해가고 있음을 알 수 있다.

그러나 향후과제는 비메모리 반도체(시스템 반도체) 분야에서 삼성전자의 핵심기술역량 강화이다. 시스템 반도체는 메모리 반도체에 비해 부가가치가 높고 시장규모도 전체 반도체 시장의 70% 정도를 차지한다. 현재 인텔이 시스템반도체 시장점유율 26%로 세계 1위이고, 삼성전자는 3% 수준에 머무르고 있다. 앞으로는 디지털 융복합시대에 시스템반도체의 수요가 더욱 늘어날 것으로 예상되므로 삼성전자는 메모리분야에서처럼 비메모리분야에서도 핵심기술역량 강화에 더욱 박차를 가해야 할 것이다. 이에 삼성전자는 2030년까지 시스템 반도체 분야에 171조원을 투자할 계획이다.

토의사안

1. 반도체 분야에서 삼성전자의 핵심역량은 메모리 반도체 핵심기술(소자기술, 공정기술 등)에서 찾아 볼 수 있는데, 그 이유에 대해 설명하시오.
2. 삼성전자가 초기에 핵심역량인 메모리기술을 구축하기 위해 어떻게 외부 기업으로부터 기술을 습득했는지 설명하시오.
3. 삼성전자의 핵심제품군의 확장 과정에 대해 분석하시오
4. 삼성전자의 핵심사업의 구조조정 경로에 대해 분석하시오.
5. 삼성전자의 메모리반도체에서 비메모리반도체로의 핵심기술역량을 강화할 필요성에 대해 설명하시오.

제 **4** 부

글로벌화와 전략경영

제11장
글로벌 다각화전략

제12장
글로벌경쟁전략

기업의 글로벌화에 따라 기업 및 사업단위 차원에서 주요 전략적 사안에 대한 의사결정을 내려야 한다. 이를테면 전 세계 200개 이상의 자회사를 거느리고 있는 삼성전자의 경우 기업 본사 및 각 제품별 사업단위(반도체, 가전, 무선통신 등) 차원에서 주요 전략적 사안이 다를 것이다. 한편, 현대자동차와 같이 자동차사업 전문기업인 경우 기업전략이 곧바로 사업전략이 된다. 보통 기업단위 차원에서는 신규 사업진출과 각 사업에 대한 자원 배분이 주요 전략적 사안인데 반하여, 사업단위 차원에서는 탁월한 성과 달성을 위한 경쟁전략이 핵심 의제가 된다. 따라서 제11장에서는 기업단위 차원에서 글로벌 다각화전략 방안에 대해 살펴보고, 이어서 제12장에서는 사업단위 차원에서 글로벌경쟁전략 방안에 대해 살펴본다.

제 11 장

글로벌 다각화전략

기업의 지속적 성장 방안으로서의 다각화전략은 [그림 11-1]에 제시되어 있듯이 사업(제품) 다각화와 지역(시장) 다각화로 구분할 수 있는데[1], 기업의 글로벌 다각화는 본질적으로 지역다각화의 일환으로 볼 수 있다. 내수시장이 포화상태에 이르러 더 이상 내수에 기반해서는 지속적 성장이 어렵다고 판단되면 글로벌 다각화를 적극 모색해야 한다. 물론 해외시장에서 새로운 사업을 전개할 경우 지역다각화와 사업다각화를 동시에 이루는 것이 된다.

글로벌기업은 지역다각화와 관련하여 우선 어떠한 시장으로 진출할 것인가를 결정해야 하고, 한편 사업다각화와 관련하여 어떠한 사업을 해외시장에 진출시킬 것인가를 결정해야 한다. 그리고 지역다각화이든 사업다각화이든 해외로 사업을 확대할 경우 어떠한 방식을 활용할 것인지, 즉 진입방식을 결정해야 한다. 이렇게 다각화된 글로벌기업은 해외자산, 해외매출, 해외고용 비중이 매우 높은 초국적성을 띠게 된다.

〈표 11-1〉은 CJ그룹의 글로벌 다각화 실태를 보여준다. CJ그룹은 식품&식품서비스, 생명공학, 신유통, 엔터테인먼트&미디어, 인프라 등 다양한 사

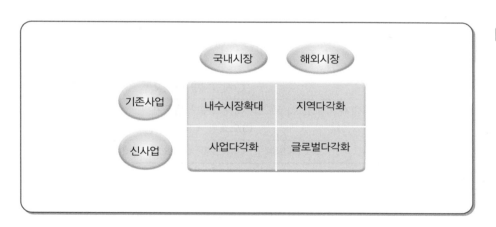

그림 11-1

글로벌
다각화전략
방안

업부문에 걸쳐 수많은 계열사를 거느리고 있다. 2020년 기준 CJ그룹은 15개 국가에 13개 사업분야를 진출시키고 있음을 알 수 있다. 진입방식으로는 판매법인, 직접투자, M&A, 합작투자, 프랜차이징 등 다양한 방식을 활용하고 있다. 어떠한 국가에 어떠한 사업을 진출시켜 세계적 기업으로 발전하는가는 CJ 그룹의 중요한 미래성장전략이 된다.

　　글로벌 다각화전략은 기업의 성장과 생존을 좌우할 수 있는 매우 중요한 사안이기 때문에 전략적 접근이 요구된다. 즉, 내부환경 및 외부환경 분석을 통해 최적의 다각화 전략을 선택하여야 한다. 글로벌 다각화와 관련 외부환경 분석은 입지우위(location advantages) 관점에서, 그리고 내부환경 분석은 자원기반관점에서 접근할 수 있다.

표 11-1 CJ그룹 글로벌 다각화 실태	지역다각화		사업다각화
	중국		CJ제일제당 식품부문, CJ푸드빌, CJ프레시웨이,CJ제일제당 바이오부문, CJ Feed&Care, CJ대한통운, CJ오쇼핑, CJ올리브네트웍스, CJ올리브영, CJ E&M, CJ CGV
	미주	미국	CJ제일제당, CJ푸드빌, CJ E&M, CJ CGV, CJ대한통운
		멕시코	CJ오쇼핑
		브라질	CJ제일제당 바이오
	동남아	홍콩	CJ제일제당, CJ대한통운
		말레이시아	CJ대한통운
		필리핀	CJ대한통운, CJ제일제당 생물자원
		태국	CJ대한통운
		베트남	CJ푸드빌, CJ제일제당 생물자원, CJ E&M, CJ대한통운, CJ CGV
		인도네시아	CJ제일제당 바이오, CJ대한통운, CJ제일제당 바이오
		인도	CJ오쇼핑
		싱가포르	CJ대한통운
		몽골	CJ푸드빌
	호주		CJ제일제당 바이오
	유럽		CJ제일제당, CJ푸드빌, CJ제일제당 생물자원, CJ제일제당 바이오 CJ오쇼핑, CJ대한통운
	일본		CJ제일제당, CJ푸드빌, CJ E&M, CJ대한통운

출처: CJ그룹 홈페이지

I 외부환경 및 내부환경 분석

1.1. 외부환경 분석

외부환경 분석의 궁극적인 목적은 기업이 맞이하게 되는 새로운 기회 (opportunity)와 위협(threat)을 규명하는데 있다. 외부환경 분석에는 정치, 경제, 사회, 문화, 법률, 기술 등 거시적 환경 요인과 산업구조 요인 등이 모두 포함된다. 물론 각국의 상이한 외부환경에 대한 정확한 분석은 쉽지는 않지만, 궁극적으로 각국의 외부환경 요인의 분석결과는 입지우위에 입각한 국가 매력도(country attractiveness)로 귀결된다. 즉 외부환경 분석결과가 양호할 경우 그 국가의 매력도는 높은 것이고, 반대로 불량하면 그 국가의 매력도는 낮은 것이다. 〈표 11-2〉는 일국의 외부환경, 즉 국가매력도를 "양호," "보통," "불량"의 세 척도로 측정한 하나의 예시를 보여준다.

이러한 전반적인 외부환경 분석결과를 토대로 현지시장에 어떠한 기회와 위협이 존재하는지를 명확히 파악할 수 있어야 한다. 이는 기회를 최대화하고 위협을 중화시키는 전략을 도출해내는데 중요하기 때문이다. 한편, 기업의 글로벌 다각화는 장기적 투자를 기반으로 하기 때문에 외부환경 분석시 현재의 상태도 중요하지만 미래의 환경 변화에 대한 예측도 중요하다. 예컨대 이머징마켓(emerging markets)이라 불리는 신흥시장의 경우 현재의 시장잠재력은 미세하지만 앞으로의 성장 가능성이 높다면 이를 감안하여 시장성을 평가해야 한다. 정치적 환경도 현재 상태도 중요하지만 미래에 어떻게 변할지 예측하여 판단해야 한다.

물론 기업의 글로벌 다각화와 관련하여 외부환경 각 요인의 상대적 중요도에 있어 차이가 난다. 미국의 95개 글로벌기업을 대상으로 실시한 외부환경 분석시 가장 중요시 여기는 요인에 대한 복수응답의 결과는 경제적 환경 (90%), 경쟁적 환경(63%), 정치적 환경(56%), 법률적 환경(55%), 기술적 환경(45%), 문화적 환경(14%) 등의 순으로 나타났다.[2] 이같이 경제적 환경요인이 가장 중시되는 이유는 아마 경제적 환경요인이 시장잠재력 또는 시장성장성과 밀접히 관련되기 때문인 것으로 해석된다. 두 번째로 중시되는 요인으로 산업구조상의 경쟁적 환경이 지적되었는데, 이는 아무리 현지 시장잠재력이 높다하더라도 경쟁자에 의한 강력한 진입장벽이 구축되어 있다면 해당 국가로의 성공적 진입을 장담할 수 없기 때문이다.

요 인	상대적 국가매력도		
	양호(고)	보통(중)	불량(저)
(1) 경제적 상태			
• 경제성장률	높음	보통	낮음
• 무역수지/외환보유고	흑자	보통	적자
• 화폐태환성	자유로움	보통	낮음
• 환율	안정	보통	불안정
• 사회간접자본시설	발달	보통	미발달
• 자본시장발달	고	중	저
(2) 시장기회/규모			
• 인구	대	중	소
• 국민총생산(GDP)	높음	중	낮음
• 일인당 국민소득	높음	중	낮음
• 문맹률	낮음	중	높음
(3) 정치적 안정성			
• 정치적 안정	안정	보통	불안정
• 정부형태	자유민주	혼합	중앙계획
• 문민 대 군부 정권	문민정부	혼합	군부
• 독재정치	약함	보통	낮음
(4) 문화적 이질성			
• 언어	동일	보통	이질
• 종교	동일	혼합	이질
• 인종	단일	혼합	다민족
• 생활관습	유사	보통	이질
(5) 법률적 환경			
• 외국인소유권제약	낮음	보통	높음
• 무역장벽	낮음	보통	높음
• 외화송금규제	낮음	보통	높음
• 공정거래법	공정	보통	불공정
(6) 기술적 환경			
• 고급기술인력	풍부	보통	열악
• 기술정보	풍부	보통	미약
• 연구개발인프라	발달	보통	미약
(7) 산업구조환경			
• 경쟁강도	약함	보통	강함
• 구매처/공급처 교섭력	미약(다수)	보통	강함(소수)
• 진입/퇴출장벽	낮음	보통	높음
• 정부규제	낮음	보통	높음

표 11-2 국가매력도 분석

출처: Day(1990); Jackson and Markowski(1995); Goodnow and Hansz(1979) 등 참조.[3]

1.2. 내부환경 분석

최적의 전략 대안을 선택하기 위해서는 기회 및 위협의 근간이 되는 외부환경 요인에 대한 분석뿐만 아니라 자원준거관점에서 기업 자체의 강점 (strength) 및 약점(weakness)에 대한 분석도 이루어져야 한다. 손자병법의 "지피지기 백전불태(知彼知己百戰不殆)", 즉 상대를 알고 나를 알면 백 번 싸워도 위태롭지 않다는 격언과 같이 상대방과 자신의 강점 및 약점을 파악한 후 승산이 있을 때 싸워야 한다. 따라서 성공적인 글로벌 전략 수립을 위해서는 내부환경에 대한 분석을 통해 기업 자신의 구체적인 강점 및 약점이 규명이 되어야 한다.

기업의 강점 및 약점 분석 요인은 〈표 11-3〉에서 보듯이 크게 본원적 요인과 글로벌특유요인으로 분류된다. 본원적 요인은 국내시장이나 해외시장 구분 없이 기업의 본원적 경쟁력을 결정짓는 요인으로서 보통 시장점유율, 수

요 인	경쟁적 지위(경쟁력)		
	고(강점)	중	저(약점)
(1) 본원적 요인			
• 수익률	(업종내) 상위권	(업종내) 중위권	(업종내) 하위권
• 매출성장률	상위권	중위권	하위권
• 원가우위	상위권	중위권	하위권
• 생산성	상위권	중위권	하위권
• 가격 프리미엄	상위권	중위권	하위권
• 품질	상위권	중위권	하위권
• 기술혁신(연구개발)	상위권	중위권	하위권
• 브랜드 인지도	상위권	중위권	하위권
• 마케팅역량	상위권	중위권	하위권
• 재무능력	상위권	중위권	하위권
• 경영자능력(리더십)	상위권	중위권	하위권
• 기업평판	상위권	중위권	하위권
(2) 글로벌특유요인			
• 최고경영자 글로벌화 의지	강함	보통	미약
• 해외사업경험	풍부	보통	미약
• 해외네트워크	광범위	보통	협소
• 해외전문인력	풍부	보통	부족
종합적 평가	우위	보통	열위

표 11-3
자사와 경쟁사의
강점/약점
비교분석

출처: Fleisher and Bensoussan(2015); Dymsa(1984); Stevenson(1976) 등 참조.[4]

익률, 원가우위, 품질, 혁신역량, 브랜드 인지도, 재무능력, 마케팅역량, 경영관리능력, 기업이미지 등을 포함한다. 한편, 글로벌특유요인은 기업의 글로벌 다각화와 관련되어 요구되어지는 내부적 요인으로, 보통 최고경영자의 글로벌화 의지, 해외전문인력, 해외사업경험, 해외네트워크 등으로 평가된다. 이들 요인에 대한 종합적인 분석결과는 기업 또는 사업 경쟁력(competitive strength)의 지표가 된다.

물론 기업의 강점 및 약점의 분석은 주요 경쟁기업들에 대한 기업 자신의 상대적 경쟁력 수준을 규명하는 데 초점이 맞추어 진다. 따라서 글로벌 다각화 시에는 경쟁기업의 범주에 현지기업은 물론 외국기업 모두가 포함된다. 예컨대 한국의 현대자동차가 미국시장 진출시 경쟁기업 대상으로 현지기업인 미국기업(GM, Ford, Chrysler), 외국기업인 일본기업(Toyota, Honda, Nissan, Mazda 등) 및 유럽기업(Volkswagen, Fiat, Renault 등) 모두를 분석대상으로 삼아야 한다. 따라서 이들 글로벌 경쟁자를 상대로 경쟁에서 우위를 점할 수 있는 자신만의 독특한 자원과 역량(기술, 품질, 가격, 브랜드 등) 보유가 절대적으로 요구된다.

한편, 글로벌특유요인으로서 최고경영자의 글로벌화 의지와 이를 실행으로 옮길 수 있는 있는 해외전문인력이 기업 내에 확보되어 있느냐 하는 점이 중요하다. 기업이 아무리 경쟁력 있는 제품을 보유하고 있더라도 최고경영자의 의지가 없다면 글로벌 다각화 추진은 사실상 어렵다. 아울러 기업의 글로벌 다각화를 책임지고 수행해나갈 수 있는 전문인력을 보유하고 있지 않다면 성공적 글로벌 다각화를 담보할 수 없다. 또한 성공이든 실패든 해외사업경험이 기업의 글로벌 다각화의 큰 자산이 된다. 기업은 본격적인 글로벌 다각화 전에 어떤 형태로든지 해외사업 경험을 쌓을 수 있다. 예컨대 공급자나 구매자 입장에서 외국기업과 거래관계를 가질 수도 있다. 이러한 직·간접적인 해외사업 경험은 해외시장에 대한 지식과 이해를 높일 수 있는 좋은 기회이기 때문에 글로벌 다각화에 대한 시행착오를 줄여주고 합리적 결정을 내리는데 큰 도움이 된다.

Ⅱ 글로벌 다각화전략 방안

2.1. 지역다각화전략

내수 시장이 포화 상태일 경우 글로벌 다각화는 기업의 지속적 성장을 위해 필수 불가결한 선택이다. 기업 입장에서 수많은 해외시장 가운데 우선적으로 어느 지역 또는 시장으로 다각화를 꾀할지는 중요한 전략적 사안이 된다. 만일 잘못된 해외시장 선택에 따른 해외사업 실패로 막대한 손실을 입을 경우 국내 사업까지 위태로워질 수 있기 때문이다.

지역다각화 선택 방안과 관련하여 GE의 산업매력/사업위치 포트폴리오 모델에 입각한 국가매력도/경쟁력(country attractiveness/competitive strengths) 모델을 준거기준으로 삼을 수 있다.[5] 〈표 11-2〉에서 보듯이 국가매력도의 요인으로는 시장규모, 시장성장률, 가격통제 등의 정부규제, 경제적 및 정치적 안정성(물가, 무역수지, 정권불안정 등), 문화적 차이, 산업구조상의 진입장벽 등이 포함된다. 한편, 경쟁력의 요인으로는 〈표 11-3〉에서 보듯이 시장점유율, 마진율, 원가우위, 품질, 마케팅능력 외에 제품의 현지시장 적합성 등을 들 수 있다.

국가매력도가 높다는 것은 해당국의 외부환경이 양호하여 그만큼 기회(판매수입 등)는 높으나 위협(정치적 위험, 환위험 등에 따른 외국인비용) 수준은 낮게 예상됨을 의미한다. 한편, 해당국가에서 자사의 경쟁력이 높다는 것은 그만큼 높은 기회를 살릴 수 있어(시장통제력 등) 큰 수익을 기대할 수 있음을 의미한다.

우선 지역다각화 결정을 위해서는 잠재적 진출 대상국들의 국가매력도를 분석하고, 또 다른 한편으로는 각 대상국에서의 자사 경쟁력을 분석해야 한다. 예컨대 국가매력도와 각국에서의 자사 경쟁력을 각기 "고, 중, 저" 등 세 범주로 분류할 경우 잠재적 진출 대상국은 [그림 11-2]에서 보듯이 9개(3x3) 매트릭스 범주 중 어느 하나에 포함된다. 그러면 다음과 같은 최적의 지역 다각화전략 방안에 대한 결정을 내릴 수 있다.

첫째, 국가매력도가 높고 또한 경쟁력이 높게 나타난 국가들(A국, B국, C국)이 지역다각화의 최우선 대상국이 된다. 이는 좋은 사업 기회와 높은 경쟁력을 활용해 높은 수익을 창출할 수 있는 가능성이 높기 때문이다.

둘째, 국가매력도도 낮고 경쟁력도 낮게 나타난 국가들(G국, H국, I국)은

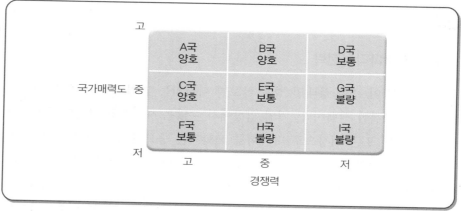

그림 11-2

지역 다각화전략
방안

지역다각화의 회피 대상국이 된다. 이는 사업 기회도 나쁘고 경쟁력도 낮아
사업 실패 가능성이 높기 때문이다.

셋째, 국가매력도 및 경쟁력이 중간 위치에 포진된 국가들(D국, E국, F국)
은 지역다각화의 선별적 대상국이 된다. 차후 기회가 호전되거나 자사 경쟁력
이 높아지는 시점에 진입결정을 내리면 된다.

따라서 [그림 11-2]의 매트릭스에 의거하여 기업들은 지역다각화를 위한
우선적 진출 대상국을 선정할 수 있다. 글로벌 다각화 초기에 유망한 진출 대
상국 선정은 교두보를 구축한다는 관점에서 매우 중요하다. 만일 잘못된 선정
으로 초기 해외사업이 실패할 경우 국내 사업까지 타격을 받을 수 있으며, 다
시 해외시장진출 기회를 갖는 데에는 오랜 시간이 걸려 글로벌 경쟁에서 뒤처
질 수밖에 없다.

세계 최대 장유제조업체인 일본 기꼬만(Kikkoman)의 사례가 초기 해외시
장 선정의 중요성을 잘 설명해 준다. 기꼬만이 공식적으로 최초 진출한 해외
시장은 미국이다. 주제품인 간장이나 된장은 가전이나 자동차와는 달리 음식
문화에 민감한 제품이다. 기꼬만이 처음으로 미국 시장을 선택한 이유는 제2
차 세계대전 후 미국의 일본 점령 기간 동안 많은 미국인들이 일본의 간장이
나 된장이 들어간 음식에 호감을 갖는다는 것을 인지했기 때문이다. 따라서
미국 내 거주 일본인들을 비롯해서 거대한 시장잠재력이 있다고 판단하였다.
또한 기꼬만의 '천연양조간장'이 경쟁업체들의 '화학 양조간장'에 비해 품질 면
에서 경쟁력이 있다고 판단하였다. 시장 기회와 자사의 강점을 잘 살린 초기
미국시장 진출의 성공에 힘입어 기꼬만은 유럽, 호주, 아시아 시장으로 지역
다각화를 꾀하여 현재 세계 최대 장유제조기업으로 성장하는 발판을 마련할

수 있었다.[6]

국내기업의 예로 롯데그룹은 유통·식품·관광·화학·금융 등 모든 사업 부문을 '브리시'(VRICI, 베트남·러시아·인도·중국·인도네시아) 5개국에 집중하고 있다. 이는 아시아 신흥시장으로서 시장잠재력도 크고 또한 이들 국가에서 롯데그룹 각 사업 부문에서 서비스 역량, 데이터 기반 고객관리 역량 등 경쟁력이 높다고 판단했기 때문이다.

다음 〈표 11-4〉는 삼성전자의 지역다각화에 따른 매출 비중을 보여준다. 2019년 말 기준 삼성전자의 전체 해외매출비중은 85%로 국내매출비중 15%보다 5배 이상 높음을 알 수 있다. 이 중 미주(32%)가 가장 높고, 이외 아시아 및 아프리카(18%), 유럽(19%), 중국(16%) 등에 걸쳐 비교적 고르게 지역다각화가 이루어졌음을 알 수 있다.

단위: 조원

구분	2017년	2018년	2019년
미주	81.0(34%)	81.7(34%)	73.9(32%)
아시아 및 아프리카	44.3(18%)	42.0(16%)	41.6(18%)
유럽	44.4(19%)	43.0(18%)	42.7(19%)
중국	38.3(16%)	43.2(18%)	38.0(16%)
해외 합계	208(87%)	209.9(86%)	196.2(85%)
국내	31.6(13%)	33.9(14%)	34.2(15%)
전체 합계	239.6(100%)	243.8(100%)	230.4(100%)

표 11-4
삼성전자
지역다각화
매출 비중

출처: 삼성전자 지속가능경영보고서(2020)

2.2. 사업다각화전략

글로벌 다각화 시 현재 여러 사업을 거느리고 있는 기업인 경우 어떠한 사업을 우선적으로 해외시장에 진출시킬 것인가를 결정해야 한다. 더불어 해외에다 신규 사업으로의 다각화를 꾀할 수도 있다.

기존사업 다각화

삼성그룹처럼 다양한 제품사업을 거느린 기업이 어느 제품사업을 우선적으로 다각화시킬 것인가는 자원 배분 관점에서 중요한 전략적 사안이 된다. 이 또한 국가매력도/경쟁력 분석을 통해 전략적 결정을 내릴 수 있다. 예컨대

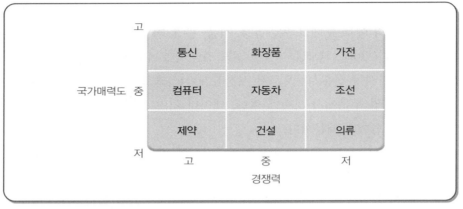

그림 11-3

기존사업 다각화
전략 방안

	고	중	저
고	통신	화장품	가전
국가매력도 중	컴퓨터	자동차	조선
저	제약	건설	의류

경쟁력

자동차, 가전, 컴퓨터, 통신, 건설, 의류, 화장품, 조선, 제약 등 아홉 제품사
업 분야를 거느린 기업이 어느 특정 국가에 어느 제품사업을 우선적으로 진출
시킬 것인가에 대한 의사결정을 내려야 할 경우, 해당 국가에서의 제품사업별
경쟁력이 측정되어질 수 있을 것이고, 또한 이들 제품사업별에 따른 국가매력
도의 측정도 가능하다. 제품사업별로 특정 국가에서 국가매력도가 상이함을
보이는 것은 시장잠재력, 진입장벽, 정부 정책 등에 걸쳐 차이가 나기 때문이
다. 예컨대 중국 시장으로 진출할 경우 시장잠재력이나 경쟁강도에 있어 제품
사업별로 차이를 보일 것이다.

만일 중국 등 특정 국가에 대한 여러 제품사업의 국가매력도와 경쟁력 분
석결과가 [그림 11-3]과 같이 나타났다고 가정하면, 다음과 같은 전략적 결정
을 내릴 수 있다.

첫째, 해당 국가에 대한 최우선 다각화 제품사업에는 통신, 화장품 및 컴
퓨터가 해당된다. 이는 이들 제품사업에 대한 해당 국가의 매력도(시장규모
등)가 높고 또한 높은 경쟁력을 발휘할 수 있기 때문이다. 따라서 해당 국가에
서 이들 제품사업에 대한 전망이 매우 밝다고 볼 수 있다.

둘째, 다각화 회피 제품사업에는 조선, 건설 및 의류가 해당된다. 이들 제
품사업에 대한 해당 국가의 매력도가 낮고 또한 경쟁력도 낮아 사업전망이 불
투명하기 때문이다.

셋째, 선별적 다각화 제품사업에는 가전, 자동차 및 제약이 해당된다. 이
들 제품사업에 대해서는 미래의 사업전망에 따라 선별적 다각화 결정을 내리
면 된다. 예컨대 차후 사업전망이 호전되면 진출을 고려하면 될 것이다.

신규사업 다각화

해외시장에서 바로 신규 사업을 착수하는 사업다각화의 경우 기존 사업과 관련된 분야로 진출하는 관련다각화와 기존 사업과 전혀 무관한 분야로 진출하는 비관련다각화 유형으로 대별된다.

해외시장에서의 사업다각화, 특히 비관련다각화는 핵심자원, 인지도, 경영관리 측면에서 경험 부족으로 인해 사업 실패 가능성이 높기 때문에, 이러한 약점을 보완하기 위해 현지 기업과의 합작 또는 현지 기업을 인수하는 경우가 보통이다. 예를 들어, 1980년대에 프랑스 톰슨사(Thompson S.A.)는 독일 AEG telefunken사(소비자본재), 미국 Mostek사(반도체), 영국 Ferguson사(TV), 미국 Wilcox사(반도체), 영국의 Immos사(반도체), 그리고 네덜란드 필립스사(유럽방위전자)로부터 해당 사업의 인수를 통하여 사업다각화와 지역다각화를 동시에 꾀한 바 있다.[7] 또 다른 예로 전자제품 제조회사인 일본의 소니

회사명	총매출	국내매출	해외매출	해외매출 비중
삼성전자	1,583,721	172,004	1,411,717	89.1%
삼성디스플레이	293,869	48,044	245,825	83.7%
삼성중공업	147,061	6,460	140,601	95.6%
삼성물산	188,446	79,615	108,831	57.8%
삼성엔지니어링	82,347	22,814	59,533	72.3%
삼성전기	61,195	19,856	41,339	67.6%
제일모직	42,776	5,750	37,026	86.6%
삼성에스디아이	39,891	4,315	35,576	89.2%
삼성토탈	78,691	53,737	24,954	31.7%
삼성테크원	27,582	14,119	13,463	48.8%
삼성석유화학	23,642	13,307	10,335	43.7%
삼성에스디에스	46,329	39,691	6,637	14.3%
삼성정밀화학	13,139	7,614	5,525	42.1%
삼성화재해상보험	152,052	146,879	5,172	3.4%
세메스	8,973	6,002	2,972	33.1%
삼성메디슨	2,689	879	1,811	67.3%
삼성생명보험	192,061	191,054	1,007	0.5%

표 11-5

삼성그룹
계열사별
해외사업비중
(단위: 억원)

출처: CEO스코어(2014)

(SONY)가 미국의 콜럼비아 영화사와 CBS 레코드를 인수해 엔터테인먼트 사업으로 다각화를 이룬 것을 들 수 있다. 또한 한국의 코오롱사가 세계적인 필름가공 및 제조업체인 영국의 IGG(Imperial Graphics Group) 사의 인수를 통해 필름가공 사업 분야로 신규 진출한 것도 사업다각화 일환으로 볼 수 있다.

〈표 11-5〉는 2014년 말 기준 삼성그룹의 글로벌 다각화를 나타내주는 사업별 해외사업 비중을 보여준다. 모든 사업별 계열사들이 해외사업에 참여하고 있으며, 그중 삼성전자, 삼성디스플레이, 삼성중공업, 제일모직, 삼성에스디아이 등이 80% 이상으로 해외사업 비중이 매우 높고, 삼성화재해상보험과 삼성생명보험 등 금융업종이 5% 이하로 비중이 매우 낮음을 알 수 있다. 이는 업종별로 경쟁력과 해외사업기회 폭에 있어 차이가 나기 때문인 것으로 풀이된다.

2.3. 해외진입방식 다각화

해외시장진출을 통한 글로벌 다각화를 이루는 데 있어서 다양한 진입방식, 즉 수출, 직접투자, 라이선싱 등 중에서 어떠한 방식을 활용할 것인가는 주요 전략적 사안이다.

전략적 선택

해외진입방식에는 수출(직접 및 간접수출), 직접투자(단독 및 합작투자), 계약방식(라이선싱, 프랜차이징) 등의 다양한 유형이 있다. 기업이 자사의 사업을 어느 특정 시장으로 다각화시키고자 할 경우, 과연 어떠한 진입방식을 전략적으로 선택하는 것이 사업성과 면에서 가장 유리한 가를 판단해야 한다.[8] 이러한 전략적 결정과 관련해서도 국가매력도/경쟁력 매트릭스의 적용이 가능하다. 만일 어느 한 사업에 치중하고 있는 기업이라면 해외진입방식 선택은 사업단위 전략의 일환이 된다.

[그림 11-4]에서 나타난 바와 같이 해외진입방식 선택도 국가매력도/경쟁력에 따라 세 가지 대안이 가능하다.

첫째, 자사 사업에 대한 진출 대상국의 국가매력도가 높고 또한 그 대상국에 진출시킬 사업의 경쟁력이 높을 경우 높은 자원 개입(resource involvement)을 수반하는 단독투자방식의 채택이 사업성과 면에서 타당하다. 사업 기회도 유망하고 경쟁력이 높기 때문에 적극적인 투자를 통해 높은 수익을 기대할 수 있기 때문이다.

그림 11-4
해외진입방식
선택방안

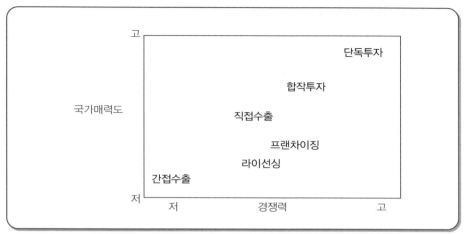

둘째, 진출 대상국의 국가매력도가 낮고 해당국에서의 사업 경쟁력이 낮게 판단될 경우 진출에 따른 낮은 자원 개입이 요구되는 간접수출(OEM 등) 또는 라이선싱 방식을 선택하는 것이 위험부담을 낮추는 측면에서 유리하다. 사업 기회도 불투명하고 경쟁력도 낮아 적극적인 직접투자를 통해 높은 수익을 기대하기 어렵기 때문에 대신 소극적인 자원 개입을 통해 수익 창출은 다소 낮더라도 위험부담을 낮추는 것이 합리적인 결정이다.

셋째, 진출 대상국의 국가매력도와 해당국에서의 자사 경쟁력이 보통 수준으로 판단될 경우 기대 성과와 위험이 중간 수준인 직접수출이나 프랜차이징 또는 합작투자 방식이 유리하다. 차후 사업전망에 따라 자원이나 시장 개입도를 높이거나 낮추면 될 것이다.

이 세 가지 진입방식의 전략적 선택에 대한 논리적 근거로는 위험−통제(risk-control) 또는 수입−비용(revenue-cost)의 상쇄효과(trade-off effect)를 들 수 있다.[9] [그림 11-4]에서 보듯이 각 진입방식에 따라 통제 및 위험 수준이 다르다. 즉, 직접투자를 통한 현지생산방식은 수출이나 라이선싱보다 현지국에 더 높은 자본투자가 요구되어져 그만큼 위험부담이 높은 반면, 현지시장에 대한 통제를 높일 수 있어 국가매력도가 높을 경우 장기적으로 더 높은 수익 창출을 기대할 수 있다.

물론 직접투자를 위해서는 수출이나 라이선싱보다 자본, 기술, 브랜드, 마케팅능력 등에 걸쳐 더 높은 경쟁력이 요구된다. 반대로 수출방식이나 라이선싱은 현지국에 대한 자원 개입 필요성이 크게 요구되지 않아 직접투자에 비해 위험부담이 낮은 반면 시장통제 또한 제한적이다. 따라서 낮은 시장잠재력과 높은 정치적 위험 등으로 현지국의 매력도가 뛰어나지 못할 경우 해외직접투자보다는 간접수출이나 라이선싱을 통해 진출하는 것이 사업 위험도를 낮추는 측면에서 유리하다.

점진적 글로벌화

물론 기업이 해외시장진출시 여건에 따라 진입방식을 전략적으로 선택하는 것이 최선책이지만, 실용적 측면에서 점진적인 글로벌화 단계를 거치는 것이 보편적 현상이다. 즉, 내수시장을 기반으로 사업을 영위하다 처음으로 해외시장 진출을 꾀할 시에는 일반적으로 기업들은 시장통제력이 미약한 진입방식(수출 등)에 의거해 해외진출을 시도하나, 일단 해외사업경험을 통해 현지시장 지식이나 경영 노하우를 터득한 후에는 점차적으로 해외시장에 대한 통제력을 높일 수 있는 진입방식(직접투자 등)으로의 전환을 꾀하는 양상을 보인다(그림 11-5 참조). 이러한 기업의 점진적이고 단계적인 글로벌화는 크게 두 가지 당위성에 근거한다.

첫째, 사회, 문화, 정치, 경제, 법률 등에 걸쳐 사업 환경이 상이한 해외시장에서의 경영활동은 국내시장에서의 경영활동보다 더 어렵고 위험하다. 즉, 외국인 비용(foreign business costs) 부담이 작용한다. 따라서 해외시장진출 초

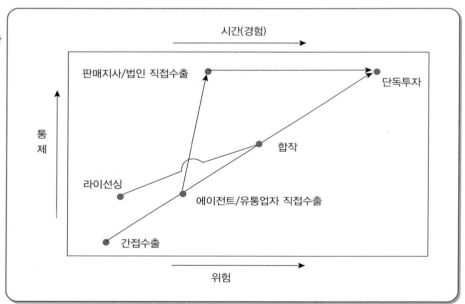

그림 11-5

점진적 글로벌화 단계 과정

출처: F. Root(1994), *Entry Strategies for International Markets*, CA: Jossey-Bass Inc., p.18.

기부터 높은 자본투자와 비용이 요구되는 직접투자보다는 상대적으로 낮은 자본투자와 사업비용이 요구되는 수출방식을 택하여 진출하는 것이 더 안전하다.

둘째, 시간이 경과함에 따라 현지시장에 대한 경험 및 지식 축적과 아울러 자사 제품에 대한 인지도가 높아지면 더 높은 수익을 올리고자 간접수출 등의 소극적 진입방식에서 탈피하여 현지시장 통제가 가능한 직접투자 등 적극적 진입방식으로의 전환을 꾀할 수 있는 것이다.[10]

실제로 현재는 글로벌기업이 된 국내기업들도 글로벌화 초기에는 점진적 글로벌화 단계를 거쳤음을 알 수 있다. 삼성전자의 경우 1971년 수출로 처음 미국 시장에 진출한 후, 1978년 현지판매법인 설립 단계를 거쳐, 1984년 미국 뉴저지주에 단독투자를 통한 현지생산법인을 설립하였다. LG전자(구 금성사)도 1961년에 수출로 TV, 카세트 등 가전제품을 미국 시장에 진출시킨 후, 시장 확대를 위해 1978년 현지판매법인을 설립하였으며, 1981년에 이르러 미국 알라바마주에 단독투자에 의한 현지생산법인을 설립하였다. 현대자동차도의 경우도 1976년 미국시장 진출 당시 수출로 시작하여 1985년 미국판매법인 설립, 그리고 2005년 미국 알라바마주에 현지생산법인을 설립하였다. 따라서 LG전자와 현대자동차의 경우 수출로 시작하여 해외직접투자에 의한 현지생산 단계까지는 20년이 경과되었음을 알 수 있다.

본 글로벌(Born-Global)

최근 점진적 글로벌화 단계를 거치지 않고 창업 초기부터 적극적으로 해외시장진출을 꾀하거나, 또는 창업을 바로 해외시장에서부터 시작하는 태생적 글로벌 기업, 즉 본 글로벌 기업이 출현하고 있다. 주로 첨단벤처기업들이 그 대상으로 이러한 급진적 해외시장진출은 전략적 선택의 문제가 아니라 생존의 문제로 받아들여지고 있는데, 그 주요 이유를 들면 다음과 같다.[11]

첫째, 지속적인 기술혁신을 위한 높은 연구개발비용을 내수시장에 의존해서는 충당하기 어렵기 때문에, 막대한 연구개발비용 회수를 위해서는 창업초기단계부터 해외시장 공략이 시급하다는 것이다.

둘째, 첨단제품의 경우 기술수명주기가 매우 짧기 때문에 국내시장에서 성공을 거둔 후 해외시장을 공략하는 점진적 글로벌화 단계를 거칠 시간적 여유가 없다는 것이다. 만일 해외시장진출 시기를 늦출 경우에는 글로벌시장에서 이미 기술수명주기가 종료되거나, 다른 경쟁업체들에 의해 해외시장이 선점될 위험이 있기 때문이다. 따라서 창업 초기부터 국내시장과 글로벌 시장 모두를 공략해야 하는 당위성이 높아졌다.

셋째, 첨단벤처기업은 해당 분야에서 기술을 선도해 나가야 하는데, 국내시장에서 그 기술을 수용할 준비가 안 되어 있을 경우 기술이 앞선 선진 해외시장부터 공략할 필요가 있다는 것이다. 예컨대 지문인식분야 기업인 니트젠은 창업 6개월 후인 1999년 9월에 미국법인 시큐젠을 미국 실리콘밸리에 설립하여, 다양한 응용솔루션 개발 및 미국을 중심으로 전 세계 시장의 판매와 마케팅, 그리고 현지에서의 사후 서비스(A/S)를 담당케 한 것이 좋은 본보기다.

넷째, 해외시장진출 자체가 첨단벤처기업에게 해외시장에서 치열한 경쟁을 통해 기술 및 경영 혁신을 배가시키는 계기가 되고, 나아가서 경쟁력 강화에 도움이 되기 때문이다. 성공할 경우 글로벌기업으로 성장하는 발판을 마련할 수 있다.

2.4. 글로벌 다각화의 혜택과 한계점

글로벌 다각화의 혜택

글로벌 다각화는 기업에게 다양한 혜택(benefits)을 제공한다. 첫 번째 혜택으로 규모의 경제(economies of scale) 효과를 들 수 있다. 즉 글로벌 다각화를 통해 기업 규모를 키울 수 있다는 점이다. 내수 시장에만 의존해서는 글로벌기업으로 성장하는 데에는 한계가 있다. 예컨대 현대·기아차그룹은 2019년 말 기준 729만 대를 판매하여 세계시장점유율 8.5%를 기록하면서 판매량 기준 세계 5위의 글로벌기업으로 성장하였다. 이 중 내수 판매는 127만 대로 전체 판매량 중에서 단지 17.5% 비중을 차지하였다. 만일 현대자동차가 글로벌 다각화에 소극적이었다면 세계적인 기업으로 성장할 수 없었을 것이다. 물론 글로벌 다각화를 통한 규모의 경제는 가격경쟁력 면에서도 유리한 기회를 제공한다.

둘째, 글로벌 다각화를 통해 범위의 경제(economies of scope) 효과를 기대할 수 있다. 즉 글로벌 다각화를 통해 생산, 마케팅, 자재구입, 연구개발 등의 활동을 공유할 수 있다. 예컨대 국내에서 개발된 신제품을 해외시장에 진출시켜 연구개발비용의 분산화를 꾀할 수 있다. 물론 광고나 브랜드 개발 비용도 마찬가지다. 또한 소비자들에게 글로벌 브랜드로 인식되면 제품 신뢰성 제고에 따른 수요 증대 효과도 기대할 수 있다.

셋째, 학습의 경제(economies of learning) 효과를 최대한 활용할 수 있다. 국내 시장에서 성공한 제품이나 마케팅 방식을 해외에서 전용할 수 있는 것이다. 또한 다양한 해외시장에서의 성공 경험을 상호 공유함으로써 경쟁력을 향상시킬 수 있다. 예컨대 현대자동차가 글로벌 다각화를 꾀하는데 있어 인도 시장에서 성공한 경험이 큰 도움이 되었다. 즉 인도에서의 성공적인 해외공장 운영과 마케팅 노하우를 중국 시장이나 여타 지역에 활용하여 큰 도움을 받았다.

넷째, 글로벌 다각화를 통해 매출이나 수익 측면에서 포트폴리오효과를 누릴 수 있다. 즉, 국내에서의 사업이 경기 침체로 손실을 보더라도 해외사업에서의 매출 증가로 사업위험 분산 효과를 거둘 수 있다.

다섯째, 현지자원 활용 및 결합 가능성이다. 해외시장에서 현지의 유용한 자원을 활용하거나 결합시킴으로써 경쟁력 강화를 꾀할 수 있다. 현지의 활용 가능한 자원으로는 인적자원, 자금, 기술, 부존자원 등을 들 수 있다. 예컨대 노동력이 풍부한 국가에다 생산공장을 설립하고, 고급기술인력이 풍부한 국가에 연구개발센터를 설립하는 등 전 세계적 차원에서 비교우위 자원을 효율적으로 활용할 수 있는 것이다.

글로벌 다각화의 한계점

글로벌 다각화를 통해 글로벌기업으로 성장할 수 있는 발판을 마련할 수 있으나, 만일 실패할 경우 자금 압박으로 국내 사업까지 위태로워진다. 사실 글로벌 다각화 시에는 정치·경제적, 사회·문화적, 법률적 환경 등 각기 사업 환경이 상이한 국가에서 사업을 영위해야 하기 때문에 국내에서 사업하는 것보다 더 높은 비용과 위험부담(liability of foreignness)에 노출된다. 더욱이 세계시장에서 초일류 글로벌 경쟁업체들을 상대해야 하기 때문에 이들과 버금가는 경쟁력이 없이는 성공보다 실패 가능성이 더 높다. 또한 전 세계에 흩어져 있는 사업장을 관리하는 데에는 고도의 조직과 글로벌 전문인력이 요구된다. 따라서 철저한 준비 없이 글로벌 다각화를 무리하게 추진할 경우 낭패를 볼 수 있다.

이러한 점에서 우리나라 대우그룹의 '세계경영' 실패사례는 시사하는 바가 크다. 1993년 세계경영 기치를 내걸고 해외사업 확장에 적극 뛰어든 대우는 5년도 안되어 600여 개의 해외사업장, 해외인력 20여 만명, 해외자산 120억 달러에 이르는 글로벌기업으로 부상하였다. 당시 대우는 국내기업들이 간과하고 있던 구소련, 폴란드, 우즈베키스탄, 베트남 등 공산권 국가들을 적극 공략하였다. 문제는 대부분 차입을 통한 M&A 방식으로 해외사업장을 인수하였다는 점이다. 단기간 내에 무리하게 해외사업을 추진하다보니 핵심역량 개발을 경쟁사보다 소홀히 할 수밖에 없었다. 당시 대우자동차, 대우중공업, 대우전자 등 어느 사업에서도 국내시장에서 선두위치에 올라선 본 경험이 없었다. 글로벌 다각화를 통한 경쟁력 강화가 큰 효과를 발휘하지 못하고 결국 1997년 IMF 외환위기 때 자금 압박으로 도산되는 지경에 이르렀다.

Ⅲ 해외사업 포트폴리오전략

기업의 글로벌 다각화가 일정 단계에 오르면 수많은 지역에 진출한 다양한 해외사업에 대한 포트폴리오전략이 수립되어야 한다. 포트폴리오전략의 기본적 목표는 제한된 기업 자원을 각 사업 분야로 가장 효과적으로 배분하는 데 있다. 가장 빈번히 활용되는 포트폴리오 기법으로는 BCG(Boston Consulting Group)가 개발한 시장성장률/시장점유율 매트릭스(Market Growth/Market Share Matrix)를 들 수 있다. 시장지배력 관점에서 경쟁사와 비교해 시장점유율이 높다는 것은 규모의 경제 실현 가능성에 따른 비용우위와 시장지배력으로 인한 수익성 측면에서 강점이 되고, 반대로 시장점유율이 낮다는 것은 약점이 된다. 한편, 시장매력도 관점에서 시장성장률이 높다는 것은 기업에게 그만큼 기회 요인으로 작용하고, 반대로 시장성장률이 낮다는 것은 제약, 즉 위협 요인으로 작용한다.

표 11-6	제품별사업	그룹내 비중	시장성장률	시장점유율
해외사업별 위치	A. 미국의 가전사업	40%	18%	2.5
	B. 미국의 자동차사업	20%	15%	0.7
	C. 유럽의 가전사업	15%	12%	0.5
	D. 유럽의 자동차사업	10%	6%	2.0
	E. 일본의 가전사업	8%	5%	7.0
	F. 일본의 자동차사업	7%	4%	0.2

주: 시장점유율은 상대적 시장점유율로 매출액을 최대경쟁자 매출액으로 나눈 비율을 나타냄.

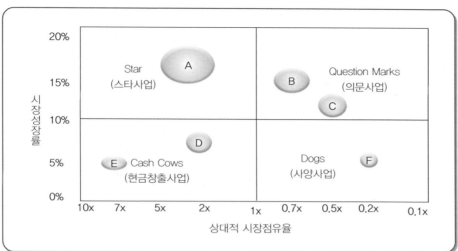

그림 11-6

BCG
시장성장률/
시장점유율
매트릭스

주: 원의 크기는 각 사업의 매출액이 그룹의 총매출액에서 차지하는 비중을 나타냄.

BCG 시장성장률/시장점유율 매트릭스에 근거해 현재 해외시장에 진출해 있는 사업들에 대한 평가와 이에 따른 포트폴리오전략을 강구할 수 있다. 예컨대 어느 특정 기업이 두 개의 사업(가전, 자동차)을 세 곳의 해외지역(미국, 유럽, 일본)에 진출시키고 있고, 나아가서 각 사업이 그룹에서 차지하는 비중과 각국의 시장성장률, 그리고 개별 사업의 상대적 시장점유율이 〈표 11-6〉과 같다고 가정하면, BCG 시장성장률/시장점유율 매트릭스에 의거해 각 사업의 위치를 [그림 11-6]과 같이 도식화할 수 있다.

BCG 매트릭스 분석과 SWOT[12] 관점에서 각 사업을 네 그룹 군으로 분류할 수 있는데, 즉 시장성장률도 높고(기회) 또한 시장점유율도 높은(강점) 스타사업(Star), 시장성장률은 높으나(기회) 시장점유율은 낮은(약점) 의문사업(Question Marks), 시장성장률은 낮으나(위협) 시장점유율은 높은(강점) 현금창출사업(Cash Cows), 그리고 시장성장률도 낮고(위협) 시장점유율도 낮은(약점) 사양사업(Dogs)이다. 각 사업의 위치에 따라 요구되어지는 포트폴리오전략 또한 달라진다.

첫째, 구축전략(build strategy)은 해당사업의 확장과 시장점유율을 높이는 데 중점을 두며, 집중적 투자를 통하여 스타사업으로 전환시킬 수 있는 위치에 있는 사업, 즉 높은 시장성장률과 낮은 시장점유율을 갖은 의문사업에 유효하다. 의문사업의 경우 낮은 시장점유율로 수익과 현금흐름이 불안정하나 높은 시장성장률로 인해 시장점유율을 늘리기 위한 투자를 확대할 경우 스타사업으로 전환될 가능성이 높다. 물론 투자의 초점은 기술개발 등 내부적 역량 강화에 초점이 맞추어진다. [그림 11-6]의 예시에서 미국의 자동차사업부(B)와 유럽의 가전사업부(C)에 해당된다.

둘째, 현상유지전략(hold strategy)은 보통 수준의 시장성장률 및 시장점유율로 인해 안정적인 수익과 양호한 현금흐름이 가능한 현금창출사업에 유효하다. 시장성장성이 아주 높지는 않기 때문에 시장 확대를 위한 대대적인 신규 투자보다는 품질관리, 생산시설, 마케팅 등에 대한 소극적인 재투자를 통해 시장점유율을 현상 유지시키는데 중점을 둔다. 위의 예시에서 유럽의 자동차사업부(D)에 해당된다.

셋째, 수확전략(harvest strategy)은 단기적으로 초과잉여금을 극대화하는데 중점을 두며, 시장점유율은 높으나 시장성장률이 아주 낮은 현금창출사업에 유효하다. 높은 시장지배력으로 많은 현금이 창출되나, 시장성장률이 낮아 사업 확대를 위한 신규 투자 타당성은 떨어진다. 보통 성숙기에 접어든 사업이 이에 해당된다. 따라서 현재의 시장점유율을 유지시키기 위한 최소한의 투자와 운영자금만 보유하고, 축적된 잉여자금은 시장성장률이 높은 스타사업이나 의문사업 쪽으로 재투자할 수 있다. 위의 예시에서 일본의 가전사업부(E)에 해당된다.

넷째, 철수전략(divest strategy)은 시장점유율과 시장성장률이 모두 낮아 안정적인 수익과 현금흐름을 더 이상 기대할 수 없어 수익성이 높은 다른 사업에 투자할 수 있도록 자금 마련을 위해 해당사업을 매각 처분하는 방안이다. 위의 예시에서 일본의 자동차사업부(F)에 해당된다. 그러나 만일 낮은 시장성장률이 성숙기에 접어들었기 때문이 아니라 도입기의 시장개발 초기 때문이라면 철수에 신중을 기하여야 한다.

한편, 포트폴리오전략 이외에도 다각화 수준이 높은 기업은 사업부 간 시너지 또는 레버리지(leverage) 효과를 극대화하기 위한 다양한 전략, 즉 구조조정전략, 지식이전전략 및 활동공유전략을 적극 모색해야 한다.[13] 이러한 세 가지 전략은 지역별로 다각화된 글로벌기업들에게 더욱 유효시 된다.

첫째, 구조조정전략(restructuring strategy)은 현재의 포트폴리오 사업구조를 적극적으로 재편성하는 전략이다. 수익성이 낮은 사업이나 비관련 사업을 매각하고, 반면 성장 가능성이 높은 유망한 사업을 인수하여 사업전략을 바꾸고 신기술을 투입하여 핵심 사업으로 발전시키는 방안이다. 2021년 LG전자가 만성 적자를 겪고있던 스마트폰 무선사업을 철수시키고, 대신 자동차전장(전자장치)사업으로의 확대를 위해 캐나다의 글로벌 자동차 부품 회사 마그나 인터내셔널과 함께 10억달러를 투자해 전기차 부품을 생산하는 합작회사 설립 및 자동차용 프리미엄 헤드램프 전문 제조회사인 오스트리아 ZKW의 지분 70%를 7억7,000만 유로에 인수한 것이 좋은 예이다. 한편, 인수 과정에서 불필요한 생산시설이나 사업부문은 매각 처분함으로써 실제 인수비용을 낮출 수 있다. 최근 글로벌 M&A가 급격히 증가하는 추세인데, 이는 전 세계적 차원에서 기업의 구조조정전략에 기인하는 바가 크다.

또한 사업구조조정의 대표적 본보기로 미국의 GE사를 들 수 있다. 1981년 당시 수많은 사업군을 거느리고 있던 GE사는 새로 회장으로 취임한 잭 웰치(Jack Welch)의 구조조정 방침에 따라 핵심제조사업군, 첨단기술사업군, 서비스사업군 등 세 개의 사업군으로의 조직개편을 단행함과 동시에 150개 제품별 사업단위를 12개 사업부로 축소시켰다. 이 과정에서 세 개의 사업군에 편성되지 않는 사업은 매각 처분되었다. 물론 매각 대상에는 해외사업장들도 포함되었다. 이 과정에서 세계 1위나 2위를 달성할 수 없는 사업은 과감히 포기하고, 성장 가능성이 있는 업종에 대해서는 M&A 등을 통해 사업을 확대시켰다. 이러한 구조조정 방침에 의거하여 GE는 96년까지 120억 달러 상당의 232개 사업부문을 매각하는 동시에 260억 달러 상당의 338개 사업을 새로 인수하였다. 그 결과 GE는 잭 웰치 회장의 1981년 취임부터 2001년 퇴임까지 20년 동안 매출이 270억 달러에서 1,300억 달러로 신장하였고, 시장가치는 131억 달러에서 4,000억 달러 수준으로 높아졌다. 반면, 종업원수는 40만 명에서 34만 명으로 축소되었다. 또한 12개 사업부 중 9개가 Fortune 500대 기업 순위에 들 정도로 경쟁력 있는 다각화된 기업으로의 변신에 성공을 거두었다.[14]

둘째, 지식이전전략(transferring knowledge strategy)은 특정 사업 내의 독점적 기술이나 지식을 다른 사업으로 이전하여 전사적 차원에서 경쟁력 강화를 도모하는 방안이다. 예를 들어, 어느 한 사업에 제품위치화, 촉진, 포장 등에 대한 전문적인 마케팅 노하우가 축적되어 있다면 여타 사업들로 이들 아이디어를 전수해 주는 것이다. 이러한 지식이전이 지역적으로 다각화 수준이 높은 글로벌기업의 본사와 해외사업장 간에, 그리고 해외사업장들 간에 이루어질 경우 전사적 차원에서 글로벌 경쟁우위를 창출하고 유지하는 데 큰 도움이 된다.

셋째, 활동공유전략(sharing activities strategy)은 여러 사업 간 구매, 생산, 연구개발, 판매 등의 가치사슬활동 공유를 통해 전사적 차원에서 경쟁우위를 창출하는 전략이다. 이러한 가치사슬활동 공유는 특히 신규 사업의 경쟁력 강화에 큰 도움이 된다. 가치사슬활동의 공유를 통해 규모의 경제와 범위의 경제가 이루어질 경우 비용절감 및 차별화의 기회 폭이 그만큼 넓어진다. 지식이전의 경우와 마찬가지로 지역적으로 사업다각화 수준이 높은 글로벌 기업의 경우 국가 내에서뿐만 아니라 범세계적 차원에서 생산, 구매, 연구개발, 판매 등의 가치사슬활동을 공유할 수 있다. 예컨대 유통망을 공유하거나 복합생산단지 조성을 통해 시설이나 노무관리를 공유할 수 있다. 또한 브랜드를 공유할 경우 독자적 브랜드 개발 비용을 줄이고, 브랜드 글로벌성(brand globalness)에 따른 제품 신뢰도가 높아지는 효과를 기대할 수 있다.

[참고사례 11-1]은 롯데그룹의 해외사업다각화 실태를 보여준다. 롯데도 그룹 차원에서 자원 배분과 미래 성장 관점에서 해외사업 포트폴리오계획을 수립해야 하고, 그에 맞추어 시너지 효과를 극대화 할 수 있는 방향으로 구조조정전략, 지식이전전략 및 활동공유전략을 적극 이행해 나갈 필요성이 있을 것인데, 최근 사업 전망이 불투명한 러시아와 중국 시장에서의 사업은 축소하고 대신 사업 전망이 밝은 동남아시아시장에서는 사업을 확대해 나가고 있는 것이 이러한 구조조정전략의 일환으로 볼 수 있다. 또한 복합쇼핑몰단지 조성을 통해 단지 내 입주 사업 간 시설, 인력, 경영 노하우 등을 이전 및 공유하는 것도 지식이전 및 활동공유전략의 일환으로 볼 수 있다.

참고사례
11-1
롯데그룹의 해외사업다각화[15]

롯데그룹은 최근 10년 동안 해외사업다각화에 사업의 초점을 맞췄다 유통·식품·관광·화학·금융 등 모든 사업 부문이 '브리시'(VRICI, 베트남·러시아·인도·중국·인도네시아) 5개국에 활발히 진출해 있다. 또 최근엔 동남아·중앙아시아·북미 지역으로 진출도 확대해 현재 해외의 롯데 직원들은 20여 개국 6만여 명에 이른다. 롯데백화점은 2007년 러시아 모스크바점을 열었고, 2013년 중국에 진출해 단독 출자 점포 5개를 운영하였다. 2013년과 2014년에 걸쳐 인도네시아 자카르타와 베트남 하노이에도 진출했다. 2020년 말 현재 중국 청두점 1개, 베트남 2개, 인도네시아 1개, 러시아 1개점 등 해외에 총 5개점을 출점하고 있다.

표 11-7 롯데그룹 해외사업 다각화

회사명	해외사업
롯데백화점	베트남 2개, 인도네시아 1개, 중국 1개, 러시아 1개 등 총5개점 출점
롯데마트	베트남 14개, 인도네시아 49개 등 총63개 점포 운영
롯데홈쇼핑	중국과 베트남 진출
롯데제과	중국·베트남·인도·러시아·벨기에·파키스탄·카자흐스탄 진출
롯데칠성음료	일본·러시아 등 세계 40여개국 진출
롯데리아	베트남에 점포 200여개 운영
롯데호텔	러시아·베트남·우즈베키스탄·타슈켄트·괌·미얀마·중국·미국 등 진출
롯데면세점	인도네시아·괌·일본·태국 베트남 등에 시내면세점 오픈
롯데케미칼	말레이시아·미국·영국·파키스탄 등 진출

롯데마트는 중국, 베트남, 인도네시아 3개국에 총 172개 점포를 운영하다 중국 사업을 접고 현재 인도네시아 49개 베트남 14개 점포를 운영 중이다. 롯데홈쇼핑은 2010년 중국 '러키파이'를 인수해 현지에 진출했으며 2012년 베트남엔 합작법인 '롯데닷비엣'을 설립해 방송을 시작했다. 1990년대 중국에 진출한 롯데제과는 2010년 베트남·인도·러시아에 초코파이 생산 공장을 설립했다. 인도(패리스)·베트남(비비카)·벨기에(길리안)·파키스탄(콜손)·카자흐스탄(라하트) 등 해외 제과업체도 인수했다. 롯데칠성음료는 일본·러시아 등 세계 40여개국에 각종 주류 및 음료를 수출하고 있으며, 롯데리아는 1998년부터 진출한 베트남 점포가 2020년 현재 210여 개에 이른다. 이는 KFC의 140개 매장 수보다 많은 숫자이고, 매출도 1조 6,830억 동으로 KFC의 1조 4,980억 동보다 앞선 것이다. 롯데호텔은 2010년 러시아 모스크바, 2013년 베트남 호찌민과 우즈베키스탄 타슈켄트, 2014년 괌과 베트남 하노이, 2015년 미얀마 양곤, 러시아 상트페테르부르크, 중국 선양과 옌타이에 체인 호텔을 잇달아 열었다. 2013년 5월엔 UN 총회 등이 열릴 때 '뉴욕의 백악관'으로 불리는 미국 뉴욕 맨해튼의 '더 뉴욕 팰리스' 호텔을 인수해 명칭도 '롯데뉴욕팰리스'로 바꿨다. 롯데면세점은 인도네시아 자카르타 시내, 미국령 괌 공항 등에서 면세점을 운영하고 있다. 괌의 경우 국내 업체가 공항 전체 면세점을 단독 운영하는 최초 사례로 2022년까지 독점 운영한다. 2014년 3월 일본 도쿄 긴자 시내면세점도 열었고, 태국 방콕·일본 오사카 시내면세점도 연내 연다. 롯데케미칼은 2010년 말레이시아의 '타이탄케미컬'을 시작으로 영국·파키스탄 업체를 인수해 해외 생산기지를 마련했고, 미국 앨라배마에도 생산 법인을 세웠다. 2015년에는 말레이시아 조호바루에 일본 기업과 합작으로 연 5만 톤 규모의 합성고무 생산공장을 설립하였다. 롯데는 2018년 사업계획을 통해 식품, 유통, 케미컬, 관광·서비스 등 그룹의 주요 사업별로 거점 국가를 정했다. 가령 식품은 베트남, 인도, 러시아를, 유통은 베트남, 인도네시아를 글로벌 거점으로

육성하고, 인도와 파키스탄은 중동과 아프리카의 식품 수출 거점 지역으로 키우고, 그리고 미국은 화학 플랜트 산업의 거점 지역으로 발전시키는 식이다. 롯데는 2018년 10조 7,000억원의 해외매출을 실적을 올렸는데, 앞으로 해외사업다각화에 속도를 내어 수년 내 2배 이상의 해외매출 실적을 올릴 계획이다.

 토의문제

1. 글로벌 다각화의 핵심은 지역다각화와 사업다각화 관점에서 접근할 수 있는데, 지역다각화 및 사업다각화를 위한 최적 전략 선택 방안에 대해 설명하시오.

2. 전략적 해외진입방식 선택 방안에 대해 설명하시오.

3. 점진적 글로벌화와 본 글로벌화의 차이점과 당위성에 대해 비교 분석하시오.

4. 대우그룹의 세계경영 실패 사례를 참고삼아 글로벌 다각화의 혜택과 한계점에 대해 설명하시오.

5. BCG의 시장성장률/시장점유율 매트릭스모델에 의거해서 어떠한 포트폴리오전략 방안들이 있는지 주요 내용에 대해 설명하시오.

6. 1981년 GE사의 새로 회장으로 취임한 잭 웰치(Jack Welch)의 구조조정전략에 대해 설명하시오.

7. [참고사례 11-1]의 롯데그룹 해외사업다각화에 따른 사업 간 지식이전전략과 활동공유전략 방안은 무엇인가?

사례   현대자동차의 글로벌 다각화전략

Global Strategic Management

1967년 설립 당시 현대자동차는 미국 포드자동차의 기술이전을 받아 자동차 단순조립하는 업체에 지나지 않았다. 그로부터 10년 후 1976년 국내 최초 독자모델 '포니(Pony)'를 개발한 후 울산에 연산 120만 대 규모의 공장을 세우고 본격 생산에 돌입함으로써 자동차 완성업체로서의 면모를 갖추게 되었다. 포니는 처음부터 세계 시장을 목표로 야심차게 기획된 세계 16번째, 아시아에서 일본에 이어 2번째 고유 자동차 모델이었다. 시판 첫 해인 1976년

표 11-8 현대자동차의 주요 약력

연도	내 용
1967년	회사설립
1976년	국산 최초 고유모델 포니 출시
1976년	수출시작
1983년	캐나다법인(HMC) 설립
1985년	미국법인(HMA) 설립
1991년	국내 최초 알파 엔진 자체 개발
1997년	터키공장 가동개시(2014년 생산 100만 대 돌파)
1998년	인도공장 가동개시(2015년 누적생산 600만 대 달성), 기아자동차 인수
2002년	중국공장 가동개시; 미국디자인센터 완공
2003년	수출 년간 100만대 100억 달러 달성; 유럽기술연구소 준공
2005년	미국 앨라배마 공장 가동개시 및 주행 시험장 완공(2015년 누적판매 1,000만 대 달성); 아프리카·중동 수출 100만 대 돌파
2007년	체코공장 준공
2010년	러시아공장 준공(2015년 누적생산 100만 대 달성)
2011년	중남미 수출 200만대 달성
2012년	브라질공장 준공
2016년	제네시스 EQ900(수출명 G90) 북미 시장 첫 공개
2018년	수소차 넥쏘(NEXO) 미국 시장 판매 개시
2019년	인도네시아공장 투자협약 체결
2020년	수소전기 대형트럭 세계최초 양산, 전용 전기차 아이오닉(IONIQ) 공개

출처: 현대자동차 홈페이지.

포니는 1만 726대가 판매되어 당시 국내 승용차 판매의 절반에 가까운 43.5%라는 놀라운 시장점유율을 차지하였다. 당시 국내 자동차 주요 경쟁업체로는 기아자동차 외에 대우와 GM이 50 대 50으로 합작한 대우자동차가 있었다.

I. 글로벌 다각화전략

점진적 글로벌화

현대자동차는 협소한 내수 시장에 안주해서는 세계적인 기업으로 성장할 수 없다는 판단 하에 해외시장 공략에 적극 나섰다. 2015년 기준 자동차 내수 규모 1위는 중국(2460만대)이며 그 뒤로 미국(1784만대), 일본(504만대), 독일(354만대), 인도(342만대), 영국(306만대), 브라질(257만대), 프랑스(235만대), 캐나다(194만대) 순으로 나타났다. 한국은 2014년 대비 10.3% 증가한 183만대의 최대 판매 실적을 기록하며 처음으로 내수 규모 10위권으로 진입하였다. 그러나 현대자동차가 처음으로 해외진출을 시도하였던 1970년대 당시 한국의 자동차시장 내수 규모는 보잘 것 없었다. 1990년대 후반에나 들어와 100만대를 넘는 수준이었다.

현대자동차는 글로벌 다각화에 있어 처음부터 무리한 해외직접투자보다는 수출로 조심스럽게 해외시장 타진을 시작하였다. 포니의 인기에 힘입어 1976년 7월 남미 에콰도르에 다섯 대의 '포니' 수출을 시작으로 중동, 남미, 아프리카 등으로 수출국이 늘어나 첫해 1,019대, 1977년 4523대, 1978년 1만 2,195대를 수출하며 물량 또한 꾸준히 늘어났다. 수출 초기에는 이와 같이 개도국 시장을 타겟으로 삼아 진출하였으나 어느 정도 해외시장에서 경험을 쌓은 후 미국, 캐나다 등 선진국 시장으로 지역다각화를 꾀하였다. 이를 위해 1983년과 1985년도에 각기 캐나다 판매법인(HMC)과 미국 판매법인(HMA)을 설립하였다. 1986년에 현대자동차는 세계 최대의 자동차시장인 미국에 고유모델인 '엑셀'을 수출하였다. 첫해에 16만 9,000대를 판매해 수입차 업체 최초로 미국시장에서 16만대 이상 판매된 모델로 기록되었다. 꾸준한 수출실적에 힘입어 현대자동차는 2003년 연간 수출 100만대 100억 달러를 달성하였으며, 수출누계 1,000만대를 돌파하였다. 그 후 지속적인 해외시장다변화를 꾀하여 2005년 아프리카·중동 수출 100만대, 2011년 중남미수출 200만대를 달성하였다. 2020년 말 현재 190여개 국에 수출하고 있다.

글로벌 네트워크 구축

초기에 수출로 해외시장을 공략하던 전략을 바꾸어 해외수요에 적극 대응하고 시장잠재력을 최대한 개발하기 위하여 현지공장 설립을 통한 본격적인 글로벌경영에 박차를 가하였다. 그 결과 2016년 기준 해외생산법인 7곳, 해외판매법인 18곳, 해외기술연구소 및 디자인센터 5곳 등 글로벌 네트워크를 완성하였다. 이에 힘입어 2010년에는 세계 5위의 글로벌 자동차 회사로의 위상을 구축하게 되었다.

첫 번째 해외공장은 유럽과 중동, 아프리카, 아시아가 맞닿아 있는 전략적 요충지인 터키(Turkey)에 1997년 설립되었다. 유럽 공략의 전초 기지로 활용하기 위한 것이었다. 터키 공장은 완성차를 조립하는 해외 기지가 아닌 자족형 공장으로 그 시작은 6만대 규모로 미약하였으나 지속적인 투자와 증설로 현재 200,000대의 연간 생산능력을 갖추고 있다. 현대차 글로벌 생산능력 대비 4% 수준을 차지

표 11-9 해외생산공장 현황(2016년 기준)

국가	설립년도	종업원 수	연간생산능력	글로벌 생산능력 비중
터키	1997년	1,500명	200,000대	4%
인도	1998년	8,600명	680,000대	14%
중국	2002년	1,400명	1,210,000대	25%
미국	2005년	3,100명	370,000대	8%
체코	2007년	3,300명	300,000대	6%
러시아	2010년	2,000명	200,000대	4%
브라질	2012년	2,500명	180,000대	3.6%

출처: 현대자동차 홈페이지.

한다.

사실 현대자동차의 첫 번째 해외공장은 미국의 수입규제조치를 피해 우회수출 목적으로 1986년 캐나다 퀘벡(Quebec)주 브르몽에 설립된 연간 10만 대 규모의 생산 공장이었다. 그러나 조악한 품질로 판매 부진에 시달리다 1995년 공장을 폐쇄하기에 이르렀다. 그러나 당시 브루몽 공장에서의 실패 경험이 후에 여타 해외공장 운영에 큰 교훈이 되었다.

두 번째 해외공장은 무한한 시장잠재력을 갖춘 인도에 1998년 설립되었다. 인도에 진출한 이래 생산과 판매에서 눈부신 성장으로 현대자동차 진출 해외공장 최초로 누적 생산대수 500만대를 달성하였다. 쌍트로, 이온 등 현지 맞춤형 모델로 폭발적인 인기를 누리며 인도 국민차로 대접받고 있다. 인도법인은 2016년 현재 인도 전역에 415개 딜러와 1,100개가 넘는 서비스망을 구축하고 있으며, 85개국에다 수출하는 등 인도에서 제1위 수출업체 지위를 10년 이상 유지하고 있다. 현재 인도 자동차 회사인 마루티가 인도 전체 시장점유율 50% 정도로 1위를 차지하고 있으며 현대자동차가 17% 내외로 2위를 차지하고 있다. 인도에서의 성공이 현대자동차가 글로벌기업으로 성장하는데 발판을 마련하는 전기가 되었다. 현재 연간 생산능력은 680,000대로 현대차 글로벌 생산능력 대비 14% 수준을 차지하고 있다.

인도 시장 성공에 힘입어 세 번째로 현대자동차 해외공장 중 최대 규모인 연간 100만 대 이상 생산 가능한 공장을 2002년 중국에 준공하였다. 다른 외국 기업과는 달리 중국 특성에 맞춤 제작된 최신 현지화 모델을 생산하여 다채로운 차량 라인업을 확보하였다. 이에 힘입어 중국시장 진출 2년 만에 승용차 시장점유율 9%로 3위로 올라설 수 있었다. 1위와 2위는 폭스바켄(VW)과 GM으로 각기 28%와 11%의 시장점유율을, 그리고 4위와 5위는 일본 혼다와 도요타로 각기 8.7%와 3.5%의 시장점유율을 차지하고 있었다. 현재 연간 생산능력은 1,210,000대로 현대차 글로벌 생산능력 대비 25% 수준을 차지하고 있다.

네 번째 해외공장은 자동차산업 본고장인 미국 알라배마주에 2006년 설립되었다. 가동 5년 만에 글로벌 최고 수준의 생산성에 도달하였으며, 설계부터 판매 및 사후서비스까지 현지화로 완성한 "Made in USA" 시스템을 확보하였다. 미국 공장 설립은 명실상부한 선진국 시장 진출과 글로벌 경쟁업체들과 정면 승부를 피하지 않겠다는 전략적 의지의 소산으로 볼 수 있다. 연간 생산능력은 370,000대로 현대차 글로벌 생산능력 대비 8% 수준을 차지하고 있다. 3년 후 2009년 미국 조지아주에 기아자동차 양산을 위한 제2공장을 설립하였다.

다섯 번째 해외공장은 유럽 현지에서 생산, 판매, 사후 서비스를 통합한 종합 시스템을 구축하여 유럽시장 공략의 기반 완성을 위해 2007년 체코에다 설립하였다. 체코 공장의 완공으로 미국, 중국, 인도에 이어 유럽에서도 연구개발부터 생산, 판매, 마케팅, 애프터서비스에 이르는 종합 현지화시스템 구축을 완료하였다. 연간 생산능력은 600,000대로 현대차 글로벌 생산능력 대비 6% 수준을 차지한다.

여섯 번째 해외공장은 2010년 러시아에 설립되었다. 동유럽 시장 공략의 교두보인 러시아 공장은 체코 공장과 더불어 동서 유럽을 잇는 현대자동차의 대표적 공장이다. 연간 생산능력은 200,000대로 현대차 글로벌 생산능력 대비 4% 수준을 차지한다.

일곱 번째 해외공장은 2012년 중남미 시장 공략 전초 기지로 브라질에 설립되었다. 브라질 공장 설립으로 미국-유럽의 시장부터 중국-인도-러시아-중남미 신흥시장으로 연결하는 생산 네트워크 완성으로 글로벌시장 공략의 안정적 기반 구축이 완성되었다. 연간 생산능력은 180,000대로 현대차 글로벌 생산능력 대비 3.6% 수준을 차지한다.

이외에도 현대자동차는 글로벌 네트워크의 중심으로 전 세계 200여 개 국가에 6,200여 개의 판매네트워크를 관장하고 있는 18곳의 해외 판매법인과 북미 R&D 전초기지로 미국 기술연구소, 유럽 전략차 개발의 산실인 유럽 기술연구소, 신흥시장 개척의 전략 연구 거점인 인도기술연구소, 전자 신기술 개발 및 친환경차용 핵심요소 기술 등 선행 기술 확보에 주력하고 있는 일본기술연구소 등 네 곳에 해외 기술연구소를 두고 있다.

II. 글로벌경쟁구조

2019년 말 기준 세계시장에서 9,250만여 대의 자동차가 판매됐다. 이 가운데 현대·기아차는 729만 대를 팔아 세계시장점유율 8.5%를 기록했다. 세계자동차 판매량 기준 5위이다. 현대·기아차의 세계시장점유율은 2005년 5.8%에서 2011년에는 8.5%까지 뛰어올랐다. 하지만 이후부터 정체상태를 보이고 있다. 2012년 8.6%, 2013년 8.6%, 2014년 8.4%, 2019년 8.5%를 기록했다. 2019년 자동차 판매량 기준 1위 브랜드는 독일 폴크스바겐이다. 1,034만여대를 판매해 12.2의 시장점유율을 기록했다. 2위는 일본 도요타(970만여대·11.4%)이었다. 일본 르노닛산그룹(923만여대·10.8%), 미국 포드(490만여대·5.7%), 이태리 FCA(436만여대·5.1%)가 뒤를 이었다.

한편, 중국 자동차 업체의 약진이 눈부시다. 중국 13개 자동차 업체들의 2015년 세계 시장 점유율 합은 14.7%로 전년도(13.9%)보다 0.8% 포인트 늘었다. 2012년(12.7%)과 비교하면 3년 만에 2% 포인트 증가했다. 중국 자동차 업체들이 2015년 판매한 차량은 1,730만 6000여대를 기록했다. 3년 동안 400만대 넘게 판매량이 증가했다. 이 가운데 상하이자동차(SAIC)는 2015년 590만2,000여대를 판매해 세계시장점유율 6.4%를 기록하면서 글

표 11-10 주요 자동차 메이커별 세계시장점유율(2019년 말 기준)

순위	메이커	판매대수	세계시장점유율
1	폴크스바겐(독일)	1,034만대	12.2%
2	도요타(일본)	970만대	11.4%
3	르노닛산그룹(일본)	923만대	10.8%
4	GM(미국)	775만대	9.1%
5	현대·기아(한국)	729만대	8.5%
6	포드(미국)	490만대	5.7%
7	FCA(이태리)	436만대	5.1%

출처: 현대자동차 홈페이지.

로벌 자동차기업으로 이름을 올렸다. 2005년 100만대도 채 팔지 못해 1.3%의 시장 점유율을 기록했던 것과 비교하면 괄목할만한 성장세다. 그 밖의 둥펑자동차의 세계시장점유율은 3.1%, 창안자동차는 3.0%, 광저우자동차(GAC)는 1.4%를 보이고 있다.

Ⅲ. 현대자동차의 글로벌 다각화 성공요인

글로벌 다각화의 노력에 힘입어 2015년 기준 현대자동차는 기아자동차와 합산하여 세계시장점유율 8.5%를 기록하면서 세계 순위 5위의 글로벌기업 위상을 달성하였다. 현대자동차는 2015년 한국, 미국, 중국, 인도, 브라질, 러시아 등의 국가에서 '10만 대 클럽'에 14개 차종의 이름을 올리는 판매성과를 거두었다. '10만 대 클럽'은 단일 국가에서 연간 10만 대 이상 판매된 차종에게 가입 자격이 주어진다.

글로벌 다각화에 따른 현대자동차의 세계시장에서의 성공 요인을 꼽으라면 현지적합 전략모델 적기 투입 및 현지밀착경영 체제, 품질 최우선 경영, 차별적 마케팅 등 크게 세 가지로 요약할 수 있다.

현지적합 전략모델 적기 투입 및 현지밀착경영 체제

현대자동차는 가급적 각국 시장 특성에 맞춘 현지화된 전략차종 생산에 심혈을 기울였다. 예컨대 현대자동차는 인도 진출 초기부터 인도 시장의 특성과 소비자의 기호에 맞춘 철저한 현지화 전략을 구사하였다. 당시 국내에서 시판되던 '비스토'를 '상트로'란 브랜드로 인도시장에 진출시켰으며, 인도인들이 운전 중에 시도 때도 없이 경적을 울려대는 습관을 감안하여 경적기 내구성을 10배 이상 높였다. 또한 소형차라도 인도인들은 가족 전부를 태우기 때문에 실내를 더 크고 높게 디자인하였다. 이러한 현지화 노력으로 진출 1년 만에 1999년 6만 321대를 판매하며 11.6%의 점유율로 단숨에 인도시장 2위로 뛰어 올랐다.

또한 현지모델 개발을 위하여 2004년에 인도기술연구소를 설립하여 남양주연구소와 협업을 강화하였으며, 그 결실로 소형 SUV인 "크레타"라는 현지 전략모델을 개발, 출시하

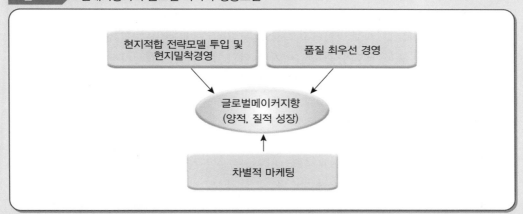

그림 11-7 현대자동차의 글로벌 다각화 성공요인

출처: 현대자동차 내부자료

였다. 인도의 취약한 도로 사정을 감안하여 고장력 강판 사용을 늘려 차체강성을 강화하였고, 뿐만 아니라 우천 시 배수가 용이하지 않아 차량 침수가 잦은 인도의 기후조건을 반영하여 직접 차를 관수로에 침수시키는 특별한 시험을 통해 수밀성능 경쟁력을 확보하였으며, 90% 이상을 현지 부품으로 조립함으로써 원가와 중량을 동시에 절감하였다. 이와 같은 인도 운전자들을 위한 배려와 니즈 충족 그리고 혁신적인 설계기술 등에 힘입어 크레타는 출시 첫달 6,783대가 팔려 단숨에 인도 SUV시장 1위에 올라선 것에 이어 2016년 1분기 판매량이 2만 2,948대를 기록하며 SUV 판매 선두를 지키고 있다. 또한 현대자동차는 소형차 비중이 80%에 달하는 인도 시장 특성을 감안하여 2007년 말 당시 인도 공장에서만 생산되는 소형차 i10을 개발하였다. 개발 비용으로 2년간 1,800억원을 투자한 i10은 출시 이후 인도 시장에서 큰 성공을 거두었으며, 현재 유럽에도 수출되고 있다. i10모델은 도로 사정이 좋지 않은 인도시장에 맞게 일반적인 승용 세단보다 차체를 높였고 편의사양을 최소화해 가격을 낮추는 데 주력한 차종이다.

그 외에 중국시장에서도 타 외국 기업과 달리 중국 특성에 맞춤 제작된 최신 현지화 모델을 생산하여 다채로운 차량 라인업을 확보하였다. 또한 최근 중국 정부가 중요시 여기는 환경보호정책에 부응하기 위해 소음 및 미세 분진 저감, 수용성 도료, 에너지절감, 오폐수 처리로 작업환경까지 고려한 저탄소 녹색 공장을 실현하였다. 미국시장에서는 높은 부품 현지화, Made in USA 시스템으로 미국 소비자들의 Buy America 정서에 대응해 나갔다. 러시아 현지 맞춤형 모델 "쏠라리스"는 차가운

대륙 러시아의 많은 강설량, 매서운 추위는 물론 급제동이 많은 운전문화까지 세밀히 고려하여 남양주연구소에서 맞춤 제작한 차량으로 '태양'이라는 뜻의 이름처럼 현지인들의 많은 사랑을 받는 모델로 부상되었다. 브라질에서도 현지에 특화된 소형 전략모델 HB20은 폭발적인 수요로 생산을 초과하고 있을 만큼 인기가 있다.

이렇듯 각 지역별 라이프스타일 동향을 파악해 현지 소비자의 니즈를 반영한 현지화된 전략차종 개발을 위해 현대자동차는 미국, 유럽, 일본, 인도, 중국 등지에 기술연구소와 디자인센터를 운영하고 있다.

품질 최우선 경영

현대자동차의 품질경영 핵심은 "고객중심의 품질 혁신", "글로벌 최고품질 실현", "고객 인지 품질 향상"에 초점을 맞추어 글로벌 판매 경쟁력을 높이는 것이다. 이러한 품질철학을 실현하기 위해 현대자동차는 선제적·창의적 품질경영(Proactive & Creative Global Safety Quality Management) 체계를 구축하고 고객 중심의 품질경영활동을 전개하고 있다. 이는 시장과 고객중심의 안전 품질 최우선 마인드로 전사가 소통하고 협업하는 창조적 품질활동이며, 개발·생산·지원의 전체 품질경영 체인의 내부역량을 혁신시켜 고객이 가장 갖고 싶어하는 브랜드를 실현하기 위한 현대자동차 고유의 품질경영전략이다.

현대자동차는 해외공장에서도 이러한 품질 최우선 경영전략의 일환으로 협력업체와 동반진출을 통한 부품 현지화로 안정적인 부품 공급 확보, 첨단 설비와 고도의 자동화, 부품의 공용화, 표준화로 세계 최고 수준의 완성차 조

립 속도와 업계 최고 수준의 생산성 실현 등과 더불어 다양한 환경을 갖춘 테스트 도로에서 모든 생산차량의 주행성능 및 기계동작 상태를 점검하는 글로벌 최고수준의 품질관리에 심혈을 기울이고 있다. 예컨대 인도와 미국의 경우 각기 42개, 27개 협력사와 동반 진출하였다.

차별적 마케팅

현대자동차의 최우선 차별적 마케팅 방안으로 "합리적 가격과 품질" 이미지를 들 수 있다. 사실 1988년 서울올림픽 직전 만해도 자동차뿐만 아니라 전자제품 등 한국산 제품 이미지는 값싸고 품질이 떨어지는 평가를 받았다. 현대자동차가 1980년 초 "엑셀"모델을 미국에 수출하였을 당시 가격은 5,000달러 미만으로 저소득용, 중고차 대체용 등이라는 이미지가 팽배하였다. 그러나 현대자동차의 품질 최우선 경영과 "프레스-차체-도장-의장 공정"의 전 공정을 단일 공장에서 수행 생산하는 시스템 구축으로 저비용 고효율을 통한 고품질의 글로벌 경쟁력을 갖출 수 있게 되었다. 현대자동차의 고품질 이미지는 1999년 미국시장에서 업계 최초로 "10년 10만 마일 품질보증(Warranty)" 제도 도입으로 소비자들에게 더욱 각인되었다. 당시 다른 경쟁업체들은 5년 5만 마일 워런티가 보통이었다. 현대자동차의 10년 10만 마일 품질보증제도는 품질에서의 자신감에 대한 표출이었다. 이 효과로 1998년 17만 대였던 현대·기아차의 미국 판매량이 단시일 내에 2002년 61만 대를 넘겼다. 그후 2019년에는 132만 5,300여 대를 기록하였다.

"능동적 고객 서비스 활동" 또한 현대자동차의 차별적 마케팅 요인이다. 현대자동차 고객케어센터(HCCC: Hyundai Customer Care Center)는 차량에 대한 일반 문의 및 불만 사항을 접수하고 처리하는 대표적인 글로벌 고객 상담 서비스 채널이다. 상담 품질의 지속적 개선 및 서비스 만족도 향상을 위해 주기적인 점검 및 관리 활동을 진행하고 있다. 2015년 콜센터 관리 활동의 일환으로 전 세계 41개 사무소를 대상으로 외부 전문기관을 통한 미스터리 쇼핑콜 조사를 실시하였고, 고객의 불만 사항을 반영하여 콜센터 운영에 대한 개선활동을 진행하고 있다.

"강력한 해외 딜러망 구축 및 해외 딜러 서비스 역량강화"를 통한 현지밀착경영 또한 현대자동차의 차별적 마케팅의 한 축이다. 현대자동차는 2014년 말 기준 북미지역 1,041개, 중국 863개, 유럽 1,670개 등 전 세계에 총 6,181개의 딜러망을 구축하고 있다. 현대자동차는 현지 딜러 선정 시 물론 자금력도 중요시 여기지만 동일 조건이면 가급적 기업가정신이 투철한 젊은 연령대를 눈여겨 본다. 또한 해외 딜러 서비스 역량 강화가 현대자동차 판매 경쟁력의 지름길이라 보고 이들 서비스 역량 강화에 중점을 두고 있다. 이를 위해 2015년에는 해외 정비사 및 서비스 어드바이저 등 서비스 임직원들이 교육을 수강하는데 보다 용이하게 접근할 수 있도록 스마트 기기 등을 이용한 차세대 딜러 교육시스템 온라인 HTA(Hyundai Training Academy)를 개발하여 운영하고 있다.

현대자동차의 차별적 마케팅의 또 다른 요소로 스포츠마케팅을 들 수 있다. 대중적인 관심을 불러일으키는 스포츠 이벤트는 짧은 시간 내에 잠재 고객들의 관심을 집중적으로 받을 수 있어 브랜드 인지도와 가치를 단시간에 상승시키는 효과를 얻을 수 있으며, 스포츠 대회와 연계한 프로모션 활동을 극대화 할 수 있다. 현대자동차의 해외 스포츠마케팅 중 가장 대표적인 것은 월드컵 후원이다. 2002년 한·일 월드컵을 시작으로 2006 독일월드컵, 2010 남아공 월드컵에 이어 2014년에는 남자 월드컵, 여자 월드컵, 청소년 축구대회, 유소년 축구대회 등 FIFA에서 주최하는 모든 대회를 협찬하고 있다. 2018년 러시아 월드컵과 2022년 카타르 월드컵에서도 공식 후원사로 지정되었다. 전 세계인이 시청하는 월드컵 기간 동안 현대자동차의 브랜드 광고 노출 효과는 돈으로 측정할 수 없을 만큼 크다.

현대자동차의 또 다른 대표적인 스포츠 마케팅 사례로 미국의 미식축구 경기 NFL(National Football League)의 결승전 슈퍼볼 후원 계약을 들 수 있다. NFL은 미국 3대 프로 리그 중 가장 시청률이 높다. 그래서 미국 내 입지확보를 노리는 글로벌기업들의 관심이 큰 것으로 알려졌다. 현대차는 2008년부터 2014년까지 7년간 NFL 결승전인 슈퍼볼 경기 내 광고를 실시했으며 2014년 '슈퍼볼' 경기 때 600만 달러(약 56억6,100만원)를 투입하여 슈퍼볼의 TV 중계에 30초짜리 광고 2개를 내보냈다. 이때 선보인 신형 제네시스 '아빠의 육감(Dad's Sixth Sense)'편이 USA 투데이 슈퍼볼 광고 조사에서 자동차 부문 최고 순위로 발표되는 등 슈퍼볼 광고를 통한 미국 내 현대차 알리기에 성공적이라는 평을 받았다.

이외에도 현대자동차는 2012년 국제스키연맹과 공식 후원사 계약을 체결하였다. 유럽에서 인기가 많은 겨울 스포츠 종목을 후원하여 유럽 시장을 공략하려는 전략이다. 또한 2011년부터 크리켓 월드컵을 후원하는 계약을 체결하였다. 크리켓은 인도, 호주, 영국, 남아공 등 주로 영연방 국가에서 인기가 높은 스포츠 종목으로, 특히 크리켓 월드컵은 축구 월드컵, 올림픽, 럭비 월드컵에 이어 세계에서 네 번째로 큰 규모의 대회로 꼽힌다. 크리켓 월드컵은 110여 개국에 방송 중계되어 연인원 20억 명 이상이 시청한다. 호주에서는 가장 인기 종목인 럭비대회 AFL(Australia Football League)의 공식 후원사이기도 하다.

이러한 차별적 마케팅 노력에 힘입어 글로벌 브랜드 컨설팅 업체인 '인터브랜드(Interbrand)'가 발표한 2020년 세계 100대 브랜드에서 현대자동차는 36위를 기록하였다. 브랜드 가치는 2015년에 비해 12.5% 상승한 143억 달러(한화 약 15조원)로 나타났다. 2005년 처음으로 100대 브랜드에 진입한 후 매년 계속 순위가 올라가고 있다.

향후 과제

지금까지 현대자동차의 글로벌경영은 성공적이라는 평을 받고 있지만 앞으로의 환경변화는 현대동자동차에게 그리 녹녹치만은 않다. 해결해야만 하는 여러 난제를 안고 있다.

우선 고급 브랜드 시장으로의 진출이다. 고급 브랜드는 대당 판매단가가 높은 만큼 수익성 개선에도 큰 도움이 된다. 이 시장에는 벤츠, BMW, 아우디, 렉서스 등 고급차들이 자리 잡고 있다. 현대자동차는 '제네시스(Genesis)'를 별도의 글로벌 브랜드로 독립시켜 고급차 시장의 최대 격전지인 미국 시장을 집중 공략하고 있다. 일찍이 일본 도요타 자동차는 렉서스(Lexus)를 프리미엄 브랜드로 독립시켜 성공을 거둔바 있다. 과연 현대자동차의 제네시스도 도요타의 렉서스처럼 고급 브랜드 시장에서 성공을 거둘 수 있는지는 소비자의 반응에 달려있다.

또 다른 과제는 중국 자동차 업체의 부상이다. 2003년까지만 해도 한국의 생산량은 337만대, 세계시장 점유율은 5.4%로 중국의 291만대, 4.7%보다 우위에 있었다. 그러나 2009년에는 중국이 243만대 가량을 앞서며 역전했다. 2013년 중국은 1천97만대를 생산하며 세계시장점유율 12.5%를 기록한 반면, 한국의 생산량은 863만대, 9.8%로 집계됐다. 중국은 내수를 기반으로 해외업체들의 기술을 빠르게 습득하며 세계시장점유율 10%를 돌파했다. 중국 시장은 미국 시장과 더불어 현대자동차의 최대 해외시장인데, 중국 경쟁업체들의 부상으로 현대자동차가 중국 시장에서 어떻게 시장을 지켜낼지가 관건이다. 또한 앞으로 중국 자동차의 해외시장 진출이 본격화 된다면 중저가 자동차 시장에서 중국업체들은 현대자동차의 최대 경쟁자로 부상될 것이다.

현재 현대자동차는 세계 7곳에다 생산공장을 두고 글로벌네트워크를 구축하고 있지만 여타 글로벌 경쟁업체들에 비하면 아직 미흡한 편이다. 특히 ASEAN(브루나이, 캄보디아, 라오스, 미얀마, 인도네시아, 말레이시아, 필리핀, 싱가포르, 태국 등) 시장에서 입지를 구축하지 못하고 있다. 이들 시장에서는 도요타, 혼다, 닛산 등 일본 자동차업체들이 시장 전부를 차지하고 있다 해도 과언이 아니다. 따라서 현대자동차도 가까운 지리적 위치와 큰 규모의 인구 및 국토로 '기회의 땅'이라고 불리는 아세안 시장과 더불어 중남미, 아프리카 시장 공략에 적극 나서야 할 것이다.

또한 세계 각국에서 환경규제 강화가 한창이다. 중국 정부도 미국과 유럽에서 강화하고 있는 친환경차 판매 의무제를 그대로 도입할 계획이다. 미래의 자동차 산업의 패러다임이 친환경자동차와 자율주행차 쪽으로 변화될 것이 분명하다. 물론 현대자동차도 하이브리드, 전기차(아이오닉), 수소연료전지차(넥쏘) 등을 필두로 친환경자동차 개발 및 판매에 나서고 있지만 그 성공 여부는 아직 불투명하다. 따라서 이에 대해 어떻게 대응해 나가느냐가 현대자동차의 미래의 운명을 판가름 지을 것이다.

토의사안

1. 현대자동차의 글로벌 다각화 전개 과정에 대해 분석하시오.
2. 세계자동차 시장의 글로벌 경쟁구조에 대해 분석하시오.
3. 글로벌 다각화에 따른 현대자동차의 세계 시장에서의 성공 요인은 무엇인가?
4. 향후 자동차 산업의 외부 환경변화와 현대자동차에 미치는 영향, 그리고 현대자동차의 대응전략에 대해 분석하시오.

제 12 장
글로벌경쟁전략

본 장에서는 사업 차원에서의 글로벌경쟁전략에 대해 중점적으로 살펴본다. 해외사업을 포함한 사업단위 수준에서는 경쟁사보다 높은 경쟁우위 달성을 위한 경쟁전략이 주된 관심사가 된다. 또한 가차사슬활동의 통합과 적응을 통해 해외시장에서 소비자의 욕구와 기호를 어떻게 최대한 충족시킬 것인가도 사업단위에서 주된 전략적 관심사이다. 물론 특정 사업 분야로 전문화된 기업의 경우 사업전략과 기업전략은 일맥상통할 것이다.

I 본원적 경쟁전략

해외사업단위 차원에서도 본국에서와 마찬가지로 현지국에서 경쟁우

그림 12-1
본원적 경쟁전략 유형

	경쟁우위	
	저원가	차별화
산업 전반	원가우위	차별화우위
특정 영역	집중화/원가우위	집중화/차별화우위

(경쟁 범위)

출처: M.E. Porter(1985), *Competitive Advantage*, NY: Free Press, p.12.

위(competitive advantage)를 누리기 위한 경쟁전략이 주된 관심사이다. Porter(1985) 교수는 본원적 경쟁전략으로 [그림 12-1]에 제시되어 있듯이 원가우위전략, 차별화전략, 집중화전략 등 세 가지 유형을 제시하였다. 집중화전략은 다시 원가우위 집중화전략과 차별화우위 집중화전략으로 양분된다. 요컨대 기업이 어떤 포지션(position)으로 경쟁할 것인지에 대한 결정이 중요한데, 첫째, 시장 전체를 대상으로 경쟁할 것이지, 아니면 특정 틈새시장에 집중할 것이지를 결정하고, 둘째, 어떤 시장이든 비용 또는 차별화로 경쟁할 것인지에 대한 포지션을 정해야 한다.[1]

1.1. 원가우위전략

원가에 영향을 미치는 주요 요인으로 노무비, 생산성, 연구개발비, 자재구매비용, 재고비용, 생산비용, 광고, 서비스 등 마케팅비용, 물류비용 등을 들 수 있다. 따라서 원가우위전략(overall cost leadership strategy)이란 이들 제비용을 최대한 낮추는 전략이다. 즉 낮은 투입요소비용, 대량생산에 따른 규모의 경제 및 대량구매, 경험 및 학습효과, 생산자동화 및 생산성 제고, 효율적 물류시스템, 합리적 노무관리 등에 입각한 원가관리(cost management)를 통해 경쟁사보다 저원가로 경쟁하는 전략이다.

규모의 경제(economies of scale)를 통해 생산량 증가에 따라 규칙적으로 평균 원가가 낮아지는 효과를 기대할 수 있다. 이러한 규모의 경제 효과는 생산, 구매, 연구개발, 마케팅 등 모든 가치사슬상에서 구현 가능하다. 예컨대 대량생산에 따라 원자재를 대량 구매할 경우 단위당 구매비용을 낮출 수 있다. 판매량에 증가에 따라 연구개발 및 광고 단위 원가도 줄어든다. 한편, 경험곡선 또는 학습효과란 경험과 학습이 누적될수록 단위 원가가 낮아지는 현상을 나타낸다. 생산 공정 작업자들이 생산과정을 반복하면서 숙련되어지면 작업 효율성은 높아지고 불량률은 줄어들어 단위 원가가 낮아지게 된다. 이러한 원가우위를 보유할 경우 가격경쟁력 외에 경쟁적 측면에서 다음과 같은 여러 혜택을 누릴 수 있다.

첫째, 산업 내 신규 경쟁자가 출현해도 평균 이상의 수익성 유지가 가능하다. 신규 진입자는 규모의 경제성으로 인해 산업 내 기존기업에 비해 가격경쟁력에서 불리할 수밖에 없다. 이는 원가우위가 신규 진입자나 대체품에 대한 진입장벽의 기능도 띰을 의미한다.

둘째, 원가우위는 구매자의 가격 인하 요구에 경쟁사보다 더 신속히 대응할 수 있는 유연성을 제공한다. 원가우위 이점을 활용하여 가격을 인하할 경우 오히려 매출은 늘어 시장점유율 증대로 이어진다.

셋째, 원자재 가격이나 임금 상승 등에 따른 원가 상승 압박에 대처할 수 있는 선택 폭을 넓혀 준다. 원자재 가격이 상승하면 평균 단가가 오를 수밖에 없는데, 규모의 경제에 따른 원가우위는 이러한 단기 가격 상승 압박에 경쟁사보다 탄력적으로 대처할 수 있는 여지를 제공한다.

한편, 원가우위를 추구할 경우 거액의 설비투자가 투입되어야 하고, 또 원가우위를 지속시키기 위해서도 새로운 설비투자가 지속적으로 투입되어야 한다는 한계점이 있다. 그리고 과도한 원가우위전략 추구는 제품이나 서비스의 질 저하로 이어져 경쟁우위 악화를 초래할 위험성도 내포하고 있다.

[참고사례 12-1]에서 보듯이 미국의 월마트(Wal-mart)가 대형유통업계의 후발주자로서 세계시장을 재패할 수 있었던 핵심 요인에는 원가우위전략이 있었다.

참고사례 12-1 **월마트의 원가우위전략**

원가우위전략의 전형적인 예로 미국 대형마트사인 월마트를 들 수 있다. 1962년 설립된 월마트는 'Everyday low price'라는 슬로건 하에 원가우위전략을 택함으로써 경쟁업체들을 물리치고 세계 1위의 대형마트회사로 부상할 수 있었다. 월마트는 원가우위를 달성하기 위해 여러 방안을 실행으로 옮겼다. 우선 매장 입지를 도시 중심부보다는 토지 가격이 저렴한 도시 근교에 입지함으로써 대폭적으로 고정비용을 낮추었다. 또한 창고형 매장과 셀프서비스 비즈니스 모델을 적극 도입함으로써 설치비용과 운영비용을 낮출 수 있었다. 이밖에 인공위성을 이용한 제품추적시스템을 개발하여 판매와 재고 상태를 실시간으로 추적할 수 있어 재고비용과 물류비용을 대폭 낮추었다. 그리고 글로벌 소싱을 통해 세계 각처에서 가장 저렴하게 물품을 구매하였다. 더욱이 세계 30개국 이상에 1만개 이상의 매장을 가진 세계 제1위의 대형마트업체로 부상함으로써 규모의 경제 효과, 즉 대량구매를 통해 유리한 거래조건으로 구매가 가능한 것이 여타 경쟁업체에 비해 원가우위를 지속할 수 있는 원동력이 되었다.

1.2. 차별화전략

차별화전략(differentiation strategy)이란 기술, 품질, 성능, 디자인, 브랜드, 유통경로, 대고객 서비스 등을 통해 소비자들에게 자사 제품의 독특성을 인식시키는 전략이다. 이러한 차별화전략은 크게 제품혁신차별화(product innovative differentiation)와 마케팅 및 이미지 관리에 근거한 마케팅차별화(marketing differentiation)로 분류된다. 제품혁신차별화는 품질, 내구성, 디자인, 스타일 등에 걸쳐 가장 최신의 매력적인 제품을 창출해내는 전략이다. 예컨대 애플(Apple)의 제품(아이맥, 아이팟, 아이폰, 아이패드 등)은 제품혁신차별화의 전형적인 본보기다. 반면, 마케팅차별화는 광고, 서비스, 품질보증 등마케팅 활동을 통해 제품의 독특한 이미지를 창출해내는 전략이다. 나이키(Nike)의 스포츠 제품들이 마케팅차별화의 전형적인 예이다. 이러한 차별화방안은 〈표 12-1〉에서 보듯이 제품, 서비스, 스태프(staff), 이미지 등의 범주로 더욱 세분화시킬 수 있다. 물론 제품 차별화가 핵심이지만, 차별화 효과를극대화하기 위해서는 서비스, 스태프 및 이미지에 근거한 차별화도 중요하다.

표 12-1
차별화 방안

차별화의 방안	내 용
제품	성능, 품질, 내구성, 신뢰성, 스타일(포장 포함), 디자인(제품설계 포함)
서비스	배송, 설치, 고객교육/훈련, 컨설팅, 수리, 품질보증, 유지보수
스태프	역량(지식과 스킬), 친절, 명확성, 신뢰, 신속대응, 커뮤니케이션스킬
이미지	심벌(상표, 로고, 문장 등), AV미디어(광고 등), 분위기(레이아웃, 색상 등), 이벤트(스폰서 역할), 사회적 책임 활동

출처: Philip Kotler(2000), *Marketing Management-The Millenium Edition*, NJ: Prentice Hall.

차별화전략도 앞서 설명된 원가우위전략에서 기대되는 다양한 형태의 경쟁적 이점을 누릴 수 있다. 이를테면 차별화우위는 신규 진입자나 대체품에 대한 진입장벽 역할을 하고, 또한 원자재 가격 상승 등에 따른 가격 인상 압박에 탄력적인 대처를 가능케 한다. 또한 차별화전략이 소비자에게 인정을 받을 경우 경쟁사에 비해 가격 프리미엄 이점을 누릴 수 있어 수익률 향상에도 도움이 된다. 예컨대 스마트폰 시장점유율은 삼성전자와 애플이 세계 1, 2위를 주고받지만 수익률에서는 애플이 앞서는데, 이는 애플 아이폰 모델이 삼성전자 갤럭시 모델보다 고가 차별화전략에 더 치중하기 때문인 것으로 풀이된다.

한편, '시장전략이 수익에 미치는 영향력 분석(PIMS: Profit Impact of Market Strategy)' 모델에서도 차별화의 핵심 요소라 할 수 있는 품질이 사업단위 수익성에 지대한 영향을 미치는 요인 중의 하나임이 증명되었다.[2]

반면, 차별화전략을 추진할 경우 높은 비용이 수반되고, 이로 인해 고가격 책정이 불가피하여 수요저변 확대에는 일정부분 한계가 있다. 이를테면 차별화를 위한 제품혁신을 위해서는 막대한 연구개발비용이 투입되어야 하고, 또한 브랜드 이미지 차별화를 위해서는 많은 광고비가 투입되어야 한다. 따라서 차별화를 통해 기대되는 수익과 비용에 대한 편익분석을 통해 차별화전략 수행 여부를 판단해야 한다. 한편, 경쟁업체들이 차별화전략을 쉽게 모방할 수 있다면 차별화에 따른 고가 전략을 고수하기 힘들어 수익성 악화로 이어질 위험이 존재한다.

1.3. 집중화전략

집중화전략(focus strategy)이란 특정 고객층, 제품, 지역 등 한정된 영역으로 기업의 자원을 집중하는 전략이다. 원가우위전략과 차별화전략은 산업 전체를 포괄하여 시장으로 삼지만 집중화전략은 처음부터 산업 내의 특정 세분시장만을 목표로 한다. 따라서 산업 내에 차별된 고객 요구나 수요가 존재할 경우 집중화전략이 가능하다. 물론 집중화전략도 특정 세분시장에 대해 원가우위전략이나 차별화전략을 택해야 한다.

집중화전략의 목표는 특정 세분시장에서 선도적 위치를 차지하는데 있다. 그러나 집중화전략은 특정 세분시장만을 목표로 삼기 때문에 포괄적 원가우위전략이나 차별화전략에 비해 비용 면에서는 유리하지만, 특정 세분시장의 규모가 영세할 경우 수익성 면에서 불리할 수밖에 없다. 그러나 글로벌 시장을 상대로 집중화전략을 택할 경우 얼마든지 규모의 경제성 효과를 누릴 수 있다. 협소한 틈새시장이지만 글로벌 소비자층이 존재하기 때문이다. 이를테면 글로벌 유소년층(global teenagers)은 10억여 명으로 수천억 달러에 상당하는 시장잠재성을 갖고 있다. 따라서 패션 의류 등에 걸쳐 글로벌 유소년층을 겨냥한 집중화전략은 수익성 측면에서도 유효하다. 이러한 집중화전략은 경영자원이 부족한 중소기업들에게 특히 효과적인데, 국내의 많은 중소기업들이 글로벌 집중화전략을 통해 글로벌 강소기업으로 성장한 것이 좋은 예이다. 본장 말미의 국내 중소기업의 글로벌 집중화전략 사례에서 보듯이 치과용 영상진단장비 분야의 글로벌 리더로 부상한 바텍(Vatech)과 소형프린터 글로벌 틈새시장에 진입하여 성공한 빅솔론(Bixolon)이 좋은 본보기다.

Ⅱ 글로벌경쟁전략

2.1. 글로벌경쟁전략 유형

본원적 경쟁전략에서는 경쟁기업에 대해 경쟁우위를 창출하고 유지하기 위해서는 원가우위 또는 차별화우위 어느 하나에만 치중해야지 이 두 가지 우위 모두를 동시에 추구하는 "어중간한 전략(stuck in the middle)"은 자원 분산에 따른 수익성 저하로 실패할 가능성이 높다는 주장이다.[3] 예컨대 한국 기업의 많은 제품들이 차별화우위에서는 미국, 유럽, 일본 등 선진국 기업들에 밀리고, 또한 원가우위에서는 중국, 인도 등 후발국 추격 기업들에 밀리는 어중간한 상태에 놓여 있다. 따라서 이러한 어중간한 샌드위치 상태에서 시급히 탈피하는 것이 급선무인데, 최근 글로벌 시장에서 가전, 자동차 등 일부 산업에 걸쳐 우리나라 제품들이 원가우위뿐만 아니라 차별화우위를 향상시켜 나가고 있다는 평이다.

사실 경쟁전략도 정태적인 것이 아니라 환경변화와 기업 내부자원 및 학습 경험 축적에 따라 원가우위전략과 차별화우위전략이 통합되는 동태적(dynamics) 양상을 띤다.[4] 특히 경쟁이 글로벌 차원으로 확대됨에 따라 기업 입장에서는 전 세계 모든 기업을 상대해야 하는 경쟁강도가 높아졌고, 또한 소비자 입장에서는 전 세계 모든 기업이 제공하는 제품이나 서비스에 대한 모든 정보에 쉽게 접근할 수 있게 되었다. 이러한 정보 비대칭성이 사라진 글로벌 경쟁환경 하에서는 합리적 가격으로 품질이 우수한 제품과 서비스를 제공하는 기업이 경쟁에서 유리한 위치를 점유할 가능성이 높아졌다. 이는 기업 입장에서는 글로벌 경쟁 측면에서 원가우위 및 차별화우위 모두를 갖추어야 할 당위성이 높아졌음을 시사한다. 글로벌 경쟁에서 원가우위 및 차별화우위 동시 달성은 크게 두 양상을 띨 것이다.

첫째 양상은 원가우위를 달성한 후 차별화우위를 달성하는 것이다. 즉, "선 원가우위–후 차별화우위 전략"이다. 일단 원가우위로 시장기반을 구축한 후, 거기서 생긴 여유 자금으로 신제품 개발, 품질개선 등에 나서 차별화우위를 달성하는 전략이다. 예를 들어, 세계시장에서 선도적 위치에 있는 일본 기업의 제품들은 자동차, 가전 등 일부 업종에 있어 원가우위를 달성한 후 제품 개선, 품질관리 등을 통해 차별화우위를 갖추게 되었다는 판단이다. 일본 기업의 제품에 이어 한국 기업의 제품들이 그 전철을 밟고 있는 중이며, 중국 기업들은 한국 기업의 뒤를 잇고 있다. 만일 내수 시장에만 기반 해서는 규모의 경제 한계성으로 인해 원가우위 달성이 힘들어, 결국 차별화우위 달성도 어려울 것이다. 따라서 규모의 경제 실현을 통한 "선 원가우위-후 차별화우위 전략" 추구를 위해서는 글로벌 시장으로의 진출이 필연적인 것이다.

둘째 양상은 차별화우위를 이룬 후 원가우위를 달성하는 것이다. 즉, "선 차별화우위-후 원가우위 전략"이다. Hill(1988)은 일반 소비자를 대상으로 하는 소비재와 같은 경우 차별화우위 달성 후 원가우위 달성이 가능하다는 주장이다. 즉, 성공적인 차별화전략을 통해 높은 판매량이 달성되면 규모의 경제 및 학습 효과로 원가절감도 가능해 진다는 논리이다.[5] 일본이나 한국의 자동차회사들과는 달리 GM, 포드 등 미국 자동차 회사들은 일부 차종에 있어 "선 차별화우위-후 원가우위 전략"을 택했다 할 수 있다. 미국 자동차가 도요타, 혼다 등 일본 자동차에 비해 가격경쟁에서 밀리자 점차적으로 비용 개선을 위해 소형자동차 개발이나 일본의 품질관리방식을 도입한 것이 단적인 예이다. 한때 미국 GM과 일본 도요타가 미국에다 합작공장 뉴미(NUMMI)를 설립한데에는 GM이 도요타의 소형자동차 생산기술과 품질관리 노하우를 학습하기 위한 동기도 크게 작용하였다고 볼 수 있다. "선 차별화우위-후 원가우위 전략"에 대한 선택의 폭은 글로벌 생산이나 아웃소싱을 통해 더욱 넓어졌다. 예컨대 애플은 제품 생산 대부분을 중국에 공장을 가지고 있는 대만의 홍하이 그룹 팍스콘에 위탁생산하여 조달하고 있다. 나이키도 생산 공장을 하나도 보유하고 있지 않으며 한국이나 중국 등의 업체에 위탁생산하고 있다. 만일 애플이나 나이키가 미국에서 직접 생산하였다면 현재 보다 높은 원가 인상 압박에 놓였을 것이다. 대신 기업 자신은 제품 개발과 마케팅에 집중하고 글로벌 소싱을 통해 세계에서 가격대비 고품질의 중간재를 공급받아 인건비가 저렴한 국가에서 생산해낸다면 얼마든지 차별화우위와 원가우위 달성이 가능한 것이다.

한편, "고 원가우위-고 차별화우위"에 의한 글로벌리더 위치도 사실 [그림 12-2]에서 보듯이 이론적으로 상급(upper), 중급(middle), 하급(lower) 등 세

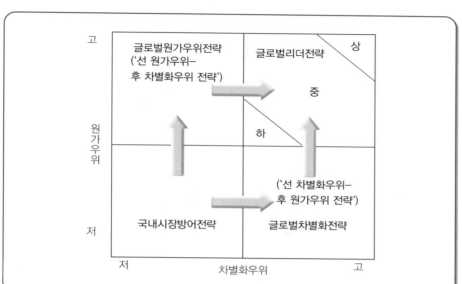

그림 12-2

글로벌경쟁전략
유형

층으로 나눌 수 있다. 상급의 위치에 들지 못하더라도 중급 또는 하급의 위치에만 들어도 여전히 "고 원가우위-고 차별화우위"의 글로벌리더 위상을 어느 정도 누릴 수 있다. 물론 상대적으로 하급의 위치로의 진입이 용이한 반면, 상급의 위치로의 진입은 그 만큼 이동장벽이 높다.

이러한 맥락에서 글로벌 차원에서 경쟁전략을 [그림 12-2]에서 보듯이 크게 네 유형, 즉 글로벌리더전략, 글로벌원가우위전략, 글로벌차별화전략. 국내시장방어전략 등으로 분류할 수 있다.

글로벌리더전략

원가우위 및 차별화우위 모두 높을 경우에는 글로벌리더전략을 택할 수 있다. 물론 어느 업종에서든지 원가우위와 차별화우위 모두 최고 수준을 유지하기란 사실상 어렵다. 따라서 원가우위는 최고인데 차별화우위가 합리적 수준(업계 평균 이상)인 경우 또는 차별화우위는 최고인데 원가우위가 합리적 수준인 경우 글로벌리더전략의 추구가 가능하다.

기업이 제공하는 제품이나 서비스에 대해 소비자가 가치(value) 있다고 판단할 경우 수요로 이어진다. 가치란 제품 및 서비스에 대해 소비자가 인식하는 편익(benefits)과 소비자가 지불하는 대가(cost)의 차이로 볼 수 있다. 기업에 의한 차별적 편익(품질, 성능 등) 제공도 크지만 소비자의 지불 대가도 높게

표 12-2	포지션	차별적 편익	지불 대가	가치	잠재수요
	A	10	10	0	소
	B	9	8	1	중
최대가치 포지션	C	**8**	**5**	**3**	대
	D	5	4	1	중
	E	1	1	0	소
	평균	6.6	5.6	1.0	

책정된다면 가치 극대화를 이룰 수 없다. 지불 대가는 낮지만 차별적 편익도 작으면 이 또한 가치 극대화로 보기 어렵다. 이러한 맥락에서 Day(1990)는 편익이 지불 대가 보다 높을 경우 우위적인 가치 포지션(value position)에 있고, 반대로 편익이 지불 대가보다 낮을 경우 열위적인 가치 포지션에 있다고 보고, 경쟁에서 이길 수 있는 가치 포지션 가격에 상응하는 높은 편익을 제공해야 함을 강조하였다.[6]

최대가치 포지션을 설정하기 위해서는 소비자가 인식하는 차별적 편익(품질, 성능 등)에 대해 소비자가 지불 의향이 있는 대가(즉 구매가격)를 예측하는 것이 중요하다. 예컨대 〈표 12-2〉에 예시되어 있듯이 A 포지션은 차별적 편익(10)점도 최대지만 지불 대가(10점)도 최대라 우위적인 가치 포지션으로 볼 수 없다. 따라서 잠재적 수요도 작을 것이다. 반대로 E 포지션은 차별적 편익과 지불 대가 모두 최소(1점)라 이 또한 우위적인 가치 포지션으로 볼 수 없다. 이론적으로 C 포지션이 차별적 편익(8점)은 평균(6.6) 이상으로 높고 가격(5점)도 평균(5.6) 이하로 합리적이라 최대가치(3점)가 창출되는 포지션으로 볼 수 있다. 따라서 잠재적 수요도 가장 크게 표출될 것이다. 예컨대 가성비, 즉 가격대비 성능이 우수하다고 평가되는 일본 자동차들이 이에 해당된다고 볼 수 있다. 일본 자동차는 미국이나 유럽 등 선진국 경쟁업체들에 비해 원가우위, 즉 가격경쟁력 측면에서 유리하고 또한 한국, 인도, 중국 등 여타 아시아 경쟁업체들에 비해 품질이나 성능 등 차별적 편익 측면에서도 월등히 뛰어나다는 이미지를 갖고 있다. 도요타 자동차의 '렉서스(Lexus)'가 좋은 본보기다. 도요타는 차별화 전략의 일환으로 종래 도요타 브랜드를 사용하던 전략에서 탈피하여 렉서스 브랜드를 자체 유통망을 가진 독립적 전략사업으로 출범시켰다. 렉서스는 유럽의 벤츠, BMW 자동차와 같은 고품질 수준을 유지하

면서도 가격에서는 이들 경쟁사보다 합리적으로 책정하여 원가우위와 차별화
우위 모두 달성하면서 프리미엄급 세계 자동차시장에서 강자로 부상하였다.

글로벌원가우위전략

원가우위는 높은데 반하여 차별화우위는 낮을 경우 가격경쟁력을 기반으
로 세계시장을 공략하는 경쟁전략을 펼칠 수 있다. 그러나 이러한 "글로벌원
가우위전략"으로는 선진국 시장과 개도국의 프리미엄 시장을 공략하는데 한
계가 있기 때문에 차별화우위 제고 방안을 강구해야 한다. 즉, "선 원가우위-
후 차별화우위 전략"이 요구된다. 이를 위해서는 품질, 서비스 및 브랜드 인
지도를 높이기 위한 기술개발과 마케팅에 더 많은 노력과 투자가 요구된다.
세계시장에서 선두적 위치에 있는 한국 가전제품이 좋은 예이다. TV, 냉장고,
세탁기, 에어콘 등 많은 한국 가전제품이 세계시장 진출 초기에는 미국, 유
럽, 일본 등의 선진국 기업의 제품에 비해 원가 면에서는 우위에 있었으나, 품
질이나 브랜드 인지도 등 차별화 면에서는 열위에 있었다. 그러나 원가우위를
달성한 후에 제품개발, 품질개선 등을 통해 차별화우위를 이루었다. 물론 이
에는 원가우위전략을 통한 규모 및 학습의 경제 효과가 지렛대(leverage) 역할
을 하였다고 볼 수 있다. 만일 한국 기업들이 처음부터 차별화전략을 추구하
였다면 글로벌리더 위치를 구축하기도 전에 글로벌 경쟁에서 밀려날 수도 있
었을 것이다.

글로벌차별화전략

원가우위는 떨어지는데 차별화우위가 높을 경우 차별화우위를 기반으로
세계시장을 공략할 수 있다. 미국이나 유럽의 선진국 기업의 제품들이 이러한
"글로벌차별화우위전략"을 구사하였다고 볼 수 있다. 이들 기업의 많은 제품
들이 품질과 브랜드 인지도, 서비스 측면에서 한국이나 중국 등의 경쟁기업에
비해 차별화우위는 높으나 원가 면에서는 다소 열위에 있다. 이러한 글로벌차
별화전략은 높은 가격으로 인해 개도국 시장과 선진국의 저소득층 시장을 공
략하는 데에는 한계가 있다. 따라서 글로벌리더가 되기 위해서는 차별화우위
와 더불어 합리적인 원가우위를 달성하는 방안을 강구해야 한다. 즉, "선 차
별화우위-후 원가우위 전략"이 요구된다. 앞서 설명했듯이 미국의 애플이나
나이키가 비용절감을 위해 위탁생산에 의존하는 경우가 좋은 본보기다.

국내시장방어전략

원가우위와 차별화우위가 모두 낮은 경우에는 글로벌리더전략 추구가 사실상 어렵다. 보통 진입장벽이 높은 건설, 통신, 전력, 교통 등의 기간산업이 여기에 해당된다. 이들 기간산업에 속한 기업들에는 국영기업이 많은데, 적극적인 글로벌리더전략보다는 소극적인 내수지향적 또는 국내시장방어전략을 구사하는 경향이 높다. 그러나 이 경우 시장개방화로 원가우위나 차별화우위를 가진 글로벌경쟁업체들이 진입하면 경쟁 입지 폭이 좁아진다. 따라서 이들 업종에 속한 기업이라 할지라도 단기간 내에 글로벌리더전략을 추구하기는 어렵겠지만, 민영화 등의 자구책을 통해 원가우위 또는 차별화우위를 단계적으로 높여나가는 방안을 적극 모색할 필요가 있다.

2.2. 글로벌리더전략 방안

원가우위와 차별화우위 모두를 이루어 글로벌리더가 된다는 것은 결코 쉽지 않은 과제이다. 이를 위해서는 기업들은 다양한 방안을 강구해야 할 것인데, 혁신을 통한 글로벌리더 추구, 가치사슬기능의 선택과 집중 방안 등이 대안이 된다.

혁신을 통한 글로벌리더 추구 방안

• **제품혁신 및 공정혁신** 무엇보다 제품혁신과 공정혁신을 통해 원가우위 및 차별화우위 달성이 가능하다. 앞서 설명한 바와 같이 1980년대 들어 일본 가전제품과 자동차가 세계시장을 제패하게 된 데에는 제품혁신과 공정혁신이 큰 기여를 하였다. 우선 제품혁신과 관련하여 일본 기업들은 가급적 가볍고, 얇고, 작게 제품을 만들었다. 반대로 당시 경쟁업체인 미국기업 제품들은 크고, 무겁고, 두껍게 만들어졌다. 1970년대 들어 오일 쇼크가 발생되고 또한 선진국 시장에서 배기가스 등 환경문제가 대두되자 품질 및 디자인뿐만 아니라 연비는 좋고 배기가스는 낮은 일본 소형자동차들이 소비자들에게 선풍적인 인기를 끌게 되었다.

제품혁신은 활용적(exploitative) 및 탐구적(exploratory) 혁신 또는 지속적(sustaining) 및 파괴적(disruptive) 혁신 양상을 띤다. 활용적이며 지속적 혁신은 기존 제품의 성능이나 품질을 개선하는데 치중하는 반면, 탐구적이며 파괴적 혁신은 충족되지 않은 고객의 욕구를 만족시키기 위

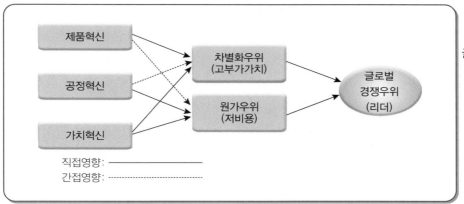

그림 12-3

혁신을 통한
글로벌 경쟁우위
(리더) 추구
메커니즘

한 신제품 개발에 중점을 둔다.[7] 미국 기업이 탐구적이며 파괴적 혁신에
강점이 있는 반면, 일본 기업은 활용적이며 개선적 혁신에 강하다. 일본
식 개선적 혁신을 '가이젠', 즉 '지속적 개선(CI: continuous improvement)'
이라 지칭하기도 한다. 미국에서 파괴적 혁신을 소수의 창의적인 연구진
이 주도하는데 반하여, 일본에서 점진적 개선이 현장의 생산직을 포함한
평범한 다수 종업원의 아이디어에 의해 촉발될 경우가 많다. 그러나 개
선적 혁신에만 치중하다보면 파괴적인 기술혁신을 소홀히 해 기술이나
제품이 낙후되는 우를 범할 수 있다. 따라서 혁신을 통한 경쟁우위를 지
속적으로 유지하기 위해서는 양측 혁신 모두에 노력을 기울여야 한다.
예컨대 탐구적이며 파괴적 혁신에 20%~30%, 그리고 활용적이며 개선
적 혁신에 70~80% 비중으로 연구개발에 임할 수 있다.

　이러한 제품혁신 외에도 일본 기업들은 공정혁신을 통해 생산비용 절
감은 물론 생산성을 높여 원가우위를 달성하였다. 도요타 자동차의 적시
공급생산(JIT: just in time) 시스템과 샤프에 의해 처음 도입된 린 생산방
식(Lean production) 등이 일본 기업들에 의해 수행된 공정혁신의 대표적
인 본보기다. 이들 방식 모두 적시에 인력과 부품이 공급되는 시스템을
갖춰 재고비용을 낮추면서 동시에 품질 향상은 물론 다품종 소량생산을
가능케 해 제품차별화에도 크게 기여하였다. 공정혁신의 또 다른 예로
1990년대에 일본 자동차회사 혼다(Honda)는 전폭 조정이 가능한 자동차
플랫폼 개발로 하나의 플랫폼으로 세 종류의 차별적인 "Accord 모델"을
생산해냈으며, 이로 인해 생산비용을 20% 감축시킬 수 있었다. 통상 하
나의 플랫폼은 연간 50만대 가량 생산해야 수익성을 맞출 수 있는 것이

다.[8] 최근 전사적 품질경영의 시초가 된 TQC(Total quality control) 또한 일본식 공정혁신의 대표적인 본보기다. 철저한 품질관리는 작업시간과 불량품을 줄여 비용절감을 가져오는 동시에 고품질 달성을 통한 고가격 책정을 가능케 한다. 이는 공정혁신과 품질관리를 통해 원가우위와 차별화우위 모두를 달성할 수 있음을 시사하는 것이다.

그러나 처음부터 원가우위와 차별화우위 모두를 동시에 달성하기란 쉽지 않다. 가전이나 자동차 분야에 있어 일본이나 한국 기업의 제품을 보면 처음에는 원가우위를 달성하고 점차 차별화우위를 향상시켜 나갔음을 알 수 있다. 즉 "선 원가우위-후 차별화우위 전략"으로의 전환을 이루었다고 볼 수 있다.

• **가치혁신(Value innovation)** 제품혁신과 공정혁신 외에도 원가우위와 차별화우위를 동시에 달성하는 혁신전략으로 가치혁신을 들 수 있다. Kim and Mauborne(2005)는 고객에게 제공하는 가치 요소의 재구성을 통해 새로운 비경쟁 시장, 즉 블루오션(Blue Ocean)을 창출함으로써 차별화우위와 원가우위를 동시에 달성할 수 있다고 보았다. 이들은 가치 요소의 재구성, 즉 가치혁신을 위한 네 가지 실행방안을 제시하였다. 첫째는 제거(Eliminate)로 업계에서 당연한 것으로 수용되고 있는 가치 요소들 가운데 더 이상 가치가 없다고 판단되는 요소를 제거하는 방안이다. 둘째는 감축(Reduce)으로 업계 경쟁으로 인한 너무 과도하게 기획된 가치 요소를 업계 표준 이하로 줄이는 방안이다. 셋째는 증가(Raise)로 고객들에게 적절한 가치를 제공하지 못하는 가치 요소를 찾아내 업계 표준 이상으로 올리는 방안이다. 넷째는 창조(Create)로 업계에서 아직 한 번도 제공되지 않은 가치 요소를 찾아내 새로운 수요를 창출해내는 방안이다. 예컨대, 치열한 경쟁으로 적자 상태에 있었던 사우스웨스트 항공사는 가치혁신의 블루오션전략을 통해 지속적인 적자 위기를 극복할 수 있었다. 즉, 좌석 선택권, 공항 라운지 및 기내식은 제거하고, 장거리 허브도시 연결 운항 횟수와 기내 음료 및 다과는 감축시켰다. 이를 통해 좀 더 경쟁적 가격으로 고객들에게 서비스가 가능하게 되었다. 한편, 승무원들에게 친절성 교육을 더욱 증가시키고, 경쟁 항공사가 눈여겨보지 않았던 소도시 간 직항 노선을 개척하여 여행자의 편의성과 여행시간 단축이라는 더 나은 가치를 고객에게 제공했다.[9] 가구 소매업계에 DIY(do it yourself) 방식을 도입하여 블루오션시장을 창출한 스웨덴의 IKEA도 가치혁신의 좋은 본보기다. 도시 외곽에의 위치 선정과 직접 조립방식으로 경쟁적 가격을 제공함과 동시에 제품의 차별적 스타일 및 운영방식으로 세계적인 브랜드로서의 지위를 누릴 수 있게 되었다.

가치사슬활동의 선택과 집중 방안

원가우위나 차별화우위는 가치사슬상에서 어떻게 구현되는가에 따라 그 여부가 좌우된다. 현실적으로 제약된 자원 하에서 기업은 연구개발, 디자인, 구매, 제조, 생산, 마케팅, 서비스 등 모든 가치사슬활동에 걸쳐 원가우위 및 차별화우위를 동시에 꾀한다는 것은 실현가능성이 매우 낮다. 따라서 전략적으로 특정 가치사슬활동에서는 원가우위 달성에 중점을 두고, 여타 가치사슬활동에서는 차별화우위 달성에 초점을 맞출 필요가 있다. 그 판단 기준으로는 부가가치 기여도를 삼을 수 있다.

가치사슬단계에 따라 부가가치 기여도에 있어 차이를 보인다. 보통 제조생산 전후 단계인 연구개발과 마케팅 및 서비스 부문에서 부가가치가 가장 높게 창출되는 반면, 제조생산 단계의 부가가치는 가장 낮게 나타나는데, 이를 도식화하면 [그림 12-4]와 같이 "스마일커브(smile curve)" 양상을 띤다.[10] 실증적 연구에서도 컴퓨터와 자동차의 경상이익을 따져볼 때 부가가치가 연구·설계(컴퓨터: 35%, 자동차: 6%), 서비스 분야(컴퓨터: 11%, 자동차: 3%), 생산·조립 분야(컴퓨터: 6%, 자동차: 2%) 등의 순으로 나타났다. 따라서 부가가치가 높게 산출되는 가치사슬활동에서는 차별화우위전략을 추구하고, 반면 부가가치가 낮게 산출되는 가치사슬활동에 대해서는 원가우위전략을 추구하는 것이 자원 활용 및 경쟁전략 측면에서 효과적이다. 즉, [그림 12-5]에서 보듯이 제조생산과 같은 부가가치가 낮은 가치사슬단계에서는 외부화(아웃소싱 등)를 통해 생산비를 절감시킬 수 있는 반면, 연구개발이나, 마케팅 및 서비스 등 부가가치가 높은 가치사슬단계에 대해서는 자체적 해결, 즉 내부화 쪽으로 역량을 집중하는 것이다. 물론 아웃소싱에 의존할 경우 그 분야의 최고 경쟁력을 갖춘 기업에게 의존해야 한다. 이와 같은 이유에서 애플이나 나이키는 제품 및 디자인 개발과 마케팅에 전념하고 제품 제조는 위탁생산, 즉 아웃소싱에 의존한다. 나이키사의 'Air Max' 브랜드의 경우 값싼 노동력을 활용하여 제조 원가가 20달러인데도 불구하고, 브랜드 이미지에 힘입어 일본 등 세계시장

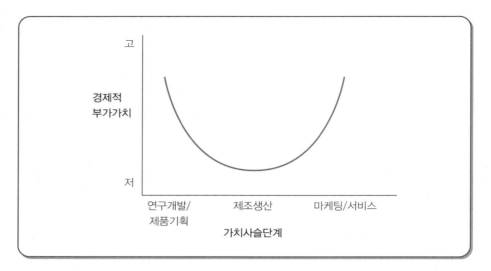

그림 12-4

스마일커브
(smile curve)

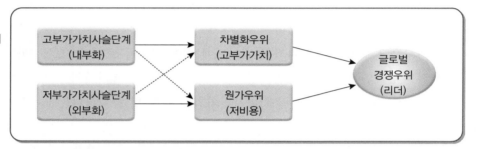

그림 12-5

가치사슬단계의
내부화 대
외부화 전략

에서 100여 달러에 판매되고 있는 실정이다. 이는 가치사슬기능의 선택과 집중을 통해 글로벌 경쟁우위를 달성할 수 있음을 시사해 주는 것이다.

원가우위와 차별화우위 달성 또한 스피드 경쟁에 의해 좌우된다. 예컨대 고객의 요구에서 대응까지의 리드타임을 단축하면 더 높은 부가가치와 시장 선점의 차별적 지위도 누릴 수 있다. 더불어 가치사슬 프로세스에 걸리는 시간이 단축되면 비용절감의 효과를 누릴 수 있다. 따라서 스피드 경쟁을 이루기 위해서도 가치사슬기능의 선택과 집중이 중요하다. 2001년도에 처음으로 시장에 출시된 애플의 아이팟의 경우 주요 부품을 외부 공급업체들로부터 조달받았고, 제조도 위탁생산을 통해 아이디어 개발부터 제품 출시까지 1년도 채 안 걸렸다. 당시 애플은 아이팟의 주요 부품인 하드디스크는 도시바, 디스크 드라이브 스핀들(disk-drive spindle)은 니덱(Nidec), 코어 프로세서는 ARM, 방화벽 통제장치는 텍사스 인스트루먼트(TI), USB 인터페이스 칩은 사이프러스(Cypress), 그리고 플래시 메모리는 샤프를 통해 조달받았다. 한편, 아이팟의 최종 조립은 대만의 제조업체인 인벤텍(Inventec)이 맡았다. 만일 애플이 모든 가치사슬활동을 자체적으로 해결하였다면 이처럼 신속하고 적절한 가격에 아이팟과 같은 차별적인 제품을 출시하기 어려웠을 것이다.[11]

Ⅲ 글로벌가치사슬전략

글로벌기업의 속성 중의 하나는 연구개발, 디자인, 구매, 제조, 마케팅 등의 가치사슬활동도 글로벌 차원에서 수행한다는 점이다. 이와 관련 가치사슬활동의 글로벌 배치 및 조정과 더불어 글로벌가치사슬활동의 통합, 즉 표준화대 현지화에 대한 전략적 판단이 요구된다.

3.1. 글로벌가치사슬활동: 배치 및 조정 전략

글로벌 경쟁우위를 달성하기 위해서는 기술개발, 생산, 구매, 마케팅 등가치사슬활동을 글로벌 차원에서 적재적소에 배치하고 통합 및 조정하는 전략이 중요하다.[12]

배치(configuration)전략

가치사슬활동의 글로벌 배치 방안으로는 어느 한 입지에서 개별 가치사슬활동을 통합해서 수행하는 집중화 방안(단일 최대 생산공장, 단일 R&D 센터 등), 또는 사업을 영위하고 있는 국가별로 모든 가치사슬활동을 수행하는 분산화방안을 들 수 있다. 예를 들어, 〈표 12-3〉에 예시되어 있듯이 진출하고 있는 4개의 국가(A, B, C, D) 중에서, 국가A에서는 생산, 판매 및 연구개발 등으로가치사슬활동 분산화가 이루어지고, 국가B에서는 생산과 판매활동으로 분산화되고, 국가C와 국가D에서는 판매활동만으로 집중하는 경우를 가정할 수 있다. 이 경우 국가C 및 국가D인 경우 여타 국가(A, B)에서 생산된 제품의 우회수출 판로가 된다. 생산, 구매 등 가치사슬활동 배치가 한군데로 집중될수록규모의 경제(economy of scale)를 통해 원가우위 창출이 가능하다. 그러나 한국가에서 생산하여 다른 국가로 우회수출 할 경우 관세, 운송 등 추가적 비용이 발생되어 원가절감의 효과가 반감될 수 있다.

이러한 가치사슬 활동의 글로벌 배치는 입지우위 조건에 따라 부가가치가

표 12-3		생산	판매	연구개발
가치사슬활동의 글로벌 배치	국가A	×	×	×
	국가B	×	×	
	국가C		×	
	국가D		×	

높은 연구개발(제품, 디자인 등)은 고급인력이 풍부한 선진국에서 수행하고, 반면 부가가치가 낮은 제조생산은 인건비가 저렴한 개도국에서 수행하는 것이 합리적이다.[13] 예컨대 일본의 안경 제조판매업체인 조프(Zoff)가 안경테 디자인은 자국 일본에서 수행하고, 안경테에 들어가는 렌즈는 한국에서 조달하여 중국에서 최종 조립하여 전 세계에 유통시키는 것이 좋은 본보기다.

조정(coordination)전략

글로벌가치사슬활동에 대한 조정의 선택 폭은 넓거나 좁을 수 있다. 〈표 12-4〉의 예시에서 국가A와 국가B에서 생산해내는 제품에 대해 각기 상이한 제품규격, 생산공정, 디자인, 상표 및 포장을 적용할 수도 있고, 반대로 각기 통일된 제품규격, 생산공정, 디자인, 상표 및 포장을 기하기 위해 엄격히 조정을 가할 수도 있다. 조정의 폭 정도가 클수록 규모의 경제와 범위의 경제 효과를 높일 수 있다. 예컨대 모든 해외시장에서 통일된 제품규격, 디자인, 상표를 사용할 경우 비용절감 달성과 세계 모든 소비자들에게 브랜드 글로벌성(brand globalness)이라는 차별적인 이미지를 심어줄 수 있다. 또한 해외공장별로 제품규격을 통일할 경우에는 플랫폼 및 부품 공유를 통해 상당한 비용절감을 이룰 수 있는 것이다.

이러한 가치사슬활동의 배치 및 조정의 정도는 제품범주, 시장범주 등에 따른 경쟁범주(competitive scope)에 의해 좌우된다. 즉 기업이 커버하는 제품 및 시장 범주가 다양할수록 규모 및 범위의 경제 효과를 누리기 위해서는 가치사슬활동의 집중화와 더 높은 조정이 요구된다. 이를테면 연구개발, 자재조달, 제조생산 등 가치사슬내의 개별적 활동을 세계 최적지에서 수행하고, 이들 개별 활동이 이루어지는 본기지(home base)를 중심으로 세계시장을 서브하거나 또는 각 현지자회사의 개별 가치사슬활동에 대한 최대한의 조정 및 통합을 통해 규격화시킴으로써 전사적 차원에서 규모 및 범위의 경제 효과의 극

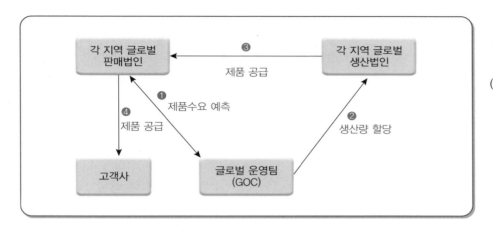

그림 12-6

삼성전자의
글로벌운영
(GOC) 시스템

대화를 기할 수 있다.[14] 이러한 가치사슬활동의 글로벌 배치와 조정은 지리적, 문화적, 제도적 차이로 북미, EU, 아시아 등 지역별로 수행되기도 한다.

삼성전자의 경우 전 세계에 걸쳐 생산법인, 판매법인, 디자인센터, 연구소 등 200여개의 거점을 보유하고 있는데, [그림 12-6]에서 보듯이 가치사슬활동의 글로벌 통합 운영을 총괄적으로 책임지는 '글로벌운영팀(GOC: Global Operation Center)'[15]을 두고 있다. 글로벌운영팀은 해외판매법인별 수요를 예측하고, 지역별 생산라인에 생산량을 할당하는 등 글로벌 제조·판매를 총괄하는 '컨트롤 타워' 기능을 담당한다.

[참고사례 12-2]에서 보듯이 제록스사도 일찍이 1980년대부터 전사적 차원에서 글로벌 가치사슬활동의 통합·조정을 통해 대폭적인 비용절감의 효과를 거둔 바 있다.

Global Strategic Management

참고사례
12-2

미국 제록스(Xerox)사의 가치사슬활동의 범세계적 통합[16]

전 세계 시장에 걸쳐 복사기를 생산·판매하고 있는 미국 제록스사는 일찍부터 제품개발, 구매, 생산, 판매 및 주문관리 등에 걸쳐 범세계적 통합을 꾀하였다. 1982년 제록스는 우선 원자재 공급처의 통합을 꾀했는데, 이를 위해 12개 지역에 분산된 현지법인 실무자들로 구성된 '중앙구매그룹'을 신설했다. 중앙구매그룹은 고품질 및 저가격 부품을 공급할 수 있는 공급자들을 범세계적 차원에서 조사 및 선정하였다. 이를 통해 5,000여 개에 달했던 공급자의 수를 400여 개로 축소시켰다. 제록스사는 이들 공급자들로부터 원부자재의 90% 이상을 조달하였는데, 결과적으로 제록스사는 원부자재 구매비용을 매년 1억 달러 이상 절약할 수 있었다.

1983년에 들어 제록스사는 품질향상, 생산 공정의 표준화 및 생산성 제고, 비용절감을 통한 투자수익률 제고를 위해 '품질을 통한 선도적 지위' 달성 프로그램을 기획하여 전사적 차원에 적용시켰다. 우선 1985-1986년에 걸쳐 제록스사는 '표준화된 제품-인도시스템'을 개발하였다. 즉, 지리적으로 통합된 제품담당팀으로 하여금 해당 주요 시장에 대한 신제품 도입에 대한 일차적 책임을 맡게 했다. 따라서 팀별로 제품설계, 부품 공급처, 생산, 판매 및 전 세계에 걸친 고객서비스를 관장하였다. 이를 통해 제품개발 주기를 1년 정도 단축시켰고, 제품출시 비용도 수백만 달러 절감되었다.

1998년에 들어서는 제록스사는 범세계적 통합에 요구되는 자료 수집을 위해 글로벌 태스크포스팀(task force)을 신설했다. 태스크포스팀이 고안한 통합 3단계 계획에 따라 각 현지공장에 세 가지 임무가 부여됐다. 첫째, 모든 생산활동에 공통적으로 적용되는 기본절차(예를 들면, 자재관리를 위한 데이터베이스 구축 등)에 대한 범세계적 표준화 임무, 둘째, 표준화된 운영방식(예를 들면, JIT시스템) 도입, 그러나 필요하다면 현지의 요구 조건에 맞게 조정 임무, 셋째, 현지 요구사항(예를 들면, 현지 정부의 요구 및 규제 등)을 파악하기 위한 정보시스템 구축 임무이다. 제록스 본사는 글로벌 태스크포스팀으로부터 보고된 정보에 입각하여 각 공장 간의 생산 현황 및 재고 데이터를 비교·분석할 수 있어 생산수준의 합리화와 과잉공급 및 재고에 대한 통제가 가능하게 되었다. 이를 통해 제록스사는 2년 동안 2,000만 달러에 달하는 비용절감 효과를 보았다.

1989년에는 제록스사는 지역적 경계를 뛰어넘는 공급망 통합을 위해 '중앙집권적 로지스틱·자산관리' 목적을 띤 4개의 복합기능 제품팀을 구성했다. 이 팀의 주된 임무는 고객의 주문에 따라 개별공장에서의 과잉생산 및 재고를 감축하는 데 있다. 고객의 주문과 생산이 더욱 밀접히 연결됨으로써 10억 달러 이상의 재고비용을 줄일 수 있었다.

1990년에는 제록스사는 복사기 일부 신모델 설계를 제록스와 후지제록스의 기술자들로 구성된 공동개발팀에 맡겼다. 공동개발팀은 미국, 유럽 및 일본지역의 고객들로부터의 피드백을 적극 수용했다. 이를 통해 제품출시 기간을 단축시켰으며, 1,000만 달러 이상의 연구개발비를 절약했다.

1991년에 들어서는 제록스사는 제품인도 관리에 대한 통합을 꾀하였다. 중앙집권적 로지스틱·자산관리팀으로 하여금 과거에 미국, 캐나다, 중남미 시장 등에 대해 각기 독립적으로 관리되었던 안전 재고 물량을 통합 관리하기 위한 지역별 유통센터를 설립 임무를 맡겼다. 이 같은 통합작업으로 제록스사는 또한 연간 수백만 달러를 절약할 수 있었다.

3.2. 글로벌가치사슬활동: 글로벌 표준화 대 현지화 전략

가치사슬활동을 전 세계에 수행할 시 경쟁우위 측면에서 대두되는 문제 중의 하나는 가치사슬활동에 소요되는 비용 감축에 대한 압박과 지역별 대응 필요성에 대한 압박에 어떻게 효과적으로 조정해 나가냐 하는 점이다. 범세계적 가치사슬활동에서의 비용 압박에 대처하는 방안은 가치사슬활동에 대한 표준화를 기하는 것이다. 한편, 지역별 대응을 위해서는 가치사슬활동에 대한 현지화를 꾀하는 것이다. 개별 가치사슬활동에 따라 표준화 또는 현지화 압박 수준이 다르다. 일반적으로 연구개발 및 제조생산에서는 글로벌 표준화에 대한 압박 수준이 높은 반면, 마케팅 및 서비스에서는 현지화에 대한 압박 정도가 높다. 또한 마케팅 범주에 있어서도 제품기획이나 광고에서보다는 가격, 유통, 촉진 등에 있어서 현지화 압박성이 더 높다.[17] 보통 가치사슬활동에 대한 비용절감 압박 또는 지역별 대응 압박과 관련하여 크게 세 가지 방안, 즉 글로벌 표준화전략(global standardization strategy), 현지화전략(localization strategy), 그리고 이 두 가지 전략의 절충형태라 할 수 있는 글로컬전략(Glocal = Global + Local)이 가능하다.

글로벌 표준화전략

글로벌 표준화전략은 비용절감 압박에 대응하기 위해 진출하고 있는 전 세계시장에 걸쳐 통일된 제품, 브랜드, 광고 등을 적용시키는 전략이다. 이러한 글로벌 표준화전략의 당위성으로는 크게 네 가지를 들 수 있다.

첫째, 글로벌 표준화전략은 비록 각국 시장마다 어느 정도 상이한 특성이 존재하지만 자사 제품의 우위성이나 촉진 노력 여하에 따라 전 세계시장의 소비자나 사용자들로 하여금 자사 제품이나 브랜드를 선호하게끔 유인할 수 있다는 논리에 근거한다. 즉 품질, 성능, 디자인 등에서 월등히 뛰어날 경우 세계 어느 시장에서나 통할 수 있다는 확신에 근거한다.

둘째, 글로벌 표준화전략은 제품의 표준화로 대량생산을 통한 규모의 경제를 가능케 해 생산비용, 원자재 구매비용 및 재고비용 절감의 효과를 누릴 수 있다는 이점이 있다. 또한 표준화된 글로벌 광고를 통해 전사적으로 광고비용이 절감되는 범위의 경제 효과도 누릴 수 있다. 이는 연구개발 비용에서도 마찬가지이다. 전 세계적으로 통용될 제품 개발을 통해 연구개발비용을 조기 회수 할 수 있는 것이다.

셋째, 전 세계적으로 동질의 취향을 가진 글로벌 소비자층의 존재가 글로벌 표준화전략을 가능케 한다. '세계통용의 규격화'를 앞세우고 전 세계 젊은

층을 파고드는 Zara, H&M, 유니클로 등과 같은 글로벌 SPA 브랜드가 좋은 본보기다. 이외에도 애플(Apple)의 아이폰, 아이패드, 나이키(Nike)의 스포츠 의류 용품, 질레트(Gillette)의 면도기 등이 통일된 품질규격으로 글로벌 소비자층을 타켓으로 삼는 글로벌 표준화전략의 좋은 본보기다.

넷째, 글로벌 표준화전략을 통해 글로벌 브랜드 이미지 구축에 힘입어 제품 및 서비스에 대한 소비자 신뢰도를 높일 수 있다. 즉 범세계적으로 제품 및 브랜드에 통일된 메시지를 전달함으로써 글로벌한 이미지를 각인시킬 수 있다. 이러한 글로벌 브랜드 이미지는 세계 어디서나 동질의 제품과 서비스 혜택을 받을 수 있다는 신뢰성을 높여 고객 충성도에 긍정적인 영향을 미친다. 물론 가격 프리미엄의 혜택도 누릴 수 있다.[18] 보통 명품으로 인식되는 샤넬, 구찌, 롤렉스 같은 제품들은 이러한 브랜드 글로벌성의 혜택에 힘입은 바 크다.

그러나 표준화전략은 글로벌 소비자들로 하여금 자사 제품을 선호하게끔 유인하는데 따른 높은 촉진 비용이 요구된다. 특히 소비자 욕구, 기호 등에서 높은 이질성이 표출되는 국가에서는 이러한 촉진 비용이 더욱 높게 들뿐더러 강한 거부감에 부딪칠 수 있다. 예를 들어, 미국의 엑슨(Exxon)사는 "Put a Tiger in Your Tank"라는 글로벌 광고 슬로건을 진출하고 있는 모든 국가에서 사용하였는데, 태국에서는 호랑이가 신성시 여겨지기 때문에 국민적 정서에 맞지 않아 촉진 효과가 반감되기도 하였다.

그러나 앞으로 제품수명주기의 단축, 교통 및 정보통신의 발달, 해외여행 기회의 확대, 국가 간 사회·문화적 차이의 소멸로 인한 소비자 기호의 동질화, 글로벌 경쟁의 심화, 글로벌 소비자 출현 등으로 국가 간 시장동질성(market homogeneity)이 더욱 확대되어 글로벌 표준화전략의 중요성은 더욱 확대될 것이 분명하다.

현지화전략

현지화전략은 제품, 구매, 브랜드, 촉진, 서비스, 경영관리 등 가치사슬활동을 최대한 각 현지 시장의 특성, 즉 소비자 기호, 관습, 법규, 기후, 경쟁상태 등에 맞추는 전략이다. 현지화전략은 크게 두 유형으로 대별된다.

첫째는 의무적(mandatory) 현지화로 현지의 법규 및 규정에 따르는 전략이다. 자동차의 경우 각국의 안전도와 배기가스 기준, 그리고 가전제품의 경우 현지 전압(voltage) 규격에 맞출 수밖에 없다. 또한 자동차의 경우 운전대 위치가 국가별로 다르게 때문에 거기에 맞게 조정해야만 한다.

둘째는 자유재량(discretionary)에 따른 현지화로 각국의 문화적 특성, 관습, 독특한 소비자 기호에 적극 대응하는 전략이다. 예컨대 현대자동차는 인도 시장에서 경적과 서스펜션 장치의 내구성을 더욱 강화시켰는데, 이는 인도의 복잡하고 도로 포장이 좋지 않은 사정을 감안한 것이다. 물론 이를 무시해도 되지만 수요 촉진을 위해서는 필수불가결하다.[19]

현지화전략에서는 현지시장 특성에 맞는 제품 개발 및 수정에 따른 추가 비용이 소요되지만, 높은 현지 적응성 때문에 현지 소비자들로 하여금 자사 제품에 호감을 갖도록 유인하는데 드는 촉진 비용은 절감된다. 또한 현지화전략은 현지시장 특성을 최대한 수용함으로써 각국 시장에서 시장잠재력을 최대한 개발하여 높은 판매 수입을 기대 할 수 있다. 특히 중국이나 인도와 같이 전략적으로 중요한 시장에서는 시장잠재력 개발의 극대화를 위해 현지화전략의 타당성이 더욱 높아진다. 다음 [참고사례 12-3]은 LG전자가 인도 시장에서 어떻게 현지화를 통해 성공을 거두었는지를 잘 설명해 준다.

Global Strategic **Management**

참고사례 12-3 인도 시장에서의 LG전자의 인사이트 마케팅[20]

인도 시장에서 LG전자는 인도 고객의 취향에 맞춘 철저한 "고객 인사이트 마케팅 현지화" 전략을 펼치고 있다. 기존 인도 현지경쟁업체(오니다, 비디오콘 등)나 글로벌 경쟁업체(소니, 파나소닉 등)와는 달리 인도 소비자에 알맞은 제품을 진출 초기에서부터 출시해 왔다. 예컨대 음악을 좋아하는 인도인들을 위해 우퍼를 기본사양으로 장착한 TV를 선보이고, 공용어만 18개에 이르는 등 여러 언어를 사용하는 인도인들을 위해 다언어 사용이 가능한 핸드폰을 출시하는 등 제품의 현지화에 심혈을 기울였다. 또한 LG전자는 인도인들이 크리켓에 열광한다는 점에 착안, 크리켓 게임 기능을 TV에 추가해 출시했고, 지역별로 다른 언어를 사용하는 인도의 특성에 따라 현재 사용 중인 10개 언어를 TV에 입력해 각 지역 언어를 자막으로 볼 수 있도록 제작했다. 이 밖에도 '스타즈 오브 인디아'라고 이름 붙여진 특화 제품을 개발하기 위해 LG전자는 본사 INI(Insight & Innovation) 연구소와 공동으로 인도 고객의 라이프스타일 연구와 함께 인사이트 제품 개발 프로젝트를 수행하였다. 재즈 LCD TV는 춤과 노래를 즐기는 인도인들의 성향을 반영해 TV를 켜는 순간 양쪽 사이드에서 숨겨진 스피커가 나타나며 500W의 강력한 사운드를 즐길 수 있도록 만들어졌다. 아울러 냉장고에는 채식주의자를 위해 다양한 야채를 편리하게 보관토록 내부공간을 쉽게 조절하는 기능을 넣은 것을 비롯해 약품과 화장품을 보관하는 박스, 냉동 음식을 용기째 전자레인지에서 요리할 수 있는 냉동실 용기, 인도인들이 좋아하는 색상을 적용한 세련된 디자인 등을 적용했다. 세탁과정 음성알림 세탁기는 세탁 전 과정을 힌두어와 영어로 안내해 주며, 천장형 선풍기와 연동한 에어컨은 천장형 선풍기를 많이 사용하고 있는 인도 가정환경에 맞춰 에어컨과 선풍기를 하나의 리모컨으로 작동하게 만들었다. 간편한 인도 요리 메뉴 기능을 갖춘 전자레인지는 인도인들이 가장 좋아하는 요리 77가지를 간단한 작동만으로 조리할 수 있는 메뉴 기능을 채용했으며, 사운드 기능을 강화한 GSM폰은 대화하기 좋아하는 인도인들의 니즈를 반영해 11시간까지 방해받지 않고 통화할 수 있는 메뉴 기능을 채택했다.

글로컬전략

글로벌 시장이 백 퍼센트 동질성 또는 이질성을 띤다는 것은 비현실적이기 때문에 기업도 백 퍼센트 완전한 표준화전략 또는 현지화전략을 적용하는 데에는 한계가 있다. 따라서 표준화전략과 현지화전략을 혼합한(mix) 절충전략, 일명 글로컬(glocal)전략이 현실적 대안이 된다. 이를테면 "생각은 글로벌하게 하고 행동은 국지적으로 한다(think globally and act locally)"는 논리에 입각하는 것이다. 이러한 글로컬전략은 글로벌 표준화전략의 이점을 최대한 살리면서 각국의 시장 이질성에 따른 부작용을 최소화할 수 있다는 장점을 띤다.

글로컬전략의 실행에 있어 우선 표준화전략을 수립한 후, 각국 시장에 실제적으로 적용할 시에는 이질적인 부분에 맞게끔 부분 수정을 가하는 방안을 고려할 수 있다. 이를테면 핵심제품 개념(core product concept)에 의거한 제품 설계는 글로벌 표준화전략에 입각하고, 사이즈, 색상, 포장 등 제품의 유형화 시에는 각국 시장의 특성에 맞게끔 부분 수정을 가하는 방안이다. 예컨대 세계적인 자동차나 가전제품 등 아무리 표준화된 글로벌 제품을 개발했더라도 현지 시장에서의 수요를 높이기 위해서는 최소한 각국의 법규(안전도, 전압 등)나 기후 조건에 부합되어져야 한다. 최근 모듈(module) 방식의 제품 설계가 확산되면서 플랫폼(platform)은 공통적으로 하되, 다양한 수정과 추가 변형이 용이해졌다.[21] 이는 제품개발 및 생산에 있어 글로컬전략의 활용이 더욱 수월해졌음을 의미한다.

글로컬전략의 전형적인 사례로 맥도날드(Mcdonald's)를 들 수 있다. 맥도날드는 전 세계적으로 빅맥, 치킨 맥너겟, 어린이용 해피밀 세트 등 표준화된 메뉴를 중심으로 각국 소비자의 입맛에 맞추어 현지 제품을 개발해내고 있다. 예컨대 일본에서의 테리야키 버거(Teriyaki McBurger), 독일과 프랑스에서의 맥크루썽(McCroissants), 필리핀에서의 맥스파켓티(McSpaghetti), 뉴질랜드에서의 키위버거(Kiwiburger), 한국에서의 불고기버거 등이 대표적인 현지식으로 개발된 버거이다.

글로컬전략은 광고에도 많이 활용된다. 예를 들어, 코카콜라사는 자사의 무설탕 코카콜라(Sugarless Coca-Cola) 제품의 상표명을 각국마다 다소 변경하여 사용하고 있다. 즉 'diet'란 용어가 체중 증가 최소화(minimal weight-gaining)라는 의미로 통용되는 미국과 캐나다에서는 'Diet Coke'으로, 그리고 이스라엘에서는 'Diet Coca-Cola'로 변경하여 사용하는 반면, 'diet'가 체중감량(weight-reducing)의 의미로 통용되는 여타 국가에서는 'Coca-Cola Light'로 변경하여 사용하고 있다. 또한 코카콜라사는 운동선수가 경기 후에 갈증을 해소하기 위해 코카콜라를 시원스럽게 마시는 장면의 TV 광고를 글로벌차원의 표준화된 광고 전략으로 기획한 후, 각국 시장에 도입할 시에는 운동선수 모델을 각국에서 가장 인기 있는 종목에서 선정하였다. 즉 미국에서는 미식축구 선수를, 유럽에서는 자동차경주 선수를, 중남미와 태국 등 일부 아시아국가에서는 축구선수를, 일본에서는 야구선수를 광고 모델로 선정한 바 있다. 그러나 광고 모델을 제외한 광고 주제와 메시지는 통일시켰다.

전략 대안 선택

현지화 또는 표준화전략의 선택은 사실상 각국의 시장동질성에 의거한다. 국가 간의 시장동질성은 사회, 문화, 소비자의 기호, 소득수준, 교육수준, 경쟁상태, 법규 등에 걸쳐 국가 간의 유사성 정도에 따라 좌우된다. 따라서 현재 진출하고 있는 국가들 간의 시장동질성이 높을수록 글로벌 표준화전략 적용 타당성이 높아지는 반면, 국가들 간의 시장동질성이 낮은 경우에는 개별 시장 특성에 부합되는 현지화전략을 사용하는 것이 효과적이다. 그리고 시장동질성에 있어 보통 수준 정도의 차이를 보이는 국가들에 대해서는 글로벌 표준화전략과 현지화전략의 절충형태인 글로컬전략의 사용이 유효하다. 통상 글로컬전략은 우선 제품, 광고 등에 걸쳐 글로벌 표준화전략을 입안한 후, 각국 시

그림 12-7

글로벌 표준화
대 현지화
프로필

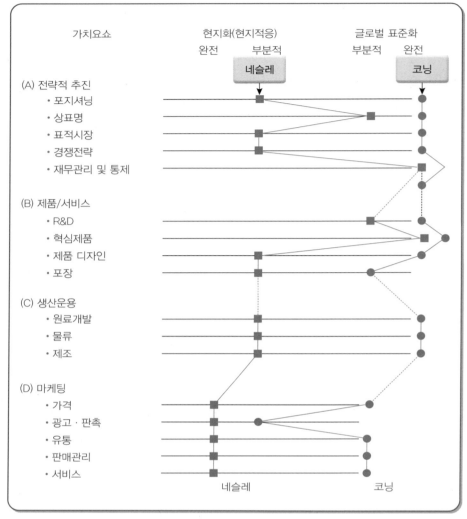

출처: 서정희·손영석 역(1995), 글로벌시대 시장경쟁전략(*Market Diven Strategic*), 21세기북스, p.386.

장 특성에 따라 부분 수정을 가하는 방식을 택한다. 글로벌 시장에서의 학습 경험은 어느 정도 절충할 것인지에 대한 판단을 내리는데 큰 도움이 된다.

일반적으로 북미, 아시아, 유럽 등 지역별로 시장동질성이 높기 때문에 글로벌 표준화전략 적용이 수월하다. 한편, 중국, 인도, 미국 등 규모면에서 전략적으로 중요한 시장에 대해서는 가급적 현지화전략을 통해 시장잠재력을 최대한 개발하는 것이 중요하다. 예컨대 세계적 가구 대형 소매업체인 스페인의 IKEA는 전략적 주요 시장으로 미국과 중국을 꼽고, 미국 시장에 진출한

1985년 당시 유럽 소비자에 비해 더 안락한 쇼파, 고품질의 옷감, 큰 사이즈의 유리잔 등을 선호하는 미국 소비자들의 취향에 맞춘 제품을 선보였다. 한편, 중국에서는 교통편이 없는 중국 소비자들을 위해 도시 근교보다는 가급적 대중교통 이용이 가능한 지역에 위치하고, 고객 요청에 따라 제품 배달 서비스를 제공하며, 직접 조립에 익숙하지 못한 중국 소비자들을 위해 더 상세한 조립 안내서와 아울러 조립 대행 서비스를 제공하였다. 또한 중국인들이 대부분의 시간을 거실에서 보내는 습관에 따라 거실 용품 코너를 별도로 만들어 수요에 부응하였다.[22]

한편, 앞서 설명했듯이 제품 특성이나 가치사슬활동에 따라 글로벌 표준화전략 대 현지화전략 타당성에 있어 차이를 보인다. 보통 연구개발. 제품개발 및 제조생산에서는 비용절감과 효율성 제고를 위한 표준화 타당성이 높고, 마케팅 및 서비스에서는 지역별 대응을 위한 현지화 타당성이 높다.[23] [그림 12-7]은 포장식품제조의 세계적 기업인 네슬레(Nestle)와 가전 및 광학분야의 세계적 기업인 코닝(Corning)의 가치사슬활동에 따른 글로벌 표준화 및 현지화전략 적용 실태를 도식화한 것이다. 식품제조회사인 네슬레에게는 문화중심적이고 고객과 밀착된 지역적 제품이 중시된다. 이에 반해 가전 및 광학제품 제조회사인 코닝의 경우 구매기준으로 원가경쟁력과 성능이 중요하고 모든 구매자들에게 동일한 구매조건 제시가 중요시 된다. 따라서 전반적으로 모든 가치사슬활동에 걸쳐 코닝사는 글로벌 표준화전략의 채택 압박 수준이 높은데 반해, 네슬레는 현지화전략 채택 압박 수준이 높다. 그러나 이들 두 회사 모두 가치사슬활동 전반에 걸쳐 부분적인 현지화 또는 표준화, 즉 클로컬전략을 활용하고 있음을 알 수 있다. 네슬레의 경우 완전한 현지화전략은 가격, 광고, 유통, 서비스 등 일부 마케팅활동에 적용되고, 포지셔닝, 제품 디자인, 제조생산 등의 활동에서는 부분적인 현지화전략이, 그리고 상표명, 재정관리, R&D, 핵심제품 등에 대해서는 완전 표준화에 가까운 전략을 채택하고 있음을 알 수 있다. 이에 반해 코닝의 경우 모든 가치사슬활동에서 완전한 표준화전략이 적용되나, 포장과 가격, 유통, 판매관리, 서비스 등 일부 마케팅활동에 있어서는 부분적인 표준화전략이, 그리고 광고 및 판촉에 있어서는 부분적인 현지화 전략이 채택되어지고 있음을 알 수 있다.

토의문제

1. 포터 교수의 세 가지 본원적 경쟁전략 방안의 주요 내용에 대해 설명하시오.
2. 글로벌경쟁전략 방안으로서 "선 원가우위-차별화우위 전략"과 "선 차별화우위-후 원가우위 전략"에 대해 비교 설명하시오.
3. 글로벌리더가 되기 위한 혁신 방안과 가치사슬활동의 선택과 집중 방안에 대해 설명하시오.
4. 경쟁우위 측면에서 글로벌 가치사슬활동의 배치 및 조정 방안에 대해 설명하시오.
5. 경쟁우위 측면에서 글로벌 가치사슬활동의 표준화 및 현지화 전략에 대해 설명하시오.

사례 1 중국시장에서의 오리온 초코파이의 차별화 및 현지화전략[24]

Global Strategic Management

경쟁전략은 두 주체에 초점을 맞출 필요가 있다. 첫 번째 대상은 소비자(consumer)이고, 두 번째 대상은 경쟁자(consumer)이다. 특히 현지 시장에서 사업 활동을 벌이고 있는 해외자회사 입장에서는 경쟁자에 대한 대응전략으로 차별화전략이 중요하고, 소비자에 대한 대응방안으로서는 현지화전략이 중요하다. 특히 중국과 같은 전략적으로 중요한 시장에서는 이 두 전략의 활용이 더욱 중요시 된다.

오리온 초코파이의 중국시장 진출
오리온(구: 동양제과) 초코파이는 1997년 중국 북경 허베이성[河北省] 랑팡경제기술개발구에 연산 2,000만 달러 규모의 초코파이 공장을 시작으로 2002년 상하이 제과공장에

이어 2006년 7월 중국 내 세 번째 생산기지인 베이징 스낵 공장을 완성하는 등 중국 3곳에 생산기지 확보하고 있다. 또한 한 개 법인으로 시작했던 중국 사업은 현재 북경, 산해, 광주, 심양, 오리온 스낵 등 7개 법인으로 늘어났다. 97년 당시 300만 달러에 불과했던 오리온의 중국 내 총매출액도 연평균 40% 이상 성장을 거듭한 결과 2007년에는 50배 이상 늘어난 1억 7,000만 달러, 2009년에는 4억 달러, 그리고 2016년에는 2배 이상 늘어난 8억 달러를 기록했으며, 현재 중국 케이크·파이류 시장의 40%, 초코파이시장의 85%에 육박하는 시장점유율 차지하고 있다. 중국의 CCTV와 인민일보가 공동으로 조사한 '2000년 전국 주요도시 소비자조사 보고서'에 따르면 오리온 초코파이

그림 12-8 오리온 중국 내 생산기지 현황

는 중국에서 판매되고 있는 파이류 중 시장점 유율, 브랜드 인지도, 브랜드 지명도, 브랜드 구매율, 브랜드 충성도 등 전 부문에 걸쳐 1위를 차지한 바 있다.[25] 오리온 초코파이는 중국에 진출한 우리나라 제품 중 해당분야 인지도 1위를 차지한 유일한 브랜드이다. 이러한 중국시장에서의 오리온 초코파이의 성공에는 경쟁업체에 대한 차별화전략과 현지소비자 기호에 맞춘 현지화전략이 주효했다고 볼 수 있다. 중국시장에서의 성공에 힘입어 오리온제과는 2017년 현재 러시아(트베르·노보시비르스크), 베트남(호치민·하노이)에도 생산공장을 세웠으며, 2020년 기준 기업 총매출액 2조 2300억원 가운데 해외매출 비중이 65.5%(1조 4600억원)에 달하고 있다.

오리온 초코파이의 차별화전략

첫째, 오리온 초코파이가 경쟁사와 제품 차별화를 이룰 수 있었던 것은 오리온제과의 기술력이 뒷받침되었기 때문이다. 제과류는 식품이기 때문에 제품이 변질되기 쉽다. 현재 국내외 경쟁업체와 비교하여 오리온제과만이 갖고 있는 차별적 노하우는 파이 안에 곰팡이를 없애는 기술이다. 초코파이의 맛은 수분의 비율에 의해 결정되는데, 수분이 너무 많으면 맛은 있지만 곰팡이가 잘 생기는 반면, 수분이 부족하면 곰팡이가 번식할 우려는 없으나 맛이 떨어진다. 오리온제과는 끊임없는 연구개발 노력 끝에 수분의 적절한 배합기술(12% 수분 함유율)을 개발한 결과, 경쟁업체에 비해 맛도 높이고 유통기한도 늘릴 수 있었다. 또한 초코파이는 초콜릿, 비스킷, 캔디 세 가지 기술의 융합으로 만들어지는데 현재 중국에 진출한 나비스토, 네슬레, 마스, 다농 등 외국 제과업체들은 이러한 기술을 갖고 있지 못하다. 따라서 이런 우수한 기술력은 '초코파이'라는 단일 제품군에서 오리온 초코파이가 판매 1위를 유지할 수 있게 해주는 중요한 차별적 경쟁우위 요인이다.

둘째, 오리온 초코파이는 특히 품질의 차별화에도 심혈을 기울였는데, 품질 면에서 올리고당을 적용하고 머쉬멜로우에 콜라켄을 첨가했으며, 계란 함양도 4배 늘리는 등 프리미엄 제품으로 변신을 꾀하였다. 또한 맛의 원칙을 지키기 위해 중국산보다 가격이 3배 이상 비싼 최고급 프랑스산 분유 원료를 사용하였다. 2010년 경 중국에서 팔리는 초코파이의 값은 12개짜리 한 상자가 12원(元)이었다. 쌀 10키로가 35원인 것을 감안할 때 간식거리로는 상당히 비싼 편이다. 이러한 고급 품질에 바탕을 둔 소비자의 신뢰를 잃지 않기 위해 '초코파이에서 곰팡이가 발견됐다'는 소비자의 클레임을 접수하고 생산 제품 10만개 전량을 리콜하여 소각한 사례는 유명하다.

셋째, 촉진에서도 차별화 전략을 꾀하였음을 알 수 있다. 우선 다양한 이벤트와 시식회를 통해 고객을 유인하였다. 또한 공장 투어를 통한 홍보, 백화점이나 할인점 그리고 대리점의 직원들과 사장들을 초청하여 선진 기술로 생산되는 초코파이의 공장 투어를 실시하여 회사를 대외적으로 알리고 신뢰감을 심어주는 데 심혈을 기울였다.

넷째, 유통 측면에서는 단독 대리점과의 독점계약을 통해 현금 거래를 고수하였으며, 또한 중국은 외상거래가 관행이지만 선금 입금 제도를 시행한 것도 경쟁사와 차별된다.

오리온 초코파이의 현지화전략

첫째, 오리온 초코파이는 중국시장에서 제품 측면에서 현지화를 중시하였음을 알 수 있다. 우선 중국의 남부와 북부의 온도는 70도 차이가 나는데, 남부의 높은 온도에서도 부패

되지 않는 포장지를 개발하였다. 또한 파란색이었던 포장지를 중국인이 호감 갖는 붉은색으로 바꾸었다. 중국인들에게 친숙한 색을 포장지에 사용함으로써 친밀도를 높이고자 채택한 전략이다.

둘째, 제품 재료의 현지화를 꾀하였는데, 현지의 밀가루를 포함한 30여 종의 현지산 재료를 사용하여 똑같은 맛의 초코파이를 개발하는데 심혈을 기울였다.

셋째, 브랜드의 현지화도 고려하였다. 중국식 상품명이 '하오리요우'(好麗友)인데, 우리말로 '좋고 멋진 친구'로 해석되어 친근감과 유대감을 돈독히 하는 '정(情)'의 컨셉트를 구축하였다. 후에 정의 컨셉트를 중국인에 더욱 맞게 '仁'으로 바꾸기 위해 중국 초코파이 포장지에 '어진 사람은 천명을 알아 인에 만족하고 마음이 흔들리지 않는다'라는 뜻의 '인자안인(仁者安人)' 글자를 새겨 넣었다.

넷째, 촉진에서도 중국인의 문화적 자긍심을 잘 나타내고 교훈적 내용도 포함된 '好丽友 好朋友(하오리요우 하오펑요우)' 슬로건의 TV광고를 통해 중국인들과의 커뮤니케이션 효과를 극대화했다. '好朋友'가 '친한 친구'라는 뜻인데 '好麗友 好朋友'가 하나의 의미로 '오리온은 내 친구'라는 연상 이미지를 소비자에게 심어주게 된 것이다. 또한 '소황제(小皇帝)'라고 일컬어질 정도로 중국 가정에서 아이가 차지하는 비중이 매우 높은 점에 착안해 어린이를 타깃으로 광고를 설정하였다는 것도 진출 초기 성공의 중요한 부분을 차지하였다.

다섯째, 중국인 소비자 기호에 맞는 제품개발에도 박차를 가했다. 판다 모양의 파이 제품 '슘마오파이파이'를 중국에서만 출시하였다. 이 제품은 한국에는 없는 것으로 출시된

지 3개월 만에 월 매출 10억원을 돌파했다. 중국에서는 '국보'라고 여길 정도로 귀중하게 여겨지는 팬더를 빵 제품으로 만든 것이다. 또한 2009년 런칭한 고래밥은 중국 모험가 '정허(鄭和)'를 모델로 바다의 모험을 재미있게 표현해 중국인과 정서적으로 공감대를 형성했다.

여섯째, 오리온은 중국 홈페이지(www.orion.cn)에 '사회공헌' 메뉴를 별도로 만들 정도로 다양한 사회적 책임활동을 통해 중국 사회에 뿌리를 내리는데 심혈을 기울였다. 대표적으로 오리온은 2003년에 기부를 통해 시왕공성의 시왕시오쉬어(希望小学) 완공에 기여하였으며, 시왕공성 컴퓨터 교실 프로그램과 시왕시오쉬어 교사 양성에도 큰 관심을 기울였다. 또한 2009년 오리온은 중국청소년발전기금회와 함께 '希望工程20年, 好丽友派传递仁心' 활동을 실시했다. 이를 통해서 전 중국 1,000개 시왕시오쉬어에 「공자」책 60,000권을 기부하고, 이중 10개 학교에 체육시설도 기부했다. 이외에도 2003년 '사스(SARS)' 재해, 2008년 사천성 지진, 2010년 칭해성 위수주 지진 등 국가 차원의 재난에 기부금과 오리온 제품을 기부하였다. 또한 공익연계 마케팅의 일환으로 '팬더보호기금'을 만들어서 '팬더파이' 한 케이스를 구매할 때마다 0.1위안씩(약 20원)을 기부해 팬더 출생 후 생존율을 높이는 데 사용하도록 하였다. 이외에도 오리온은 2020년 코로나19 상황 속 중국 후베이성 우한 지역에 초코파이와 큐티파이 총 2,000 박스와 긴급 구호 물품을 기부했다. 또한 전국 아동 식품안전 수호 캠프 운영, 지역학교 급식 시설 지원, 임직원 자원봉사 등을 진행하며 지속적으로 사회공헌활동을 실천해 나가고 있다.

토의사안

1. 중국과 같은 전략적으로 중요한 시장에서 차별화와 현지화전략이 왜 중요한지 그 타당성에 대해 설명하시오.
2. 중국시장에서 오리온 초코파이의 차별화전략에 대해 분석하시오.
3. 중국시장에서 오리온 초코파이의 현지화전략에 대해 분석하시오.

사례 2   **집중화전략을 통해 세계시장에 우뚝 선 국내의 글로벌 강소기업**[26]

Global Strategic Management

특정 세분시장만 목표로 하는 집중화전략은 만일 세분된 시장 규모가 영세할 경우 수익성이 악화될 위험이 있다. 그러나 글로벌 시장을 상대로 집중화전략을 택할 경우 얼마든지 규모의 경제 효과를 누릴 수 있다. 이는 협소한 틈새시장이지만 글로벌 소비자층이 존재하기 때문이다.

이러한 글로벌 집중화전략은 특히 경영자원이 부족한 중소기업들에게 유효한데, 국내의 일부 중소기업들이 글로벌 집중화전략을 통해 글로벌 강소기업으로 부상하였다. 예를 들어, 치과용 영상장비업체인 바텍(Vatech)을 들 수 있다. 바텍은 국내에서 치과용 영상장비가 전체 의료용 영상장비에서 차지하는 비중이 1% 정도 내외이지만 글로벌 차원에서는 3,000억원 규모에 이른다고 보고, 틈새시장을 집중적으로 공략하여 글로벌 선두주자로 올라섰다. 당시 의료 진단장비 시장의 3대 강자였던 GE, 필립스 및 지멘스는 치과용 영상장비 규모가 영세하여 수익성이 없다고 보고 시장진입에 주목하지 않았다. 바텍은 그 틈새시장을 파고들어 세계 최초로 파노라마, 엑스레이 및 CT가 한 기계에서 가능한 독보적인 제품을 개발해 냈다. 이전에는 이들 모든 기계를 갖춰야 했던 치과병원에서는 당연히 비용절감과 편리함 및 시간절약이라는 차별화 이점에 큰 관심을 나타냈다. 현재 바텍은 해외 90여개 국에 진출하면서 치과용 영상진단장비 분야의 글로벌 강자로 각광받기 시작했다.

소형프린터 틈새시장에 진입한 빅솔론(Bixolon)의 경우도 글로벌 경쟁기업의 진입장벽을 뚫고 성공한 사례이다. 2003년 창업당시 소형프린터 시장은 영수증 프린터에서 일본의 엡손(Epson), 시티즌(Citizen) 및 스타마이크로닉스가 세계시장점유율 90%, 그리고 라벨 프린터에서는 미국의 제브라(Zebra)가 세계시장점유율 65%를 차지하고 있었다. 그러나 빅솔론은 차별화를 통해 이들 세계적 경쟁업체들과 충분히 경쟁할 수 있다고 판단하였다. 이렇게 개발된 것이 3F라 일컫는 틈새시장 맞춤 전략이다. 첫째는 신속성(Fast)으로 일본 경쟁업체들의 적기공급생산(JIT) 방식 대비 빠른 납기, 둘째는 유연성(Flexible)으로 사소한 변경도 수용하지 않은 경쟁사 대비 유연한 기술 대응, 셋째는 우호성(Friendly)으로 품질문제가 발생하더라도 고객의 사업을 우선 고려하는 우호적 태도이다. 회사의 모든 프로세스를 3F전략에 맞춰 개선하였다. 이러한 노력에 힘 입어 빅솔론은 2015년에 이르러서는 모바일 영수증 프린터분야에서 세계시장점유율 31.2%의 1위 기업이 되었다. 그리고 소형 프린터 전 분야를 합쳐 엡손에 이어 2위권에 자리한 글로벌 강자로 부상하였다.

이외에도 재생타이어와 타이어 튜브라는 틈새시장을 공략해 자동차의 차종과 모델에 따라 제품을 차별화하는 다품종 소량 생산방식으로 세계시장 점유율 20%에 오른 동아타이어, 글로벌기업들이 95%를 장악한 시장에서 5%라는 틈새시장을 찾아 환자가 스프링식 볼펜처럼 채혈기를 스스로 눌러 스스로 피를 뽑는 당뇨 환자용 채혈기를 개발해 세계시장점유율 35%를 차지한 지엠엠씨가 글로벌 강소기업의 좋은 본보기다.

이러한 글로벌 강소기업을 독일의 경영학자 헤르만 지몬(Hermann Simon)은 히든 챔피언(Hidden Champion)으로 규정하면서, 그 분류기준으로 일반에 잘 알려지지 않은 기업으로 세계 시장점유율 3위 이내거나 소속 대륙 시장점유율 1위 기업, 매출액 규모 40억(달러) 이하인 기업을 들었다.[27] 이렇게 글로벌 집중화전략을 통해 글로벌 강자 위치에 오른 기업들은 다음과 같은 공통된 특징을 띠는 것으로 나타났다.

첫째, 글로벌 집중화전략은 주로 중소·중견기업들이 추진하기 때문에 최고경영자의 기업가정신이 무엇보다 중요하다. 기업가정신이란 위험과 불확실성의 조건하에서 새로운 무언가를 창출하기 위해 기회를 탐색하고 혁신적으로 행동하는 것이다.[28] 대기업도 아니고 중소기업이 글로벌 틈새시장을 공략한다는 것은 매우 위험스러운 모험이다.

둘째, 글로벌 집중화전략은 전 세계적 차원에서 틈새시장을 공략하기 때문에, 태생적 글로벌(born-global) 특성을 띤다. 따라서 창업 당시부터 글로벌 소비자층에 통할 수 있는 전문화된 제품 개발에만 집중한다. 당연히 해외매출이 내수보다 더 높은 비중을 차지한다.

셋째, 전 세계시장을 상대로 하기 때문에 중소기업이라 할지라도 독보적인 핵심기술을 보유하고 있거나, 또는 완전히 새로운 개념(concept)의 제품에 대한 아이디어가 있어야 한다. 앞의 예에서 세계 최초로 파노라마, 엑스레이 및 CT가 한 기계에서 가능한 독보적인 치과용 영상진단장비를 만들어 낸 바텍이 좋은 본보기다. 한편, 글로벌 틈새시장을 선점한 후에도 끊임없이 경쟁력 키워 나가기 위한 지속적인 혁신이 중요하다. 틈새시장 규모가 확대되어 새로운 경쟁자가 진입하고, 특히 자본력을 앞세워 대기업이 진입한다면 시장에서의 입지가 위태로워질 수 있다. 이를 극복할 수 있는 유일한 방법은 혁신적인 제품 개발 및 개선을 지속적으로 이루어 내는 것이다. 따라서 집중적 연구개발 및 혁신적 조직문화 조성에 힘써야 한다. 참고로 앞서 바텍과 빅솔론의 경우 매출액 대비 연구개발비 비중이 각기 23%와 15% 정도를 보였는데, 이는 삼성전자의 9% 대보다 훨씬 높은 수치이다. 또한 2020년 기준 우리나라 GDP 대비 연구개발비 비중 4.64%보다도 월등이 높은 것이다.

토의사안

1. 글로벌 시장을 상대로 집중화전략을 택할 경우 얼마든지 규모의 경제성 효과를 누릴 수 있는데, 그 이유에 대해 설명하시오.
2. 치과용 영상장비업체인 바텍(Vatech)의 글로벌 집중화전략에 대해 분석하시오.
3. 소형프린터 제조업체인 빅솔론((Bixolon)의 글로벌 집중화전략에 대해 분석하시오.
4. 글로벌 집중화전략을 통해 글로벌리더 위치에 오른 중소기업들의 공통점에 대해 분석하시오.

제 **5** 부

글로벌 CSR 및 글로벌 조직관리

제13장
글로벌 CSR

제14장
글로벌경영조직 및 통제

제 13 장

글로벌 CSR

기업의 글로벌화가 확대됨에 따라 기업들 간의 경쟁도 점차 치열해지고 있다. 이런 글로벌 경쟁 환경 하에서 기업 내부적으로 단순히 위기관리 차원이 아닌 지속가능경영 차원에서 글로벌기업은 국내에서뿐만 아니라 해외에서도 사회적 책임(CSR: corporate social responsibility)에 대한 높은 사명감을 지녀야 할 당위성이 높아졌다. 이러한 관점에 본장에서는 글로벌 CSR에 대한 개념과 전략 방안에 대해 살펴본다.

I 글로벌 CSR 개념과 이론적 배경

1.1. 글로벌 CSR 개념

글로벌 CSR이란 해외에서의 CSR 활동을 의미하기 때문에 글로벌 CSR 개념을 이해하기 위해서는 CSR 개념에 대한 이해가 선행되어야 한다. CSR에 대한 정의는 관점에 따라 매우 다양한데, 일찍이 Bowen(1953)은 그의 저서 「기업가의 사회적 책임(Social responsibilities of the businessman)」에서 "기업의 사회적 책임이란 사회 전체의 목표나 가치의 관점에서 바람직한 정책을 추구하고, 그러한 방향으로 의사결정을 하거나 행동으로 옮기는 의무"라고 정의하였다.[1] 이후 McGuire(1963)는 그의 저서 「경영과 사회(business and society)」에서 기업윤리와 기업시민 개념을 제시하면서, 기업의 사회적 책임의 범주가 "경제적, 법률적 의무를 넘어서 사회 전체에 대한 책임 까지를 포함한다"고 강조하였다.[2] 이와 같은 맥락에서 Carroll(1979, 1991)은 기업의 사회적 책임 범주를 경제적 책임, 법적 책임, 윤리적 책임, 자선적 책임 등 네 단계의 피라미드식 구조로 체계화시켰다.[3] 한편, Elkington(1997)은 지속가능경영 관점에서 경제

제 13 장 글로벌 CSR · 315

적 책임, 사회적 책임, 환경적 책임 등 "세 가지 축(TBL: triple bottom line) 모델"을 제시하였다.[4] 따라서 CSR 범주를 경제적, 법적, 윤리적, 자선적 책임 외에 환경적 책임을 포함시켜 〈표 13-1〉에서 보듯이 총 5가지 유형으로 분류할 수 있다.

첫째, 경제적 책임은 사회적 책임의 토대가 되는 기업의 경제적 임무를 일컫는다. 즉 제품 및 서비스 품질의 지속적 개선과 생산성 향상, 고객의 욕구 충족 및 불만족 해소, 고용창출, 직원들이 만족하는 임금 및 복리후생 제공, 이윤창출을 통한 국가경제발전에 기여 등이 기업의 경제적 책임의 핵심이다.

둘째, 법적 책임은 합법적인 경영을 일컫는다. 즉 제품 제조에 있어 법적

표 13-1	CSR 범주	주요 내용
기업의 사회적 책임(CSR) 범주	경제적 책임 (Economical Responsibility)	제품/서비스 품질의 지속적 개선, 생산성 증대 고객의 불평, 불만에 적극적 대처 고용창출을 위한 지속적 노력 직원들이 만족하는 임금 및 복리후생 제공 이윤창출을 통한 국가경제발전에 기여
	법적 책임 (Legal Responsibility)	제품 제조의 법적 규정(안전도 등) 준수 고용관련법 준수 소비자 보호법(손해배상, 거래해약 등) 준수 공평한 채용 및 해고 정책(성별, 학벌, 연령) 이행 기업범죄(탈세, 뇌물, 비자금 등) 방지
	환경적 책임 (Environmental Responsibility)	환경오염관리 친환경제품개발 기후변화 대응 신재생에너지 활용
	윤리적 책임 (Ethical Responsibility)	확고한 윤리강령지침 확립 단기 이윤추구보다는 사회윤리에 합하는 경영 과장광고나 허위광고 자제 투명경영(정보공개 등) 이행 경쟁자와 공정경쟁 사업파트너(납품업자, 유통업자 등)와 공정한 거래
	자선적 책임 (Philanthropic Responsibility)	문화·예술·사회체육 단체, NGO 등 공익사업 지원 직원들로 하여금 사회봉사활동 적극 장려 자선활동에 기부(기부금 및 성금) 장학사업 등 교육학술활동 지원

출처: Carroll(1979, 1991); Elkington(1997) 등에서 정리.

규정을 준수하고, 공정한 채용 및 해고 등 고용관련법령을 준수하고, 소비자
보호법(예, 손해배상, 거래해약 등)을 준수하며, 범법행위(탈세, 뇌물, 비자금 등)
에서 탈피하는 것이다.

셋째, 윤리적 책임은 법적인 강제성은 없지만 도덕적 책임감을 갖고 경영
활동을 수행하는 것이다. 즉 단기적 이윤추구보다는 사회윤리에 부합하는 경
영, 과장광고나 허위광고 자제, 투명경영(부패, 비리척결, 정보공개 등) 이행,
경쟁자와 공정경쟁 및 사업 파트너(공급업체, 유통업체 등)와 공정거래, 확고한
윤리강령지침 확립에 최선을 기하는 것이다.

넷째, 환경적 책임은 환경오염관리를 위한 환경경영체제 구축, 친환경제품
개발, 기후변화 대응, 신재생에너지 활용, 자연환경보호활동 등 지속가능발전
에 대한 책임감을 갖고 이행하는 것이다.

다섯째, 자선적 책임은 이익의 사회 환원을 통해 모든 사회 구성원의 삶의
질을 향상시키는데 기여하는 활동이다. 문화예술, 사회체육, NGO 등 공익단
체에 대한 지원을 비롯해서, 기부금이나 성금 등 자선활동과 장학사업 등 교
육학술활동 지원, 그리고 임직원의 사회봉사활동에 적극적 참여를 장려하는
것까지 포함한다.

이러한 CSR 활동을 글로벌기업은 자신이 진출한 모든 국가에서 더욱 적
극적으로 수행할 필요가 있다. 이는 일반적으로 외국계기업은 국수주의
(nationalism)으로 인한 차별 때문에 본국에서보다 현지국에서 더 높은 사회적
책임이 요구되기 때문이다. 또한 글로벌기업은 그 활동 범주와 규모 때문에
전 세계적으로 사회에 미치는 영향이 크기 때문에 현지국 소비자들은 글로벌
기업들에게 그에 상응하는 더 높은 수준의 사회적 책임감을 요구한다.[5]

1.2. CSR의 이론적 배경

CSR 관련 주요 이론적 배경으로는 이해관계자이론(stakeholder theory)을
들 수 있다. 즉 CSR의 이론적 근거는 다양한 이해관계자의 상이한 요구 및 기
대를 최대한 충족시켜 지속가능성장을 도모하는데 있다고 볼 수 있다. 주주
의 이익은 물론 고객, 종업원, 협력업체, NGO, 지역사회, 중앙정부 등 기업
과 관련된 다양한 이해관계자의 요구와 기대를 최대한 충족시켜야만 기업의
장기적 가치가 제고된다는 이해관계자이론은 경제적 책임뿐만 아니라 사회적
공헌을 강조하는 CSR의 당위성과 합치된다.[6]

이해관계자는 구분 기준에 따라 다양한 유형, 즉 내부적(internal) 및 외부적(external) 이해관계자, 또는 일차적(primary) 및 이차적(secondary) 이해관계자로 대별된다.[7] 내부적 이해관계자는 기업 운영에 직접적 영향을 미치는 그룹으로 주주, 종업원, 임원 등이 해당된다. 반면, 외부적 이해관계자는 기업 운영에 직접적인 관여도가 낮은 고객, 협력업체, 경쟁업체, 시민단체, 언론, 지역사회, 정부기관 등이 포함된다. 한편, 일차적 이해관계자는 기업 생존에 지속적이고 직접적인 영향을 미치는 집단으로 주주, 종업원, 경영자, 고객, 협력업체, 정부유관기관 등이 해당된다. 이차적 이해관계자로는 일차적 이해관계자보다 기업 생존에 영향력이 상대적으로 미약한 시민단체, 언론, 지역사회 대변자 등을 들 수 있다.

이해관계자이론은 전통적인 주주위주 경영방식에서 탈피하고, 종업원, 소비자, 협력업체, 시민단체, 지역사회, 정부 등 내·외부 이해관계자 모두로부터의 정당성(legitimacy) 확보가 기업의 지속적 성장과 생존에 관건이 된다는 논리를 강조한다.[8] 문제는 이러한 다중 이해관계자들의 요구와 기대가 다양하고 서로 상치된다는 점이다. 따라서 이러한 다양한 이해관계자의 요구와 기대에 부응하기 위해서는 경제적, 법적, 윤리적, 환경적, 자선적 책임 등을 통해 주주에 대한 책임뿐만 아니라 여타 다양한 이해관계자에 대한 책임을 이행할 필요가 있다. 〈표 13-2〉에서 보듯이 LG전자는 다양한 이해관계자의 상이

표 13-2 이해관계자 요구 및 기대에 대한 LG전자의 이행내역	주주/ 투자자	임직원	고객	협력회사	지역사회	정부/지방 자치단체	시민단체/ 국제기구
	• 투명한 경영정보 공시 • 경영 효율화를 통한 투자가치 상승 • CSR 활동을 통한 기업가치 제고	• 인권 보호 및 다양성 존중 • 공정한 평가 및 보상 • 적극적인 경력개발 기회 제공 • 사업장 안전보건 확립	• 고객만족도 증진 • 안전한 제품과 서비스 공급 • 공정한 마케팅 및 정확한 정보 제공 • 고객 프라이버시 보호	• 공정거래 • 신속한 대금결제 • 협력회사의 CSR 활동 지원	• 사업장 인근 환경영향 최소화 • 지역사회 문화 및 관습 존중 • 지역 사회 공헌활동 증진 • 지역주민 채용 및 지역경제 기여	• 법규 준수 • 세금 납부	• 온실가스 감축 • 글로벌 사회 이슈 참여 및 지원

출처: LG전자 지속가능경영보고서(2019~2020)에서 정리.

한 요구에 부응하기 위해 경제적, 법적, 윤리적, 환경적, 자선적 책임 등 다양한 사회적 책임을 수행하고 있음을 알 수 있다. 즉, 주주 및 투자자에게는 투명한 경영정보 공시와 CSR 활동을 통한 기업가치 제고, 임직원에게는 인권 보호 및 다양성 존중, 공정한 평가 및 보상과 사업장 안전보건 확립, 고객에게는 안전한 제품과 서비스 공급과 고객 프라이버시 보호, 협력회사에게는 공정거래와 협력회사의 CSR 활동 지원, 지역사회에게 대해서는 사업장 인근 환경피해 방지, 지역사회 문화 및 관습 존중과 지역사회공헌활동 증진, 정부 및 지방자치단체에게 대해서는 법규준수와 세금납부, 그리고 시민단체나 국제기구에게 대해서는 온실가스 감축과 글로벌 사회 이슈 참여 및 지원 등 이에 대한 의무와 책임을 규정하고 실행으로 옮기고 있다.

1.3. 글로벌 CSR의 동인

글로벌기업들이 CSR에 관심을 갖게 주된 주요 이유는 최근 수십 년에 걸쳐 발생된 일련의 사건에 기인한다. 1990년 중반 나이키(Nike)의 동남아 하청공장에서 발생된 저임금, 열악한 근로조건, 인권유린, 노동착취, 아동노동, 보건안전 문제 등이 언론에 알려지면서 국제적 지탄의 대상이 되고, 나아가서 소비자의 불매운동으로 확산되어 1998년에 나이키의 기업가치가 급속히 폭락했던 사건이 있었다. 또한 인도 께랄라주에 있는 코카콜라 공장으로 인하여 지하수가 오염 및 고갈되고, 인근지역이 극심한 물 부족 사태를 겪게 되자 께랄라주는 역내 콜라 생산 및 판매를 금지하였고, 그 외 5개의 주에서도 부분적 판매금지 조치를 내렸다. 이러한 일련의 사건으로 기업 이미지가 훼손되고 큰 피해를 입자 글로벌기업들이 CSR에 특별한 관심을 기울이게 됐다.

기업들이 이렇게 글로벌 CSR에 관심을 갖게 된 이유를 요약하면 크게 기업 내부적 동인과 외부적 동인 등 두 가지를 들 수 있다.

첫째, 기업 내부적 동인으로 CSR을 통한 재무적 및 비재무적 성과에 대한 기대를 들 수 있다. 즉, 일반적으로 CSR을 통해 소비자들에게 좋은 기업이라는 호의적인 기업 이미지를 각인시키고, 이는 해당 기업의 제품에 대한 신뢰와 구매로 이어진다는 논리에 기반한다. 또한 이는 최근 소비자의 시민의식 증대와 더불어 소비자들이 사회적 책임이 높은 기업의 제품이나 서비스 구매를 통해 소비자 자신도 간접적으로 사회적으로 가치 있는 일에 동참한다는 자아존중의식의 발로이기 때문이기도 하다.[9] 이러한 호의적인 기업 이미지 구축은 외국계기업에게 반감이 높은 국가에서 더욱 중시된다. 예컨대 자민족중심주의가 높은 국가에서 외국기업의 CSR은 자사 제품에 대한 부정적 구매태도를 약화시키는 효과가 있다.[10] 또한 CSR은 기업 지명도 및 명성을 대변하는 평판에도 영향을 미쳐 우수한 인력의 채용과 유지, 구성원의 자긍심 고취, 그리고 매력적인 직장으로서 장기근속에도 큰 기여를 한다.[11]

둘째, 외부적 동인으로 기업들의 규모가 커지고 사회적 영향력이 증대됨에 따라 최근 글로벌기업의 사회적 책임에 대한 국제사회의 요구와 기준이 강화되고 있다는 점을 들 수 있다. '포춘(Fortune)'에 따르면 2019년 기준 글로벌 500대 기업의 전체 수입은 33조 3,000억 달러, 이익은 2조 1,000억 달러, 고용인원은 6,990만 명, 그리고 국적은 32개국에 이른다.[12] 〈표 13-3〉에서 보듯이 "UN의 국제기업행동 요강(Global Compact) 10원칙"에 따르면 글로벌기업들에게 인권, 근로조건, 자연환경, 부패방지 등과 관련하여 10대 원칙의 준수를 요구한다. 〈표 13-4〉의 OECD 다국적기업 지침(Guidelines for Multinational Enterprises) 또한 전 세계를 사업 무대로 삼는 글로벌기업에게 사회적 의무를 다할 것을 규정짓고 있다. 이러한 추세에 따라 최근 국제표준화기구(ISO: International Standard Organization)는 사회적 책임에 대한 기존의 여러 국제적 인증이 각기 다른 지침과 규정을 갖고 있다는 문제점을 감안하여 이를 통합하고 체계적이고 효율적으로 관리될 수 있도록 2010년도에 사회적 책임(Social Responsibility: SR)의 국제표준지침인 "ISO26000"을 제정하였다.

표 13-3 UN의 국제기업 행동 요강 (Global Compact) 10원칙	인권 (Human Rights)	• 원칙 1: 기업은 국제기준에 따라 인권을 보호하고 존중한다. • 원칙 2: 기업은 인권침해와 관련하여 누구와도 유착하거나 공모하지 않는다.
	근로조건(Labor)	• 원칙 3: 기업은 노조결성의 자유와 단체협상의 권리를 지지한다. • 원칙 4: 기업은 근로자의 의사에 반하는 어떤 노동도 강제하지 않는다. • 원칙 5: 기업은 아동 노동의 전무함을 보장한다. • 원칙 6: 기업은 채용과 업무 부여에 있어서 차별을 없앤다.
	자연환경 (Environment)	• 원칙 7: 기업은 환경보전을 위한 예비적 접근방법을 지지한다. • 원칙 8: 기업은 한 단계 높은 환경의 책임성을 위한 조치를 취한다. • 원칙 9: 기업은 친환경적인 산업기술의 개발과 확산을 장려한다.
	반부패 (Anti-Corruption)	• 원칙 10: 기업은 뇌물의 요구나 제공을 포함한 각종 부패의 퇴치에 노력한다.

출처: www.unglobalcompact.org.

표 13-4

OECD
다국적기업
지침(Guidelines
for Multinational
Enterprises)

- 현지국의 경제, 사회발전에 기여해야 한다.
- 종업원의 인권을 존중해야 한다.
- 현지국과 지역사회의 제도, 능력개발에 기여해야 한다.
- 고용증대 및 인재개발에 기여해야 한다.
- 건강, 안전, 노동, 과세, 재정들에 관한 법규를 준수해야 한다.
- 좋은 기업지배원칙을 지켜야 한다.
- 지역사회의 신망을 얻을 수 있는 제도를 마련해야 한다.
- 교육, 홍보를 통해서 종업원이 회사의 방침을 이해하도록 해야 한다.
- 피부색, 성별, 종교, 인종에 관계없이 종업원을 차별해서는 안 된다.
- 관련기업들도 본 지침에 준하는 기업행동을 하도록 권해야 한다.
- 현지의 정치에 관여해서는 안 된다.

출처: OECD

ISO26000은 세부적으로 7대 원칙(설명책임, 투명성, 윤리적 행동, 이해관계자의 이해관계 존중, 법률 존중, 국제행동규범 존중, 인권 존중)과 7대 핵심주제(조직거버넌스, 인권, 노동관행, 환경, 공정운영관행, 소비자 이슈, 지역사회 참여와 발전)에 의거한 36개 사안들로 구성되어 있다. 앞으로 기업의 사회적 책임에 대한 소비자들 의식이 높아가고 ISO26000이 국제상거래의 표준으로 자리를 잡게 되면 해외진입장벽으로 작용할 수 있기 때문에 모든 글로벌기업들은 사회적 책임을 비용이 아닌 지속가능경영을 위한 투자로 인식하여 사회적 책임 수행에 적극적으로 임할 당위성이 한층 높아졌다.

특히 최근 인구증가와 산업화로 인한 지구환경문제가 국제적 관심사로 부상되어 기업들에게 환경적 문제에 대한 엄격한 대처를 요구하고 있다. 산업화에 따른 경제발전은 궁극적으로 생산 증대가 필연적이며 이는 곧 천연자원의 고갈과 공장매연 등으로 인한 오존층 파괴와 지구온난화라는 부작용을 유발하였다. 이에 1972년 UN에서는 전담기구로 UN환경계획(UNEP)을 설립하였으며, 1987년에는 UN 지속가능발전특별위원회(Bruntland Commission)를 구성하여 "지속가능발전은 후세의 욕구 충족 능력을 저해함이 없이 현재의 욕구를 충족하는 것이다"라는 지속가능발전 개념을 제시하였다. 그 후 1992년 브라질 리우데자네이루에서 개최된 지구환경정상회의(Earth Summit)에서 환경적으로 건전하고 지속가능한 개발의 구현을 위한 지구환경질서의 기본규범인 "리우선언"을 통해 온실가스 감축 등 환경보전 실천계획인 "의제 21(Agenda 21)"이 채택되어졌다.[13]

그러나 기후변화협약에 의한 온실가스 감축은 구속력이 없어 온실가스의 실질적인 감축을 위하여 과거 산업혁명을 통해 온실가스 배출의 역사적 책임이 있는 선진국(38개국)을 대상으로 제1차 공약기간(2008~2012)동안 1990년도 배출량 대비 평균 5.2% 감축을 규정하는 "교토의정서"를 채택하여 2005년 2월 공식 발효시켰다. 이에 선진국 중심으로 '온실가스 배출권 거래제도'가 도입되었다. 온실가스 배출권 거래제도란 온실가스의 총 배출량을 설정한 뒤 배출 허용량을 각국별로 할당하여 허용량을 배출권이라는 무형의 상품으로 간주하여 각국이 시장 원리에 따라 직접 혹은 거래소를 통해 거래토록 함으로써 배출 저감 비용을 줄이고 저감 실현을 용이하게 하려는 제도이다. 만일 참여자들이 온실 가스를 배출한 것보다 더욱 많은 온실가스 배출권을 가지고 있다면, 잉여의 온실가스 배출권을 부여된 수준 이상으로 배출하고자 하는 다른 참여자에게 매도할 수 있다. 온실가스 중 배출량이 가장 많은 이산화탄소에 의하여 '탄소배출권거래제'라고도 불린다. 우리나라도 탄소배출권거래제를 2012년 입법 예고하여 2015년부터 시행하고 있다. 따라서 글로벌기업들은 전 세계 사업장에서 온실가스 감축을 위한 환경적 책임에 더욱 각별히 신경을 써야 한다. 예컨대 LG전자 인도법인은 고효율 냉장고 판매를 통한 전력사용 저감량을 탄소배출권(CERs: Certified Emission Reductions)으로 되돌려 받는 청정개발체제(CDM: Clean Development Mechanism) 사업을 추진하고 있으며, 이를 전 세계 사업장으로 확대시켜 나가고 있다.

1.4. 윤리적 소비

기업의 사회적 책임은 물론 기업의 전략적 의도와 상관없이 자발적 참여로 이루어질 수 있다. 그러나 소비자가 이러한 사회적 책임을 다하는 기업이나 제품에 무관심한 태도를 보인다면 기업의 사회적 책임 의지는 약화될 것이다. 즉, 소비자의 윤리적 의식 수준에 따라 기업이 사회적 책임을 수용하는 체감도가 달라질 수 있다.

윤리적 소비란 사회적 의식을 갖고 일반대중에게 미칠 수 있는 영향을 고려하여 구매하는 소비행태를 의미한다.[14] 윤리적 소비 개념은 환경운동의 일환으로서 녹색소비(green consumerism) 개념으로부터 발전했다고 볼 수 있다. 예컨대 윤리적 소비는 친환경 제품 구매뿐만 아니라 인권, 동물복지, 공정무역, 노동규범 등 보다 광범위한 사회적 이슈와 관련된 구매행태를 나타낸

다.[15]

글로벌 PR 컨설팅사인 '에델만(Edelman)'에서 발행한 보고서는 13개국 7,000명이 넘는 소비자를 대상으로 조사한 결과 사회적 이슈에 관심을 갖고 제품을 구입할 때 경제적 편익뿐만 아니라 사회적 편익까지 고려하는 '시민의식을 가진 소비자(Citizen Consumer)'가 부상됨을 밝히고 있다. 즉, 글로벌 소비자의 86%는 기업이 스스로 자신의 이익을 고려하는 만큼 사회에 미치는 영향력도 고려해야 한다고 응답했으며, 64%는 기업이 돈을 기부하는 것만으로는 충분하지 않으며 좋은 대의명분(cause)을 기업의 일상적 비즈니스와 통합해야 한다고 응답하였다.[16] 이는 전 세계 소비자들이 제품이나 서비스 구매시 경제적 가치뿐만 아니라 사회적 가치를 고려함을 시사하는 것이다. 이러한 윤리적 소비의식이 전 세계로 확대될 것이며, 이에 부응하기 위해 글로벌기업은 세계 각국에서 글로벌 시민의식(global citizenship)을 가지고 사업을 영위해나갈 당위성이 높아졌다.

II 전략적 CSR

전통적으로 CSR은 자선이나 기부를 통한 이익의 사회 환원에 중점을 두어왔다. 그러나 기업의 본연 임무는 이익극대화인데 자선, 기부 등을 통한 사회적 공헌은 그만큼 기업에게 비용부담을 야기시켜 이윤 창출 및 주주가치 극대화에 걸림돌로 작용한다는 비판이 제기되었다.[17] 따라서 기업의 이익 창출 없이는 사회적 책임 또한 담보할 수 없기 때문에 CSR을 기업의 사명 및 비즈니스와 연계시키는 전략적 CSR의 중요성이 대두되었다. 즉, 전략적 CSR은 비용의 개념이 아닌 기회, 혁신, 경쟁우위의 원천이 된다는 인식 하에 사회에 공헌하면서도 기업의 경쟁우위에도 기여하는 방향으로 CSR을 모색하는 방안이다.[18]

전략적 CSR 개념하에서는 어떤 식으로든지 기업 자신의 업종이나 사업과 연계된 CSR 활동을 펼칠 수 있다. 예를 들어, 현대자동차 인도법인(HMI)은 인도에서 '현대교통자원봉사단(Hyundai Traffic)'을 통해 인도의 교통문제 해결에 앞장섰고, 또한 첸나이 공장 내에 '현대운전학교'를 설립해 실업 청년들의 운전교육훈련을 지원하고 있다. 이에 수백 명이 넘는 운전자가 배출되었고, 이 중 상당수가 취업에 성공했다. 교통문제 해결과 운전교육에 대한 지원은 자동차와 연관되는 전략적 CSR 활동의 일환으로 볼 수 있다.

삼성전자도 유럽 등 세계 각 지역에서 삼성캠퍼스(Samsung Campus), 삼성 탤런트프로그램(Samsung Talent Program, STP), 삼성테크인스티튜트(Samsung Tech Institute) 등의 교육훈련기구를 설립해 웹 디자이너 양성, 소프트웨어 개발 및 생산기술 교육, 모바일 어플리케이션개발기술 습득 기회를 제공하고 있다. 이들 활동 모두 삼성전자의 비즈니스와 연관된다. CJ그룹 계열사인 CJ 오쇼핑도 자사의 글로벌 홈쇼핑 네트워크를 활용해 국내 중소기업들의 해외 시장 진출을 지원하고 있다. 또한 중소기업들에게 각 현지 시장에 맞는 상품을 제안하고 개발할 수 있도록 마케팅 노하우를 전달하는 컨설팅 기능도 수행한다. 이는 자사 비즈니스와 관련하여 중소기업들과 상생을 도모하는 전략적 CSR의 일환이다.

이러한 전략적 CSR의 대표적 유형으로는 공유가치창출 활동과 공익연계마케팅을 들 수 있다.

2.1. 공유가치창출

전략적 CSR 개념은 경쟁우위 향상과 사회적 공헌이 독자적으로 이루어 진다 보다는 상호 연계되어 경제적 및 사회적 가치를 동시에 창출하는 공유가치창출(CSV: creating shared value) 개념으로 발전되었다.[19] 공유가치창출의 당위성은 기업의 경제적 가치 창출이 반드시 사회적 가치를 창출하기보다는 반대로 사회적 비용을 야기시킬 수도 있다는데 근거한다. 예컨대 생산량 증대에 따른 자원 고갈 및 환경공해 문제, 중소협력업체에 대한 불공정 거래 관행, 해외로의 생산기지 이전에 따른 자국 산업공동화 문제 등은 사회적 비용과 여타 이해관계자의 희생을 담보로 경제적 가치 창출에만 몰입하는 경영 행태로 볼 수 있다. 따라서 경제적 가치도 증대시키면서 동시에 사회적 가치도 유발시키는 공유가치창출이 기업의 지속가능성장 차원에서 중요한 전략적 대안으로 부각되었다. 이러한 차원에서 공유가치창출은 광의적으로 전략적 CSR의 일환으로 볼 수 있다. Porter and Kramer(2011)는 CSR과 CSV의 차이점을 〈표 13-5〉와 같이 요약하였다. 즉 CSR은 사회적 가치에 중점을 두는 반면, CSV는 사회적 가치뿐만 아니라 경제적 가치도 동시에 고려한다는 주장이다.

사회적 공헌과 경제적 성과를 모두 거둔 공유가치창출의 주요 사례를 들면 다음과 같다.

CSR	CSV	표 13-5
• 가치: 선행(Doing good)	• 가치: 비용 대비 경제적 및 사회적 혜택	CSR과 CSV의 차이 비교
• 시민의식, 자선, 지지	• 기업과 사회 모두를 위한 가치 창출	
• 임의적 혹은 외부압력에 대한 반응	• 경쟁에 필수	
• 이윤 극대화와 무관	• 이윤 극대화에 합치	
• 외부적 보고를 위해 또는 개인적 선호에 따라 의제(agenda)가 결정됨	• 기업 특성에 따라 내부적 의도에 의해 의제가 정해짐	
• 예산 문제로 제한된 영향력	• 기업 전체 예산 재편성	
• 사례: 공정무역 구매	• 사례: 품질 제고 및 물량 수급을 위한 외주 전환	

주) CSR 및 CSV 모두 법적 및 윤리적 기준에의 부합을 전제로 한다.
출처: M.E. Porter and M.R. Kramer(2011), "Creating Shared Value: How to Reinvent Capitalism and Unleash a Wave of Innovation and Growth," *Harvard Business Review*, 89(1/2), p.76.

- **월마트(Wal-mart)의 '4달러 처방약 프로그램'** 월마트는 건강보험 미가입자 고객들은 물론 메디케어 가입자 고객들에게 일반 처방약을 4달러의 저렴한 비용으로 구입할 수 있도록 한 프로그램을 개발하여 이들 고객들로 하여금 총 20억 달러에 달하는 의료비용 절감의 혜택을 안겨주었다. 동시에 4달러 처방약 프로그램이 미국 27개 주에서 시행된 2006년 9월부터 약 3개월 간 전년 대비 약 210만 명의 새로운 처방전 고객을 탄생시켜 월마트는 이를 통해 대형 의약품 판매유통 분야에서 시장점유율 16%를 차지해 전국 3위 업체로 부상하는 경제적 성과도 올렸다.[20]

- **GE의 '에코메지네이션(Ecomagination)' 프로젝트** GE는 2005년부터 저탄소 기준의 세계적 요구를 맞추기 위해 플라스틱, 발전 장비, 조명, 엔진 같은 핵심 제품들에 대한 대대적인 환경적 차원의 혁신을 꾀하는 '에코메지네이션(Ecomagination)' 사업을 착수하였다. 에코메지네이션 혁신 제품들의 매출이 2009년 한해에만 180억 달러에 이르렀고, 또한 이들 제품의 매출 증가율이 기업 전체 매출 증가율보다 2배 이상 높았다. 이같이 GE의 에코메지네이션 제품들은 매출 증대라는 경제적 성과도 창출하였지만 동시에 온실가스 배출 및 에너지 사용량 감축, 용수 재사용 비율 개선 등 환경보호와 에너지 낭비를 줄이는 사회적 성과 창출에도 기여하였다.

- **코카콜라의 'Coletivo initiative' 프로그램** 코카콜라 브라질 법인은 실업 상태에 있는 청년들을 고용하여 브라질 저소득층 시장을 개발하는 일명

'Coletivo initiative' 프로그램을 통해 네 가지 효과를 거두었다. 첫째, 청장년 고용 증대, 둘째, 참가자의 자존감(self-esteem) 회복, 셋째, 매출 증대, 넷째, 브랜드 인지도 제고 등이다. 첫째와 둘째 성과는 사회적 가치 창출 효과와 연관되고, 셋째와 넷째 성과는 경제적 가치 창출 효과와 연관된다. 결과적으로 코카콜라 브라질 법인은 'Coletivo initiative' 프로그램을 통해 50,000명 이상의 브라질 젊은이들을 유통판매, 창업, 기업가 정신 등에 대한 교육 및 훈련에 참여시켰으며, 이들 중 30%는 코카콜라 현지법인이나 코카콜라 지역 소매상에 첫 직장으로 취업하였고, 10%는 저금리의 미소금융 지원을 받아 창업하였다. 코카콜라 브라질 법인도 'Coletivo initiative' 사업에 대한 투자가 2년도 안되어 흑자로 전환되는 경제적 성과를 달성하였으며, 현재 150개 저소득층 지역에다 동 프로그램을 확대시켜 나가고 있다.[21]

- **유니레버의 '파워맘(Shakti Amma)' 프로젝트** 인도의 농촌 지역에서는 영아 사망률 원인 1위로 설사가 꼽힐 정도로 손 씻기 습관이 제대로 정착되지 않고 있음을 인지하고 유니레버사는 인도의 생활방식에 맞는 값싸고 항균 기능이 강화된 비누를 개발하는 한편, 100,000개 농촌지역의 45,000명 여성들에게 저금리 소액대출의 "미소금융" 제공과 방문판매 훈련을 통해 판매망을 구축하는 '파워맘(Shakti Amma)' 프로젝트를 출범시켰다. 이를 통해 영아 사망률을 획기적으로 줄이고 또한 지역 여성들의 소득을 2배 이상 증대시키는 성과를 거두었다. 물론 유니레버사는 인도 농촌지역에 판매 네트워크망을 구축하는 경제적 실효도 거두었다.

이밖에도 〈표 13-6〉에서 보듯이 많은 글로벌기업들이 사회적 관심과 수요에 따른 친환경 제품이나 시장 개발을 통해 공유가치창출 활동에 적극 나서고 있음을 알 수 있다.

기업	공유가치창출
다우 케미칼 (Dow Chemical)	• 카놀라 및 해바라기 씨로 만든 식용유 런칭으로 6억톤(ton) 상당의 트랜스 지방과 불포화 지방 제거. • 기업의 핵심 비즈니스로 부상.
네슬레(Nestle)	• 인도와 여타 저개발국에 미량 영양소가 강화된 향신료 런칭으로 수백만의 영양결핍자에게 혜택 제공. • 이익 급성장.
노바트리스(Novatris)	• 사회적 비즈니스 모델을 통해 33,000개 시골마을의 4천2백만 인도인들에게 기초 의약품과 의료 서비스 제공. • 31개월 후 이익 발생.
인텔(Intel)	• 교육적 성과 증진을 위해 1천만명 교사들에게 IT 기술 사용 교육 및 훈련 • 교육을 인텔의 이익 사업으로 전환
벡톤 디킨슨 (Becton Dickinson)	• 바늘없는 주사 시스템을 개발하여 수백만의 의료 종사자 보호. • 현재 20억 달러 비즈니스로 성장하면서 BD 수입의 25% 차지.
보다폰 (Vodafone)	• 전자화폐인 M-Pesa를 통해 동아프리카 1천 4백만명에게 모바일 뱅킹 서비스 제공. • 현재 기업의 핵심 서비스 중의 하나.

표 13-6

글로벌기업들의
공유가치창출
사례

출처: M. Pfitzer, V. Bockstette and M. Stamp(2009), "Innovating for Shared Value," *Harvard Business Review*, (September), pp.6-7.

2.2. 공익연계마케팅

공익연계마케팅(cause-related marketing)이란 CSR이라는 대의명분을 마케팅에 연계시키는 활동이다. 즉, 기업이 사회적으로 가치 있는 공익 실현을 위해서 비영리기관과 협력하여 공익에 공감하는 소비자의 마음을 사로잡아 구매를 유도하는 마케팅 방식이다.[22] 기업은 공익 실현이라는 사회적 공헌과 기업 이미지 개선, 매출 증대 등 경제적 효과를 동시에 기대할 수 있다. 따라서 경제적 가치와 사회적 가치를 동시에 추구한다는 관점에서 공유가치창출 활동의 일환으로 볼 수 있다. 공익연계마케팅의 주요 사례를 들면 다음과 같다.

• **아메리칸 익스프레스(Amex)의 '자유의 여신상 복원 프로젝트'** 1983년 아메리칸 익스프레스는 '자유의 여신상 복원 프로젝트'를 기획하였다. 아메리칸 익스프레스는 자사 카드가 신규로 발급될 때 1달러, 기존 고객이 자사 카드로 거래할 때 1센트를 '자유의 여신상' 복원 공사를 추진하던

비영리단체 'The Statue of Liberty Project'에 기부하는 캠페인을 펼쳤다. 미국 시민들이 이 캠페인에 적극적으로 동참하여, 캠페인이 시작된지 5개월 만에 신규카드 발급 규모는 45%, 카드 사용 빈도는 27% 증가하여 아메리칸 익스프레스는 170만 달러를 자유의 여신상 복원 사업에 기부할 수 있었다.

- 탐스(TOMS) 슈즈의 'One-For-One' 프로그램 미국 탐스 슈즈는 자사 운동화 한 켤레를 사면 가난한 제3세계 아이들에게 한 켤레가 기부된다는 캠페인을 펼쳤다. 신발도 신기에 편안하고 소비자들로 하여금 좋은 일에 참여한다는 호감을 주기 때문에 매출이 폭발적으로 신장하였다.

- CJ제일제당의 '미네워터 바코드롭(Barcodrop) 캠페인' 국내기업 사례로 CJ제일제당은 2012년 3월 "세계 물의 날"에 맞추어 바코드가 2개 있는 '미네워터 바코드롭(Barcodrop) 캠페인'을 벌였다. 이 먹는 샘물병에는 일반 바코드 외에 물방울 모양의 바코드가 하나 더 있는데, 계산할 때 물방울 바코드까지 찍으면 고객은 100원을 추가 부담해 아프리카 아이들에게 깨끗한 물을 공급하는 기금으로 기부하게 된다. 여기에 CJ제일제당과 각 유통사가 100원을 더 보태 총 300원의 기금이 물 한 병 판매될 때마다 적립되어 300명의 아이들에게 물을 나눠줄 수 있게 된다. 소비자에게 상품 가격 부담을 더 높이는 이러한 기부 마케팅은 매출증대로 이어졌다. 미네워터 구매자의 51%가 기부에 동참했고, 이 제품이 출시된 2주 동안 기존 판매량 대비 244%의 매출 신장을 기록하였으며, 이는 전년 대비 3.5배 늘어난 수치이다.[23] 따라서 CJ제일제당은 이 캠페인을 통해 아프리카 아동들에게 식수를 공급하는 사회적 가치 창출과 매출 신장을 가져오는 경제적 성과 둘 다 달성하였다.

Ⅲ 글로벌 CSR전략

글로벌기업 차원에서 CSR 활동을 수행하고 관리해나가는 데 있어 [그림 13-1]에 제시된 바와 같이 크게 두 가지 방안을 택할 수 있다. 첫째는 세계적으로 통합된 CSR 활동을 수행하는 글로벌 표준화 CSR전략이고, 둘째는 각국에서 현지시장 실정에 맞게 CSR 활동을 차별화하는 현지화 CSR전략이다. 현실적으로는 글로벌기업은 글로벌 표준화전략과 현지화전략을 동시에 수행한

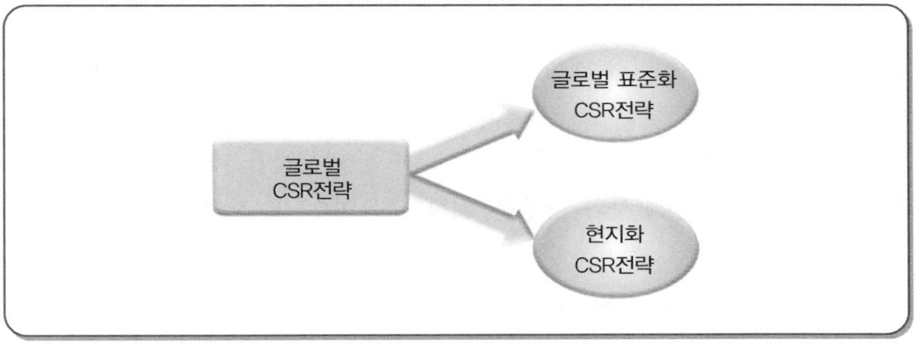

그림 13-1

글로벌 CSR
전략 유형

다. 이는 한편으로는 여러 나라에 걸쳐 통합적인 전략 수립도 중요하지만, 동시에 개별국의 실정에 맞는 현지화전략 수립 또한 무시할 수 없기 때문이다. 따라서 본사 차원에서 전 세계 사업장에서 공통적으로 수행하는 표준화된 사회적 책임 프로그램을 입안하고, 각국의 해외자회사 차원에서는 본사가 입안한 공통적 사회적 프로그램을 수행하면서 동시에 현지 실정에 맞는 차별적인 사회적 책임 프로그램을 개발하여 수행해 나간다.

3.1. 글로벌 표준화 CSR전략

글로벌 표준화 CSR전략은 전 세계 차원에서 주요시 되는 CSR 이슈에 대해 본사 차원에서 통일된 프로그램을 입안하여 각 해외자회사로 하여금 수행토록 하는 것이다. 글로벌 차원의 주요 CSR 의제는 UN의 국제기업행동 요강(Global Compact) 10원칙, OECD의 다국적기업 지침(Guidelines for Multinational Enterprises), 국제표준화기구(ISO)의 사회적 책임에 대한 국제적 인증인 ISO26000 등을 준거로 삼아 결정할 수 있다. 물론 본사 차원에서 수립된 글로벌 CSR 프로그램은 각국에 도입할 시에는 해외자회사 차원에서 현지 실정에 맞게 어느 정도 조정가능하다. 아래에 제시된 바와 같이 한국의 주요 글로벌기업들도 글로벌 표준화 CSR전략을 수행해 나가고 있음을 알 수 있다.

• LG전자의 "Life's Good With LG" 캠페인/"LG희망가족 프로그램" LG전자는 전사공동 대표 사회공헌 "Life's Good With LG" 캠페인을 모든 국가와 지역법인에 전파하여 추진하고 있다. 국내외 사업장 직원들의 기부 및 봉사활동의 지원을 통하여 기업시민정신이 기업 내에 체화될 수 있도록 하는 프로그램이다. 또한 LG전자는 저개발국에서 경제적 자립 기

반을 마련할 수 있도록 "LG희망가족 프로그램"을 운영하고 있다. 예컨대 아프리카, 남미 등에서 LG전자가 영업하고 있는 국가의 소외계층 청년을 대상으로 일반 및 기술 교육 등을 실시하고, 인턴기회를 제공함으로써 일자리 창출에 기여하고 있다. 또한 학생들을 대상으로 무료 IT아카데미 수업과 교사와 학생을 위한 교육연수 및 장학사업을 운영하고 있다.

- **삼성전자의 '글로벌 5대 나눔 프로그램'** 삼성전자는 전 세계 사업장에서 삼성스마트스쿨(Samsung Smart School), 솔브포투모로우(Solve for Tomorrow), 삼성테크인스티튜트(Samsung Tech Institute), 삼성나눔빌리지(Samsung Nanum Village), 삼성케어드라이브(Samsung Care Drive) 등 글로벌 5대 나눔 프로그램을 전개하고 있다. 예컨대 삼성스마트스쿨은 교사와 학생들이 실시간으로 소통하며 수업할 수 있도록 지원하는 교육 프로그램으로 단순한 기기 지원이 아닌 지역별 상황에 맞춰 교육으로부터 소외된 학생들이 보다 쉽게 IT환경에 접근하여 동등한 교육의 기회를 제공받을 수 있도록 도와주는 역할을 한다. 삼성테크인스티튜트는 현지 고용을 통해 해당 국가의 경제적 성장 기반을 제공하는 한편, IT분야의 직업교육을 통해 젊은 인력을 양성하고 고용창출을 돕기 위한 사회공헌 프로그램으로 현재 아프리카, 중동, 동남아, 중남미 유럽 등지에서 총 188개의 프로그램을 운영하고 있다.

또한 삼성전자는 지금까지 각 지역별로 산재해 이루어지던 사회공헌 활동을 하나의 단일 프로그램으로 통합하여 2011년부터 'Samsung Hope for Children' 프로그램을 런칭시켰다. 미래의 희망인 아동과 청소년에게 더 나은 건강과 교육 기회를 제공하는 프로그램으로 청소년 교육 지원, 저소득 청소년 의료 혜택, 취업교육 등 각 법인과 국가별 상황을 고려한 맞춤형 프로그램을 운영하여 지역사회의 문제를 해결하기 위한 실질적인 도움을 제공하는데 목적을 두었다. 현재 50개 국가 이상에서 'Samsung Hope for Children' 프로그램이 진행되었는데, 주요 지역별 프로그램으로는 중국/희망소학교지원, 프랑스/SOS Children's Village IT 교육지원, 브라질/아마존 내 학교 및 의료시설지원, 러시아/Orphanage House 교육지원 등을 들 수 있다.[24] 2017년에는 삼성 디지털시티(수원)와 51개 글로벌 판매법인이 지구를 생각하고 전력 불평등을 해소하자는 취지의 '지구촌 전등 끄기(Turn off your light)' 캠페인에 참여하였다. 이는 매년 전 세계에서 진행되는 세계자연기금(WWF: World Wildlife Fund) 주관의 '어스 아워(Earth Hour)'의 사전 행사로 밤 1시간 동안 소등하는 것으로 진행된다.

- **현대자동차의 '해피무브 글로벌 청년봉사단' 프로그램**　현대자동차는 그룹 차원에서 2008년부터 국제 사회에 기여하고 미래를 책임질 글로벌 청년 리더를 양성하기 위해 '해피무브 글로벌 청년봉사단(Happy Move Global Youth Volunteers Camp)'을 운영하고 있다. 매년 두 번에 걸쳐 500명씩 총 1,000명의 대학생을 선발하여 여름방학과 겨울방학 기간 중 이들이 인도, 중국, 브라질, 터키, 체코 등 현대자동차가 진출한 해외 지역에서 지역봉사, 의료봉사, 문화교류 등의 활동을 전개하는 것이다.

- **'포스코 패밀리 글로벌 볼런티어 위크' 프로그램**　포스코는 봉사와 나눔으로 세계인에게 사랑받는 글로벌기업이 되기 위해 2010년부터 전 세계 20여 개국의 포스코 패밀리 임직원이 동시에 참여하는 대규모 봉사 프로젝트 '포스코 패밀리 글로벌 볼런티어 위크(POSCO Family Global Volunteer Week)'를 전개하고 있다. 이 프로그램의 일환으로 2011년부터 말레이시아, 멕시코, 베트남, 인도, 인도네시아, 중국, 터키, 태국, 필리핀, 폴란드 등 포스코 해외법인 및 사무소가 진출한 10개 국가의 100여 개 복지시설 지원을 통해 나눔을 실천하였다. 즉 지역사회 학교에 화장실을 마련하고 위생교육을 실시하는 것에서부터 도서관 건립, 급식비 지원, 운동회 및 문화 프로그램 운영까지 아동, 장애인, 여성들을 위한 보다 나은 교육 환경과 삶의 터전 개선을 지원하고 있다

3.2. 현지화 CSR전략

각국마다 CSR 관련 주요 관심사항이 다를 수 있다. 이를테면 개발도상국에서는 경제적 책임과 자선적 책임에 더 관심을 갖는 반면, 선진국에서는 법적, 윤리적 및 환경적 책임에 더 관심을 보일 수 있다. 예컨대 인도에서 11개 공공기업, 39개 민간기업, 32개 다국적기업 등을 대상으로 한 CSR 실태조사보고서에 따르면 CSR 참여 관심 분야로는 교육(82%), 건강(81%), 환경(81%), 여성인권증대(63%), 복지증대(62%), 공중위생개선(61%), 소액금융대출(60%), HIV/AIDS 방지(54%), 유아캐어(55%), 슬럼개발(50%), 재난방지

(44%), 농경개발(29%) 등의 순으로 나타났다.[25] 한편, 중국 내 100대 기업(외국기업 3곳, 민영기업 7곳, 집체기업 1곳, 국유기업 89곳)의 CSR 보고서에 의거하여 CSR 관심 사안을 분석한 결과, 고용, 품질제고 등 경제적 이슈가 326건, 불우이웃 돕기, 희망프로젝트 기부금, 스포츠 스폰서 등 자선적 이슈가 226건, 경영 및 종업원 행동 지침, 에너지 절약, 환경공해 절감 등 윤리적 이슈 155건, 뇌물 방지, 공정경쟁, 제품 안전 등 법적 이슈가 127건 순으로 높게 나타났다.[26] 따라서 글로벌기업은 미국, 중국, 인도 등 각국 시장에서 현지 정부나 시민의 관심도가 높은 사안에 대해 차별적인 CSR 프로그램을 개발해 수행해 나갈 필요가 있다. 글로벌 표준화 CSR전략에서와 같이 우리나라 주요 글로벌기업들이 각국에서 수행하고 있는 현지화 CSR전략의 주요 사례를 살펴보면 다음과 같다.

- **삼성전자 현지화 CSR전략** 삼성전자 해외법인은 지역별로 맞춤형 CSR 활동을 수행하고 있다. 예컨대 삼성전자 중국법인은 지역사회 녹색 프로그램인 법인별 일사일하(一社一河) 및 일심일촌(一心一村) 활동을 시행하고 있다. 삼성전자 동남아총괄은 동남아에 소재한 8개 법인에 소속된 임직원이 참여하는 봉사 프로그램인 '러브앤케어(Love and Care)'를 운영하고 있다. 한편, 삼성전자 중남미총괄은 재난 재해가 빈번한 지역 특성을 고려하여 신속히 대응 가능한 '재난대응 프로세스'를 구축하였다. 즉 재난이 발생하는 즉시 신속하게 피해를 파악하고, 복구하는 동시에 지역사회 이재민의 생활불편을 최소화하는데 중점을 둔다.

- **LG전자 현지화 CSR전략** LG전자 인도법인은 인도에서 현지 실정에 맞는 특화된 환경보호 프로그램을 수행하고 있다. 우선 환경에 대한 인식 제고를 위해 일명 "Cyclotron Go Green" 자전거타기 캠페인을 전개해 1,000여 명의 임직원이 참여한 바 있다. 또한 수익금의 1% 나무심기 운동을 전개하여 인도 푸네 지역 등지에서 식림 행사를 실시하였다. 2006년부터는 한양대학교와 진행해오던 청소년 환경교육 프로그램 'Life's Green Class'를 인도에 도입하였다. 'Life's Green Class'는 첨단 실험 및 영상 장비를 갖춘 특수차량을 이용해 전국 초·중학교 및 과학축제를 순회하며 청소년 대상 환경 교육을 실시하는 프로그램이다. 이 프로그램의 일환으로 2010년부터 인도 푸네대학교와 협력해 매년 푸네시 인근 70여

개 중학교를 대상으로 과학 원리를 통한 환경교육을 실시하고 있다. 또한 환경보호에 앞장서고 있는 NGO를 지원하기 위한 프로그램인 "I Care CSR Activity"를 실시하였다. 참가 지역사회의 LG 고객들이 신청서를 작성하여 제출하면 추첨을 통해 인공 잎사귀를 나무에 매달 기회를 부여한다. 그러면 매 인공 잎사귀마다 LG전자 인도법인은 환경보호단체에 1루피(Re)를 기부하게 된다.

- **현대자동차 현지화 CSR전략** 현대자동차 중국법인은 2007년부터 '현대 그린존 차이나(Hyundai Green Zone China)' 사업을 추진해오고 있다. 이 사업은 중국 사막화의 중심 지역인 내몽고 쿤산티크 사막 차칸노르 지역의 총 1,500만 평을 초지로 조성하여 사막화를 방지하고 생태계를 복원하기 위한 것이다. 한편, 현대자동차 미국법인은 소아암 연구를 지원하고 소아암 환자 치료를 후원하는 'Hope on Wheels' 활동을 진행하고 있다. 이 프로그램은 자동차 1대를 판매할 때마다 14달러씩 기부되는 기금 조성, 프로그램 홍보를 위해 미국 전역에서 진행하는 'Hope on Wheels Tour', 소아암 분야의 연구원들에게 연구기금을 지원하는 '현대 장학금'으로 나뉘어 운영되고 있다. 유럽에서는 가장 큰 사회 문제인 청년 실업 해소를 위해 '미래를 위한 기술(Skills for the Future)' 사회공헌 프로그램을 런칭시켰다. 2012년 9월부터 독일, 영국, 이탈리아, 스페인, 체코 등 5개국 50개 학교를 대상으로 우선 시작되었다. 이 프로그램은 유럽 각국의 직업학교 15~18세 재학생을 위한 맞춤형 직업 기술 교육 과정으로, 청소년들의 취업 경쟁력강화를 목표로 유럽 최대 경제교육 비영리단체인 'Junior Achievement-Young Enterprise(JA-YE) Europe'과 협력하여 운영된다. 참여 학생, 교사 그리고 현대자동차 임직원을 주축으로 방문교육, mini-company 활동, Hyundai Award, 온라인 퀴즈, 교사 및 봉사자 워크샵 등 5가지 주요 활동을 실시한다

- **포스코 현지화 CSR전략** 포스코는 중국 청도 지역에 위치한 설가도 관광 휴양지에 중국 정부와 협의하여 녹화 사업의 일환으로, '포스코 동산'을 조성하여 시민 및 관광객에게 푸른 녹지를 제공하였다. 베트남에서는 포스코 1% 나눔재단이 포스코빌리지(POSCO Village) 조성사업을 추진하였다. 이는 포스코 베트남 현지법인 인근에 위치한 지역의 저소득 가정을 위해 현지 지방 정부와 국제 NGO인 해비타트(Habitat for Humanity)와

공동으로 주택을 건축하는 프로젝트이다. 2014년부터 포스코빌리지 조성사업을 시작해 모두 45채의 집이 완공됐다. 포스코빌리지 조성사업에는 기부자인 포스코 1% 나눔재단 임직원으로 구성된 글로벌 봉사단 외에도 포스코 대학생봉사단 'Beyond'와 현지법인의 임직원, 호찌민대학교, 달랏대학교의 포스코 청암재단 장학생들이 함께 봉사자로 참여하고 있다.

토의문제

1. 포괄적으로 어떻게 기업의 사회적 책임(CSR)을 유형화 할 수 있는가?
2. CSR 이론적 배경으로서 이해관계자이론에 대해 설명하시오.
3. 글로벌 CSR의 주요 내·외적 동인은 무엇인가?
4. CSR과 전략적 CSR 차이점에 대해 비교 설명하시오.
5. 공유가치창출(CSV) 개념과 주요 사례들에 대해 분석하시오.
6. 국내 주요 기업의 글로벌 표준화 CSR전략 사례에 대해 분석하시오.
7. 국내 주요 기업의 현지화 CSR전략 사례에 대해 분석하시오.

사례 | 현대자동차 인도법인(HMI)의 사회적 책임 활동[27]

Global Strategic Management

현대자동차는 세계적 자동차 메이커로 도약하기 위해 직접투자 방식으로 1996년 인도 남부 타밀나두주 첸나이에 진출하였다. 초기 성공에 힘입어 10년 후인 2006년에는 연산 30만대 규모의 제2공장을 준공하였다. 진출 당시에는 외국인 투자비율 최고한도가 51%로 제한되어 있었으나 대규모 생산기지 구축, 4년 내 현지화율 70% 이상 달성, 기술 이전 등을 제시해 인도 정부로부터 단독투자 허가를 받아냈다. 인도는 자동차 부품 관세율이 최고 42%에 이르기 때문에 현대자동차는 한국의 협력업체 100여개와 동반 진출해 부품의 85%를 현지화 시켰다. 현재 이들 공장에는 70명의 한국 주재원을 포함해 모두 7천 5백여명의 인도 근로자가 근무하고 있다. 현대자동차는 인도에서 대표 차종인 '상트로(SANTRO)'를 비롯한 컴팩트 23개 차종을 생산해내고 있으며, 또한 인도 고유 모델인 승용차 i10, i20와 전략 차종 소형 SUV '베뉴'와 '크레타(CRETA)'를 개발하여 큰 성과를 거두었다. HMI는 2017년에 누적 생산 대수가 800만 대를 넘어섰고, 인도전역에 415개 딜러와 1,100개가 넘는 서비스망을 구축하였고, 2020년에는 92개국에다 수출하여 인도에서 제1위 수출업체 지위를 10년 이상 유지해오고 있다.

I. 현대자동차 인도법인(HMI)의 CSR 관리

인도에서의 지속가능경영 토대를 확립하기 위해서는 다양한 이해관계자와의 신뢰 구축이 필수적이다. 인도인들은 가까운 장래에 돌아올 보상을 기대하지 않고 무조건적으로 도와주고 베푸는 데서 대인관계에서의 신뢰가 형성되고 발전된다고 믿는다. 한편, 인도인들은 외국기업이 인도에 투자를 할 경우 단기간에 돈을 벌어 떠날 것이라고 생각한다. 따라서 이들에게 장기적인 투자를 통해 같이 성장할 수 있다는 인식을 심어주는 노력이 무엇보다 중요하다. 인도 정부도 외국기업들에게 사회 공헌 등 사회적 책임을 다할 것을 요구한다. 이에 대해 HMI의 고위임원은 다음과 같이 설명한다.

"인도 정부는 HMI가 주관하는 모든 기업의 사회적 책임(CSR: corporate social responsibility) 프로그램에 대하여 그 활동 내역과 보고를 요청합니다. 정부는 이를 토대로 HMI가 현지 주민들에게 어떠한 다양한 방법으로 지원을 하는지에 대한 평가를 실시합니다."

현대자동차의 경우 글로벌 차원에서 사회적 책임활동을 관리하고 있는데, 각 해외법인장은 본사의 'CSR위원회'에 참석하여 본사의 CSR 방침과 운영에 대해 상호 의견을 교환한다. CSR위원회는 본사의 CSR 관리의 중심 조직으로 전사적인 기획 및 조정 임무를 맡는다. CSR위원회 산하에는 인사, 환경, 법무, IR, 정보시스템, 품질, 노동안전 등 7개 부문이 있다. 당시 인도 법인장은 "인도에서의 CSR 등 지속가능경영 활동은 본사의 지침을 참조해서 실행하며, 본사 법인장위원회에서는 각 현지법인의 CSR활동을 모니터링 한다"고 밝힌다.

또한 "HMI의 사회적 책임 수행 결과에 대한 한국의 본사에 대한 보고 및 평가 체계는 어떠한지요?"라는 질문에 HMI 임원은 "본사에는 연간 단위로 CSR활동에 대한 보고서를 정리하여 보고하고 있다"고 밝힌다. 또한 인도 종업원들의 사회활동 참여에 대해 "인도 현지 종업원들의 지역 사회 봉사 참여 수준은 그리 높지 않습니다. 하지만 헌혈 행사, 인근 지역 주민이나 학생들에게 생필품 및 여러 유용한 물품들을 기부할 때나 마을에서 의료 봉사를 할 때에는 다 함께 참여하고 있습니다. 그러나 종업원들의 참여 촉진을 위한 별도의 제도적 장치는 없는 것으로 알고 있다"라고 전한다.

II. 현대자동차 인도법인(HMI)의 CSR 활동

HMI는 인도에서 사회적 공헌에 매우 적극적이다. 인도 법인장은 "인도에서의 사회적 책임 활동은 원칙적으로 본사의 지침을 참조해서 실행하지만 50% 정도는 인도 법인이 이니셔티브를 가지고 실행하고 있다"고 평가한다. 현대자동차의 인도에서의 사회적 공헌 제반 활동은 공익재단에 의해서 주도된다. 현대자동차 인도법인 공익재단(Hyundai Motor India Foundation: HMIF)은 2006년 '함께 움직이는 세상'이라는 주제로 인도 현지 사회공

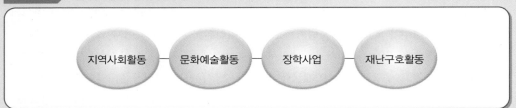

그림 13-2 현대자동차 인도법인 공익재단(HMIF) 주요 활동

지역사회활동   문화예술활동   장학사업   재난구호활동

출처: 현대자동차 인도법인 홈페이지.

헌 추진을 위해 설립되었으며, 지역사회활동, 문화예술활동, 장학사업, 재난구호활동 등의 4개 분야에 중점을 둔다(그림 13-2 참조). 공익재단의 재원은 자동차 1대 판매시마다 100루피를 적립하여 마련된다. 이에 대해 당시 인도 법인장은 "2012년까지 적립누계가 8억원에 이르고 앞으로 매출이 늘어나면서 더 많은 재원을 마련하여 더욱 다양한 사회적 공헌을 할 수 있을 것이다"라고 전망한다.

HMIF 공익재단 이사는 "현대자동차 인도재단은 우리 주변의 공동체를 발전시키기 위해 노력하고 있습니다. 기존의 많은 프로젝트를 발전시키고 확대하는 한편 새로운 방안을 매년 추가하고 있습니다. 이러한 프로젝트에 소요되는 예산은 현대자동차의 판매를 통해 조성하고 있습니다"라고 밝힌다.

1. 지역사회활동

HMIF는 지역사회 활동을 통해 지역 주민과의 친근감을 조성하고 낙후 지역에 대한 시설 지원 및 개발을 통해 회사 인근 첸나이 지역이 좀 더 발전된 모습으로 변모할 수 있도록 노력을 기울이고 있다. 주요 활동으로는 위생/보건 증진, 낙후지역 교육시설 지원, 교통안전 캠페인, 환경개선 활동 등이 포함되는데, 그 대상과 지역을 점차 확대해 나가는 중이다.

여러 지역사회 활동 중 첫 번째로 '해피무브 글로벌 청년봉사단(Happy Move Global Youth Volunteers Camp)'을 들 수 있다. 현대자동차는 그룹 차원에서 2008년부터 국제사회에 기여하고 미래를 책임질 글로벌 청년 리더를 양성하기 위해 '해피무브 글로벌 청년봉사단'을 운영하고 있다. 매년 두 번에 걸쳐 500명씩 총 1,000명의 대학생을 선발하여 여름방학과 겨울방학 기간 중 이들이 인도, 중국, 체코 등 현대자동차가 진출한 해외 지역에서 지역봉사, 의료봉사, 문화교류 등의 활동을 전개하는 것이다. 인도에서도 한국 및 인도 학생들로 구성해서 지역사회 발전을 위해 봉사하고 있는데, 특히 교육 및 환경 정화 활동에 치중한다.

지역사회 활동의 두 번째 사례로 '현대교통자원봉사단(Hyundai Traffic Squad)'을 들 수 있다. 인도는 교통사고 사망자가 세계에서 가장 많은 국가다. 인도 정부의 공식 통계로 년 16만여 명이 도로 위에서 생명을 잃는다. 12억 인구와 연간 200만 대씩 급속히 늘어나는 자동차를 대응하기엔 역부족인 교통 인프라 때문이다. 이에 HMI는 자동차 회사로서 이처럼 열악한 인도의 도로 이용자들의 교통안전에 책임이 있다고 판단하여 경찰차를 기증하고, 교통사고 줄이기, 교통질서 지키기 등의 가두 캠페인을 지속적으로 펼치고 있으며, 또한 첸나이 경찰청의 지원을 받아 현대교통 자원봉사단을 출범시키는 등 인도의 도로 교통안전 달성에 힘쓰고 있다. 예컨대 가정환경이 불우하지만 학업 우수학생 200명을 현대교통자원봉사단으로 선발하여 하루 3시간씩, 월 1,650루피의 장학금을 지원하고, 이들은 인도 교통관리 전문기관(ROSES)에 위탁되어 델리, 첸나이 등 시내 혼잡 지역에서 교통안전을 위해 수신호 통제와 교통안전 캠페인 활동을 벌인다. 인도 법인장은 적잖은 돈을 들여가며 교통봉사대를 운영하는 이유를 "자동차를 만들어 파는 회사가 이렇게 많은 교통사고를 외면할 순 없잖아요"라고 설명한다.

세 번째 지역사회활동 사례로는 '의료이웃봉사캠프(Medical Camps for Neighbourhoods)'를 들 수 있다. 지역사회의 현대화에 있어 낙후된 위생시설과 보건의식을 개선하는 것이 빠질 수 없다는 생각에 지역 주민들의 위생 및 보건 증진을 위하여 HMIF는 각종 의료 지원과 방역활동을 수행하고 있다. 예컨대 인도 하이데라바드시의 캐어파운데이션(CARE Foundation)과 연계하여 구급차와 의료 업무 지원 차량을 기증하였다. 또한 국제라이온스 클럽 및 주요 첸나이 병원들과 제휴를 한 HMIF는 일 년에 한번 헌혈 캠페인을 실시하여 약 600명의 직원들이 자발적으로 캠페인에 동참한다. 인도 법인장은 "직원들의 자발적 참여는 결속의 좋은 본보기로 현대자동차의 사회를 향한 약속이다. 모아진 혈액들은 라이온스 혈액은행에 저장되어 응급한 상황에서 필요로 하는 곳을 찾아 전달된다"라고 설명한다.

네 번째로는 지역학교 학생 지원활동을 들 수 있다. 특히 HMIF는 지역 비영리민간단체 NPO인 'Agappy Welfare Trust'와 함께 자선 기부행사를 펼친다. 예컨대 아담빠깜과 빼룬쿠디 지역 200명의 저소득계층 학생들을 선발하여 학업 동기유발을 위해 영어사전, 볼펜, 연필, 제도기 세트 등 교육기자재를 선물하였다. 또한 HMIF는 Agappy Welfare Trust의 사회복지사들에게 기본 의약품을 제공하여 학생 및 일반인들에게 필요할 경우 의약품을 제공할 수 있도록 조치하였다. 또한 인도법인 인근지역인 스리페룸부두르 지역의 48개 마을의 가난한 학생들에게 책가방, 신발, 점심 도시락 및 문구류 세트를 기부한바 있다.

다섯 번째 지역사회 활동 사례로 빈곤 없는 지구를 위한 '화이트밴드 캠페인'을 들 수 있다. 매년 10월 17일은 UN이 정한 세계 빈곤퇴치의 날이다. 이날에 맞춰 전 세계 100여 개 국에서는 '빈곤을 종식시키자(End Poverty)'란 구호가 적힌 흰색 실리콘 팔찌인 화이트밴드를 차는 캠페인이 전개된다. 현대자동차도 2009년부터 세계 빈곤 퇴치의 날을 맞아 본사를 비롯해 미국, 독일, 중국, 인도, 체코 등 현대자동차 주요 사업장에서 모든 임직원이 빈곤 퇴치를 위한 '화이트밴드 캠페인'에 참여하고 있다. 각 지역 사업장마다 임직원들은 손목에 화이트밴드를 착용하고 캠페인에 동참하고, 모금 활동과 빈곤 국가 아동 후원을 위한 결연 활동을 전개한다.

2. 문화예술활동

인도 사업 비중이 높아짐에 따라 HMIF는 상호 이해를 목적으로 문화교류 센터의 필요성을 인식하고 첸나이 한국총영사 측과 공동으로 2006년 5월 첸나이에 한국문화원 InKo Centre(INDO-KOREAN Cultural and

Information Cetre)를 설립하였다. 인코센터는 현대자동차가 인도인과 함께 한다는 이미지를 심어주기 위해 인도에서 나날이 인기가 높아지는 한국어 강좌, 한국영화 상영, 한국음식 강좌, 태권도 교실, 한국 전통 공연단 초청 공연 등을 통해 인도인들과 문화적 공감대를 형성할 수 있도록 힘쓰고 있다. 예컨대 인도인들이 영화 관람을 즐긴다는 점을 감안하여 2009년 인코센터에서는 서울 국제여성영화제와 국제영화진흥위원회, 인도국제영화센터가 후원하고 주요 문화예술 단체와 주인도대사들이 참여한 가운데 '여성영화제'를 개최하여, 한국영화, 인도영화, 외국영화, 그리고 다큐멘터리 등 영화제 기간 동안 총 25개국의 영화를 상영하기도 하였다.

또한 HMI는 2011년에 크리켓 월드컵을 후원하는 계약을 체결하였다. 이를 통해 HMI는 향후 크리켓 월드컵을 포함, 챔피언스 트로피(Champions Trophy), 월드 T20(World T20) 등 국제크리켓위원회(ICC)가 주관하는 국제대회에 의전, 운영 차량을 지원하고 다양한 마케팅 활동을 할 수 있는 권리를 획득했다. 크리켓은 인도, 호주, 영국, 남아공 등 주로 영연방 국가에서 인기가 높은 스포츠 종목으로, 특히 크리켓 월드컵은 110여 개국에 방송 중계되어 연인원 20억 명 이상이 시청하는 대회로 축구 월드컵, 올림픽, 럭비 월드컵에 이어 세계에서 네 번째로 큰 규모의 대회로 꼽힌다. 인도 법인장은 "현대자동차가 세계에서 가장 큰 스포츠 대회 중 하나인 크리켓 월드컵을 통해 글로벌 스포츠의 발전에 기여할 수 있게 돼 기쁘고 앞으로 ICC의 크리켓에 대한 열정을 함께 나누고 대회가 성공적으로 개최될 수 있도록 최선을 다해 협력하겠다"고 밝힌다.

3. 교육 및 장학사업

인도인들은 교육이 국가의 힘이라고 믿는다. 이에 따라 HMIF에서는 보다 많은 학생들이 교육을 받을 수 있도록 지원하고 있으며, 산학협력 등의 활동을 체계적으로 진행하고 있다.

첫째, 교육 및 직업 훈련 프로그램(Educational and Vocational Training Program)의 일환으로 인도 북동부에 위치한 아쌈(Assam) 지역 학교들에 기술훈련 프로그램을 개설하여 자동차관련 연구/교육 자재를 제공하고 있다. 또한 주요 거점 도시에 자동차 직업 훈련원 설립 및 운영을 통해 전국적으로 A/S 요원을 육성하는 한편 현지인들에게 기술 습득 및 취업의 기회를 제공하고 있다.

두 번째로 운전면허교육에 힘쓰고 있다. HMIF는 공장 인근 마을의 실직 청년들에게 '현대드라이빙 스쿨(Hyundai Driving School)' 프로그램을 통해 운전면허 교육을 제공하고, 졸업생들에게는 수료증과 운전면허증을 수여한다. 이 프로그램에는 학과수업, 정비 워크숍, 다양한 자동차시스템의 현장 실습뿐만 아니라 교통표지 학습, 요가 및 우수 운전자가 되기 위한 마음가짐 등 다양한 프로그램이 포함되어 있다. 이 스쿨의 연수생 자격은 연소득 2만 루피 이하의 빈곤가정 출신 및 고등학교 졸업 이상의 학력 소지자이며, 학교와 지역 공공장소에서 공고를 통해 모집한다. HMIF의 고문은 "현대자동차는 교통안전과 늘어나는 교통사고 예방을 위해 현대 드라이빙 스쿨을 시작하게 되었습니다. 이를 통해 매년 4개 기수의 연수생들을 배출할 예정이며, 인근 마을의 실직 청년 100명을 교육시킬 예정입니다"라며 현대 드라이빙 스쿨의 취지를 설명한다.

세 번째 교육프로그램의 일환으로 간호사 육성프로그램을 들 수 있다. HMIF는 노동력 착취가 만연한 타밀나두 벨로르 지역에서 이 지역 사회봉사단체인 마드라스 라이온스클럽과 함께 학업성적은 뛰어나지만 가난한 여학생 50명을 뽑아 간호사 육성 프로그램을 시작했다. 학생 전원은 교육을 마치고 병원에 배치돼 수습생으로 일하게 되는데, 한 달에 4,000루피(한화 약 9만원) 정도를 받는다.

네 번째로 교육시설 지원을 들 수 있다. 예컨대 교육용 자동차 엔진 기증을 통해 지역사회에 기여하면서 인도 학생들의 더 나은 미래를 만들어 가고자 HMI는 지역 기술학교, 과학기술 전문학교, ITI 등으로 구성된 타밀나두 지역 45개 교육시설을 대상으로 40대의 차량과 7개의 엔진을 실습용으로 기증한 바 있다. 또한 HMI는 2007년부터 총 10,000세트의 책걸상기증 1차 사업을 완료한 바 있는데, '친환경적 자원재생(eco-friendly recycling)'이라는 개념을 바탕으로 CKD(completely knock down) 자동차 부품을 포장하는 나무 목재를 재활용하여 책상과 걸상을 제작하였다. 특히 현대자동차는 인도 하위계층을 위한 교육시설 지원에 각별히 힘쓰고 있다. 이에 HMIF는 사회복지공동모금회 및 한국 JTS(Join Together Society)와 함께 인도 북부 등게스와리(Dhaneshari) 불가촉 천민마을 교육기관인 수자타 아카데미의 교실 증축 및 기숙사 완공을 위해 지난 2년간 2억원을 지원했다. 수자타 아카데미는 인도의 불가촉천민 약 1만 5천여 명의 주민들이 이용하는 교육 단체로서 유치원생으로부터 청소년 노동학교 학생에 이르기까지 약 천여 명의 학생들이 재학하고 있

다. HMIF의 고문은 "수자타 아카데미가 인도의 어린 학생들이 교육을 통해 오랜 계급제에서 비롯된 절망을 걷어내고 자신의 신분을 극복해 자립할 수 있는 희망의 성지가 됐으면 한다. 인도에서 자동차 생산과 판매를 하고 있는 이웃으로서 모두가 함께 잘살고 행복한 인도를 만들어나가는 데 작은 힘이나마 보태고 싶은 소박한 바람을 가지고 있다"고 전한다.

4. 재난구호활동

HMIF는 예상치 못한 지진, 해일, 수해 등의 자연재해 발생 시 수시로 기금마련, 구호활동, 복구지원 활동 등을 펼친다. 예컨대 2004년 12월 인도양에서 발생한 쓰나미는 HMI가 위치한 타밀나두주에 인명과 재산 모두 막대한 피해를 입혔는데, 타밀나두주 최대 투자업체로서 HMI는 기업시민 역할을 다하기 위해 구호의연금을 기부하였다. 또한 HMI 의무실 직원들과 순다르 병원의 의사와 간호사들을 가장 피해가 컸던 나가빠뜨남(Nagapattinam) 지역에 파견하여 약 5,000명의 부상 주민을 치료하고 수질성 전염병에 대비하여 예방접종을 실시하였다. 특히 임직원들의 자발적인 모금 운동으로 마련된 성금과 트럭 2대 분의 구호품을 전달하여 의미를 더하였다. 타밀나두주의 깔빠깜(Kalpakkam)과 안다만(Andaman)에서는 수해로 침수 피해를 입은 차량을 무상 점검 및 수리 서비스를 제공한 바 있다.

Ⅲ. CSR 효과

CSR활동은 고객 등 다양한 이해관계자와의 신뢰관계 구축, 호의적인 여론 형성을 통한 브랜드 이미지 구축, 우수한 인력의 채용 및

유지, 종업원의 자긍심 고취 등의 성과로 귀결된다. 예컨대 "사회적 책임을 통해 HMI가 인도시장에서 얻는 가장 큰 혜택은 무엇이라 생각하시는지요?"라는 질문에 HMI 임원은 다음과 같이 답변한다.

"다양한 CSR활동을 통해 HMI가 지방 자치와 현지 인근 주민들로부터 얻는 높은 호감도가 아닐까 생각합니다. 이런 관계 형성으로 때때로 회사운영에 주변마을의 도움이 필요할 때 적극적으로 도움을 받기도 합니다. HMI의 지속적인 CSR활동은 기업이미지 향상은 물론 브랜드 가치 향상에도 많은 기여가 될 것으로 생각합니다. 향후 CSR활동은 과거의 일방적인 지원정책에서 양측이 서로 도움을 주고받아 승승(Win-Win)하는 방향으로 정책을 추진하려고 합니다."

요컨대 활발한 CSR활동을 통해 현지국에서 고객, 종업원, 협력업체, NGO, 지역사회 등 다양한 이해관계자로부터 신뢰와 존경을 받을 수 있고, 이를 통해 기업은 소비자와 사회로부터 좋은 평판과 이미지를 얻게 되고 종업원의 애사심을 높여 궁극적으로는 기업의 경쟁력 강화에도 큰 도움이 된다는 것이다.

첫 번째로 기업의 사회적 책임이 강조되는 현재의 사회 분위기하에서 단순히 제품을 만들어 경제적 이익만을 추구하기 보다는 인도시장과 현지 소비자에게 맞는 제품 개발을 통해 경제적 이익과 사회적 가치 창출을 동시에 모색하는 것이 중요하다. 이와 같은 관점에서 우선 HMI는 인도 진출 후 인도 시장의 특성과 소비자의 기호에 맞춘 철저한 현지화전략을 구사하여 인도 소비자의 욕구를 충족시켜 인도시장 진출 후 2년 만에 소형차 시장에서 시장점유율 1위를 차지하는 성과를 거둘 수 있

었다.

두 번째로 HMI는 종업원들에게 인도에서 최고의 봉급과 공정한 평가 보상 및 경력개발 기회를 제공함으로써 종업원의 소속감 및 충성심 제고를 이끌어 낼 수 있었다.

세 번째로 외부 이해관계자인 NGO와의 협력을 통해 그들과 돈독한 관계를 구축할 수 있었다. HMI는 인도에서 사회적 책임 활동 등 지속가능경영 구현을 위해 현지 NGO 등 많은 민간단체와 파트너십을 구축하였다.

네 번째로 HMI는 취약계층과 지역민 채용 등 지역사회를 위한 다양한 사회적 활동을 통해 지역사회 발전과 지역민과의 우호적인 공감대를 형성할 수 있었다. 예컨대 교통자원봉사단의 수혜자는 참가자, 도로행인, 지역경찰 등 지역 주민과 단체 등이 총망라된다.

마지막으로 HMI는 인도에서 가장 많은 자동차를 수출함으로써 인도 정부로부터 인도의 국익에 큰 기여를 하는 기업으로 인정받고 있다. 그 공로로 인도 상공부 산하기관인 The Engineering Export Promotion Council(EEPC)가 수여하는 'All India Award for Export Excellence for the Year'를 2008년부터 연속 수상하고 있다. 이외에도 인도에서의 CSR을 통한 다양한 수상 실적으로 HMI가 인도와 함께하는 기업 이미지를 구축할 수 있었다. 주요 수상 실정 내역으로 2009년도에 리더스다이제스트가 수여하는 '2008 페가수스 CSR Award'를 들 수 있다. 페가수스 CSR Award는 지속가능한 발전과 사회에 지대한 공헌을 한 인도기업에게 수여되는 상이다. 2010년도에는 'Corporate Social Responsibility Award 2009-10' 수상한 바 있다. 이 상은 2008년 타밀나두 주정부에 의해 제정되었으며, 사

회 경제적 복지 활동에서 우수한 성과를 거둔 기업이나 단체에게 수여하는 상이다. 2019년에는 '올해의 스마트 공장(Smart Factory Award)'을 수상하였다. 이러한 수상 실적에 대해 당시 HMI 인도 법인장은 다음과 같이 소견을 밝힌다.

"이익의 사회 환원에 대한 우리의 행동에 대한 인지는 매우 고무적인 일이며 앞으로도 지역사회 발전을 위해 더욱 매진할 것이며 사회적 책임은 우리의 확고한 경영철학이다."

 토의사안

1. 현대자동차 인도법인(HMI)의 CSR 관리 프로세스가 어떻게 이루어지고 있는지 설명하시오.
2. 현대자동차 인도법인 공익재단(HMIF)의 주요 활동 중 지역사회활동에 대해 분석하시오.
3. 현대자동차 인도법인 공익재단의 문화예술활동에 대해 분석하시오.
4. 현대자동차 인도법인 공익재단의 장학사업활동에 대해 분석하시오.
5. 현대자동차 인도법인 공익재단의 재난구호활동에 대해 분석하시오.
6. 현대자동차 인도법인은 CSR활동을 통해 어떠한 효과를 보았는지에 대해 논하시오.

제 14 장
글로벌경영조직 및 통제

범세계적 차원에서 사업을 수행하고 있는 글로벌기업들에겐 과연 어떠한 조직구조가 유효하며, 또한 기업 본사와 해외자회사들 간에 어떠한 통제 관계를 유지해야만 되는가는 글로벌기업의 조직화와 관련해서 다루어져야 할 중요한 사안이다. "구조는 전략을 따른다"고 경영전략의 대가 알프레드 챈들러(Alfred Chandler)가 밝혔듯이[1], 글로벌기업은 자신의 글로벌화 수준과 급변하는 글로벌경쟁환경에 맞추어 조직구조를 지속적으로 개편시켜 나가야 한다. 일반적으로 글로벌화 수준이 높아질수록 조직 및 통제 시스템이 더욱 복잡해진다.

I 글로벌경영조직의 유형

글로벌화 과정에 있어서 해외사업다각화 및 해외시장다변화 정도에 따라 [그림 14-1]에서 보듯이 기업은 다양한 글로벌 조직구조를 선택할 수 있다.

첫째, 기업의 글로벌화 과정 초기에 사업다각화와 시장다변화 정도가 낮을 경우 국제사업부제를 통하여 중앙집권적으로 해외사업을 총괄할 수 있다.

둘째, 글로벌화 과정에 있어서 사업다각화 정도는 낮으나 시장다변화 정도가 높을 경우 지역별 특성을 최대한 반영하기 위한 지역별 사업부 조직구조가 유효시 된다.

셋째, 시장다변화 수준은 낮으나 사업다각화 정도가 높을 경우 제품사업별 특성을 최대한 반영하기 위한 제품별 사업부 조직구조가 유효시 된다.

넷째, 글로벌화 과정에 있어서 시장다변화와 사업다각화 정도가 모두 높을 경우 시장별 및 제품별 사업 특성 모두를 반영할 수 있는 글로벌 매트릭스 조

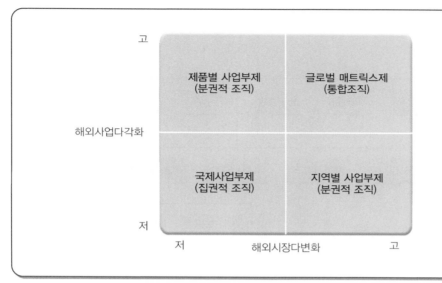

그림 14-1

글로벌경영 조직
구조의 유형

고

제품별 사업부제
(분권적 조직)

글로벌 매트릭스제
(통합조직)

해외사업다각화

국제사업부제
(집권적 조직)

지역별 사업부제
(분권적 조직)

저

저　　　　　해외시장다변화　　　　　고

출처: Bartlett and Ghoshal(1989), Gallbraith(2000) 등 참조.[2]

직구조가 유효시 된다.

글로벌화 단계 측면에서 대체적으로 국제사업부 조직구조는 글로벌화 수준이 낮은 수출기업들에게 유효하며, 지역별 및 제품별 사업부 조직은 독립적이고 분권화된 현지자회사들을 거느린 다국적기업들에게, 그리고 글로벌 매트릭스 조직은 본사 및 지역 자회사들 간의 높은 업무 조정과 통합이 요구되는 글로벌기업들에게 더욱 유효한 조직구조라 할 수 있다.[3]

1.1. 국제사업부 조직구조

전제조건

시장다변화 및 사업다각화 정도가 낮고, 해외직접투자에 의한 현지경영 보다는 내수와 수출에 주로 의존하고, 지역별로 제품 수정이나 상이한 마케팅전략이 크게 요구되지 않을 경우 [그림 14-2]와 같은 국제사업부 또는 해외사업부 조직구조가 유효하다. 보통 해외사업 비중이 낮은 글로벌화 초기단계에 적합한 조직구조이다.

국제사업부 조직구조 하에서는 일반적으로 내수를 전담하는 제품사업부와 해외사업을 전담하는 국제사업부로 업무 분담이 이루어진다. 물론 지역별 또는 국가별로 현지법인이나 지사를 둘 수 있다. 본사의 기획, 연구개발, 생산,

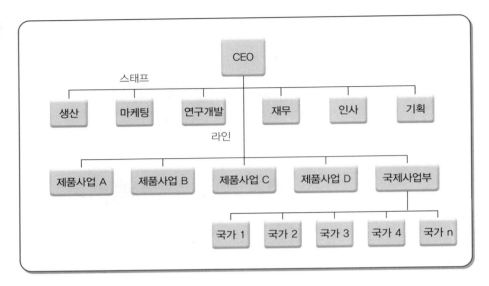

그림 14-2

국제사업부제
조직구조

마케팅, 재무 등과 관련된 각 기능별 스탭진은 통상 제품사업부 및 국제사업
부 업무 모두를 지원한다. 한편, 국제사업부의 최고책임자는 모든 해외사업계
획과 지역별 또는 국가별 책임자의 업무 수행을 총괄한다.

장단점

국제사업부제의 이점으로는 보통 국제사업부 최고책임자가 회사의 최고경
영자(CEO)에게 해외사업 전반에 대한 직접보고하는 체계를 띠기 때문에 자
연적으로 기업의 최고경영자가 해외사업 전반에 대해 숙지하고 관여하게 된
다는 점, 각 제품사업의 해외업무에 대한 일관성 있는 통합된 관리가 가능하
다는 점, 모든 해외사업에 대한 계획, 수행 및 통제를 전담할 수 있다는 점,
해외사업 노하우와 경험을 가진 전문인력을 육성할 수 있다는 점, 이익센터
(profit center)로서의 국제사업부의 책임 때문에 해외사업 확대와 이익극대화
에 전력할 수 있다는 점 등을 들 수 있다.

한편, 국제사업부제의 한계점으로는 국내 제품사업부와의 인위적인 업무
분장으로 인해, 만일 국제사업부의 담당자가 자사의 다양한 제품 또는 사업의
특성에 대한 이해가 부족할 경우 각 제품사업 특성에 맞는 해외사업 활동을
충분히 지원할 수 없게 된다는 점, 국제사업부제는 해외사업을 중앙집권적으
로 총괄하는 데에는 효과적이나 각 제품사업 특성에 맞는 계획을 수립하여 실
행해 나가는 데에는 한계가 있다는 점, 제품사업부와 국제사업부 간에 지역별

시장 특성에 맞는 제품 기획 등 주요 업무와 관련하여 갈등의 소지가 있다는 점 등을 들 수 있다.

이러한 문제점을 해결하기 위해 국제사업부 내에 별도의 기능별 스탭진을 둘 수 있으나, 이렇게 되면 제품별 사업부의 기능별 스탭진과의 업무 중복으로 인하여 자원 낭비뿐만 아니라 제품개발, 마케팅 등 특정 업무에 대한 의사결정에 있어 양측 간 의견 충돌 소지가 높다. 그러나 이러한 문제점은 제품사업부와 국제사업부 간의 긴밀한 의사소통과 국제사업부 내에 스탭진을 두는 대신 제품사업부 담당 스탭진으로 하여금 국제사업부 업무 지원에 대한 직접적 책임을 갖게 함으로써 어느 정도 해결 가능하다. 이를테면 제품사업부와 국제사업부의 최고경영진들로 구성된 위원회(top-level management committee)의 운영도 원활한 업무 협력관계 증진을 위한 한 대안이 된다. 그러나 기업의 해외사업다각화와 해외시장다변화가 확대되면 국제사업부에 의존한 중앙집권적 관리방식은 각 제품사업 또는 지역별 특성에 맞는 업무관리에 있어 한계를 맞게 된다.[4]

1.2. 제품사업부 조직구조

제품사업부 조직구조는 제품업종별로 사업단위를 구분 짓는 분권적 조직구조이다. 예컨대 가전, 조선, 컴퓨터, 건설, 제약 등 업종별로 사업영역을 구분하여 분권적 경영체제를 구축하는 것이다.

전제조건

해외시장다변화는 낮으나 해외사업다각화 정도가 높고, 제품별 사업의 기술적 특성이나 최종 고객 특성이 이질적이어서 각 제품사업부별로 독립적인 경영 자율성이 요구되고, 각 제품사업부 내에서는 연구개발, 생산 및 마케팅에 걸쳐 통합된 정책이 요구되나 사업부들 간에는 통합된 정책의 효율성이 낮고, 또한 각 제품사업별로 생산에 있어 규모의 경제성이 중시될 경우 [그림 14-3]과 같은 제품사업부 조직구조가 유효하다.

제품사업부 조직구조 하에서는 제품사업부별로 분권적 경영 체계를 띤다. 즉, 각 사업부의 최고경영자는 해외시장에 진출시킨 자사 제품사업의 경영성과에 대한 일차적 책임을 갖는다. 물론 각 사업부의 최고경영자는 본사의 스탭진으로부터 업무 지원을 받는다. 이러한 제품사업부 조직구조 하에서는 제

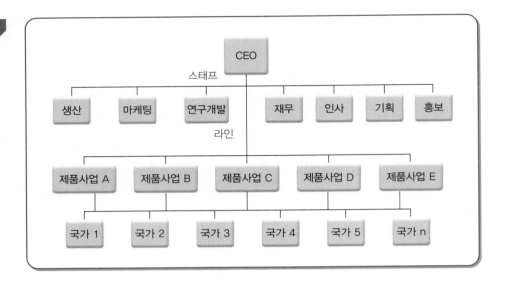

그림 14-3

제품사업부
조직구조

품사업부별로 하나의 통합된 범세계적 전략의 구축과 실행이 가능하다.

예를 들어, 40여개 국가들에 100개가 넘는 해외자회사를 거느리고 있으며 해외매출액이 그룹전체 매출액 중 90% 이상을 차지하는 스웨덴 Sandvik Group 그룹은 효율성과 수익성을 높이기 위하여 조직구조를 독립채산적인 여섯 개의 제품사업부로 분권화시켰다. 각 사업부의 최고경영자는 제품의 개발, 생산 및 판매와 경영성과에 대한 일차적 책임을 지며, 각 제품사업 특성에 맞는 경영전략을 수립한다. 특히 각 제품사업별로 주요 해외시장에 대하여 현지자회사를 설립하여 이익센터로서의 생산 및 판매의 일차적 책임을 부여한다. 그룹 본사는 사업기획, 재무, 기술, 소유권 등에 걸쳐 일반적인 지침만 제시하는 지주회사(holding company) 역할만 담당한다.

장단점

제품사업부 조직구조의 이점으로는 제품사업부별로 권한 및 책임 소재가 명확하며, 사업부별로 해외사업 경험과 전문적 지식을 축적할 수 있으며, 사업부별 특수성 반영, 즉 제품기획, 마케팅 등의 활동을 각 제품사업의 특성에 맞게끔 수행할 수 있다는 점 등을 들 수 있다.

반면, 제품사업부 조직의 한계점으로는 자원배분에 따른 사업부간 갈등, 사업부간 매출 경쟁으로 인한 과도한 업무 중복과 비협조, 전사적 차원보다는 개별 사업부 이익에만 치중한다는 점 등을 들 수 있다.

특히 해외시장다변화가 확대됨에 따라 각 지역시장 특성을 반영하는 관리의 필요성이 높아지는 단계에 이르면 제품사업부제의 이점은 반감된다. 예컨대 해외시장다변화가 높은 단계에서는 제품기획, 마케팅 등에 있어 본사 제품사업부와 지역 본사 및 현지자회사들 간에 의견 충돌과 갈등이 발생되기 쉽다. 즉, 본사의 각 제품사업부는 일차적으로 본국 소비자의 기호에 부합하는 제품의 개발에 중점을 두고자 하는 반면, 각 지역 본사나 현지자회사들은 현지 소비자의 기호에 맞는 제품개발의 필요성에 더 높은 관심을 기울인다.

또한 각 사업단위별로 경영관리가 독립적으로 수행되어지므로 한 지역에 여러 제품사업이 동시에 진출할 경우, 마케팅, 서비스 등의 업무활동이 각 사업별로 독자적으로 이루어져 업무 중복으로 인한 과도한 비용이 지출된다. 예컨대 제품사업부 조직을 운영하였던 미국의 가전업체인 웨스팅하우스 (Westinghouse Electric)사의 한 판매사원이 사우디아라비아의 한 사업가와 판매 상담을 위해 자신의 명함을 건넸더니, 사우디의 사업가가 자신의 책상 서랍에서 그동안 자신을 방문하였던 웨스팅하우스사 여타 제품사업부 20여 명의 임직원 명함을 꺼내 보이더라는 일화가 있을 정도로 업무 중복이 심하다.[5]

이러한 제품사업부 조직구조 하에서는 경영관리 측면에서 지역별 특성보다는 제품사업별 특성이 강조되어 생산 및 판매 계획의 수립에 있어 지역 간 특성의 차이가 반영되기 어렵다. 따라서 지역사업부 조직구조 하에서도 마찬가지겠지만 제품사업부 조직구조의 성공적인 운영을 위해서는 제품사업부의 업무는 물론 각 사업부의 지역본사 및 현지자회사 업무 모두를 총괄할 수 있는 능력과 경험을 갖춘 기업 최고경영자(CEO)의 역할이 매우 중요시 된다.

1.3. 지역사업부 조직구조

지역사업부 조직구조는 본국을 포함하여 전 세계 주역 지역을 사업단위로 구분하여 분권적 경영을 해나가는 체계이다. 예컨대 본국뿐만 아니라 북미, 아시아, 유럽 등 지역 단위로 본부를 두고 산하 제품사업들을 총괄토록 할 수 있다.

전제조건

사업다각화 정도는 낮으나 지역별 시장다변화 정도가 높으며, 지역별 해외 사업 비중이 높고, 기술적 특성이 유사한 제품별 사업들을 거느리고 있으며,

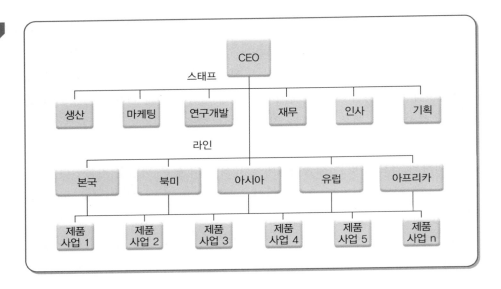

그림 14-4

지역사업부
조직구조

지역별로 제품 차별화 필요성이 높을 경우에는 [그림 14-4]와 같은 지역사업부 조직구조가 유효하다. 보통 지역사업부 조직은 지리적으로 상이한 지역이나 국가에 분산되어 있어 각 지역시장 특성에 민감히 반응해야만 하는 경우에 적합시 되는데, 특히 소비재 전문기업인 경우 각 지역시장 특성에 적극 부응해야만 한다는 압박이 높다. 예컨대 식료품이나 세재와 같은 소비재 전문제조회사인 네슬레와 유니레버와 같은 경우 오래전부터 지역별 또는 국가별 조직구조 운영을 통해 주요 시장별 제품의 특성화에 큰 관심을 기울여 왔다.

지역사업부 조직구조 하에서는 해외 권역본부별로 자율적 경영을 수행해 나갈 수 있다. 즉 각 권역본부의 최고경영자는 지역 내 진출해 있는 모든 제품사업에 대한 총괄적인인 책임을 갖게 된다. 지역사업부의 주요 업무 중의 하나는 지역 내 새로운 사업기회 개발과 더불어 본사 차원의 통합된 전략과 지역적 대응을 적절하게 조율하는 것이다. 물론 지역시장이 이질적일수록 현지 대응이 더 요구된다. 비록 제품사업부 조직구조를 운영하더라도 거대한 시장 규모를 가진 중국이나 인도 등 전략적으로 중요한 시장에 대해서는 지역본사를 두거나 별도로 현지 특화된 경영활동을 수행케 하는 것이 시장기회 개발 측면에서 유리하다. 이런 전략적 시장은 매출이나 수익성 면에서 본국이나 여타 국가의 시장보다 더 중요한 위치에 있기 때문이다.

지역사업부 조직의 예로 프랑스의 유가공업체인 다농(Danone)은 총매출액의 45%를 국내에서, 또 다른 45%를 유럽지역에서, 그리고 나머지 10%를 유럽 이외의 여타 지역에서 올리고 있었다. 그러나 국제사업부 조직을 통해 해외사업 업무를 총괄하였으나, 해외시장 확대를 위해 유럽, 북미, 아시아 등 지역별사업부 체제로 조직 개편을 단행시켰다.[6] 지역사업부 조직에 가장 특화된 기업으로는 종합상사를 들 수 있다. 한때 세계경제가 유럽, 북미, 동남아, 중동, 아프리카 등으로 블록화가 심화되자 국내 종합상사들도 기존 제품별 특화 조직구조에서 지역별 특화 체제로 조직구조 전환을 꾀한바 있다. 이러한 지역특화 조직개편을 통해 지역 본사제 도입, 지역별 전문인력 양성 및 배치, 지역별 마케팅전략 수립 등의 프로젝트를 활발히 수행할 수 있었다.

장단점

지역사업부 조직은 각 지역의 특성에 맞추어 제품개발, 마케팅 등 경영활동을 수행할 수 있다는 이점이 있으나, 각 지역 본사별로 해외사업 경험이 풍부한 지역전문가가 요구되고, 또한 어느 한 지역에 기술적 특성이 판이한 여러 제품사업부가 동시에 진출할 경우 관리 측면에서 큰 혼란을 겪게 된다는 단점이 따른다. 때로는 지역 본사들 간의 경쟁으로 인해 전사적 차원에서 사업부 간 긴밀한 협조체제 구축이 어려울 수 있다. 즉, 지역사업부 조직 하에서는 제품사업부 조직 하에서와는 달리 제품별 사업 특성보다는 지역별 특성을 강조하게 되어 지역 본사별로 역내에 진출하고 있는 다양한 제품사업들의 생산과 마케팅활동을 효과적으로 관리해 나가는 데에는 한계를 보일 수밖에 없다. 또한 지역 본사별로 산하 모든 제품사업들에 대한 전문적 지식을 갖춘 인력을 필요로 하기 때문에, 이러한 지역별 사업단위로 이루어지는 독자적인 노력은 전사적 입장에서는 업무 중복으로 인한 과도한 비용 부담이 된다. 제품사업부제가 경영관리 측면에서 제품별 특성 대응에 치중하듯이, 지역사업부제는 지역별 특성 대응에 치중하므로, 이들 양 조직구조로는 지역별 및 제품별 특성 모두를 반영하는 조직관리가 사실상 한계가 있다.

1.4. 글로벌 매트릭스 조직구조

전제조건

해외사업다각화 및 해외시장다변화 정도가 모두 높은 수준에 이른 글로벌 기업의 경우 제품사업별 특성과 지역별 특성을 동시에 반영하고 조정할 당위

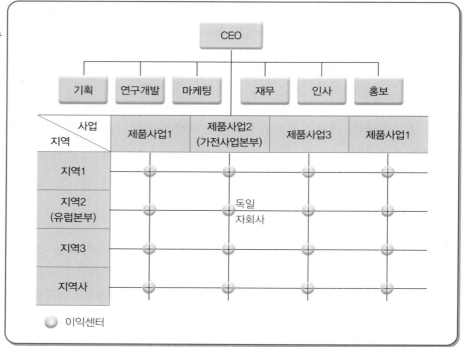

그림 14-5

글로벌 매트릭스
조직구조

성이 높아지는데, 이를 위해 글로벌 매트릭스 조직구조(global matrix structure)가 대안이 된다.

[그림 14-5]에서 보듯이 외형적으로 제품사업본부와 지역사업본부를 양축으로 하는 매트릭스 조직구조로 체계화할 수 있다. 글로벌 매트릭스 조직체계 운영을 위해서는 전 세계 사업장을 이익센터로 규정짓는 작업이 선행되어야 한다. 보통 생산법인이든 판매법인이든 간에 각국에 산재해 있는 해외자회사가 이익센터 단위가 된다.

글로벌 매트릭스 조직구조 하에서는 [그림 14-5]에서 보듯이 각국의 현지자회사는 이익센터로서 해당 제품사업본부와 지역본부에 동시에 업무 보고를 하고 지시를 받는다. 즉 단일 직계가 아닌 복수 직계 체계를 띤다. 예를 들어, 독일 현지자회사(이를테면 가전사업) 책임자는 주요 업무에 걸쳐 독일시장이 속해져 있는 지역본부, 즉 유럽본부의 책임자, 그리고 본사의 가전사업본부 책임자 모두에게 업무를 보고하고 또한 그들로부터 지시를 받게 된다. 이 경우 본사의 가전사업본부는 각 해외자회사 경영진의 의견을 수렴하여 모든 지역 자회사에서 수용 가능한 제품 기획 및 개발에 집중할 수 있고, 한편 각 지역본부는 지역별 특성에 맞는 업무, 예컨대 마케팅 프로그램 개발 등에 집중할 수 있게 된다. 따라서 글로벌 매트릭스 조직구조의 성공적 운영을 위해서는 해외자회사, 지역본부, 본사의 제품사업본부 등 이 세 곳의 책임자들 간 긴밀한 협조체제가 전제되어야 한다. 물론, 매트릭스 조직운영 체계에 기획, 연구개발, 생산, 마케팅, 구매 등의 기능별 관리자들도 참여할 수 있다. 예컨대 각 해외자회사의 마케팅 관리자는 본사의 해당 제품사업부 마케팅 관리자 및 지역본부 관리자에게 동시에 업무를 보고하고 또한 그들로부터 지시를 받는 체계이다.

글로벌 매트릭스 조직구조 도입의 선두주자라 할 수 있는 스웨덴-스위스 전기장비 제조업체인 ABB사는 한때 증기터빈, 카스터빈, 수력발전, 핵발전 등 40여 개 사업부문과 유럽, 중동 및 아프리카 지역, 미주지역, 아시아지역 등 3대 지역 140개국에 걸쳐 현지사업장을 두고 있었는데, 매트릭스 조직체계 운영을 위해 이들 현지사업장을 5,000개의 이익센터로 분류하였다. 또한 업무 중복으로 조직 내 갈등을 최소화하기 위해 각 사업본부에게는 제품개발, 자재조달, 구매 등의 업무에 대한 일차적 책임을 부여하고, 반면 지역본부에게는 인적자원개발 및 노무관리, 고객전략, 일상적 사업운영 및 해당 지역에서의 대외관계 개선 등의 업무에 대한 일차적 책임을 부여하였다. 그러다 2000년대에 들어서 현지정부 위주의 고객보다는 전 세계의 민간고객 비중이 높아지면서 지역 특화 제품보다는 전 세계적으로 표준화된 규격 제품의 글로벌 공급계약이 더 중요하게 되었다. 따라서 지역별 특성보다는 제품사업별 특성을 반영하기 위해 지역본부 기능을 줄이는 대신 제품사업본부 기능을 확대하는 방향으로 매트릭스 조직체계를 개편하였다.[7] 현대자동차그룹도 글로벌기업으로서 본사 차원에서 해외사업을 직접 관리하기 위해 [참고사례 14-1]에서 보듯이 매트릭스 조직 시스템을 도입한 바 있다.

📖 참고사례
14-1

현대차그룹의 '이중 매트릭스' 구조[8]

현대자동차 그룹은 전자, 건설, 중화학, 금융 및 서비스 등 옛 현대그룹이 분할된 뒤 2000년 9월 자동차전문그룹으로 출범하여 자동차와 부품, 서비스 등 자동차 업종에만 주력하고 있다. 현대차그룹은 현재 6개의 경영부문(기획·영업, 기획조정, 중국사업, 노무, 품질, 연구개발 등)과 5개의 사업부문(상용사업, 기아차, 현대제철, 현대하이스코, 현대로템 등)

으로 조직을 재편하였다. 이들 각 부문의 최고 경영자(CEO)는 부회장급이다. 현대차는 자동차 사업을 중심으로 각 부문의 기능을 분담하고, 각 부회장들이 제각각 역할을 맡게 했다. 이른바 부회장 책임제다. 공장신설 등 핵심 사안은 사업별 부회장들의 의견을 듣고 회장이 결론을 내고 지시하지만 일상적인 사안들은 부회장의 책임이다. 통상 매월 사장단 회의를 개최하는데 여기서는 주로 수출확대 전략과 함께 경영전략에 대한 논의가 이뤄진다. 맡고 있는 업무 명칭에서 확연히 드러나듯 사업별 부회장은 각 업무부문을 총괄하며 각 부문은 이중의 매트릭스 방식으로 돌아간다. 품질 부문을 예로 들면 부회장은 국내는 물론 해외생산법인의 품질 담당 주재원과 직접 보고받고 지시를 한다. 이들은 각 생산공장장(현지법인장)의 지휘도 받는다. 단순한 피라미드식이 아니라 이중으로 품질이 점검된다. 연구개발이나 마케팅도 같은 매트릭스조직시스템으로 운영된다.

장단점

글로벌 매트릭스 조직체계 하에서는 현지자회사별, 제품사업별, 그리고 지역별 경영진들 간에 합의 과정을 거쳐야 하므로 비록 의사결정의 속도는 더딜 것이나, 의사결정 초기단계에서부터 자회사별·제품별·지역별 책임자들이 주요 업무 의사결정에 직접 참여하게 되므로 일단 합의가 이루어지고 나면 그 실행은 일사분란하게 이루어질 수 있다. 글로벌 매트릭스 조직의 최대 장점은 제품사업별 특성(제품개발 등)과 지역별 특성(마케팅 등)을 모두 반영할 수 있다는 점이다. 글로벌 매트릭스 조직의 장단점을 좀 더 구체적으로 요약하면 다음과 같다.

우선 글로벌 매트릭스 조직은 여러 면에서 장점을 지닌다. 즉, 본사 스탭진, 내부 정보 등 자원을 공유할 수 있어 전사적 차원에서 자원의 가용성을 높일 수 있다는 점, 제품사업별·지역별 협력체계로 통합된 프로젝트 수립이 가능하다는 점, 수평적 및 수직적 의사소통 체계로 정보흐름의 원활화를 기할 수 있다는 점, 조직의 유연성, 즉 제품사업별·지역별 부서 간의 빈번한 접촉을 통해 새로운 상황에 유연하게 대응할 수 있다는 점, 주요 의사결정에 가급적 많은 관련자들의 참여는 동기부여와 더불어 책임감을 증대시킨다는 점 등을 들 수 있다.

한편, 글로벌 매트릭스 조직은 여러 한계점에 노출된다. 즉, 권한과 책임의 중복으로 인한 의견충돌 발생 소지가 높다는 점, 주요 현안에 대한 제품사업별 및 지역별 담당자 간의 합의 필요성은 의사결정의 지연을 초래한다는 점, 많은 정보량이 요구되고 책임의 한계를 구별짓기 어려워 감독과 통제에 어려움이 따른다는 점, 관리층 비대화와 업무 중복으로 인한 과도한 비용부담이 발생된다는 점, 이원적인 보고체계는 담당자들 간의 역할 모호성과 갈등으로 담당자들의 스트레스가 고조된다는 점 등을 들 수 있다.[9]

Ⅱ 글로벌경영조직 관리

2.1. 글로벌경영조직 관리 목표

글로벌경영조직 관리의 궁극적인 목표는 전사적 차원에서 해외사업에 수반되는 비용은 최소화하고 수입은 최대화하여 전사적 차원에서 이익을 극대화하는 데 있다. 이를 위해서는 기업 본사와 해외자회사 간 업무적으로 공고한 유대관계 구축이 필수적이다. 글로벌기업의 본사는 범세계적 차원에서 모든 해외사업을 총괄하는 통제 중심부(control center) 역할을 담당한다. 따라서 본질적으로 글로벌경영조직 관리는 위계적(hierarchical) 체계를 띤다. 그렇다고 중앙집권적 계획과 통제 기능의 강화가 해외자회사의 자율권을 무시해도 된다는 의미는 아니다. 글로벌경영조직 관리에서는 비록 본사가 주요 전략적 결정에 대한 최종적인 권한을 갖지만, 의사결정 과정에서 해외자회사의 의견이 반영되어질 수 있는 제도적 장치가 마련되어야 한다. 본사 차원에서 지속적으로 대두되는 현실적인 문제점은 중앙집권적 관리의 효율성과 분권적 관리의 자율성을 어떻게 조화시켜 나가느냐 하는 것이다.

2.2. 중앙집권적 관리 대 분권적 관리

글로벌경영조직 관리 유형은 기업 본사 및 해외자회사의 위상과 역할에 따라 크게 중앙집권적, 분권적, 협력적 관리 등으로 대별된다.[10]

중앙집권적 관리

중앙집권화(centralization)는 해외자회사의 모든 경영활동이 기업 본사에 의해 통제되어지는 본사중심적인 관리체계이다. 중앙집권적 관리체계 하에서는 본사는 통제본부(controller)로서의 역할을 담당한다. 중앙집권적 관리체계는 해외사업 규모가 독립하기에는 아직 영세하거나 능력 있는 현지경영자를 확보하기 어려운 경우, 또는 해외자회사가 본사에 대한 자원(기술, 정보, 전문인력 등) 의존도가 높은 경우 적합시 된다. 중앙집권화의 최대 장점은 연구개발, 구매, 생산 등에 걸쳐 규모의 경제성을 달성할 수 있고 일관된 글로벌 전략을 수행할 수 있다는 데 있다.

그러나 해외시장다변화와 해외사업다각화를 통하여 해외사업 비중이 확대되면 중앙집권적 체계로는 각 지역 및 사업의 특성에 맞는 효율적 경영관리를 수행하기에는 한계가 있다. 즉, 상이한 제품 특성과 다양한 소비자 계층을 상대하는 사업들로 다각화되거나 또는 지역시장별 특성이 현격한 이질성을 보일 경우 중앙집권적 관리체계의 효율성은 반감된다. 또한 중앙집권적 체계 하에서는 해외자회사 차원에서 자율경영이 힘들고, 자연히 동기부여와 책임감이 저하된다.

분권적 관리

분권화(decentralization)는 기획, 생산, 마케팅, 인사, 재무 등 경영관리상의 주요 기능에 대한 의사결정 권한이 해외자회사에게 대폭 위임된 관리체계이다. 즉, 각 해외자회사에게 주요 의사결정 사안에 대한 최대한의 자율권이 부여된다.

분권적 관리체계는 여러 장점을 지닌다. 즉, 각 해외자회사에게 경영자율권을 부여하여 지역별시장 특성에 최대한 부합되는 관리가 가능하고, 명확한 동기 및 책임감이 유발되고, 현지경영자가 폭넓은 전문지식과 경험을 쌓을 수 있고, 의사결정의 단순화를 통해 현지 사업환경 변화에 신속하고 유연하게 대응할 수 있다는 등의 이점이 있다. 그러나 해외자회사들 간의 업무 중복으로 인한 자원낭비에 따른 비용부담, 해외자회사들 간의 지나친 경쟁으로 전사적 이익에 대한 공헌보다 개별 자회사의 성장과 이익에만 전념한다는 점, 전사적 차원에서 긴밀한 업무 협조의 어려움 등 다양한 한계점이 따른다.

상호 협력적 관리

협력적 관리는 기업 본사와 해외자회사 간, 그리고 해외자회사들 간 수직적 관계가 아닌 수평적 위치에서 쌍방향으로 의견과 정보를 교환하고, 주요 의사결정과 관련하여 전사적 차원에서 상호 협조와 조정을 기하는 네트워크형 관리체계이다. 물론 협력적 관리를 위해서는 해외자회사가 능력이나 규모 면에서 어느 정도 위상을 갖추고 있어야만 한다. 협력적 관리 체계 하에서는 분권적 관리에서와 같이 현지경영의 자율성과 책임이 각 해외자회사에게 부여되나, 해외자회사들 간의 의사소통 결여와 업무 중복으로 인한 자원 낭비를 방지하기 위하여 기업 본사가 일정의 조정자(coordinator)의 역할을 수행하게 된다. 물론 이를 위해서는 본사와 해외자회사들 간 이해 충돌을 방지하기 위한 원활한 의사소통 시스템 구축이 필수적이다. [참고사례 14-2]에서 보듯이 최근 삼성과 같은 글로벌기업들은 모든 해외사업장의 영업현황을 실시간으로 모니터링하고 정보 교환이 가능한 글로벌 정보네트워크 시스템을 구축하고 있어 범세계적 차원에서의 협력적 경영이 한층 수월해 졌다.

참고사례 14-2 삼성그룹의 글로벌 정보네트워크 구축[11]

삼성그룹은 2009년부터 전 세계 사업장을 단일 커뮤니케이션 네트워크로 통합하는 글로벌 정보네트워크 기반을 구축하였다. 즉 FMC(Fixed Mobile Convergence, 유무선 통합)와 UC(Unified Communication, 통합 커뮤니케이션) 서비스를 기반으로 한 글로벌 유무선 통합 커뮤니케이션 서비스를 그룹 해외 사업장으로 확산시켰다. 이를 통해 사업장 간 무료 통화, 저렴한 유무선 국제전화, 무선랜 접속, FMC 기반 원폰 사용, UC 서비스 등을 활용할 수 있게 되었다. 특히 전 세계 동일한 인터넷전화 환경, 무선랜 및 삼성네트웍스의 글로벌 네트워크를 기반으로 유무선 통합 서비스가 제공돼 사업장 간 무료 통화가 가능하게 되었다. 또 세계 어떤 사업장에서도 똑같은 인증으로 보안이 보장된 무선랜 접속이 가능하다. 노트북이나 FMC 사용자의 경우 세계 어디서든 인증 한 번으로 그룹웨어와 같은 업무시스템과 사무실 전화를 이용할 수 있다. 삼성 측은 '그린 IT가 더욱 강조되는 시대에 멀리 출장가지 않고도 자유롭게 커뮤니케이션할 수 있는 창조적 협업 환경을 조성할 수 있도록 해주는 것이 강점'이라며 "유무선 랜 환경을 24시간 통합 관제하고 음성 패킷을 암호화해 도청을 방지할 수 있다"고 설명했다. 또한 삼성 측은 글로벌 통합 커뮤니케이션 서비스를 통해 삼성 그룹의 통신비용이 절감되는 것은 물론 글로벌 사업장 어디에서나 업무 시스템을 사용할 수 있게 돼 업무생산성이 크게 향상될 것으로 기대한다.

2.3. 범세계적 통합 대 국가별 대응 압력

글로벌 조직관리체계의 준거 기준은 [그림 14-6]에서 보듯이 크게 범세계적 통합 압력 및 국가별 대응 압력 요인에 의해 좌우된다고 볼 수 있다.[12]

글로벌 통합전략

글로벌 통합전략을 촉진시키는 범세계적 압력 요인으로는 규모의 경제, 수요의 동질화에 따른 글로벌 고객의 출현, 원부자재의 글로벌 조달 기회 확대, 운송 및 통신비용의 감소, 자유무역협정(FTA)에 따른 시장개방화를 통한 글로벌 시장과 글로벌 경쟁자 출현 등을 들 수 있다. 글로벌 경쟁자에 대응하기 위해서는 글로벌 수준의 경쟁력을 갖추어야만 하고, 또한 글로벌 수요층의 요구에 부응하기 위해서는 글로벌 제품을 적기에 출시해야 하는 당위성이 높아졌다. 따라서 전사적 차원에서 규모의 경제를 통한 비용절감과 투자 효용의 극대화를 위해 기업 본사 주도하에 전 세계에 흩어져 있는 해외자회사들의 경영활동을 통합하고 합리화 하기 위한 글로벌 통합전략이 요구된다. 즉 각국의 입지조건에 맞추어 생산, 판매, 연구개발, 조달, 서비스 활동의 전문화와 분업화를 기하고, 본사 차원에서 각 해외자회사의 운영에 관한 주요 정책 사항을 중앙집권적으로 조정하고 통합하는 것이다. 따라서 글로벌 통합전략은 본사에 의한 중앙집권적 관리체계에 가깝다.

그림 14-6

범세계적 통합과 지역별 대응 압력

출처: C.K. Prahalad and Y.L. Doz (1987), *The Multinational Mission: Balancing Local Demands and Global Vision*, Free Press, p.24.

지역별 대응전략

지역별 대응 압력 요인으로는 문화적 이질성, 무역장벽, 국수주의 등 정치적 장벽, 기술수준 차이, 법적 및 제도적 차이를 들 수 있다. 이러한 지역별 압력 요인에 적절히 대응할 수 있도록 각 지역본사 및 해외자회사에게 주요 의사결정 사안에 대한 최대한의 자율권이 부여된다. 이 경우 글로벌 차원의 통합된 정책과 본사와 해외자회사 간 자원이전이 제약되기 때문에 분권적 관리체계에 가깝다고 볼 수 있다.

다중점 전략

사실 전사적 차원의 효율적 관리 측면에서 각 해외자회사의 모든 주요 의사결정 사안에 대해 기업 본사 차원에서 조정 및 통합을 꾀하기도 어렵고, 또한 각 해외자회사에게 전적으로 자율권을 부여한다는 것 또한 비현실적이다. 따라서 중점 사안별로 일부 사안에 대해서는 기업 본사 차원에서 조정 및 통합을 기하고, 여타 사안에 대해서는 해외자회사에게 자율권을 부여하는 다중점 전략이 현실적 대안이 된다.

〈표 14-1〉에서 보듯이 해외자회사의 설비투자계획, 연구개발계획, 주요 임원진 임명, 배당정책, 증자(增資) 등을 통한 장기자금조달계획 등에 대해서는 기업 본사가 주도권을 가지고 집권적으로 통제하고, 반면 마케팅전략, 생산계획, 원자재 및 부품조달, 판매가격, 홍보(PR) 및 대외관계 등의 중점 사안에 대해서는 해외자회사에게 일임하는 경우가 일반적이다.

다중점 전략을 지향하는 경우 초국적 조직(transnational organization)의 특성을 띤다. 즉 중점 사안과 상황에 따라 범세계적 규모의 경제와 효율성을 추구하며 동시에 지역별 대응을 중시하는 유연한 조직관리 방식을 견지하는 것이다.[13] 이러한 초국적 조직은 대체로 다음과 같은 세 가지 특성을 띤다. 첫

본사 권한	현지자회사 권한
• 설비투자계획	• 마케팅전략
• 연구개발계획	• 생산량
• 주요 임원의 임명	• 재고량
• 배당정책	• 원자재 및 부품 조달
• 증자(增資) 등 장기자금조달	• 판매가격
	• 홍보(PR) 및 대외관계

표 14-1
중점사안별 의사
결정 권한

째, 중점별 사안에 대한 조정 및 통합을 위해 본사와 해외자회사 담당자들로 구성된 다양한 글로벌 팀조직(글로벌제품개발팀, 글로벌마케팅팀, 기술이전팀, 합작제휴팀 등)이 활발히 운영된다. 둘째, 글로벌 조직학습이 중시된다. 즉 본사와 해외자회사간, 그리고 해외자회사들 간 모범사례(best practice) 학습과 지식이전이 적극 장려된다. 셋째, 본사 및 해외자회사 종업원들 간의 긴밀한 사회화(socialization) 과정 및 협력관계 조성을 위한 공식적인 네트워크뿐만 아니라 비공식적 네트워크가 적극 장려된다.[14]

2.4. 글로벌 조직학습

앞서 초국적 조직의 특징 중의 하나는 글로벌 학습조직으로서 범세계적으로 학습된 지식을 전사적 차원에서 공유하는 것이다. 즉 기업 본사나 해외자회사 차원에서 지식, 자원 및 핵심역량을 독자적으로 보유하는 것도 중요하지만, 글로벌 경쟁우위를 달성하기 위해서는 전사적 차원에서 지식과 자원의 상호 이전 및 공유를 통해 혁신을 지속해 나가는 것이 매우 중요하다.[15] 만일 모범사례나 지식을 외부 조직으로부터 습득하거나 벤치마킹할 경우 많은 비용을 지불하거나 시간이 소요된다. 그러나 모기업 본사나 현지자회사가 터득한 모범사례나 지식은 전사적 차원에서 공공재처럼 활용할 수 있는 것이다.

글로벌기업의 초기단계에서는 주로 지식이 모기업 본사에서 해외자회사로 이전되어지나,[16] 해외자회사의 역량과 위상이 높아짐에 따라 해외자회사에서 창출된 지식이 모기업 본사나 여타 해외자회사로 이전되기도 한다.[17]

[그림 14-7]에서 보듯이 글로벌 네트워크 내 지식흐름 관점에서 자회사 역할을 네 유형으로 구분할 수 있다. 첫째, 특정 자회사에서 모기업이나 여타 자회사들로 지식유출(knowledge-outflow)은 높으나 지식유입(knowledge-inflow)은 낮은 '글로벌 혁신자(global innovator)', 둘째, 반대로 지식유입은 높으나 지식유출이 낮은 '실행자(implementor)', 셋째, 지식유출과 지식유입 모두 높은 '통합자(integrated player)', 넷째, 지식유출과 지식유입 모두 낮은 '국지적 혁신자(local innovator)' 등이다.

통상 글로벌 혁신자나 통합자는 전략적으로 중요한 시장에 위치하는 경우가 많다. 해외자회사의 전략적 중요도(strategic importance)가 높을 경우 기업본사는 해당 자회사의 성공을 위해 전폭적인 지원을 아끼지 않을 것이며, 또한 해외자회사의 경영진도 기업 전체에서 차지하는 전략적 중요성 때문에 자

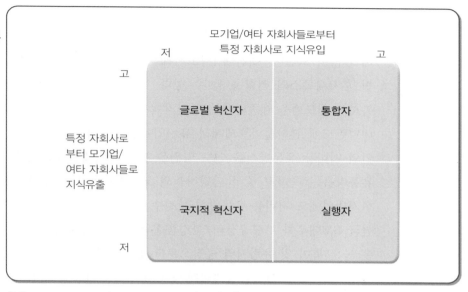

그림 14-7

지식흐름에 따른 해외자회사의 유형

모기업/여타 자회사들로부터
특정 자회사로 지식유입

저   고

특정 자회사로
부터 모기업/
여타 자회사들로
지식유출

고

| 글로벌 혁신자 | 통합자 |

저

| 국지적 혁신자 | 실행자 |

출처: A.K. Gupta and V. Govindarajan(1991), "Knowledge Flows and the Structure of Control Within Multinational Corporations," *Academy of Management Review*, 16(4), p.774.

회사의 성공적 운영에 대해 그만큼 책임감을 더 느껴 학습 및 혁신역량 개발에 더욱 몰입하게 된다. 따라서 전략적으로 중요한 시장, 즉 현지시장 규모가 크거나 주요 경쟁자의 시장이나 기술적으로 선도적 위치에 있는 시장에 위치한 해외자회사는 독특한 핵심역량을 지닌 우량센터(center of excellence) 또는 전략적 리더(strategic leader)의 위상을 갖출 가능성이 높다.[18] 여기서 주목할 점은 해외자회사의 혁신적 역량이 하루아침에 구축되는 것이 아니라 경험 축적과 노력 여하에 따른 단계적 발전 경로를 거친다는 것이다.[19] 즉, 실행자 역할에서 통합자 및 국지적 혁신자를 거쳐 글로벌 혁신자로 변모되어 나간다. 따라서 전략적으로 중요한 해외자회사에 대해서는 현지 여건에 능동적으로 대처해 나갈 수 있도록 기업 본사는 해외자회사에게 전폭적인 지원과 자율권을 부여하는 것이 중요하다. 만일 본사가 해외자회사의 모든 활동과 주요 의사결정을 엄격히 통제한다면 해외자회사 스스로 혁신역량을 구축하기가 어렵다.[20] 실제적으로 한국에 진출한 외국계 자회사들이 높은 자율권을 가질 경우 더 높은 지식 학습과 혁신역량을 개발하는 것으로 나타났다.[21] 물론 현지자회사의 혁신 성과에는 모기업으로부터의 지식 및 기술이전도 중요하지만 외부 지식 및 기술에 대한 현지자회사의 흡수능력도 중요하다.[22] 이러한 혁신적인 우량센터 기능을 띤 현지자회사인 경우 현지시장에서 적극적인 연구개발을 통해 많은 특허를 취득하면서 기술혁신을 선도해 나간다.

최근 글로벌 혁신자 또는 우량센터의 역할을 수행하고 있는 해외자회사 사례가 많이 보인다. 예컨대 [참고사례 14-3]에 나타난 미국 제록스사의 일본법인 후지제록스의 역할을 들 수 있다. 미국 제록스사는 후지제록스가 개발한 복사기 신모델을 제공받아 경영위기에서 벗어 날 수 있었다. 이외에도 영국과 네덜란드에 본사를 둔 세계적 유지업체인 유니레버(Unilever)는 인도 현지법인의 저비용 유통방식을 인도 임원을 통해 중국법인에 전수하여 중국에 전국 유통망을 구축하고 중국 담당자들의 교육훈련을 맡긴 바 있다. 후에 브라질 현지법인에도 저비용 유통방식을 전수시켰다.[23] 또 다른 사례로 미국 GM사가 한국 GM대우차 부평공장의 '환경품질책임제'를 중국과 태국에 있는 GM 공장은 물론 북미 및 유럽지역 공장으로도 전수시킨 바 있다. 이에 앞서 GM은 한국GM대우차의 '환경품질책임제'를 GM의 생산시스템 지침서인 GMS 교재에 게재하였으며, 이를 계기로 GM본사 품질 및 생산담당 실무급 간부들이 환경품질책임제를 학습하기 위해 부평공장을 방문한 적도 있다.[24]

이와 같이 글로벌 조직학습을 촉진시키기 위해서는 우선 전사적 차원에서의 지식 이전 및 학습의 중요성을 인식해야 한다. 나아가서 암묵적 지식의 명시적 지식으로의 전환을 위한 매뉴얼 개발, 이전방식 및 이전에 따른 보상책 등이 마련되어야 한다. 글로벌정보공유 또는 지식관리 시스템(온라인 데이터베이스, 커뮤니티 등) 구축, 정기적 워크샵 및 세미나 개최, 동화상회의, 순환근무에 따른 인적교류도 글로벌 조직학습을 촉진하는 유효한 방안이다. 예컨대 IBM은 글로벌 온라인 커뮤니티 시스템인 '이노베이션 잼(Innovation Jam)'을 통해 전 세계 35만여 명의 IBM 직원들과 고객 및 협력사가 서로의 지식을 공유하고, 여기서 창출된 혁신적인 아이디어를 경영에 반영하고 있다. 이 밖에 본장 말미에 제시된 "글로벌 조직학습 사례"는 모기업 본사와 현지자회사 간 지식이전과 공유의 다양한 조직학습 메커니즘을 보여준다.

제록스의 글로벌 조직학습[25]

후지제록스는 미국 제록스와 일본 후지필름 간에 50 대 50으로 설립된 미국 제록스사의 일본 현지법인이다. 미국 제록스사는 미국 시장에서 일본 캐논사 등 강력한 경쟁업체의 진입으로 시장점유율이 잠식되자 후지제록스가 개발한 FX2202 복사기 모델을 제공받아 경쟁업체의 제품에 대응하였다. 또한 후지제록스로부터 품질관리, 제품개발 테크닉, 하청관리 기법 등의 학습을 통해 미국시장에서 경쟁우위를 유지할 수 있었다. 후지제록스의 품질관리 및 제품개발 테크닉은 제록스사의 영국 자회사인 랭크제록스에게도 전수되었다. 미국 제록스와 랭크제록스의 임직원들이 후지제록스의 품질관리 시스템을 학습하기 위해 수시로 일본에 파견되어 현장실습을 받았으며, 또 한편 후지제록스의 임직원과 품질관리 전문가들을 초빙하여 교육을 받았다. 이러한 노력의 결과 미국 제록스사와 랭크제록스사는 부품 공급업체 수를 대폭 줄일 수 있었으며, 부품 구매비용과 생산비용이 각기 40%와 20% 이상 절감되는 성과를 달성하였다.

Ⅲ 글로벌경영통제

경영통제(managerial control)란 기업이 계획한 경영목표를 달성하기 위한 지도 및 감시활동이다. 따라서 경영통제는 계획 목표와 실제 성과 간의 편차(variance) 규명, 편차의 원인에 대한 진단, 그리고 편차를 최소화하거나 방지하기 위한 일련의 절차에 준한다. 즉, 당초 계획된 대로 운영되고 사업성과가 달성되도록 지도하기 위해 통제활동을 수행하는 것이다. 따라서 통제 없는 계획이 있을 수 없으며, 반대로 계획 없는 통제도 존재할 수 없다. 특히 글로벌경영에 있어서는 통제의 기본적 방침이 각 해외사업장의 경영자들로 하여금 각자의 경영목표를 달성하도록 지도함과 동시에 전사적 차원의 경영목표를 달성하는 데에도 공헌하게끔 지도함에 초점이 맞추어 진다.

3.1. 통제기능

글로벌경영통제 시스템도 통상 세 가지 기능을 띤다. 첫째, 최고경영층이 해외사업 전반을 이해 및 관리하는데 필요한 제반 정보를 제공한다. 즉, 조기경보체제로서의 기능이다. 둘째, 전사적 경영목표를 달성하는데 있어 각 해외사업장의 임무 및 이해관계에 대한 조정의 역할을 띤다. 셋째, 각 해외자회사들의 경영성과를 평가하는 기능을 담당한다.[26]

　해외자회사들에 대한 통제에 있어 모기업의 본사는 여러 현실적인 문제에 직면한다. 이를테면 국가 간의 문화적·경제적·정치적 및 법률적 차이로 인해 통제를 위해 수집되어지는 제반 정보의 본래의 의미가 왜곡되어질 수 있다는 점이다. 이는 결국 본사와 해외자회사 간 의견불일치에 따른 갈등 요인으로 작용한다. 또한 본사가 국내사업장에 대한 통제기준을 해외사업장에 그대로 적용시킬 경우, 해외자회사들이 처해 있는 각기 상이한 사업환경(환율, 물가, 세율 등)과 경쟁여건으로 인해 결국 현지 상황이 충분히 반영되지 못하는 평가를 내릴 수 있다. 특히 본사와 해외자회사 간 상호 의존도가 높을 경우 각 해외자회사의 사업성과를 독립적으로 평가한다는 것은 비현실적이다. 예컨대 극단적으로 본사와 해외자회사 간 거래에 있어 이전가격(transfer pricing) 정책이 적용될 경우 본사 측은 이득을 보는 대신 해외자회사 측은 손해를 볼 수 있기 때문이다. 따라서 해외자회사의 사업활동을 효과적으로 통제하기 위해서는 다음과 같은 기준에 근거해서 이루어지는 것이 바람직하다.[27] 첫째, 각 해외자회사가 실현 가능한 현실적인 사업목표가 책정되어야 한다. 즉, 각 현지자회사의 사업목표는 현지시장의 내·외적 환경이 반영되어 수립되어야 한다. 둘째, 통제 방식의 개발 과정에 있어 현지자회사 경영진들도 참여시켜야 한다. 셋째, 정량적 지표(시장점유율, 투자수익률 등)뿐만 아니라 정성적 비표(전사적 공헌도, 현지 사회적 공헌 등)도 해외자회사의 성과를 평가하는데 준거가 되어야 한다. 넷째, 해외자회사의 경영자는 자신의 책임 및 권한 내에서 이루어진 결과에 한에서 평가를 받아야 한다. 다섯째, 통제 기준과 방식은 해외자회사의 사업환경 변화에 맞추어 지속적으로 보완 및 수정되어야 한다.

3.2. 통제절차

　다수의 해외자회사를 거느리고 있는 글로벌기업의 경우 통제에 있어 다음과 같은 상호 연계되어지는 세 가지 절차, 즉 첫째, 본사와 현지자회사 간 상호 협의를 통해 각 해외사업장의 사업 목표 수립, 둘째, 실제 성과에 대한 평가, 셋째, 평가 결과에 따른 문제점 진단 및 처방이 요구된다.[28]

사업 목표와 실제 성과 차이 분석

해외사업장의 사업 목표와 실제 성과 간의 차이 분석에는 판매량, 시장점유율, 이익공헌 등 다양한 지표가 활용된다. 일단 사업 목표와 실제 성과 간의 차이 분석 후에는 차이에 대한 정확한 원인 규명이 이루어져야 한다. 궁극적으로는 네거티브 편차(negative variance) 또는 포지티브 편차(positive variance)가 잘못된 계획 목표 또는 실행과정에서 기인하는지를 규명하는 것이 중요하다. 네거티브 편차란 계획 목표보다 실제 성과가 낮은 것을 의미하며, 포지티브 편차는 그 반대의 경우를 나타낸다. 계획 목표와 실제 성과 간의 차이에 대한 원인 규명이 명확할수록 그 해결책에 대한 강구가 용이해 진다.

진단 및 처방책

일단 해외자회사의 계획 목표와 실제 성과 간의 차이(네거티브 또는 포지티브)의 원인이 명확히 규명된 다음에는 그 처방책을 강구해야 한다. 만일 네거티브 또는 포지티브 차이의 원인이 실행과정에서 비롯된 것이라면 그 처방책은 현지경영관리상의 문제점에 초점을 맞추어 강구되어야 하고, 만일 차이의 원인이 잘못된 사업계획에 있다면 그 처방책으로 사업계획의 일부 또는 주요 전략적 사안(표적시장/제품, 진출목표, 진입방식, 마케팅계획 등)에 대한 수정이 검토되어야 한다. 예를 들면, 네거티브 편차의 원인이 현지시장 진출 당시 예상했던 시장잠재력이 실제보다 낮다는데 기인하는 것이라면, 그 처방책으로는 현지시장을 포기하는 것부터 시작해서 단순히 목표판매량을 낮추는 것까지 가능하다. 반면 네거티브 편차가 시장점유율에 기인하는 것이라면, 그 처방책으로 마케팅 계획의 재수정(예를 들어, 촉진비용을 높이거나 가격을 인하시키는 방안)을 고려해 볼 수 있다. 그러나 만일 네거티브 편차의 원인이 현지국 정부의 규제나 정치적 불안정 또는 강력한 경쟁자의 출현에 기인하는 것이라면, 그 처방책으로 사업의 확대나 축소 또는 진입방식의 변경, 즉 단독투자 대신 합작투자나 라이선싱 방식으로의 전환을 고려해 볼 수 있다.

글로벌경영 통제에 있어 네거티브 편차뿐만 아니라 포지티브 편차에 대해서도 주의를 요한다. 역설적으로 포지티브 편차는 물론 해외사업 운영을 잘해서 발생될 수도 있지만 사업계획 수립 시에 시장기회(시장규모, 시장점유율, 이익공헌 등)의 과소평가에서 비롯될 수도 있다. 따라서 지속되는 포지티브 편차는 잘못 수립된 목표의 결과이므로 기회비용이 된다. 즉, 계획 목표를 상향 조정하여 더 높은 성과를 달성할 수도 있는 기회를 놓치는 실수를 범하는 것이 된다. 계획 목표와 실제 성과 간의 차이를 줄이기 위한 사업계획 수정은 불가피하지만, 그 수정 폭이나 범위가 크면 클수록 해외사업의 성공은 기대하기 힘들다. 따라서 계획 목표와 실제 성과 간의 차이가 최소화되도록 사업계획은 기업의 내·외부환경 변화에 따라 정기적으로 재검토되고 수정되어져야 한다.

상호 비교평가

글로벌통제시스템은 각 현지자회사에 대한 통제에 우선적인 관심을 두나, 효과적인 통제를 위해서는 해외자회사들 간 사업성과의 상호 비교도 중요하다. 이러한 상호 비교방식의 통제시스템은 특정 해외자회사에서 얻어진 가치있는 경험을 다른 해외자회사에 적용시키는 데에도 도움이 된다.

각 해외자회사의 사업성과를 상호 비교하는 데에는 공정한 평가기준이 적용되어져야 한다. 따라서 만일 각 해외자회사의 경영자가 사업성과의 평가기준이 현지국의 상황(환율, 경기변동, 정부규제, 정치적 상황 등)에 비추어 불공정하거나 또는 부적합하다고 여길 경우 평가 결과에 동의하기 어려울 것이며, 결국 전사적 차원에서 이익극대화를 이룬다는 글로벌경영 통제시스템 소기의 목적을 달성할 수 없게 된다. 따라서 해외자회사에 대한 사업성과를 비교 평가할 경우 각 자회사가 통제할 수 있는 업무나 기준에 의거해서 평가해야 한다. 즉, 환위험, 정치적 위험, 인플레이션 등은 현지경영자들이 통제할 수 없는 요인이며, 만일 이들 요인에 의해서 현지자회사 사업성과가 영향을 받았다면, 그 결과에 대한 책임을 전적으로 현지경영자들에게 돌려서는 안 된다.

사실 해외자회사가 진출하고 있는 각국 시장의 특성(시장규모 및 성장률, 경쟁상태 등)에 현저한 차이가 존재한다. 어떤 시장은 규모나 성장 면에서 매우 불리한 위치에 있을 수 있다. 당연히 불리한 여건에 있는 해외자회사는 저조한 실적을 올릴 가능성이 높다. 이럴 경우 동일 기준으로 해외자회사들의 사업성과를 비교 평가한다는 것은 불합리하다. 따라서 각 현지시장 여건에 맞는 내부평가 기준이 마련되어야 한다.

또한 각 해외자회사 설립 목적이 서로 다를 수도 있다. 예컨대 어떤 해외자회사는 시장추구형인 반면에 또 다른 자회사는 생산효율추구형 목적을 띨 수 있으므로, 각 해외자회사의 특성에 맞는 평가기준이 마련되어야 한다. 즉 시장추구형인 자회사인 경우 시장점유율, 매출성장률, 고객서비스, 판매비용

등이 주요 평가기준이 되는 반면, 생산효율추구형인 자회사인 경우 원가관리, 생산성, 생산실적, 품질관리 등이 주요 평가기준이 된다.

해외자회사의 성과에 대한 비교 평가에 있어 대두되는 또 하나의 중요한 문제는 각 해외자회사의 재무적 성과를 현지국 통화 또는 본국 통화에 기준하여 평가할 것인지를 결정하는 것이다. 본국통화기준(after-translation)에 준할 경우 통일된 단일화폐단위에 의해 평가되므로 각 해외자회사의 성과를 비교 평가하는데 더 객관성을 띤다는 장점이 있다. 반면 이 경우 현지국 화폐단위로 산정된 사업성과를 본국 통화로 환산시킬 경우 환율 변동으로 인해 본래의 사업성과가 인위적으로 왜곡될 수 있다는 한계점이 있다. 이를테면, 현지국의 통화가 본국의 통화에 대해 평가절상(절하)되었을 경우, 현지자회사의 사업실적을 본국통화로 환산하면 원래보다 높게(낮게) 나타나게 된다.[29] 이런 연유로 통일된 평가기준을 모든 해외자회사들에 대해서 적용시키기보다는 유사한 사업 환경 하에 있는 국가들의 해외자회사를 대상으로 군집화(cluster)하여 적용시키는 것이 바람직하다. 해외자회사들의 사업성과를 비교 평가하는데 있어 어느 특정 해외자회사의 사업성과를 준거기준으로 삼거나 또는 모든 해외자회사들의 사업성과의 평균을 준거기준으로 삼는 것도 객관성을 높이는 한 대안이 된다.[30]

🗨 토의문제

1. 국제사업부 조직구조의 전제조건과 장단점은 무엇인가?
2. 제품사업부 조직구조의 전제조건과 장단점은 무엇인가?
3. 지역사업부 조직구조의 전제조건과 장단점은 무엇인가?
4. 글로벌 매트릭스 조직구조의 전제조건과 장단점은 무엇인가?
5. 범세계적 통합 대 국가별 대응 압력에 따른 글로벌 조직관리체계에 대한 전략적 방안에 대해 설명하시오.
6. 해외자회사에 대한 통제절차에 대해 설명하시오.

LG전자는 전자제품, 모바일통신시기 및 가전제품 분야의 세계적 기업으로 전 세계 128여 사업장에서 약 83,000명(국내 37,800명; 해외 45,800명)의 임직원이 근무하고 있으며, 2020년 기준 연 매출액 63조 이상을 달성하고 있다. 이러한 다양한 제품사업과 전 세계 사업장을 관리하기 위해 LG전자의 조직은 기본적으로 제품사업부 조직구조 형태를 취하고 있다. [그림 14-8]에서 보듯이 크게 HE(홈엔터테이먼트), MC(모바일커뮤니케이션즈), HA(홈어플라이언스), VC(비히클 컴포넌트)의 4개의 사업본부 및 한국영업본부, 11개의

본사 부문(CHIEF 레벨), 6개 글로벌 지역본부 및 산하 현지법인 등으로 조직화 되어있다.

사업본부

LG전자의 네 개의 사업본부를 두고 있으며, 또한 각 산업본부는 제품별로 사업부를 운영하고 있다. 예컨대 홈 어플라이언스 사업본부 산하에는 냉장고, 세탁기 등의 사업부가 있다. 이러한 사업본부구조의 장점은 사업본부별로 책임과 권한을 부여하여 부문별로 세계일류화라는 미션과 목표를 명확히 할 수 있다는 점이다.

그림 14-8 LG전자 조직구조

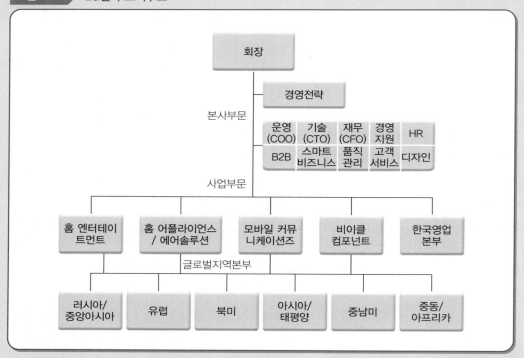

홈 엔터테인먼트(Home Entertainment) 사업본부 평판 디스플레이, 오디오 기기, 비디오 기기, 모니터/PC, 상업용 디스플레이, 보안 시스템 등의 제품을 바탕으로 개인 소비자 및 B2B 글로벌 홈 엔터테인먼트 시장 영역을 커버한다.

홈 어플라이언스 & 에어솔루션(Home Appliance & Air Solution) 사업본부 고효율, 고성능의 스마트 가전으로 냉장고, 에어콘, 세탁기, 청소기, 공기청정기, 제습기, 가습기 등의 제품을 취급한다. 2017년 LG전자는 고객의 생활 패턴을 감안, H&A사업본부 산하 냉장고 및 키친패키지사업부를 통합해 주방공간 중심의 '키친어플라이언스사업부'를 신설했다. 세탁기, 청소기를 담당하던 세탁기사업부는 생활공간 중심의 '리빙어플라이언스사업부'로 변경했다.

모바일 커뮤니케이션즈(Mobile Communications) 사업본부 모바일 커뮤니케이션즈 사업본부는 스마트폰, 웨어러블, 태블릿, 모바일 액세서리 등의 제품 라인업을 갖추고 있다. 그러나 만성적자에 허덕이던 스마트폰 사업은 2021년 철수시켰다.

비히클 컴포넌트(Vehicle Components) 사업본부 스마트카 시대를 맞이하여 텔레매틱스, AVN(Audio, Video, Navigation) 등의 차량용 인포테인먼트 부품 개발 및 공급과 모터 및 컴프레서 기술을 활용한 차량용 구동 부품과 공조시스템, 차량용 배터리팩 공급에 힘쓰고 있다. 2017년 LG전자는 VC사업본부에서 IVI사업부와 ADAS(Advanced Driver Assistance System) 사업을 통합해 카인포테인먼트를 총괄하는 '스마트사업부'를 신설했다. 또 e-PT(electric Powertrain) 및 VE(Vehicle Engineering) 사업 등 친환경 전기차 부품 분야를 '그린사업부'로 통합하는 등 고객 밀착형 조직으로 재편했다. 또한 VC사업 강화를 위해 본부 산하에 고객 거점 지역별 개발, 생산, 품질, 영업을 총괄하는 북미사업센터, 유럽사업센터, 중국사업센터를 신설하였다.

기능별 본사부문

LG전자는 CEO와 사업본부를 지원하기 위해 기능별 본사 부문(운영, 재무, 기술, 경영지원, HR, B2B, 디자인, 스마트비지니스, 품질관리, 고객서비스 등)을 운영하고 있다. 최고재무책임자(CFO)나 최고운영책임자(COO)와 같은 C-레벨의 임원은 보통 사장이나 부사장급으로 사업본부 기능별 관련 부문의 콘트롤타워 기능을 수행한다. 한편, LG전자는 2017년 조직개편을 통해 직속 기구인 경영전략부문을 신설하였다. 기존에 경영전략·관리FD로 운영하던 조직을 '부문'으로 격상시킨 것이다. 경영전략부문은 앞으로 삼성의 미래전략실과 같이 그룹 차원에서 LG전자 각 사업부들을 조율하는 헤드 역할을 중점적으로 수행하며, 전사적인 사업 추진 방향과 미래 전략에 대한 기획 책무를 맡는다.

글로벌 지역본부

LG전자는 아시아 태평양 지역, 북미지역, 라틴아메리카, 러시아 및 CIS지역, 유럽지역, 중동 및 아프리카 지역 등 6개의 지역본부를 두고 있다.

아시아·태평양 지역 LG전자의 세계화를 위해 중요한 경쟁력 기반이 되는 지역이다. 중국과 인도가 최대 시장이며 그 외 일본, 호주, 인도네시아, 말레이시아, 필리핀, 싱가포르, 대만, 태국, 베트남 등의 국가에 현지 생산법

그림 14-9 　LG전자 글로벌 네트워크

북미

러시아 · 중앙아시아

유럽

아시아 · 태평양

중동 · 아프리카

중남미

인이나 판매법인을 두고 있다. 중국과 같은 경우 16개의 LG전자 현지법인이 있다.

북미지역 40여 년의 LG전자 해외시장 개척의 역사를 고스란히 담고 있는 북미지역은 현지공장의 성공과 전략적 제휴, 인수합병 등을 통해 세계화의 모범적 성공사례를 남겼다는 평가를 받고 있다. 현재 북미지역에는 미국을 비롯하여 캐나다와 멕시코에 생산법인과 판매법인을 두고 있다. 미국에는 연구개발과 디자인개발을 담당하는 연구개발법인을 두고 있다. 미국 시장 진출은 미국의 자존심인 TV업체 Zenith사를 인수하여 HDTV 기술 습득과 브랜드 인지도를 높일 수 있었다.

라틴아메리카 1978년 우리나라 전자업계 최초로 수출 1억 달러 고지를 돌파한 이후 해외시장개척 활동에 더욱 박차를 가하고 있다. 특히 중남미가 정치적으로 안정되면서 사회, 경제적 성장을 이루기 시작한 것과 더불어 LG 전자의 현지화도 급속도로 본격화 되었으며, 현지 생산법인을 통해 중남미 최대 시장인 브라질의 높은 관세 장벽을 넘는 것을 비롯해 중남미 각 지역에서 최고 기업으로서의 위상을 굳혀 가고 있다. 현재 아르헨티나, 브라질, 칠레, 콜롬비아, 파나마, 페루 등의 국가에 생산법인과 판매법인을 두고 있다.

러시아 및 CIS지역 1990년 이후 냉전의 시대가 종료되면서 구 소련지역은 개혁, 개방과 연방해체라는 급격한 사회변혁을 맞이하였다. 이러한 사회적 구조의 변화 속에서도 특히 러시아와 카자흐스탄에서의 성과는 중앙아시아 진출의 교두보가 되고 있다. 특히 반자본주의 민심을 극복하기 위해 장기적이고 꾸준한 문화마케팅을 펼쳐 CIS 지역 소비자들로부터 호감과 신뢰를 쌓아가고 있으며 그러한 노력 끝에 현재는 러시아의 국민브랜드로 성장하기에 이르렀다. 현재 카자흐키스탄, 러시아, 우크라이나, 라트비아 등의 국가에 진출해 있다.

유럽지역 EU 출발로 유럽지역은 북미 시장과 더불어 세계의 양대 산맥이라고 일컬어지는 지역이다. LG전자는 독일과 영국의 현지

그림 14-10 매트릭스 조직의 의사소통 체계

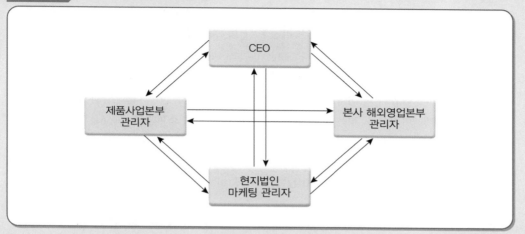

생산법인과 현지법인을 기반으로 EU 지역에서의 안정적인 생산 기반을 통해 높은 무역장벽을 극복할 수 있게 되었다. 한편, 유럽에서는 현지 밀착형 제품 디자인 개발을 통해 디자인 개발의 세계화를 위한 전초기지 역할도 확보하고 있다. 현재 오스트리아, 체코, 프랑스, 독일, 그리스, 헝가리, 이탈리아, 네덜란드, 폴란드, 포르투갈, 루마니아, 스페인, 스웨덴, 영국 등의 국가에 생산법인 및 판매법인을 두고 있다.

중동 및 아프리카 지역 시장 개척에 있어 LG전자에게 가장 인내가 요구되었던 시장이었다. 실패와 성공을 반복하면서 현지화에 대한 전략을 구축하게 되었으며, 지역 소비자들의 마음을 읽는 현지 밀착형 마케팅을 통해 중동 아프리카지역에서 브랜드 인지도를 90%로 끌어올리는 성과를 거두게 된 끝에 매출도 급상승했다. 특히 지역적 특성에 맞춰 서비스와 사회공헌에도 앞장서고 있으며 이러한 노력으로 인해 중동과 아프리카 지역에서의 LG전자는 대부분의 국가에서 최상위 브랜드가 되는 성과를 누리고 있다. 현재 알제리, 이집트, 요르단, 케냐, 모로코, 사우디아라비아, 남아프리카공화국, 튀니지, 아랍에미리트, 나이지리아, 터키 등의 국가에 진출해 있다.

조직구조의 지속적 재편

사실 기업에 가장 잘 맞는 조직구조는 없다. 사업 확장과 여건에 따라 그에 맞는 조직구조로의 재편이 중요한 것이다. 글로벌 시장에 진출하고 있는 여타 기업들과 마가지로 LG전자도 한때 제품사업별, 본사 직능부서별, 지역별로 관리자와 담당자를 두고 매트릭스 조직구조를 운영한 바 있다.

[그림 14-10]에서 보듯이 특정 지역 현지법인 마케팅 담당자는 본사 해당제품 사업본부 관리자와 해외영업본부 관리자에게 동시에 보고하고 또한 그들로부터 지시를 받는다. 주요 의사결정 사안에 대해서는 제품사업본부 관리자와 해외영업본부 관리자 간 합의가 요구된다. 물론 해당 현지법인장의 지휘도 받아야 한다. 이러한 복잡한 의사결정 구조가 마케

팅뿐만 아니라 연구개발, 조달, 생산, HR, 전략수립 등에 걸쳐서도 마찬가지로 적용된다. 2000년대 초반에 LG전자도 이러한 매트릭스 조직구조 운영방식을 도입했다. 이러다 보니 업무가 겹쳐 의사소통에 혼란을 겪고 비즈니스 환경에 재빨리 적응하고 신속하게 의사결정을 내리는 데도 어려움을 겪는다는 평가가 회사 내·외부에서 제기되었다. 특히 이런 문제는 LG전자가 스마트폰 대응에서 실기하는 데도 원인을 제공했다는 평가다. 따라서 LG전자는 2010년에 들어서 위의 [그림 14-8]에서와 같이 수직체계에 가까운 형태로 조직을 단선화시켜 의사결정 속도를 높이고 핵심 경쟁력과 관련 없는 사업은 정리해 슬림하게 하는 방향으로 조직을 재개편하였다. 이러한 조직구조의 변경은 비즈니스 환경 변화에 신속하게 대응하고 스피드한 의사결정을 내리기 위한 방편으로 분석된다. 이렇게 조직구조는 사업 환경과 전략에 맞추어 지속적인 변신이 요구된다.

토의사안

1. [그림 14-8]에 나타난 LG전자 사업본부 역할에 대해 분석하시오.
2. 기능별 본사부문의 역할에 대해 분석하시오.
3. 글로벌 지역본부의 역할에 대해 분석하시오
4. LG전자가 2010년 초반에 도입한 매트릭스 조직체계에 대한 분석과 조직구조를 재편하게 된 이유에 대해 설명하시오.

사례 2 **글로벌기업의 조직학습을 통한 지식과 정보 공유**

Global Strategic Management

글로벌기업들이 다양한 메커니즘을 통해 본사와 현지자회사 간, 또는 현지자회사들간 지식과 정보를 공유하는 글로벌 조직학습에 임하고 있다. 일부 기업은 프로젝트별 글로벌 팀을 구성하여 지식과 정보를 공유하고, 또 다른 기업들은 글로벌정보시스템을 구축하여 실시간으로 지식과 정보를 공유한다. 이러한 글로벌 조직학습은 기업들에게 전 세계적 차원에서 경쟁력 강화에 큰 도움이 된다.

레노버(Lenovo) 사례
중국 PC 기업인 레노버와 WWP 그룹의 광고대행사인 O&M은 인도 방갈로르 지역에 있는 글로벌 허브에 공동마케팅팀을 구성했다.

레노버 직원 20명과 O&M 직원 65명으로 이루어진 이 마케팅팀은 전 세계 60개국의 레노버와 O&M 마케팅 부서들과 긴밀하게 연결되어 있다. 인도 글로벌 허브 지역에 마케팅 센터를 설립한 것은 브랜딩 혹은 광고 활동은 반드시 지역별로 이루어져야 한다는 기존 관습에 대한 도전을 의미한다. 당시 레노버는 혁신적인 브랜드 구축 및 광고 업무를 추진하기 위해 전략기획, 고객 관리, 창조적인 아이디어를 이끌어 갈 팀을 절실히 필요로 하고 있었다. 하지만 이를 담당할 인재들은 국가별로 흩어져 있었고, 그들의 역할 중 상당 부분은 중복되어 있었다. 이러한 문제점을 해결하기 위해 레노버는 인도의 글로벌 허브 마케팅 센터 설립을 결정한 것이다. 또한 효율적인 시스템과 비즈니스 프로세스 체계를 만들었다. 가령 파리에 있는 레노버 현지법인이 마케팅 센터로 광고에 관련된 지원을 부탁하면 관련 자료들을 보내준다. 그러면 파리 법인의 마케팅 담당자는 그 자료들을 검토하고 필요한 경우 개선점이나 보충 사항에 관한 답변을 다시 마케팅 센터로 전달한다. 레노버는 이러한 마케팅 센터의 협력 업무를 시간 및 비용의 차원에서 꾸준히 관리하고 있다. 마케팅 센터의 직원들은 여러 현지법인으로부터 다양한 정보를 얻고 있고, 레노보와 O&M의 경영진들은 정기적으로 마케팅 센터를 방문하여 이러한 정보를 공유한다. 또한 마케팅 센터의 고위 관리자들은 전 세계의 법인들을 돌아다니면서 마케팅 센터의 활동과 관련된 정보들을 알려주는 역할을 맡고 있다. 인도에 위치한 레노버의 마케팅 허브는 약 25개의 언어를 기반으로 글로벌 업무를 지원한다. 이 마케팅 허브는 유럽에서 몰려드는 요청 사항들을 평균 4시간 이내에 처리한

다. 설립 후 4개월 만에 약 400개가 넘는 글로벌 업무를 처리했다. 그리고 그들은 각 현지법인의 책임자들이 하는 조언도 적극적으로 받아들이고 있다. 물론 레노버 글로벌 허브 개념을 마케팅 이외의 업무에서도 활용한다. 즉 제품 개발이나 디자인 업무에까지도 이 개념을 확장시켰다. 레노버의 데스크톱 허브는 중국에 있고, 노트북 허브는 일본에 있다. 레노버의 모든 제품에 관한 디자인 업무는 미국 노스캐롤라이나 주의 롤리 시에 있는 디자인 본부에서 이루어진다. 오늘날 레노버를 비롯하여 수많은 글로벌 기업들이 글로벌 허브의 개념을 적극적으로 도입하고 있다. 이러한 흐름을 통해 한 가지 분명한 결론을 내릴 수 있다. 글로벌 인적 자원의 구축을 통해 비용 절감 이상의 혜택을 얻을 수 있다는 것이다. 비용 절감도 중요한 문제이기는 하나 그 것보다도 품질, 혁신, 속도의 차원에서 더 많은 혜택을 얻을 수 있다.[32]

테스코(Tesco) 사례

80여년 전통의 영국계 대형할인점 테스코는 1999년 설립된 한국 내 합작법인인 삼성테스코 홈플러스[33] 영등포점에서 처음으로 운영한 '고객가치창조관' 아이디어를 본사 차원에서 도입해 여타 현지국 매장에 전수시킨바 있다. 대표적인 사례가 체코 수도 프라하 테스코 매장인데, 고객가치창조관 아이디어를 본따 '스튜디오 후티(Studio Chuti. 시식 스튜디오)' 공간을 마련하였다. 스튜디오후티는 자사 브랜드(PB) 신제품을 고객이 직접 테스트해볼 수 있어, PB제품에 대한 고객 선호도와 의견을 제품에 반영해 품질을 높이고 상품 홍보의 장으로 유용하게 활용되었다. 고객창조관

아이디어 외에도 삼성테스코 홈플러스가 개발한 '한국형' 운영노하우, 시스템 등이 영국 테스코 본사와 유럽 자회사 등에 전수되었다. 대표적으로 홈플러스의 복층구조와 지하주차장도 영국 점포에 적용되었다. 맨체스터 등 신규 오픈 매장에는 지하주차장이 들어서고 있는데, 그동안 영국 매장에는 지하주차장이라는 개념을 상상조차 못했었는데, 한국 홈플러스에서 벤치마킹한 것이다. 또 단층 매장만 운영하는 영국 테스코는 저렴한 비용으로 공간을 효율적으로 활용할 수 있는 복층매장 아이디어도 적극 수용할 계획이다. 이외에도 한국 홈플러스의 IT시스템도 본사 등 전 세계 매장에 전수되는 대표적인 아이템이다. 한국 홈플러스는 2004년 2월 전 세계 테스코 매장에서 사용되는 상품관리시스템인 'PMS"를 구축했으며, PMS 개발을 주도했던 홈플러스 전문가들이 터키, 폴란드, 일본 테스코 등에 투입돼 기술력을 전수하였다.[34]

프록터앤드갬블(P&G) 사례

미국의 대표적인 비누·세제, 기타 가정용품 제조업체인 P&G는 범세계적 차원에서 정보와 지식의 긴밀한 네트워크를 이루기 위해 글로벌 협력팀을 가동시켰다. 글로벌 협력팀은 전 세계적으로 다양한 소비자 요구에 민감하게 반응하는 혁신의 수호자 역할을 담당한다. 즉 세계적인 액체 세제를 내놓기 위해서 세 기술 그룹(하나는 브뤼셀, 둘은 미국 소재)에서 선발된 기술자들로 하나의 팀을 구성했다. 글로벌 팀은 여러 동향을 분석하고, 제품 설명서를 만들고, 널리 분산되어 있는 기술과 전문 지식을 결합하는 임무를 맡았다. 이 작업은 P&G의 가장 성공적 제품 발표로 절정을 이루었다. 미국에서는 리퀴드 타이드로, 일본에서는 리퀴드 치어로 그리고 유럽에서는 리퀴드 에어리얼로 판매된 이 세제는 P&G가 처음으로 세계적인 규모로 출시한 제품이었다. 이와 같이 여러 가지 프로젝트를 통해 국경을 초월한 기술 관계를 계속 강화해 나가자, P&G는 널리 퍼져 있는 직능별 인력들을 점차 통합적인 학습조직으로 전환시켰다.[35]

제록스(Xerox) 사례

미국의 제록스사는 조직 구성원들의 머릿속에 있는 암묵적 지식들을 단순히 지식 저장소에 저장하기보다는 조직구성원들 간에 실제로 전달되고 피드백 되도록 하기 위해 커뮤니케이션 시스템인 Eureka를 개발하였다. 이 프로그램의 실질적 역할은 전 세계 23,000여명의 제록스 기술자들 간에 필요로 하는 기술을 서로 묻고 답하는 것이며, 단지 이들의 의사소통 결과만이 축적된다. 이러한 형태의 정보 축적은 의도적인 정보의 입력보다 더 유용한 지식이 되며, 시간이나 비용의 효과적인 감소를 가져올 수 있다. Eureka와 더불어 제록스의 또 다른 하나의 지식경영 시스템은 DocuShare 시스템이다. 이 시스템은 1996년 제록스의 500명 이상의 연구개발 인력이 정보를 공유할 수 있도록 개발되었으며, 현재는 전사 조직 구성원들이 팀 활동을 위해 활용하고 있다. DocuShare가 기존의 정보의 축적과 공유를 위한 시스템과 다른 점은 크게 두 가지다. 첫째는 개별 직무별로 특성을 파악하여 각 직무 특성에 맞는 지식공유 시스템을 구축하였다는 점이다. 가령 예를 들어 설명하자면 연구개발 인력이 각 직무특성에 요구하는 특성은 사용하는데 전문적인 훈련이 필요 없어야 하며, 정보의 축적 및 공유에 관료적인 통제가 없어야 하고, 그 정보의 활용과 재창출에 있어 제약이 없어야 한다는 점이다. DocuShare는 이러한 직무별 특성을 반영하여 그 직무 특유의 지식 공유 시스템을 제공하는 것이다. 두 번째 특성은 개별 조직 구성원들의 직무 습관을 이해하고 이들의 습관을 해치지 않는 범위에서 그 기능을 제공하는 것이다. 즉 지식경영 시스템을 유지하고 발전시키기 위해 개별 조직구성원들의 희생이 이뤄져서는 안된다는 점을 반영하고 있다.[36]

📑 토의사안

1. 글로벌 조직학습 개념에 대해 설명하시오.
2. 레노버(Lenovo)의 글로벌 조직학습 사례에 대해 설명하시오.
3. 테스코(Tesco)의 글로벌 조직학습 사례에 대해 설명하시오.
4. 프록터앤드갬블(P&G)의 글로벌 조직학습 사례에 대해 설명하시오.
5. 제록스(Xerox)의 글로벌 조직학습 사례에 대해 설명하시오.

참고문헌 Global Strategic Management

📖 제 1 장

1. Ansoff, H.I.(1988), *The New Corporate Strategy*, NY: John Wiley & Sons Inc.

2. Bartlett, C.A. and Ghoshal, S, (1989), *Managing Across Borders-The Transactional Solution*, MA: Harvard Business School Press.; Sullivan, D.(1994), "Measuring the Degree of Internationalization of a Firm," *Journal of International Business Studies*, 25(2), 325-342.; Asmussen, C.G., Pedersen, T., and Petersen, B.(2007), "How do We Capture Global Specialization When Measuring Firms' Degree of Globalization?," *Management International Review*, 47(6), 791-813.

3. 글로벌기업에 대한 더 자세한 설명은 Shanks, D.C.(1985), "Strategic Planning for Global Competition," *The Journal of Business Strategy*, 5(3), 80-89. Hout, T., Porter, M.E. and Rudden, E.(1982), "How Global Companies Win Out," *Harvard Business Review*, (September-October), 98-108 등 참조.

4. Yips, G.S.(1992), *Total Global Strategy*, NJ: Prentice Hall Inc.

5. Gallbraith, J.R.(2000), *Designing the Global Corporation*, CA: Jossey-Bass, Inc..

6. Chandler, A.(1962), *Strategy and Structure: Chapters in the History of the Industrial Enterprise*, MA: MIT Press.

7. Barney, J. B.(1991), "Firm Resources and Sustained Competitive Advantage," *Journal of Management*, 17(1), 99-120.

8. Hofer, C. W. and Schendel, D.(1978). *Strategic Formulation: Analytical Concepts*. St. Paul, MN: West.

9. Hofer, C. W. and Schendel, D.(1978), Ibid.; Lynch, R.(2015), *Strategic Management*(5th Edition), Pearson Education Ltd.

10. Lynch, R.(2015), Ibid.

11. Collins, C.C. and Lazier, W.C.(1992), *Beyond Entrepreneurship*, NJ: Prentice Hall.

12. CEO스코어(www.ceoscore.co.kr), CEO스코어데일리(www.ceoscoredaily.com) 사이트의 기사 참조.

1. Aharoni,, Y. (1966), *The Foreign Direct Investment Decision Process*, MA : Harvard University Press.; Knickerbocker, F. T. (1973), *Oligopolistic Reaction and Multinational Enterprise*, MA: Harvard University Press 등 참조.

2. 한국수출입은행(2015), 2014년 회계연도 해외직접투자 경영분석.

3. Hymer, S.H. (1960), "The International Operations of National Firms : A Study of Direct Investment," *Doctoral Dissertation*, Cambridge, MA: MIT.; Kindleberger, C.P. (1969), *American Busisness Abroad : Six Lectures on Direct Investment*, New Haven: Yale University Press.; Caves, R.E. (1971), "International Corporations: The Industry Economics of Foreign Investment," *Economica*, (February), 1-27.

4. Buckley, P.J. and Casson, M.C. (1976), *The Future of the Multinational Enterprise*, London: Macmillan.; Rugman, A.L. (1980), "A New Theory of the Multinational Enterprise: Internationalization VS. Internalization," *Columbia Journal of World Business*, (Spring), 23-29.

5. Coase, R.H. (1937), "The Nature of the Firm," *Economica*, 4(16), 386-405.

6. Williamson, O. (1971), "The Vertical Integration of Production: Market Failure Considerations," *American Economic Review*, 61(2), 112-23.

7. Vernon, R. (1974), "The Location of Economic Activity", in J. H. Dunning(ed.), *Economic Analysis and Multinational Enterprise*, London: George Allen and Unwin.; Kravis, L.B. and Lipsey, R.E. (1982), "The Location of Overseas Production for Export by Multinational Firms," *Journal of International Economics*, (May), 201-223.

8. Dunning, J.H. (1980), "Toward An Eclectic Theory of International Production: Some Empirical Tests," *Journal of International Business Studies*, (Spring/Summer), 9-30.

9. 권영철(1999), "해외직접투자의 결정요인과 내부화 수준: 수출지향적 대 시장지향적 투자비교," 국제경영연구, 29(2) 138-160.; 왕군강·권영철(2014), "중국진출 한국기업의 해외직접투자 성과 결정요인에 관한 연구: 절충이론을 중심으로," 관세학회지, 15(2), 191-209.

10. 최창범·전용욱(2011), "한국진출 외국기업의 독점적우위의 변화에 대한 탐색적 연구," 국제경영리뷰, 15(1), 125-145.

11. Root, F.R. (1998), *Entry Strategies for International Markets*, CA: Jossey-Bass Inc.

12. 신설 대 M&A 결정요인에 대해서는 Hennart, J.F. and Park, Y.T. (1993), "Greenfield versus Acquition: The Strategy of Japanese Investors in the United States," *Management Science*, 39, 1054-1070.; Slangen, A.H.L. and Hennart,

J.F.(1008), "Do Foreign Greenfields Outperform Foreign Acquitions or Vice Versa: An Institutional Perspective," *Journal of Management Studies*, 45(7), 1301-1328 등 참조.

13. United National Center on Transnational Corporations(1983), *Transnational Corporations in World Development, Third Survey*, New York: United Nations.

14. Wells, L.T.(1976), "Social Cost/Benefit Analysis for MNCs," *Harvard Business Review*, (March-April).

15. Fagre, N. and Wells, L.T.(1982), "Bargaining Power of Multinational and Host Governments," *Journal of International Business Studies*, (Fall).; 권영철(1999), "외국인직접투자에 대한 현지국 정부의 인센티브 결정: 교섭력 모델," 무역학회지, 24(1), 151-164.

16. 본 내용은 매일경제신문, "삼성, 부품·R&D 중국 현지화 확대," 2011. 5. 5. 머니투데이, "중국 생산현지화..한국기업의 新시장이 되다," 2013. 1. 22. 한국경제신문, "삼성, 中내륙 더 깊게 파고든다…시안에 5억달러 추가 투자," 2013. 9. 12.; 금융소비자뉴스(www.newsfc.co.kr), "삼성전자 중국 스마트폰 시장 포기냐, 확대냐 기로," 2018.04.06.; 한국경제신문, "삼성전자, 중국 시안 반도체 공장 9.5조원 추가투자," 2019.12. 12. 등의 기사에 의거하여 작성되었음.

📖 제 3 장

1. Kwon, Y.C. and Ryans, Jr. J.K.(1987), "Dynamic Competitive Position Between the Foreign Joint Venture and NICs' Indigenous Firms," *Foreign Trade Review*, (July-September), 136-137.; Wright, R.W. and Russel, C.S.(1975), "Joint Venture in Developing Countries and Responses," *Columbia Journal of World Business*, (Summer), 74-80.

2. 중소기업진흥공단(1993), 합작투자 조사보고서.

3. Williamson, O.E.(1975), *Market and Hierarchy: Analysis and Antitrust Implication*, NY: Free Press.; Williamson, O.E.(1979), "Transaction Cost Economics: The Governance of Contractual Relations," *The Journal of Law Economics*, 22, 233-161

4. Anderson, E. and Gatingnon, H.(1986), "Model of Foreign Entry: A Transaction Cost Analysis and Propositions," *Journal of International Business Studies*, (Fall), 1-25.; Hennart, J.F.(1988), "A Transaction Cost Theory of Equity Joint Ventures," *Strategic Management Journal*, 9, 361-374.; 유승훈·이명수(1995), "한국제조기업의

대중국투자에 있어 소유권결정에 관한 연구," 경영학연구, 24(1), 129-166.

5. 권영철(1997), "해외진입장벽과 해외진입방식 선택: 조직실패 개념," 경영학연구, 26(1), 1-16.

6. Barney, J.B.(1991), "Firm Resources and Sustained Competitive Advantage," *Journal of Management*, 17(1), 99-120.

7. 권영철(2002), "국제합작 소유지분구조 결정: 자원준거론 관점," 국제경영리뷰, 6(2), 59-74.

8. 권영철·이위범(2011), "도레이새한(주)의 성공적 M&A사례- 인수 전 협상 및 인수 후 통합을 중심," *Korean Business Review*, 14(3), 145-162.

9. Root, F.R.(1998), *Entry Strategies for International Markets*, CA: Jossey-Bass Inc.

10. 합작기업 설립을 위한 협상 지침에 관해서는 Contractor, F.J.(1984), "Strategies for Structuring Joint Ventures: A Negotiations Planning Paradigm," *The Columbia Journal of World Business*, (Summer), 30-39 참조.

11. 합작기업의 통제 문제와 관련해서는 Killing, J.P.(1982), "How to Make a Global Joint Venture Work," *Harvard Business Review*, (May-June), 120-138; Harrigan, K.R.(1984), "Joint Ventures and Global Strategies," *The Columbia Journal of World Business*, (Summer), 7-17 등 참조.

12. Beamish, P.W.(1993), "Joint Venture in LDCs: Partner Selection and Performance," *Management International Review*, 27(1), 23-37.

13. Bleeke, J. and Ernst, D.(1993), *Collaborating to Compete*, John Wiley & Sons.; Bleek, J. and Ernst, D.(1991), "The Way to Win Cross-border Alliances," *Harvard Business Review*, (November-December), 127-135.

14. 노무라종합연구소(2000).

15. Dhanaraj and Beamish, P.W.(2004), "Effect of Equity Ownership on the Survival of International Joint Ventures," *Strategic Management Journal*, 25(3), 295-305.

16. Delios, A. and Beamish, P.W.(1999), "Ownership Strategy of Japanese Firms: Transactional, Institutional, and Experience Influences," *Strategic Management Journal*, 20(10), 915-933.; Delios, A. and Beamishi, P.W.(2004), "Joint Venture Performance Revisited: Japanes Foreign Subsidiaries Worldwide", *Management International Review*, 44(1), 69-91.

17. Lecraw, D.J.(1984). "Bargaining Power, Ownership, and Profitability of Transnational Corporations in Developing Countries", *Journal of International Business Studies*, (Spring/Summer), 27-43.; Yan, Aimin and Gray, Barbara, (1994), "Bargaining Power, Management Control, and Performance in United States-China Joint Ventures: A Comparative Case Study," *Academy of Management Journal*, 37(6), 1478-1517.

18. Inkpen, A.C. (2000), "Learning through Joint Ventures: A Framework of knowledge Acquition," *Journnal oof International Business Studies*, 37(7), 1019-1043.; Inkpen, A.C. and Currall, S.C. (1997), "International Joint Venture Trust: An Empirical Examination," in Beamish, P.W. and Killing, J.P. (eds), *Cooperative Strategies*, San Francisco, The New Lexington Press.; Madlhok, Anoop. (1995), "Revisting Multinational Firms' Tolerance for Joint Ventures: A Trust-based Approach," *Journal of International Business Studies*, 25(1), 117-137.

19. Wright, R. (1979), "Joint Venture Problems in Japan," *Columbia Journal of World Business*, (Spring), 25-31.

20. Cullen, J., Johnson, J. and Sakano, T. (1995), "Japanese and Local Partner Commitment to IJVs: Psychological Consequences of Outcomes and Investment in the IJV Relationship," *Journal of International Business Studies*, 26(1), 91-116.

21. Lin, X. and German, R. (1998), "Sustaining Satisfactory Joint Venture Relationships: The Role of Conflict Resolution Strategic," *Journal of International Business Studies*, 29(1), 179-208.

22. Geringer, J. and Hebert, L. (1989), "Control and Performance of International Joint Ventures," *Journal of International Business Studies*, 20, 235-254.

23. 이에 대한 더 상세한 설명은 권영철(2005), "국제합작제휴에서의 갈등관리방안의 효과성에 관한 연구," 국제통상연구, 10(1), 119-141 참조.

24. 본 사례는 조선일보 2004.07.15 기사, 디지털데일리, "TV 부진 탓에 ⋯ 소니-삼성전자 S-LCD 합작 관계 청산," 2011.12.26 기사, 김경준(2005), 소니는 왜 삼성전자와 손을 잡았나?, 원앤원북스, 삼성전자 내부자료 등에 의거하여 작성된 것임.

25. 본 사례는 Weiss, S.E. (1987), "Creating the GM-Toyota Joint Venture: A Case in Complex Negotiation," *Columbia Journal of World Business*, (Summer 1987).; Economy21(196호), 2004년 4월 23일 기사에 의거하여 작성되었음.

📖 제 4 장

1. Yoshino, M.Y. and Rangan, U.S. (1995), *Strategic Alliances : An Entrepreneurial Approach to Globalization*, Boston, MA: Harvard Business School Press.

2. Miles, R. and Snow, C. (1986). "Organizations: New Concepts for New Forms," *California Management Review*, 28(2): 68-73.

3. Jarillo, J. (1988). "On Strategic Networks," *Strategic Management Journal*, 9, 31-41.

4. Chesnais, F. (1996). "Technological Agreements, Networks and Selected Issues in Economic Theory," in Coombs, R., A. Richards, P. P. Saviotti and V. Walsh (eds.), *Technological Collaboration*, Cheltenham: Edward Elgar, 18-33.

5. 권영철(2004), "중소벤처기업의 국제화이론으로서 네트워크우위론의 정립과 검증," 벤처경영연구, 7(2), 77-104.

6. 동적역량과 조직학습에 관한 더 상세한 내용은 제10장의 동적역량 부분과 10장 말미의 사례 "삼성전자의 기술제휴와 자체 연구개발을 통한 반도체 핵심역량 구축"을 참조할 것.

7. Teece, D., G. Pisano and A. Schuen (1997). "Dynamic Capabilities and Strategic Management," *Strategic Management Journal*, 18, 509-533.

8. Hamel, G. (1991). "Competition for Competence and Interpartner Learning within International Strategic Alliances," *Strategic Management Journal*, 12(Special Issue), 83-104.

9. Dodgson, M.(1996). "Learning, Trust and Inter-firm Technological Linkages: Some Theoretical Associations," in Coombs, R., A. Richards, P. P. Saviotti and V. Walsh(eds.). *Technological Collaboration*, Cheltenham: Edward Elgar, 54-75.; Suzan Bandar Al Mutairi, M. Rizwan Jameel Qureshi(2014), "A Novel framework for Strategic Alliance of Knowledge Management Systems," *International Journal of Modern Education and Computer Science*, 6(4), 38-45.

10. Cohen, W.M. and Levinthal, D.A.(1990), "Absorptive Capacity: A New Perspective on Learning and Innovation," *Administrative Science Quarterly*, 35 (1), 128-152.

11. Inkpen, A.C.(1996), "Creating Knowledge through Collaboration," *California Management Review*, 39(1), 123-140.; Zuraina Dato Mansor, Wan Mohamed Tarmizi and Wan Abdullah(2012), "Knowledge Creation in Strategic Alliance: Case of 'Child Business' Learning from 'Parent Partner'," *South East Asian Journal of Management*, 6(1), 15-22.

12. Parkhe, A.(1993), "Strategic Alliance Structuring: A Game Theoretic and Transaction Cost Examination of Interfirm Cooperation," *The Academy of Management Journal*, 36(4), 794-829.

13. Culpan, R. (2002). *Global Business Alliances*, Quorum Books.

14. Brandenburger, A.M. and Nalebuff, B.J.(1997), Co-Opetition, Currency Doubleday.

15. 본절은 권영철(2001), "기업 간 경쟁과 협력의 논리와 규범," 경영학연구, 30(3), 695-718의 내용을 참고하였음.

16. 양립성에 대해서는 본서의 제3장 국제합작투자에서 논의된 바 있음.

17. Bleek, J. and Ernst, D. (1991), "The Way to Win Cross-border Alliances," *Harvard Business Review*, (November-December), 127-135.

18. Ibid.

19. 본 사례는 권영철·이위범(2007), 글로벌시대 기업간 경쟁과 협력, 무역경영사의 일부 내용을 요약한 것임.

제 5 장

1. Walter, G. A. and Barney, J. B. (1990). 'Management Objectives in Mergers and Acquisitions'. *Strategic Management Journal*, 11, 79-86.; Haspeslagh, P. and Jemison, D. (1991), *Managing Acquisitions: Creating Value Through Corporate Renewal*. New York: Free Press.; Calipha, R., Tarba, S. and Brock, M. (2010). "Mergers and Acquisitions: A Review of Phases, Motives, and Success Factors," *Advances in Mergers & Acquisitions*. 9.

2. 신태진·이윤철(2013), "장수기업의 기업변신을 위한 구조조정과 M&A전략: 두산그룹 사례를 중심으로," 전문경영인연구, 16(2), 1-37.

3. Ansoff, H.I. (1988), *The New Corporate Strategy*, John Wiley & Sons Inc.

4. Jensen, M.C. and Meckling, W.H. (1976), "Theory of the Firm: Managerial Behavior, Agency Costs and Ownership Structure," *Journal of Financial Economics*, 3(4), 305-360.

5. Roll, R. (1986), "The Hubris Hypothesis of Corporate Takeovers," *Journal of Business*, 59, 205-216.

6. Jemison, D.B. and Sitkin, S. (1986), "Corporate Acquisitions: A Process Perspective", *Academy of Management Review*, 11(1), 145-63.; Mirvis, P.H. and Marks, M.L. (1991), "*Managing the Merger: Making it Work*, London: Prentice Hall.

7. Dreifus, S.B. (1992), *Business International's Global Management Reference*, McGraw-Hill, Inc.; Gomes, E., Duncan N. Angwin, Yaakov Weber and Shlomo Yedidia(2012), "Critical Success Factors through the Mergers and Acquisitions Process: Revealing Pre and Post M&A Connections for Improved Performance," *Thunderbird International Business Review*, 55(1), 13-35.

8. Angwin, D.N. (2004), "Speed in M&A Integration: The first 100 days," *European Management Journal*, 22, 418-430.; Birkinshaw, J. and Bresman, H. (2000), "Managing the Post-Acquition Process: How the Human Integration and Task

Integration Process Interact to Foster Value Creation," *Journal of Management Studies*, 37(3), 395-425.; Michaël Viegas-Pires(2013), "Multiple Levels of Culture and Post M&A Integration: A Suggested Theoretical Framework," *Thunderbird International Business Review*, 55(4), 357-370.

9. 본 사례는 이위범·권영철(2011), "도레이새한(주)의 성공적 M&A사례—인수 전 협상 및 인수 후 통합을 중심으로," *Korea Business Review*, 14(3), 135-162 내용을 일부 요약한 것임.

10. 현재 도레이첨단소재로 회사명이 변경되었음.

📖 제 6 장

1. 본 내용은 청년의사신문, 2015. 11. 5일자 기사 "'제약 기술 강자' 한미약품, 다국적사들과 잇달아 수출계약"에 의거하여 작성된 것임.

2. Sandra, M. and Johnson, J.P(2000), "Motivations and Risks in International Licensing: A Review and Implications for Licensing to Transitional and Emerging Economies," *Journal of World Business*, 35(2), 171-188.; Root, F.R.(1998), *Entry Strategies for International Markets*, CA: Jossey-Bass Inc.

3. Ibid.

4. Rugman, J.M(1987), "Licensing in International Strategic: A Guide for Planning and Negotiations," *Journal of International Business Studies*, 18(1).; Goodnow, J.D.(1982), "International Technology Licensing: Compensation, Costs and Negotiation," *Journal of International Business Studies*, 13(1), 125-126.; Root, F.R. and Contractor, F.J.(1981), "Negotiating Compensation in International Licensing Agreements," *Sloan Management Review*, (Winter), 23-32.; Root, F.R. (1998), Op. cit. 등 참조.

5. 독점적 라이선싱 결정요인에 대해서는 Jiang, M.S., Aulakh, P.S. and Pan, Y.(2007), "The Nature and Determinants of Exclusivity Rights in International Technology Licensing," *Management International Review*, 47(6), 869-893.

6. Welch, L.S.(1993), "Developments in International Franchising," *Journal of Global Marketing*, 6(1/2), 81-96.

7. 한국농수산식품유통공사, "2019년 외식기업 해외진출실태 조사보고서."

8. Sashi, C.M. and Karuppur, D.P.(2012), "Franchising in Global Markets: Towards a Conceptual Framework," *International Marketing Review*, 19(5), 499-524.; Root,

F.R.(1998), Op. cit.

9. 일요서울, "프랜차이즈 해외진출전략," 2016. 11. 25일자 기사.

10. Root, F.R.(1998), Op. cit.

11. Sashi, C.M. and Karuppur, D.P.(2012), Op. cit.; Hackett, D.W.(1976), "The International Expansion of U.S. Franchise Systems: Status and Strategies," *Journal of International Business Studies*, (Spring), 69-70.

12. 본 내용은 아시아경제, 2017. 4. 11일자 기사 내용에 기초하여 작성되었음.

13. Maria, J.O. and Josef, W.(2014), "The Choice of Governance Modes of International Franchise Firms: Development of an Integrative Model," *Journal of International Management*, 20(2), 153-187.

14. 본 내용은 머니투데이, 2008.9.11일자 기사에 기초하여 작성되었음.

15. 서울경제, 2014. 11. 23일자 기사 내용에 기초하여 작성된 것임.

16. 본 사례는 한국 맥도날드 사이트(www.mcdonalds.co.kr), ICMR(2011), "McDonald's in France Case,"; 프라임경제, 2012. 5. 30일자 기사 "맥도날드, 가맹점 성공 노하우 '토탈 솔루션'", 조선일보, 2016. 8. 14일자 기사 "맥도날드, 국내진출 28년 만에 실적부진으로 매각추진," 식품저널, 2021.03.16일자 기사 "국내산 식재료 메뉴 접목 '로컬 소싱' 확대," 등에 기초하여 작성되었음.

📖 제 7 장

1. Gale, B.(2008), *Political Risk & International Business*, Coronet Books Inc.; Fitzpatrick, M.(1983), "The Definition and Assessment of Political Risk in International Business: A Review of the Literature," *The Academy of Management Review*, 8(2), 249-254.

2. Moran, T.H.(2003), *International Political Risk Management*: The Brave New World, World Bank Office of the Publisher.; Simon, J.D.(1982), "Political Assessment: Past Trends and Future Prospects," *Columbia Journal of World Business*, (Fall).

3. Root, F.R.(1998), *Entry Strategies for International Markets*, CA: Jossey-Bass Inc.

4. 한국경제신문, 2013. 3. 10일자 기사에 의거 작성되었음.

5. Prakash, S.S. and Luther, K.A.N.(1986), "Political Risk Analysis and Direct Foreign Investment: Some Problems of Definition and Measurement," *California*

Management Review, 28(2), 57-68.; Rummel, R.J. and Heenan, D.A.(1979), "How Multinationals Analyze Political Risk," *Harvard Business Review*, (January-February), 67-75.

6. Haner, F.T.(1981), *Business Environment Risk Index*, World Insurance Forum.

7. Micallef, J.V.(1981), "Political Risk Assessment," *Columbia Journal of World Business*, (Summer), 47-52.; Robock, S.H.(1971), "Political Risk: Identification and Assessment," *Columbia Journal of World Business*, (July-August).; Fitzpatrick, M.(1983), Op. cit.

8. Shapiro, A.C.(1981), "Managing Political Risk: A Policy Approach," *Columbia Journal of World Business*, (Fall), 63-69.

9. Business International(1984), "Integrating Political Risk: Ford Unit Uses Several Level of Analysis," June 22, 193-194.

10. 권영철(1994), "정치적 위험이 다국적기업의 해외직접투자방식 결정에 미치는 영향에 관한 실증적 연구," 국제경영연구, 5, 23-35.

11. 본 사례는 중앙일보, "설 땅 좁아지는 다국적기업 … '아, 옛날이여,'" 2017. 2. 6일자 기사; CEO스코어데일리, "대기업 중국매출 비중 18% … 사드 보복 위험 노출," 2017. 3. 15일자 기사; 한국경제신문, " 中 사드보복 속절없이 당한 車·K뷰티 기업은 실적 부진," 2017.4.27일자 기사 등에 의거하여 작성되었음.

📖 제 8 장

1. Murdock, G.P.(1945), "The Common Denomination of Cultures," in *the Science of Man in the World Crisis*, ed. E. Linton, NY: Columbia University Press.; Taylor, E.B.(1981), *Primitive Culture*, London.; Hall, E.T.(1976), *Beyond Culture*, NY: Ancor Press.

2. Cateora, P.R.(1983), *International Marketing*, IL: Irwin, Inc.

3. Nisbett, R.E.(2003), *The Geographu of Thought*(최인철 역(2011), 생각의 지도, 김영사)

4. 미국식 및 일본식 경영방식의 상세한 비교는 정영희 역(2010), 미국·중국·일본의 비즈니스 행동법칙, 옥당 참조.

5. Halls, E.T.(1960), "The Silent Language in Overseas Business," *Harvard Business Review*, (May-June), 93-96.

6. Hall, W.(1995), *Managing Cultures*, John Wiley & Sons Ltd.

7. Adler, N.J.(1991), *International Dimensions of Organizational Behavior*, PWS-KENT Publishing Company.

8. Hofstede, G.(1980), *Culture's Consquences: International Differences in Work-Related Values*, CA: Sage.

9. Kwon, Jong-Wook(2012), "Does China Have More than One Culture? Exploring Regional Differences of Work Values in China," *Asia Pacific Journal of Management*, 29(1), 79-102.

10. Nisbett, R.E.(2003), Op. cit.

11. 곽천·권영철(2015), "중국 소비자의 자민족중심주의가 외국브랜드 구매의도에 미치는 영향에 관한 연구: 브랜드 글로벌성과 사회적 책임성의 조절효과를 중심으로," 무역학회지, 40(4), 1-20.

12. Morgan, R.T. and Harris, P.R.(1981), *Managing Cultural Synergy*, Houston: Gulf Publishing Company.

13. 이에 대한 더 상세한 설명은 Adler, N.J.(1991), Op. cit.

14. Earley, P.C. and Ang, S.(2003), *CQ: Cultural Intelligence: Individual Interactions Across Cultures*, CA: Stanford, Stanford University Press.; Earley, P.C. and Peterson, R.(2004), "The Elusive Cultural Chameleon: Cultural Intelligence as a New Approach to Intercultural Training for the Global Managers," *Academy of Management Learning & Education*, 3, 100-115.

15. 본 사례는 롯데백화점 홈페이지(store.lotteshopping.com)와 머니투데이, "롯데백화점 '러시아 돌침대'의 교훈: 해외 전략 궤도 수정. "현지화만이 살길," 2009.7.17.; 매일경제신문, "롯데백화점, 中·러·베트남에 패션·문화 수출한다," 2009.10.8.; 한국경제신문, "롯데백화점, 중국 쇼핑몰 4곳 위탁 경영," 2016.10.17.; 매일경제신문, "롯데백화점 '중국 바우허우 세대 잡아라'…中企와 손잡고 한류 상품전," 2016.8.31.; 포쓰저널, "롯데쇼핑, 러시아 법인 청산…해외사업 구조조정 속도", 2020.07.16. 등의 기사들을 참조하여 작성된 것임.

📖 제 9 장

1. Porter, M. E.(1980), *Competitive Strategy*, NY: The Free Press.

2. Williamson, O.E.(1971), "The Vertical Integration of Production: Market Failure Considerations," *American Economic Review*, (61), 112-123.; Williamson, O.E.(1975), *Market and Hierachy: Analysis and Antitrust Implication*, NY: The Free Press.

3. 스포테인먼트에 관한 더 자세한 내용은 신영철·김화섭(2011), 틀을 깨는 야구 경영, 브레인스토어 참조.

4. Montogomery, C.A.(2012), *The Strategist: Be the Leader Your Business Needs*, Harper Collins Publisher.

5. Scherer, F.M.(1980), *Industrial Market Structure and Economic Performance*, Houghton Mifflin.

6. Williamson(1975), Op. cit.

7. Ibid.

8. Gugler, P., Keller, M., and Tinguely, X.(2015), "The Role of Clusters in the Global Innovation Strategy of MNEs," *Competitiveness Review*, 25(3), 324-340.

9. Ouchi. W.(1981), *Theory Z: How American Business Can Meet the Japanese Challenge*, MA: Addison-Wesley.

10. Hofstede, G.(1980), *Culture's Consequences: International Differences in Work-Related Values*, CA: Sage.

11. 2016년 기준 한국의 가계 저축률은 저금리와 주거비, 교육비 등의 가계비용의 상승으로 3%대의 낮은 수준을 보이고 있다.

12. DiMaggio, P.J. and Powell, W.W.(1983), "The Iron Cage Revisited: Institutional Isomorphism and Collective Rationality in Organizational Fields," *American Sociological Review*, 48, 147-160.; North, D.(1990), *Institutions, Institutional Changes and Economic Performance*, Cambridge: Cambridge University Press.

13. Meyer, J.W. and Rowan, B.(1977), "Institutionalized Organizations: Formal Structure as Myth and Ceremony," *American Journal of Sociology*, 83, 340-363.

14. Scott, R.W.(2001), *Institutions and Organizations*. Thousand Oaks, CA: Sage.; Khanna, T. and Palepu, K.G.(2006), "Emerging Giants: Building World-class Companies in Developing Countries," *Harvard Business Review*, 84(10).

15. 본 사례는 CEO스코어, "6개 업종 중 글로벌 1위 단 한 곳…'톱10'은 7개," 2016.6. 29.일자 기사에 의거한 것임.

16. 본 사례는 www.kfa.or.kr(대한축구협회 사이트); 2002fifaworldcup.joins.com; www.fifa.com 등의 사이트와 각종 신문기사 등에 의거하여 작성되었음.

📖 제 10 장

1. Daft, R.(1983), *Organization Theory and Design*, NY: West.

2. Becker, G.S.(1964), *Human capital*, NY: Columbia University Press.

3. Hiroyuki, H.(1987), *Mobilizing Invisible Assets*, Boston: Harvard University Press.

4. Fryabs, J.G. and Mellahi, K.(2011), *Global Strategic Management*, Oxford: Oxford University Press.

5. Penrose, E.(1959), *The Theory of The Growth of The Firm*, Oxford: Oxford University Press.

6. Barney, J. B.(1991), "Firm Resources and Sustained Competitive Advantage," *Journal of Management*, 17(1), 99-120.; Dierickx, I. and Cool, K.(1989), "Asset Stock Accumulation and Sustainability of Competitive Advantage," *Management Science*, 35(12), 1504-1514.; Grant, R.M. (1991), "The Resource-based Theory of Competitive Advantage: Implications for Strategic Formulation?," *California Management Review*, 33, 114-135.

7. 자원준거이론을 비롯한 여타 전략경영이론에 대한 종합적 고찰에 대해서는 장세진 (1998), "경영자원론과 기업진화론을 중심으로 한 전략경영이론의 최근 동향," 전략 경영연구, 19(1), 49-73 참조.

8. 왕비비·김영일·권영철(2012), "중소수출기업의 무형자산이 수출성과에 미치는 영향에 관한 연구," 무역학회지, 37(5), 99-120.

9. Hamel, G. and Prahalad, C.K.(1994), *Competing for the Future*, Boston: Harvard Business School Press

10. Prahalad, C.K. and Hamel, G.(2001), "The Core Competence of the Corporation," *Harvard Business Review*, (May/June), 79-91.

11. Ibid.

12. Leonard-Barton, Dorothy(1995). *Wellsprings of Knowledge: Building and Sustaining the Sources of Innovation*, Boston: Harvard Business School Press.

13. Teece, D. J., Pisano, G. and Shuen, A.(1997), "Dynamic Capabilities and Strategic Management," *Strategic Management Journal*, 18(7), 509-533.

14. Helfat, C.E.(1997), "Know-how and Asset complementary and Dynamic Capability Accumulation: The case of R & D," *Strategic Management Journal*, 18(5), 339-360.

15. Eisenhardt, K. M. and Martin, J. A.(2000), "Dynamic Capabilities: What Are They?," *Strategic Management Journal*, 21(10-11), 1105-1121.

16. Blyer, M. and Coff, R.W.(2003), "Dynamic Capabilities, Social capital, and Rent Appropriation: Ties that Split Pies," *Strategic Management Journal*, 24(7), 677-686.

17. Teece, D.J.(2007), "Explicating Dynamic Capabilities: The Nature and Microfoundations of (sustainable) Eenterprise Performance," *Strategic Management Journal*, 28(7), 1319-1350.; Kwon, Y.C.(2007), "Examining the Influence of

Dynamic Capabilities on Performance," *Academy of Management Annual Meeting*, Philadelphia, PA.; 권영철(2016), "공유가치창출(CSV)을 위한 조직동적역량과 이론적 배경에 관한 연구, 로고스경영연구, 14(4), 57-74.

18. 권영철(2016), Ibid.

19. Hamel, Gary(1991), "Competition for Competence and Inter-partner Learning within International Strategic Alliances. *Strategic Management Journal*, 12, 83-103.; Inkpen, A.C.(1996), "Creating Knowledge through Collaboration," *California Management Review*, 39(1), 123-140.; 최순권·이중우(2004), "전략적 제휴 기업 내 지식이전에 관한 연구─지식전환(Knowledge Translation)적 접근," 국제경영연구, 15(4), 1-30.

20. Cohen, W.M. and Levinthal, D.A.(1990), Absorptive Capacity: A New Perspective on Learning and Innovation," *Administrative Science Quarterly*, 35 (1), 128-152.

21. Helfat, C.E.(1997), Op. cit.

22. 동적자원관리에 대해서는 Wernerfelt, B.(1984), "The Resource-Based View of the Firm," *Strategic Management Journal*, 5(2), 171-180 참조.

23. Kim, W.C. and Mauborgne, R.(2005), *Blue Ocean Strategy*, Boston: Harvard Business School Press.

24. 증권일보, "삼성전자, 美 특허 6년만에 1.7배···분쟁대비 목적," 2016.5.26.; "삼성전자, 미국에서 특허취득 랭킹 15년 연속 2위"(www.donga.com/news/article/all/20210114/104914259/1) 기사 등에 의거 작성.

25. Hiroyuki, H.(1987), *Mobilizing Invisible Assets*, Boston: Harvard University Press.

26. Porter, M.E.(1985), *Competitive Advantage*, NY: The Free Press.

27. Sweeney, J.C. and Soutar, G.N.(2001), "Consumer Perceived Value: The Development of a Multiple Item Scale." *Journal of Retailing*, 77(2), 203-220.; Zeithaml, V.A.(1988), "Consumer Perceptions of Price, Quality and Value: A Means-end Model and Synthesis of Service." *Journal of Marketing*, 52(3), 2-22.

28. Porter(1985) 교수는 기술개발을 지원활동으로 분류하였는데, 기술개발을 포함한 연구개발활동은 주활동으로 볼 수 있다.

29. Wheelen, T.L. Hunger, J.D., Hoffman, A.N. and Bamford, C.E.(2017), *Strategic Management and Business Policy: Globalization, Innovation and Sustainability*, Pearson.; Jauch, L.R. and Glueck, W.F.(1988), *Business Policy and Strategic Management*, NY: McGraw-Hill.

30. Ibid.; Fryabs, J.G. and Mellahi, K.(2011), Op. cit.

31. 본 사례는 이위범·권영철(2006), "글로벌기업의 동태적 능력과 전략적 제휴: 삼성전자를 중심으로," 경영교육연구(Korea Business Review), 9(2), 63-86의 일부 내용

을 요약한 것임.

32. Cohen, M. and Levinthal, D.A.(1990), Op. cit.

📖 제 11 장

1. Rumelt, R.P.(1974), *Strategy, Structure and Economic Performance*, Boston: Harvard University Press.

2. Prebe, J.F., Rau, P.A. and Reichel A.(1988), "The Environmental Scanning Practices of U.S. Multinationals in the Late 1980's," *Management International Review*, 28(4), 4-14.

3. Day, G.S.(1990), *Market Driven Strategic*, NY: The Free Press.; Jackson, S. and Markowski, S.(1995), "The Attractiveness of Countries to Foreign Direct Investment: Implications for the Asia-Pacific Region," *Journal of World Trade*, 29.; Goodnow, D. and Hansz, J.E.(1979), "Environment Determinants of Overseas Market Entry Strategies," *Journal of International Business Studies*, (Spring), 39-41.

4. Fleisher, C.S. and Bensoussan, B.E.(2015), *Business and Competitive Analysis: Effective Application of New and Classic Methods*, Pearson FT Press.; Dymsa, W.A.(1984), "Global Strategic Planning: A Model and Recent Developments," *Journal of International Business Studies*, (Fall), 169-183.; Stevenson, H.H.(1976), "Defining Corporate Strengths and Weakness," *Sloan Management Review*, (Spring).

5. Harrell, G.D. and Kifer, R.O.(1981), "Mutinational Strategic Market portfolio," *MSU Business Topics*, (Winter), 5-15.

6. De Meyer, A., Mar, P.C.M, Richter, F., and Williamson, P.(2005), *Global Fucture: The Next challenge for Asian Business*, John Wiley & Sons.

7. McCormic, J. and Stone, N.(1990), "From National Champion to Global Competitor," *Harvard Business Review*, (May-June).

8. 해외진입방식의 전략적 선택에 관한 상세한 내용에 대해서는 방호열(1996), "해외시장진입방식의 전략적 모형," 국제경영연구, 7, 77-109 참조.

9. Kwon, Y.C. and Konopa, R.J.(1993), "Impact of Fost Country Market Characteristics on the Choice of Foreign Market Entry Mode," *International Marketing Review*, 10(2), 60-76.

10. Kwon, Y.C. and Hu, M.Y.(1995) "Comparative Analysis of Export-Oriented and Foreign Production-Oriented Firms' Foreign Market Entry Decisions," *Management*

International Review, 4, 325-336.; Johanson, J. and Vahlne, J. (1977), "The Internationalization Process of the Firm-A model of Knowledge Development and Increasing Foreign Market Commitment", *Journal of International Business Studies*, 4, 20-29.; Johanson, J. and Weidersheim-Paul F. (1975), "The Internationalization Process of the Firm-4 Swedish Cases", *The Journal of Management Studies*, (October), 305-322.

11. 본 글로벌에 대한 더 자세한 내용은 McDougall, P.P., Shane. S., and Oviatt, B.M. (1994), "Explaining the Formation of International New Ventures: The Limits of Theories from International Business Research" *Journal of Business Venturing*, 9(6), 469-487.; Oviatt, B.M. and McDougall, P.P. (1994), "Toward a Theory of International New Ventures", *Journal of International Business Studies*, 25(1), 45-64.; Oviatt B.M. and McDougall, P.P. (2005), "Toward a Theory of International New Ventures", *Journal of International Business Studies*, 36(1), 29-41.; Knight, G. A. and Cavusgil, S.T. (2004), "Innovation, Organizational Capabilities, and the Born Global Firm", *Journal of International Business Studies*, 35(4), 124-141.; 권영철·박억두(2013), "중소기업의 본 글로벌 결정요인에 관한 연구: 경북지역 벤처 3개 사 사례를 중심으로," 국제경영리뷰, 17(1), 135-153.; 강정은·이재혁(2010), "벤처 기업의 특성과 본 글로벌성향: 한국 벤처기업의 창업자, 기술자원, 네트워크를 중심으 로," 국제경영연구, 21(3), 21-46.; 박태경·전인(2011), "본 글로벌(Born Global) 기 업의 국제화 동인에 관한 사례 연구", 벤처경영연구, 14(2), 71-89.; 이형오·박재석· 최영준(2007), "Born-Global 기업의 해외진출 동기와 전략 문화콘텐츠 기업의 사례", 국제경영연구, 18(2), 103-139 등 참조.

12. SWOT(Strength, Weakness, Opportunity, Threat).

13. Porter, M.E. (1987), "From Competitive Advantage to Corporate Strategy," *Harvard Business Review*, (May-June), 43-59.

14. SERI.org, "GE 구조조정 및 문화," 2007.11.3.; 이동현 역(2006), 잭웰치 끝없는 도 전과 용기, 청림출판 등 참조.

15. 본 사례는 조선일보, "동남아·북미 지역으로 시장 확장… 해외 직원만 6만여 명," 2016.9.26.; 데일리안, "롯데 구조조정 '국내 찍고 해외로'…랴오닝·지린 롯데마트법 인 청산," 2021.03.24. 등의 기사에 입각하여 작성된 것임.

📖 제 12 장

1. 본원적 경쟁전략으로서 원가우위전략, 차별화전략, 집중화전략에 대해서는 Porter, M.

E. (1980), *Competitive Strategy*, NY: Free Press.; Porter, M..E. (1985), *Competitive Advantage: Creating and Sustaining Superior Performance*, NY: Free Press 등 참조.

2. Buzzel, R.D. and Gale, B.T. (1987), *The PIMS Principles*, NY: Free Press.

3. Porter, M..E. (1980), Ibid.

4. 조동성·이동현(1995), "본원적 전략의 동태적 결합," 경영학연구, 24(3), 33-64.

5. Hill, C.W.L. (1988), "Differentiation Versus Low Cost or Differentiation and Low Cost: A Contingency Framework," *Academy of Management Review*, 13(3), 401-412.

6. Day, G.S. (1990), Market Driven Strategy, NY: The Free Press.

7. Christensen, C.M. and Bower, J.L. (1995), "Disruptive Technologies: Catching the Wave," *Harvard Business Review*, 73(1), 43-53.; March, J.G. (1991), "Exploration and Exploitation in Organizational Learning," *Organization Science*, 2, 71-87.

8. De Meyer, A., Mar, P.C.M, Richter, F. and Williamson, P. (2005), *Global Futer: The Next Challenge for Asian Business*, John Wiley & Sons.

9. Kim, W.C. and Mauborgne, R. (1997), "Value Innovation: The Strategic Logic of High Growth," *Harvard Business Review*, (January/February), 103-112.; Kim, W.C. and Mauborgne, R. (2005), *Blue Ocean Strategy*, Boston: Harvard Business School Press.

10. 스마일 커브 개념은 Acer의 창시자인 Stan Shih에 의해 1990년대 중반에 처음으로 제시되었다.

11. 이진원(역)(2007), 경쟁의 기술, 청림출판.

12. Porter(1986), *Competition in Global Industries*, MA: Harvard Business School Press.

13. Lee, Joonkoo and Gary Gereffi(2015), "Global Value Chains, Rising Power Firms and Economic and Social Upgrading," *Critical Perspectives on International Business*, 11(3/4), 319-339.

14. Porter, M.E. (1985), Op. cit.

15. 2016년에 '글로벌제조팀'으로 명칭 변경하였음.

16. McGrath, M.E. and Hoole, E.W. (1992), "Manufacturing's New Economics of Scale," *Harvard Business Review*, (May-June).

17. Bartlett, C.A. and Ghoshal, S(1989), *Managing Across Borders-The Transactional Solution*, MA: Harvard Business School Press.

18. Kapferer, J.N. (1997), *Strategic Brand Management*, Dover, NH; Kogan Page.; Steenkamp, J.E.M., Batra, R., Alden, D.L. (2003), "How Perceived Brand Globalness Creates Brand Value," *Journal of International Business Studies*, 34, 53-65.

19. 권영철(1995), "국제제품적응행태 : 결정요인 및 성과에 관한 연구," 경영학연구, 25(1), 27-49.

20. 파이낸셜뉴스., "한국보는 눈 '착해진'외국계 증권사," 2009.5.21일자 기사에 의거 작성되었음.

21. Gallbraith, J.R.(2000), *Designing the Global Corporation*, Jossey-Bass, Inc.

22. ICMR(2006), "IKEA's Global Marketing Strategy," MKTG/119.

23. Bartlett, C.A. and Ghoshal, S(1989), *Managing Across Borders-The Transactional Solution*, MA: Harvard Business School Press.; Rekha, R. and Zaheer, K.(2017), "Standardization versus Adaptation of Global Marketing Strategies in Emerging Market Cross-Border Acquisitions," *International Marketing Review*, 34(1), 138-158.

24. 본 사례는 권영철·김기현(2012), "한국기업의 중국 내수시장 진출 확대를 위한 차별화 및 현지화 전략," 유라시아연구, 9(1), 1-24에서 발췌한 것임.

25. 2011년 중국 관영 CCTV 조사.

26. 본 사례는 각 사의 홈페이지와 각종 기사에 의거해 작성되었음.

27. Simon, Hermann(2009), *Hidden Champion of the 21st Century*, Springer.

28. Dollinger, M. C.(1995). *Entrepreneurship Strategies and Resources*, Homewood: Austin Press.; Baron R.A. and Shane, S.A.(2005). *Entrepreneurship: A Process Perspective*, South Western: Thompson.

📖 제 13 장

1. Bowen HR. (1953), *Social Responsibilities of the Businessman*. NY: Harper and Row.

2. McGuire, J.W. (1963), *Business and Society*, NY: McGraw-Hill.

3. Carroll, A.B.(1979), "A Three-dimensional Conceptual Model of Corporate Performance", *Academy of Management Review*, 4(4), 497-505.; Carroll, A. B.(1991), "The Pyramid of Corporate Social Responsibility: Toward the Moral Management of Organizational Stockholders", *Business Horizons*, 34(4), 39-48.

4. Elkington, J.(1997), *Cannibals with Forks: the Triple Bottom Line of 21st Century Business*, Oxford: Apstone.

5. Holt, D. B., Quelch, J. A. Taylor, E. L. (2004), "How Global Brand Compete?",

Harvard Business Review, 82(9). 68-75.; 유력초·권영철(2012), "현지국에서의 사회적 책임에 관한 연구: 중국진출 한국기업을 중심으로," 국제경영리뷰, 16(1), 177-213.

6. Barnett, M.(2007), "Stakeholder Influence Capacity and the Variability of Financial Returns to Corporate Social Responsibility", *Academy of Management Review*, 32, 794-816.; Ahmad, S. J., O"Regan, N. and Ghobadian, A.(2003), "Managing for Performance: Corporate Responsibility and Internal Stakeholders", *International Journal of Business Performance Management*, 5, 141-153.; Prado-Lorenzo JM, Gallego-Alvarez I, Garcia-Sanchez IM.(2009), "Stakeholder Engagement and Corporate Social Responsibility Reporting: The Ownership Structure Effect," *Corporate Social Responsibility and Environmental Management* 16(2), 94-107.; 박병일(2013), "다국적기업의 사회적 책임활동과 이해관계자 이론: Greenfield versus Brownfield," 국제경영리뷰, 17(1), 21-59.

7. Freeman, R. E.(1984), *Strategic Management: A Stakeholder Approach*. Boston: Pitman.; Clarkson M.B.E.(1994). "The Toronto Conference: Reflections on Stakeholder Theory," *Business & Society*, 33(1), 82-131.

8. Donaldson, T. and Preston, L.E.(1995), "The Stakeholder Theory of the Corporation: Concepts, Evidence, and Implications," *Academy of Management Review*, 20(1), 65-91.; Clarkson, M.B.E.(1995), "A Stakeholder Framework for Analyzing and Evaluating Corporate Social Performance," *Academy of Management Review*, 20(1), 92-117.; Ruef, M. and Scott, W.R.(1998), "A Multidimensional Model of Organizational Legitimacy: Hospital Survival in Changing Institutional Environments," *Administrative Science Quarterly*, 43(4), 877-904.

9. Sen, S. and Bhattacharta, C. B.(2001), "Does Doing Good Always Lead to Doing Better? Consumer Reactions to Corporate Social Responsibility," *Journal of Marketing Research*, 38(May), 225-243.; Mohr, L. A. and Webb D. J.(2005), "The Effects of Corporate Social Responsibility and Price on Consumer Responses," *Journal of consumer Affairs*, 39(1), 121-147.; 곽교·권영철(2016), "기업의 사회적 책임이 기업에 대한 신뢰 및 평판과 고객충성도에 미치는 영향: 소비자의 윤리적 의식의 조절효과를 중심으로," 기업경영연구, 23(2), 23-42.; 김주헌·조정(2011), "외국기업의 CSR 활동이 기업이미지와 구매의도에 미치는 영향: 중국 진출 한국 식품기업을 중심으로," 국제경영리뷰, 15(3), 67-71.

10. 곽천·권영철(2015), "중국 소비자의 자민족중심주의가 외국브랜드 구매의도에 미치는 영향에 관한 연구: 브랜드 글로벌성과 사회적 책임성의 조절효과를 중심으로," 무역학회지, 40(4), 1-20.

11. Fombrun, C.J.(1996), *Reputation: Realizing Value from the Corporate Image*, Boston: Harvard Business School Press.

12. http://fortune.com/global500/.

13. United Nations(1987), Report of the World Commission on Environment and

Development, General Assembly. A/43/427, New York: UN.

14. Webster, F. E. (1975), "Determining the Characteristics of the Socially Conscious Consumer," *Journal of Consumer Research*, 2(December), 188-196.

15. Cowe, R. and Williams, S. (2001), *Who are the Ethical Consumers?*, London: Co-operative Bank..

16. Edelman(2010), Citizen engages! Edelman good purpose Study 2010, Fourth Annual Global Consumer Survey, Edelman.(ppqty.com/Good Purpose 2010 global PPT_WEBversion%20 (1).

17. Friedman, M. (1962), *Capitalism and Freedom*, Chicago: University of Chicago Press.

18. Porter, M..E. and Kramer, M.R. (2002), "The Competitive Advantage of Corporate Philanthropy," *Harvard Business Review*, 80(12), 57-68.; Porter, M.E. and Kramer, M.R. (2006), "Strategy and Society: The Link between Competitive Advantage and Corporate Social Responsibility," *Harvard Business Review*, 84(12), 78-92.

19. Porter, M.E. and Kramer, M.R. (2011), "Creating Shared Value: How to Reinvent Capitalism and Unleash a Wave of Innovation and Growth," *Harvard Business Review*, 89(1/2), 62-77.

20. Saul, J. (2010), *Social Innovation, Inc.: 5 Strategies for Driving Business Growth through Social Change*, CA: Jossey-Bass.

21. Pfitzer, M., Bockstette, V. and Stamp, M. (2009), "Innovating for Shared Value," *Harvard Business Review*, 87(September), 2-9.

22. Varadarajan, P. Rajan, and Anil Menon(1988), "Cause-related Marketing: Acoalignment of Marketing Strategic and Corporate Philanthropy," *Journal of Marketing*, 52(July), 58-74.; Webb, D. J. and Mohr, L.A. (1998), "A Typology of Consumer Responses to Cause Related Marketing," *Journal of Public Policy and Marketing*, 17(2), 226-238.

23. 한경BUSINESS(2012), "기부 마케팅 CJ제일제당 미네워터," 제864호(6.27).

24. 삼성전자, 2016년 삼성전자 지속가능경영보고서.

25. Jain, Indu(2012), *Social Responsibility Practices in India*, E- Book, New Delhi: The Times of India Group.

26. Gao, Yongqiang(2009), "Corporate Social Performance in China: Evidence from Large Companies," *Journal of Business Ethics*, 89, 23-25.

27. 본 사례는 양영걸·권영철(2015), "인도시장 진출 한국기업의 지속가능경영: 현대자동차 및 LG전자 인도법인 사례," 경영교육연구, 30(4), 169-199의 일부 내용을 요약한 것임.

1. Chandler, A. (1962), *Strategy and Structure: Chapters in the History of the Industrial Enterprise*, MA: MIT Press.

2. Bartlett, C.A. and Ghoshal, S. (1989), *Managing Across Borders-The Transactional Solution*, MA: Harvard Business School Press.; Gallbraith, J.R. (2000), *Designing the Global Corporation*, Jossey-Bass, Inc.

3. 글로벌 조직구조의 유형과 발전 과정에 대한 더 자세한 내용은 Bartlett, C.A. and Ghoshal, S. (1989), Op. cit.; Bartlett, C.A. (1983), "MNCs: Get off the Reorganization Merry-Go-Round," *Harvard Business Review*, 61(2), 138-146 Heenan, D.A. and Perlmutter, H. (1979), *Multinational Organization Development*, MA: Addison-Wesley; Root, F.R. (1998), *Entry Strategies for International Market*, CA: Jossey-Bass Inc. 등 참조.

4. Root, F.R. (1998), Ibid..

5. Menzies, H.D. (1980), "Westinghouse Takes Aim at the World," *Fortune*, (November), 48-53.

6. Gallbraith, J.R. (2000), Op. cit.

7. Ibid.

8. 본 사례는 머니투데이, "현대차그룹 글로벌 도약 요체 '이중 매트릭스' 구조," 2013.01.09일자 기사에 의거 작성되었음.

9. Larson, E.W. and Gobeli, D.H. (1987), "Matrix Management : Contradictions and Insight," *California Management Review*, (Summer).

10. Doz, Y.Z. (1990), "Strategic Management in MNC," *Sloan Management Review*; Ghoshal, S. and Nohria, N. (1993), "Horses for Courses : Organizational Forms for Multinational Corporations," *Sloan Management Review*, (Winter), 23~35.; Bartlett, C.A. and Ghoshal, S. (1989), *Managing Across Borders-The Transactional Solution*, MA: Harvard Business School Press.

11. 본 사례는 경제투데이 2009년 기사를 토대로 작성된 것임.

12. Prahalad, C.K. and DoZ, Y.L. (1987), *The Multinational Mission: Balancing Local Demands and Global Vision*, NY: Free Press.

13. Bartlett, C.A. and Ghoshal, S. (1989), Op. cit.; Kim. Kwang Soo(2004), "Performance Impications of the Environment-Strategy Coalignment in the Context of Integrated Global Industries," 국제경영연구, 15(1), 29-51

14. Townsend, M., Coen, L., and Watson, K. (2017), "From Regional to Global: Using a Network Strategy to Align a Multinational Organization, *Harvard Business*

Review, 40(2), 32-38.

15. 권영철(2006), "다국적기업 글로벌 조직학습 몰입의 구조적 조건," 국제경영연구, 17(2), 65-85.; 송재용(2016), "기업의 글로벌 네트워크 상에서의 지식 소싱과 혁신 모드의 진화," 경영학연구 45(4), 1069-1088.; 김경찬·이병희(2012), "다국적기업 내 지식이전과 성과에 대한 흡수역량과 동기요인의 결합적 영향에 관한 연구," POSRI경영경제연구, 12(3), 76-95 등 참조.

16. 최순규(2003), "한국 다국적기업의 모회사 노하우 해외이전에 대한 탐색적 연구: 조직적 결정요인들을 중심으로," 국제경영연구, 14(1), 1-25.; 김경·한승두(2006), "한국 모기업의 해외자회사에 대한 지식이전 결정요인 분석: 지식특성과 조직특성을 중심으로," 국제경영리뷰, 10(3), 243-268 등 참조.

17. Gupta, A.K. and Govindarajan, V.(2000), "Knowledge Flows within Multiantional Corporations," *Strategic Management Journal*, 21, 473-496.; Gupta, A.K. and Govindarajan, V.(1991), "Knowledge Flows and the Structure of Control Within Multinational Corporations," *Academy of Management Review*, 16(4), 768-792.; 정갑연·채명수(2013), "해외자회사가 창출한 마케팅 지식과 역지식이전," 국제통상연구, 18(4), 123-154.

18. Frost, T.S. Birkishaw, J.M. and Ensign, P.C.(2002), "Centers of Excellence in Multinational Corporations," *Strategic Management Journal*, 23, 997-1018.; Bartlett, C.A. and Ghoshal, S.(1986), "Tap Your Subsidiaries for Global Reach," *Harvard Business Review*, 64(6), 87-94.; Birkinshaw, J.M. and Hood, N.(2001), "Unleash Innovation in Foreign Subsidiaries," *Harvard Business Review*, (March), 131-137.; Özsomer, A. and GenÇtÜrk, E.(2003), "A Resource-based Model of Market Learning in the Subsidiary: The Capabilities of Exploration and Exploitation," *Journal of International Marketing*, 11(3), 1-29.

19. 김경태·오중산(2013), "The Subsidiary Development of Automotive Part Suppliers in China : From the Capabilities Evolutionary Perspective," 국제경영리뷰, 17(2), 1-29.

20. Vogt, J. and Murrell, K.(1993), *Empowerment in Organization*, San Diego: Preffer and Company.; 이건희(2009), "한국 내 다국적기업 자회사 내부 협상력에 영향을 미치는 요인," 무역학회지, 34(1), 433-460.

21. 권영철(2010), "다국적기업 현지자회사의 역동적 능력: 결정요인과 성과," 경영학연구, 39(5), 1151-1175.

22. 서민교·정재휘(2015), "다국적기업의 지식이전역량이 해외자회사 혁신성과에 미치는 영향: 통제 방식의 조절효과," 한국국제경영관리학회 학술발표대회 논문집, 107-122.

23. 박상철 역(2001), 글로벌 경쟁력, 세종연구원.

24. 매일경제, GM대우에서 배우는 GM, 2004.12.27일자 기사 참조.

25. Gomes-Casseres, B. (1996), *The Alliance Revolution*, MA: Harvard Business School Press.

26. Robock, S.H. and Simmonds, K. (1983), *International Business and Multinational Enterprise*, IL: Irwin, Inc..

27. Prahalad, C.K and Doz, Y.Z. (1981), "An Approach to Strategic Control in MNCs," *Sloan Management Review*, (Summer), 5-13; Mcinnes, J.C. (1971), "Financial Control System for Multinational Operations," *Journal of International Business Studies*, (Fall), 11-28.; Jain, S.C (1987), *International Marketing Management*, MA: Kent Publishing Co.

28. Gold, M. (1991), "Strategic Control in the Decentralized Firm," *Sloan Management Review*, (Winter).

29. Kwon, Y.C. (1989), "Internal Performance Evaluation of MNC Subsidiaries: Before and After Translation Dilemma," *Paper Presented at The Midwest Academy of Management*, Columbus, Ohio, April 13-15.

30. Root, F.R. (1998), Op. cit.

31. 본 사례는 LG전자 홈페이지(www.lge.co.kr), '2016년 LG전자 지속가능경영보고서' 등의 자료에 의거하여 작성되었음.

32. Prahalad, C.K and Krishnan, M.S. (2009), *The New Age of Innovation: Driving Co-created Value through Global Networks*, McGraw-Hill.

33. 2009년 삼성은 구조조정의 일환으로 지분을 테스코 측에 넘겼다.

34. 매일경제, 영 테스코 한국서 '한수' 배웠다, 2005.7.4일자 기사 참조.

35. Bartlett, C. and Ghoshal, S. (2000) *Transnational Management: Text, Cases, and Readings in Cross-Border Management*. Singapore: McGraw-Hill International Editions.

36. LG경제연구원, 주간경제, 2000.8.16일자 기사 참조.

저자약력

권 영 철(權 永 喆)

고려대학교 및 동대학 경영대학원을 졸업하고 미국 달라스 소재 텍사스 대학(University of Texas) 경영대학원에서 경영학석사(MBA)를 취득하였고 켄트주립대(Kent State University)에서 국제경영전공으로 박사학위(Ph.D)를 취득하였다. 현재 영남대학교 상경대학 무역학부 교수로 재직 중이며, 영남대학교 상경대학 학장, 미국 조지타운대 (Georgetown University) 객원교수, 한국국제경영관리학회 회장, 대통령직속 중소기업특별위원회 위원 등을 역임하였다.

주요 저서로는 '무한경쟁시대의 전략적 제휴'(김영사), '글로벌시대 기업간 경쟁과 협력'(무역경영사), '기업의 국제화와 경영전략'(영남대출판부), '사례로 배우는 글로벌경영'(영남대출판부) '국제비즈니스의 내부화와 협력'(한국학술정보) 등이 있으며, 140여 편의 논문을 Management International Review, International Business Review, 경영학연구, Korea Business Review, 국제경영연구, 국제경영리뷰 등의 외국학술지와 국내학술지에 발표하였다.   E-mail: yckwon@yu.ac.kr

글로벌경영전략 [개정판]

2017년 8월 12일 초판 인쇄
2018년 8월 20일 초판 2쇄 발행
2021년 8월 30일 개정판 발행

저 자 권 영 철
발행인 배 효 선

발행처   도서출판 **法 文 社**

주 소   10881 경기도 파주시 회동길 37-29
등 록   1957년 12월 12일 제2-76호(윤)
TEL   (031)955-6500~6 FAX (031)955-6525
e-mail   (영업) bms@bobmunsa.co.kr
        (편집) edit66@bobmunsa.co.kr
홈페이지 http://www.bobmunsa.co.kr
조 판   (주)성 지 이 디 피

정가 27,000원   ISBN 978-89-18-91233-2